निर्मल माया

वाणी प्रकाशन
नयी दिल्ली-110002
फोन : 23273167, 23275710 • फैक्स : 23275710
e-mail : vani_prakashan@yahoo.com

निर्मल माया

संपादक

मधुकर उपाध्याय

वाणी प्रकाशन का लोगो
विख्यात चित्रकार मकबूल फिदा हुसेन
की कूची से

ISBN : 81-8143-608-3

वाणी प्रकाशन
21-ए, दरियागंज, नयी दिल्ली-110002
द्वारा प्रकाशित

प्रथम संस्करण : 2007

मूल्य : 395.00

आवरण : मानवेंद्र बगरहट्टा

शुभम ऑफसेट, दिल्ली-110032
द्वारा मुद्रित

NIRMAL MAYA
Edited by Madhukar Upadhayaya

आभार

निर्मल वर्मा पर केंद्रित इस किताब का शायद सबसे जरूरी पन्ना यही होगा। पूरी किताब आभार पर आधारित है। उन लेखकों का आभार, जिनकी निर्मल के निधन पर लगभग तात्कालिक टिप्पणियाँ इस किताब में शामिल हैं।

यहाँ उन समाचार-पत्रों और पत्रिकाओं का जिक्र है, जहाँ ये टिप्पणियाँ प्रकाशित हुईं। इन प्रकाशनों में रंग-प्रसंग, नया ज्ञानोदय, विपाशा, हंस, अक्षरा, संवेद, अकार, कथा-चक्र, वागर्थ, प्रस्थान, जनसत्ता, स्वागत, साहित्य-अमृत, परब, अमर उजाला, इंडियन लिटरेचर, डॉन (पाकिस्तान), हिमाल (नेपाल) और कॉमनवैल्थ लिटरेचर एंड लैंग्वेज स्टडीज़ शामिल हैं।

पुस्तक में लेख 'अ क्वायन इन द रिवर' के लिए राबर्टो कलासो का आभार।

पुस्तक के आवरण पर प्रकाशित चित्र निर्मल की स्मृति में चित्रकार मानवेंद्र बगरहट्टा की प्रदर्शनी 'अ कोलाज ऑफ मेमरीज़' से लिया गया है। इसके लिए मानवेंद्र का आभार।

और अंत में आभार गगन गिल का। उनके सहयोग के बिना संकलन को इतनी जल्दी मूर्त रूप देना संभव न होता।

भूमिका

अनुपस्थिति की उपस्थिति

निर्मल वर्मा पर यह किताब उनके निधन के तत्काल बाद लिखी गई टिप्पणियों का संकलन है। निर्मल के व्यक्ति और रचनाकार को देखने का एक ढंग। हिंदी साहित्य के इतिहास में किसी और रचनाकार के निधन पर शायद ही इतना लिखा गया हो। और यह लिखना केवल हिंदी पट्टी तक सीमित नहीं था। उसका पसार दूसरी भाषाओं और देशों तक रहा। कुछ था, जो उन्हें अपनापन महसूस करने से रोक नहीं सका। अपने जीवन और लेखन में देश-काल की सीमाएँ लाँघ चुके निर्मल का विस्तार उनकी अनुपस्थिति में जैसे और अधिक हो गया।

मृत्यु के रूप में स्थायी लौकिक अनुपस्थिति में निर्मल वर्मा पर जो लिखा गया, वह इतना अधिक और बिखरा हुआ है कि उसे एक जगह समेटने का कोई प्रयास संभवतः कभी पूर्ण नहीं कहा जा सकता। निर्मल मुख्यतः हिंदी में लिखते थे, पर उनकी उपस्थिति देश की तकरीबन सभी प्रमुख भाषाओं में थी। विदेश में भी। अनुवाद की शक्ल में। ऐसे में उनके निधन पर प्रतिक्रियाएँ हर जगह हुईं। सब कुछ जुटाना और किताब में शामिल कर लेना हर हाल में मुश्किल था। इस नजरिए से यह किताब 'अपूर्ण' है या कोई अगली किताब भी अपूर्ण होगी।

निर्मल बहुत सहजता से सीमाएँ तोड़ते थे। उनका अपना ढब था। तोड़फोड़ से जोड़ी जाने वाली आक्रामकता से सर्वथा भिन्न। उनका सहज और तरल गद्य लगभग बेआवाज वैयक्तिक, भाषिक और भौगोलिक सीमाएँ पार कर जाता। ऐसी सहजता जैसे अपने घर-आँगन में चहलकदमी कर रहे हों। खुद में उतरना उनकी कला-यात्रा की अदा थी, जिसने बाहर की दुनिया के लिए अक्सर भ्रम पैदा किया। बाहर से देखने पर प्रायः चीजें साफ नजर नहीं आतीं। उनकी शक्ल बदली हुई दिखाई देती है। जाहिर है, इस पर कई सवाल उठे। निर्मल के जीवनकाल में और उसके बाद भी। जवाब मिले तो चुप्पी में। यानी और नए सवाल। मुखर हुए तब भी भ्रम की स्थिति बनी रही।

निर्मल वर्मा से अप्रभावित रहना कठिन था और है। कुछ के लिए उनके शब्द परेशानी का सबब बने, कुछ के लिए चुप्पी। एक जमात ऐसे लोगों की थी, जो हाशिए पर रहे। निर्मल को लगातार तोलते और जाँचते-परखते हुए। जब उपस्थिति को अस्वीकार करना कठिन हो तो सवालों की शक्ल, विरोध या असहमति के बावजूद, बदल जाती है। निर्मल की एकाकी और मुलायम अभिव्यक्ति की अंतर्यात्रा पर उठाए गए सवाल देखिए। सवाल था कि आखिर निर्मल ने यह या वह क्यों नहीं कहा? इस या उस मुद्दे पर चुप क्यों रह गए? कुछ सवाल दरअसल सवाल थे ही नहीं। इच्छा थी कि ऐसा होता तो उनके लिए निर्मल को स्वीकार करना संभव हो जाता। वह अखरते नहीं। कामना थी, 'काश, निर्मल ने यह कहा होता?' इन प्रश्नों में निर्मल का अस्वीकार कहीं नहीं है। स्पष्टीकरण चाहने जैसी इच्छा है। मुश्किल यह है कि हमारे पास उतना ही है, जो निर्मल ने कहा। जो सोचा या जो आगे कहते, उसे जानने की अब कोई सूरत नहीं है।

अनुपस्थिति की उपस्थिति अपने आप में एक विलक्षण अहसास है। खासतौर पर एक ऐसे व्यक्ति की अनुपस्थिति, जिसमें बीच बहस में अचानक अनुपस्थित हो जाने की सलाहियत पहले से रही हो। इस बार एक अंतर था। अनुपस्थिति गहरी थी। अगले दिन या अगली किसी किताब की शक्ल में नमूदार होने की संभावना से परे। निर्मल वर्मा का निधन हो गया। 25 अक्टूबर, 2005 को।

इस पूर्णविराम अनुपस्थिति ने सबको छुआ। उनके प्रशंसकों को। आलोचकों को। और उन्हें भी, जो वैचारिक मतभेदों के कारण निर्मल से असहमत थे। मानते थे कि जीवन के आखिरी दशक तक आते-आते निर्मल वैचारिक रूप से दूसरे खेमे में जा खड़े हुए। निर्मल के लेखन को लेकर यह बहस 1992 तक नहीं थी। अयोध्या में बाबरी मस्जिद के ध्वंस पर उन्होंने अपनी डायरी में तीखी टिप्पणी की थी। इसके बाद बीच-बीच में बहस उठती। फिर थम जाती। लेकिन *अंतिम अरण्य* आया तो बहस फिर शुरू हो गई। कहा गया कि निर्मल ने गुजरात के सांप्रदायिक दंगों पर कुछ नहीं लिखा।

निर्मल की उपस्थिति और उनके व्यक्तित्व-कृतित्व को खाँचे में रख दिया गया। खेमों में बाँटकर देखा गया। देखने की शर्तें जोड़ दी गईं। इस दौरान कुछ शब्द बार-बार एक ही अर्थ में इस्तेमाल किए गए। मसलन शायद, मगर, पर, लेकिन, कुल मिलाकर, ले-देकर। निर्मल पर कहा गया हर वाक्य दो हिस्सों में तोड़ दिया गया। एक साँस में कहे गए वाक्य के बीच में इन्हीं में से एक शब्द आ गया। जैसे सारा वजन उसी शब्द पर हो। सबसे महत्त्वपूर्ण हो। ऐसे में कुछ के लिए वाक्य का पूर्वार्द्ध मानीख़ेज रहा, कुछ के लिए उत्तरार्द्ध। उपस्थिति से शुरू हुई बहस अनुपस्थिति तक जारी रही।

ऐसी किसी बहस को न तो उपस्थिति प्रेरित करती है, न ही अनुपस्थिति उस पर विराम लगाती है। अनुपस्थिति से फिलहाल एक अंतर अवश्य आता है। इतना

हो सकता है कि ताजा अनुपस्थिति अंदर कुरेदकर बात का एक और पहलू निकाल ले। ऐसा पहलू, जिसे उपस्थिति के दौरान बाहर न आने की पाबंदी के साथ धकेलकर दिमाग के किसी कोने तक महदूद कर दिया गया हो। निर्मल के साथ ऐसा ही हुआ। बावजूद इसके कि ताजा अनुपस्थिति में अंदर से निकली इन बातों को खारिज करने के तर्क बस दो कदम पीछे आ रहे होते हैं। रवायतों और मुहावरों के हवाले ठीक आसपास होते हैं। आमने-सामने भी, दरम्यान भी। कहते हैं कि यह सौ फीसद भारतीय सोच है। जो नहीं रहता, उसमें सिर्फ अच्छाइयाँ रहती हैं। 'मरे बरधा कै आँखि गोल-गोल'।

किताब में शामिल टिप्पणियाँ और उनके टिप्पणीकार इन तर्कों से निश्चित रूप से अपरिचित नहीं हैं। उनकी टिप्पणियाँ इन तर्कों की अनदेखी करके लिखी गई हैं। जाहिर तौर पर इनका उद्देश्य निर्मल वर्मा का आकलन करना नहीं, उन्हें अपने ढंग से याद करना है। इन टिप्पणियों को इकट्ठा करके संपादित करने का खयाल इसी से उपजा। सारी टिप्पणियाँ खाँचों-खेमों से ऊपर हैं। उनकी तात्कालिकता रचनाकार की श्रेष्ठता और उसकी खूबियों-खामियों को एक व्यक्ति के रूप में देखती है। हिंदी में अपनी तरह का संभवतः पहला प्रयोग है। जीवनकाल में खुद पर संकलन तैयार कराने की एक परंपरा-सी रही है। लेकिन उन संकलनों में बहुत अधिक ईमानदारी की अपेक्षा नहीं की जा सकती। यह किताब निःस्वार्थ टिप्पणियों से बनी है और इस अर्थ में भिन्न है।

निर्मल वर्मा के निधन पर 'देश भर विदेश में कई भाषाओं में लिखा गया। सब तक हमारी पहुँच संभव नहीं हुई। थोड़े हिंदीतर आलेख हमें मिले। कुछ हम अनुवाद करवा सके, कुछ रह गए। यह हमारी सीमा रही। कुछ समय की भी।

कुछ शब्द इस संकलन के शीर्षक के बारे में। संस्कृत और हिंदी में माया अनेकार्थी है। उसके कई रंग हो सकते हैं, होते हैं। इब्ने इंशा की माया कबीर की माया से भिन्न हो सकती है। माया का फलक विस्तृत है। सकारात्मक या नकारात्मक होने के अंदेशे से बेपरवाह। उसका विस्तार सबको छूता है और उस फलक पर सबके लिए जगह है। माया के बहुविध प्रयोग संभव हैं और हुए हैं, पर उसे निर्मल कभी नहीं कहा गया। इस प्रयोग में शायद कोई विरोधाभास होगा। लेकिन माया के विस्तार में इसकी संभावना बनती है। हर रचनाकार का संसार उसका मायालोक है, यह छूट देता हुआ कि आप उसे जिस तरह चाहें, देखें। इसीलिए यह किताब, संयोगवश ही सही, 'निर्मल माया' है।

–मधुकर उपाध्याय

अनुक्रम

मुझे देर हो गई

सारा राय

छब्बीस अक्तूबर, 2005 की सुबह मैं इलाहाबाद से दिल्ली पहुँची तो सबसे पहली खबर यही मिली कि रात में निर्मल जी चले गए। अगर उस रात मैं सफर नहीं कर रही होती तो शायद रात की न्यूज में ही मुझे यह पता चल जाता। लेकिन दिल्ली आकर ही पता चला और यह भी कि दोपहर में उनका अंतिम संस्कार होगा। जब मैं रेल में यात्रा कर रही थी, वह जीवन की लंबी यात्रा तय करके आखिरी, असीम की यात्रा पर निकल चुके थे। मेरी पहली प्रतिक्रिया विश्वासघात की थी। इस तरह बिना बताए चले जाना। जैसे यह कोई बताने की चीज हो और इसे कोई बता सकता हो। लगभग एक साल से निर्मल जी भीषण रूप से बीमार थे उनका अस्पताल जाने का सिलसिला पिछली दीवाली से ही शुरू हो गया था। लक्षण अच्छे नहीं थे मगर जिस तरह से हम उस चीज को अनदेखा कर देते हैं जिसे हम देखना नहीं चाहते, सिर पर मँडराते इस साए को मैंने अब तक कुबूल नहीं किया था। डर के साथ-साथ आशा भी थी। हर बार वह अस्पताल जाते मगर उनकी जीने की प्रबल आकांक्षा और उनका मनोबल उनको मौत के मुँह से वापस खींच लाता। इस बार ऐसा न हुआ। और, मैं दिल्ली पहुँची ऐन उसी दिन जैसे कि मेरे अवचेतन को यह सूचना मिल गई हो कि आज उनसे विदा लेनी है। जैसे जाते-जाते निर्मल जी ने ही मुझे आने के लिए आदेश दिया हो। फिर भी, मैंने आने में देर की। ''मुझे देर हो गई,'' मैंने गगन से कहा। ''आई वाज टू लेट।''

निर्मल जी जमीन पर फूलों के घेरे के अंदर लेटे हुए थे, उसी कमरे में जहाँ पिछले आठ-दस साल से जब भी मैं दिल्ली में होती, हम हर दूसरे-तीसरे दिन बैठा करते थे। वह कमरा जो किताबों से, प्यार और हँसी से भरा हुआ था; उनकी आँखें, जो उनके गद्य की तरह ही चमकीली थीं, अब बंद थीं, उन पर लंबी पलकें उलझी हुई सी, बाल भी उलझे, दाढ़ी पर छोटे-छोटे बाल जो मैंने पहली बार देखे। मैं देर

तक वहीं बैठी रही, जहाँ वह लेटे थे। मन में खामोशी थी। हमारी मुलाकातों में हँसी-मजाक, किताबों, फिल्मों, यात्राओं आदि की बातचीत के अलावा खामोशी का भी एक बड़ा हिस्सा रहता था। बातें जरूरी थीं, मगर बातों के बीच के अंतराल भी उतने ही मायने रखते थे। उनकी एक अद्भुत संवेदना थी, जो अनकहे की जड़ तक एकदम सहजता के साथ पहुँच जाती थी। आज मैं उनके अनकहे, जो वह अब बोल नहीं सकते थे, को समझने की कोशिश कर रही थी। मृत्यु को पाकर आज उसके बारे में उनके क्या विचार थे? यमदूत के साथ वह किस बहस में उलझे थे?

हमारी शामों में मृत्यु का सवाल अक्सर उठा था, पहले भी और खासकर पिछले दो-चार महीनों में, जब वह अस्पताल में रहकर घर लौटते थे। "बीमारी से मुझे बड़ी शिक्षा मिली है," एक दिन उन्होंने कहा। "वह भी किस तरह से, धीमे-धीमे करके मृत्यु से हमारा सामना करवाती है। हमको मौत के लिए तैयार करती है कि वह एकदम अचानक आकर हमारे सिर पर न खड़ी हो जाए।" उनका शरीर और भी दुबला हो गया था, वजन अब शायद इकतालीस या बयालीस किलो मात्र रह गया था मगर जीवन के लिए, मित्रों और साहित्य के प्रति उनकी उत्सुकता और जागरूकता में रत्ती भर कमी नहीं आई थी।

शायद अगस्त का महीना था। शाम को मैं उनके घर पहुँची तो वह अपने अंदर वाले कमरे से निकलकर आए। उसी रात मैं इलाहाबाद वापस जा रही थी। जैसा कि वह हर बार पूछते थे, उन्होंने पूछा—"फिर कब आओगी?", "बस गई और आई।" मैंने कहा—"अभी तो आपके साथ ऑक्सफोर्ड बुक स्टोर चलना है।" इसके पहले मैंने उनको ऑक्सफोर्ड बुक स्टोर के बारे में बताया था। जो हाल में कनॉट प्लेस में खुला था और जहाँ मैं होकर आई थी। उसके बारे में सुनकर वह बच्चे की तरह खुश हो गए थे। कहा था, "मैं भी वहाँ जाना चाहता हूँ।" तब भी वह काफी बीमार थे। उनकी हालत को देखते हुए, गगन और मैं सोचने लगे कि किस तरह से उनको वहाँ ले जाया जाए। पर, उसका मौका नहीं आया। अगली बार मैं आई तो वह और भी दुर्बल लगे। कुछ मायूस से भी। कहने लगे तेज दवाओं की वजह से कुछ भी खाने या पीने की इच्छा नहीं होती। उनको लेकर मन में डर जो आजकल बराबर बना रहता था, फिर से फड़फड़ाया। मैंने कुछ झिझकते हुए कि शायद वह ऐसा प्रश्न पसंद न करें, पूछा—"आर यू इन पेन?" उनकी आँखों में वह धीमी मुस्कान भर गई जिससे उनका चेहरा खिल उठता था।

"नहीं, नहीं बिल्कुल नहीं। तुम चिंता मत करो।"

जैसे कि मुझे ही दर्द हो रहा हो और वह मुझे दिलासा दे रहे हों।

निर्मल जी के साथ मेरी पहली मुलाकात सोलह या सत्रह साल पहले हुई थी। वैसे तो उनको जानती-बूझती थी, उनकी कहानियों के संगीत ने बहुत पहले आकर्षित किया था और रामकुमार जी मेरे पिता श्रीपत राय के अंतरंग मित्र थे। फिर भी,

निर्मल जी से आमने-सामने कभी मिलना नहीं हुआ था। सन् 1988 या शायद 1989 में निर्मल जी किसी संगोष्ठी में भाषण देने इलाहाबाद आए थे। ठीक से याद नहीं। बस भाषण के बाद उनके साथ टूरिस्ट बंगलों में (जहाँ उनके ठहरने की व्यवस्था की गई थी) बिताई शाम आसपास के समय की धुंध से जैसे अलग तराशी हुई एकदम साफ याददाश्त में मौजूद है। भाषण के बाद मेरे पति और मैं उनसे मिलने गए थे। वह अकेले ही थे। पहली ही मुलाकात में इतनी आत्मीयता, बातों का ऐसा खुलापन, ऐसा वैविध्य और सादगी का मेल, मेरे लिए एकदम नया और मुग्ध करने वाला अनुभव था। फिर दिल्ली वापस पहुँचकर उन्होंने मुझे पत्र लिखा था—कागज पर थोड़े तिरछे लिखे हुए मोती के चूर जैसे छोटे-छोटे अक्षर—वह पत्र आज भी मेरे पास हिफाजत से रखा है।

जब मैंने पहली कहानी लिखी तो हिम्मत जुटाकर उनको भेजी। वह बहुत खुश हुए और प्रोत्साहित करता हुआ पत्र उन्होंने फौरन जवाब में लिखा। फिर मैं बराबर उनको कहानियाँ भेजने लगी जिन पर वह हमेशा बढ़ावा देने वाली प्रतिक्रिया देते। सन् 1993 में जब मेरा पहला कहानी-संग्रह प्रकाशित होने को था, राजकमल प्रकाशन की शीलाजी (शीला संधू) ने सुझाव दिया कि मैं उनसे उसकी भूमिका लिखने के लिए कहूँ। वह प्रसन्नतापूर्वक राजी हो गए और अपने वादे को उन्होंने भलीभाँति निभाया। जब मेरी किताब छपकर आई तो मुझे लगा उनकी भूमिका की वजह से किताब के पन्ने रौशन हो गए हैं।

उनके बारे में कुछ था, उनके व्यक्तित्व के बारे में, जो उनके संपर्क में आए लोगों और चीजों पर रौशनी फैला देता था। कहते ही एक किस्सा याद आया जो वह खुद बड़ा मजा लेकर सुनाते थे। ऐसा था कि एक बार अपनी किसी यात्रा के दौरान वह होटल में ठहरे थे। उनके कमरे में बिजली की व्यवस्था बहुत अच्छी नहीं थी। एक लैम्प था जिसके तार जमीन पर उलझे हुए थे। उसके जलने न जलने के पीछे जाने क्या रहस्य था, वह कभी जल जाता कभी नहीं। निर्मल जी, जिनका मशीनी युग के साथ तालमेल कभी नहीं बैठा, ने उसको जलाने का एक निराला तरीका ढूँढ़ निकाला। उन्होंने पाया कि जमीन पर पड़े हुए तारों के उलझाव को जब भी वह लाँघ कर पार करते, वह लैम्प जल उठता। यह किस्सा सुनाते वक्त जैसे कि और भी अनेकों वक्त, वह हँसी से खुद ही लोटपोट हो जाते। उनकी वह खास हँसी जिसमें वह सिर पीछे फेंककर मुँह पूरा खोलकर हँसते थे, पर मुँह से एक आवाज नहीं। एकदम मौन हँसी।

अजीब तरह की मासूमियत थी उनमें। जैसे कि दुनिया की, उनके आसपास फैली कुटिलता से वह एकदम अछूते रह गए हों। दुनिया के अरण्य से दूर अपने ही अलग संसार में जीते हुए। उनके गिर्द एकांत का एक दायरा-सा खिंचा रहता था, पर, यह एकांत रिक्त कभी नहीं, बल्कि कल्पना और संवेदना से संपन्न था।

वह अत्यंत ही प्राइवेट इंसान थे। कभी-कभी जंगली रास्ता पार करते हुए किसी जानवर की आँख पर टॉर्च की रोशनी अनायास ही पड़ जाए तो वह उस पल की चकाचौंध में एकदम स्थिर हो जाता है। भीड़भाड़ के बीच निर्मल जी कभी ऐसे ही नजर आते थे। इतनी शोहरत पाने के बाद भी उनके अंदर अपने प्रति संशय हमेशा बना रहा। जब *अंतिम अरण्य* छपी तो किसी नए लेखक की संदिग्धता के साथ उन्होंने पूछा—''बहुत बोरिंग तो नहीं हो गई?''

अभी उनके अंदर बहुत-सी कहानियाँ चल रही थीं। एक महीने पहले ही, जब मैंने आश्चर्य प्रकट किया था कि इतनी बीमारी के बीच में भी उन्होंने एक कहानी पूरी कर ली थी जो *नया ज्ञानोदय* में छपी थी। उन्होंने कहा था—''मेरे पास लिखने को अभी बहुत है। आई जस्ट नीड वन व्हाइट पैच, वन क्लियर स्ट्रैच।'' वह 'व्हाइट पैच' उन्हें नहीं मिला।

उनके जीवन के अंतिम वर्षों में उन्हें 'सैफ्रन' (भगवा) विचारधारा के साथ जुड़ा हुआ माना जाने लगा था। मुझे एक शाम उनके साथ इंडिया इंटरनेशनल सेंटर की याद है। तभी एनडीए की नई-नई सरकार बनी थी। हम लाउंज में से निकले ही थे कि कुछ लोगों ने आकर निर्मल जी को 'उनकी' सरकार के सत्ता में आ जाने पर उन्हें बधाई दी। निर्मल जी के चेहरे पर एक हैरान-सा भाव आया मानो कह रहे हों 'मुझे क्यों बधाई?' मगर वह बोले कुछ भी नहीं।

सच है कि वह भारतीयता और परंपरा की बात करते थे। उनकी बेहद निजी वैचारिक खोज का यह भी एक पड़ाव था जिसका किसी राजनीतिक गुट के साथ संबंध जोड़ना उसके ऊपर मतलब थोपना ही कहा जा सकता है। हर इंसान को अधिकार होना चाहिए अपना निजी अतीत टटोलने का। उस पर किसी 'वाद' का ठप्पा लगाना उनके साथ अन्याय होगा।

इंसानी जीवन की सफलता का अगर कोई मापदंड हो तो शायद वह यही कि उसने कितनी जिंदगियों को छुआ, कितने लोगों को प्रभावित किया। निर्मल जी के शवदाह पर और उसके बाद उनके लिए किए गए शांति संगीत और फिर स्मृति पाठ में उमड़ी भीड़ से उनकी लोकप्रियता का अंदाज मिल जाता है। एक अद्भुत कल्पना शक्ति और साहित्यिक सम्पन्नता उनकी थी और उनकी कृतियों को पढ़ने का सुख अक्सर ऐसा होता है जो उन क्षणों के लिए जिंदगी के नैराश्य को पीछे ढकेलने की शक्ति रखता है। यही उनकी कला का मर्म है। एक कलाकार के लिए और कलाकार से बढ़के उसके पाठकों के लिए इससे बड़ी उपलब्धि क्या हो सकती है? उनको खोने के गहरे शोक के अंतस् में उनको पाने की शक्ति छुपी हुई है।

अनुपस्थित निर्मलता

उदय प्रकाश

पहले निर्मल वर्मा की डायरी का एक अंश—

> "हर रोज कोई मेरे भीतर कहता है, तुम मृत हो। यही एक आवाज है, जो मुझे विश्वास दिलाती है कि मैं अब भी जीवित हूँ।"

वह छब्बीस या सत्ताईस अक्तूबर 2005 की सुबह थी। लगभग सात बजे मोबाइल बजा। बिज्जी (विजयदान देथा) बोरुंदा से बोल रहे थे। बोरुंदा, जोधपुर (राजस्थान) से 105 किलोमीटर दूर है।

"ये लोग रात भर सोए नहीं हैं और सुबह से यहाँ मेरे पास बैठे हैं। अंतिम संस्कार में दिल्ली आना चाहते हैं। कितने बजे और कहाँ पर होगा? पता करके बताओ।"

मैं असमंजस में था, "बिज्जी, ऐसा संभव कैसे होगा? संस्कार तो आज ही तीन बजे शाम है। लोदी रोड पर। ये लोग वहाँ से यहाँ तक पहुँचेंगे कैसे?"

"पहुँच जाएँगे।" बिज्जी की संक्षिप्त-सी उदास लेकिन आश्वस्त आवाज थी। यह उस लेखक की आवाज थी, जो निर्मल वर्मा के लेखन का सख्त आलोचक था।

...और वे लोग सचमुच वहाँ पहुँच गए। लोदी रोड। एयर टिकट लेकर। निर्मल जी के पाठक। उनके एकांत में अपने एकांत को पढ़ने वाले, जो उस रात सो नहीं पाए थे। रात भर जागते हुए टीवी चैनल में उसी दुःखद समाचार को बार-बार देखते हुए। बस, अंत में वे एक बार साथ होना चाहते थे। किसी भी तरह। किसी भी 'कीमत' पर। शायद वे सब, जो एक साथ वहाँ पहुँचना चाहते थे, अलग-अलग और अपने में अकेले लोग थे। लेकिन एक बात निश्चित थी कि वे सब निर्मल वर्मा के पाठक थे। जैसा कभी बोर्खेस ने कहा था कि, "हर लेखक का कोई न कोई एक अपना पाठक अवश्य होता है। हो सकता है, वह पाठक उसके करीब न हो। वह पृथ्वी के किसी दूसरे छोर पर हो। अकेला अपने प्रिय लेखक को पढ़ता हुआ।...या

यह भी संभव है कि वह अभी कहीं भी न हो। वह भविष्य में कहीं छुपा बैठा हो।''

निर्मल वर्मा के पाठक थे। बहुत दूर। अनगिन अकेले पाठक। पृथ्वी के तमाम दूसरे छोरों और कोनों में बिखरे हुए। असंख्य तो अभी भविष्य में छुपे बैठे होंगे। होंगे नहीं...हैं।

दिल्ली में रहते हुए वे जिस तरह अकेले थे, एक बार उन्होंने उसकी तुलना चिड़ियाघर के पिंजड़े में कैद किसी चीते से की थी। ऐसा चीता, जो सौ गज के एक पिंजड़े के भीतर 'चलता' था। हर बार उसी बिंदु से अपनी यात्रा शुरू करके, पहले वाली फिर उसी जगह पर समाप्त करता हुआ। एक हताश अंतहीन यात्रा।... निर्मल वर्मा ने इस एकांत को स्वयं चुना था या उन्हें उसमें धकेल दिया गया था? मुझे लगता है, दोनों ही बातें थीं। अपनी डायरी में उन्होंने यह भी लिखा है–''मैं जब अकेले में सोचता हूँ–यह मैं हूँ, यह मेरा क्षण है, मेरी जगह, कोई मुझे इससे नहीं छीन सकता...तो एक गहरी राहत और खुशी महसूस होती है...मैं स्वतंत्र हूँ और पहली बार अपनी स्वतंत्रता पूरी तरह चख सकता हूँ।''

उन्होंने एक लेखक के एकांत और अकेलेपन को समझने के लिए काफ्का का फेलिस के नाम वह पत्र भी उद्धृत किया था जिसमें लेखक के एकांत की तुलना किसी संन्यासी के एकांत से नहीं, किसी मृतक के एकांत से की गई थी।

उस पल जब उनका शव चिता पर रखा जा चुका था, मुखाग्नि दी जा चुकी थी और लपटें धीरे-धीरे उन्हें घेरने लगी थीं, मुझे लग रहा था वे अपने अकेलेपन से निकलकर अपने एकांत की ओर जा रहे हैं।

निर्मल वर्मा की डायरी का दूसरा अंश–

> ''हमें समय के गुजरने के साथ-साथ अपने लगावों और वासनाओं को उसी तरह छोड़ते चलना चाहिए, जैसे साँप अपनी केंचुली छोड़ता है...और पेड़ अपने पत्तों और फलों का बोझ....! जहाँ पहले प्रेम की पीड़ा वास करती थी, वहाँ सिर्फ खाली गुफा होनी चाहिए, जिसे समय आने पर संन्यासी और जानवर दोनों छोड़कर चले जाते हैं। बूढ़ा होना...क्या यह धीरे-धीरे अपने को खाली करने की प्रक्रिया नहीं है? अगर नहीं है तो होनी चाहिए...ताकि मृत्यु के बाद जो लोग तुम्हारी देह को लकड़ियों पर रखें, उन्हें कोई भार महसूस न हो और अग्नि को भी तुम पर ज्यादा समय न गँवाना पड़े, क्योंकि तुमने अपने जीवनकाल में ही अपने भीतर वह सब कुछ जला दिया है, जो लकड़ियों पर बोझ बन सकता था...''

मैं देख रहा था, गगन किरी अधेड़ महिला के कंधे पर सिर रखकर फूट-फूटकर रो रही थी। मैं गगन को 1977 से जानता था। लगभग अट्ठाईस साल का परिचय। वह अपने अकेलेपन से निकलकर निर्मल जी के एकांत की ओर एक दिन चुपचाप चली गई थी। ठीक उसी पल के बाद हमेशा अकेले रह जाने के लिए।

वह इस समय इस तरह अनियंत्रित आवेग में शायद इसलिए रो रही थी, क्योंकि वह उन्हें अपने उस एकांत में चुपचाप हमेशा के लिए जाते हुए देख रही थी, जो उनका अंतिम शरण्य था। खुद पीछे अपने अकेलेपन में बेबस छूटती हुई। गगन की कविताओं में भी उसी एकांत की अनुगूँजें हैं। उसकी एक कविता का शीर्षक है–'अँधेरे में बुद्ध।' यह आश्चर्यजनक है कि कई वर्ष पहले, जर्मनी के हाइडेलबर्ग विश्वविद्यालय में दिए गए अपने एक व्याख्यान में निर्मल वर्मा ने ईसाइयत और इस्लाम की तुलना में बौद्ध धर्म को हिंदू अध्यात्म के करीब पाया था, क्योंकि इन दोनों में मृत्यु के पार भी एक दूसरे जीवन के दरवाजे खुले रहते हैं। मृत्यु जैसे कोई एक ऐसा कमरा... जिसके भीतर एक दूसरा जीवन टकटकी लगाए मृत्यु की दहलीज को लाँघकर आने वाले अतिथि की प्रतीक्षा करता रहता है। उन्होंने जर्मनी में दिए अपने भाषण में कहा था कि मोहम्मद साहब और ईसा मसीह संसार की ओर लौट रहे थे, जबकि बुद्ध संसार को छोड़ रहे थे। शायद इसीलिए उन्हें बुद्ध से गहरा लगाव था। वे तिब्बत की सांस्कृतिक बौद्ध अस्मिता की स्वतंत्रता के पक्ष में शुरू से थे। लेकिन हिंदी की मुख्यधारा के लेखकों-बौद्धिकों के बीच इस मामले में भी वे अकेले पड़ गए थे। तिब्बत की सांस्कृतिक अस्मिता की स्वतंत्रता के पक्ष में बोलने का अर्थ था, एक बड़ी राजनीतिक सत्ता के विरुद्ध बोलना। उस लगभग सर्वस्वीकृत आधुनिकता के विरुद्ध खड़े होना, जिसके प्रति निर्मल वर्मा हमेशा शंकालु रहे। उनके लिए राजनीति हमेशा किसी संस्कृति का ही सभ्यतामूलक व्यावहारिक रूप होती थी। वह ऐसी राजनीति को स्वीकार नहीं कर पाते थे, जिसकी जड़ें किसी संस्कृति के भीतर से न फूटी हों और जो अपने चरित्र में सिर्फ और सिर्फ सत्तावादी...'सर्वसत्तावादी' हो। 'राज' और 'नीति' के जिन दो प्रत्ययों से जिस पद की विनिर्मित हुई हो, उसके अन्तिम प्रत्यय की व्युत्पत्ति जिस 'नैतिक' पद से हुई थी और जिसका अर्थ अंग्रेजी में 'इथिक्स' या 'मोरोलिटि' से अविच्छिन्न हो, वे राजनीति को उसी रूप में देखना चाहते थे। बुद्ध के प्रति उनके लगाव का एक और कारण समझ में आता है। बुद्ध अकेले थे और संसार को तजते हुए, वैभव और ऐश्वर्य को छोड़ते हुए उस दिशा की ओर जा रहे थे, जहाँ मृत्यु किसी अनुत्तरित प्रश्न की तरह मौजूद थी। बुद्ध अपने अकेलेपन में मृत्यु का उत्तर खोज रहे थे। मुझे लगता है, कभी गगन ने उन्हें रात गए, अपनी लिखने की मेज पर झुके हुए देखा होगा। और जब उसने अपने कविता संग्रह का शीर्षक 'अँधेरे में बुद्ध' रखा होगा, तो उसकी स्मृति में उस रात के बिंब की ही कौंध रही होगी।

उस दिन लोदी रोड में, जब चिता की लपटों ने उनकी देह को चारों ओर से घेर लिया था, वहाँ से कुछ ही दूर लगातार अपनी उदास आँखों से, होठों में कोई मंत्र बुदबुदाते बौद्ध भिक्खु भी खड़े थे। तिब्बत से आए शरणार्थी। अपना शरण्य भारत की उस राजनीति में खोजने वाले, जहाँ अब किसी संस्कृति का स्वप्न और

अतीत नहीं, सिर्फ सत्ता और पूँजी की विकृतियाँ रंगीन और उत्तेजक लिबास में भोग-विलास में लिप्त थीं।

लेकिन इंदिरा गाँधी एयरपोर्ट से लोदी रोड तक पहुँचते-पहुँचते वे लोग, जो जोधपुर से आए थे, लगभग पौन घंटे लेट हो गए। वहाँ से सब लोग जा चुके थे। सिर्फ कुछ पत्रकार और मीडिया वाले थे, और कुछ ऐसे लेखक जो कैमरों के सामने बोल रहे थे। इन लोगों में उनकी कोई रुचि नहीं थी।

तब तक मैं भी वहाँ से लौट रहा था और दिल्ली की सीमा पर था। अपने घर वैशाली के बहुत करीब पहुँचता हुआ। मेरे साथ कृष्णमोहन थे। युवा कथा-आलोचक कृष्णमोहन नहीं, समकालीन युवा कवि कृष्णमोहन झा। 'सारंगी' जैसी सुन्दर कविता के कवि। उत्तर-पूर्व में पढ़ाते हैं। जे.एन.यू. के पूर्व छात्र। तभी फोन आया। ''मैं शिवदत्त बोल रहा हूँ। हम लोग लेट हो गए हैं। यहाँ से सब लोग जा चुके हैं। हम अब किसे अपनी संवेदना दें?'' फिर ठहरकर उनकी आवाज आई—''गगन जी से हमारा थोड़ा-सा परिचय है। क्या इस समय उनके पास जाना ठीक होगा? या हम ऐसे ही लौट जाएँ?''

कृष्णमोहन ने उन्हें मोबाइल से निर्मल जी के घर का पता (मयूर विहार वाला) बताया। वे मुझसे और बात करना चाहते थे लेकिन मैं कार चला रहा था और ट्रैफिक वाले सामने खड़े थे। वे लोग, जो जोधपुर से दिल्ली के लोदी रोड तक कुछ ही देर में पहुँच गए थे, बहुत संपन्न लोग नहीं थे। वे अपने या अपने परिवार के लिए एयर टिकट लेकर कहीं जाने की बात सोच भी नहीं सकते थे। लेकिन अपने प्रिय लेखक को अंतिम बार देख लेने की तीव्र उत्कंठा और बेचैनी के चलते वे हजार से भी ज्यादा किलोमीटर उड़कर लोदी रोड के श्मशान तक पहुँचे थे।

कुछ दिनों बाद जब मैं सुप्रसिद्ध कवि आलोक धन्वा को यह बात बता रहा था, तो उन्होंने गोर्की का वह संस्मरण सुनाया, जो चेखव की मृत्यु के बाद लिखा गया था। रेल के जिस डब्बे में समुद्री घोंघे, मछलियाँ, साँप और इस तरह का माल ढोया जाता था, उसी डब्बे में रूस के उस महान कथाकार का शव लाया गया था।

राहत की बात थी कि वे—यानी निर्मल वर्मा, उस रोज चेखव की तरह अकेले नहीं थे। उनके पास उनके पाठक पहुँच गए थे। और अगर अंतिम संस्कार एक दिन और रोका जाता, तो मुझे लगता है, बहुत से पाठक अपने प्रिय लेखक के साथ अंतिम बार साथ होने के लिए वहाँ और पहुँचते।

निर्मल वर्मा की डायरी का तीसरा अंश—

> ''जब मैं अपने विगत जीवन के बारे में सोचता हूँ—तो वे सब घर याद आते हैं, जहाँ मैं रहा था, नए शहर और लंबी यात्राएँ और पुराने मित्र, उन लोगों के चेहरे याद आते हैं, जो वर्षों पहले इस दुनिया को छोड़कर चले गए और

वे लोग जो अब भी इस दुनिया में हैं, लेकिन जो हमारी जिंदगी में कभी नहीं आएँगे—पढ़ी हुई किताबें, छोड़े हुए घर, छूटे हुए रिश्ते...कोई अंत है? उनके बारे में सोचता हूँ तो अपनी जिंदगी कितनी लंबी जान पड़ती है...लेकिन जब मैं अपने आप से पूछता हूँ कि इतनी लंबी जिंदगी ने मुझे क्या सिखाया—तो लगता है, कि मैंने अपना जीवन अभी शुरू ही नहीं किया...मैं उन लोगों में हूँ, जो मृत्यु के क्षण तक अपने जन्म की प्रतीक्षा करते रहते हैं।''

सोचता हूँ—क्या उनका जन्म कहीं हो गया होगा? क्या 25 अक्टूबर 2005, मंगलवार का दिन, जब उनकी मृत्यु हुई, क्या हिंदी कहानी के इतिहास में वह दिन कहीं किसी रूप में दर्ज होगा? क्या निर्मल वर्मा की उपस्थिति और उनका प्रस्थान हिंदी साहित्येतिहास में किसी कथायुग या कथा काल का संकेत करता है? यानी जिसे हम इतिहास अथवा 'हिस्ट्री' कहते हैं, उसमें निर्मल वर्मा की जगह कौन-सी है और उसकी व्याख्या क्या है? वह किस तरह से परिभाषित हो सकता है?

सामाजिक-राजनीतिक इतिहास लेखन का काम जिस तरह इतिहासकार करता रहा है, साहित्य में यह काम आलोचक करता आया था। लेकिन जैसा हम सब जानते हैं, 'अबोधताओं का युग अब बीत चुका है' (दिस इज प्रिसाइजली एन एज ऑफ एंड ऑफ अडॉलोसेंस)। आज इतिहास लिखने वाला और साहित्य की तथाकथित आलोचना लिखने वाला, दोनों ही संदेहों के घेरे में हैं। दोनों संदिग्ध हो चुके हैं। निरंतर इन दोनों ने अपनी 'संदिग्धता' को और उजागर, और अधिक पुष्ट ही किया है। आलोचक पर यह अभियोग किसी दक्षिणपंथी, भाववादी, प्रतिक्रियावादी साहित्यकार ने नहीं, स्वयं सूजान सोटेग ने अपनी चर्चित किताब 'अंगेस्ट इंटरप्रेटेशन्स' में लगाया था। वे आलोचना को सत्ता का ही एक औजार (पॉवर टूल) मानती थीं, जो असहमति के सृजन से वैसा ही बदला लेती हैं, जिस तरह सत्ताएँ असहमति की लोक-चेतना से लेती हैं। आलोचना सृजन के बीच एक वैसा ही विजातीय और बाहरी हस्तक्षेप है, जैसा किसी मनुष्य के निजी एकांत में राजनीतिक सत्ताओं की घुसपैठ। निर्मल वर्मा स्वयं 'इतिहास' की इस 'धोखाधड़ी' को अच्छी तरह से जानते थे। लेकिन क्या वे एक लेखक के रूप में इससे चिंतित रहते थे? मेरे जैसे अनेक लेखकों के लिए यह प्रश्न इसलिए महत्त्वपूर्ण है क्योंकि निर्मल वर्मा हमें नागरिक समाज के, शहरी लोक समाज के पहले सबसे अधिक महत्त्वपूर्ण 'स्वतंत्र' लेखक और चिंतक लगते हैं। वे इतिहास और मिथक को अलग करके नहीं देखते थे। इतिहास की 'धोखाधड़ी' का प्रत्याख्यान और उसका संशोधन उनके लिए उस मिथक में मौजूद लगता था, जो इतिहास के समानांतर पाठकों की स्मृतियों में निर्मित होता रहता है। हर सच्चे लेखक की हर रचना अपने पाठक की स्मृति में एक नए मिथ का निर्माण करती है और रचना की यह वही मिथकीय शक्ति है, जो आलोचना और 'इतिहास' की 'राजकीय सत्ता' से मुठभेड़ करती है। अक्सर उसे पराजित भी करती है। इसका

सबसे बड़ा और प्रसिद्ध उदाहरण तॉल्सतॉय का ही है। मशहूर कहावत है कि जब कोई रचनाकार अपने समय पर कोई छाप छोड़ता है, तो छाप को मिटाने के लिए कई दर्जन आलोचक 'रबर' (इरेजर) लेकर दौड़ते हैं।

निर्मल वर्मा तो उस समय भी लिख रहे थे, जब इतिहास के अन्त की घोषणा उत्तर-आधुनिकतावादियों ने कर दी थी। 'पूर्वग्रह' को दिए गए एक साक्षात्कार में (हालाँकि इसमें कुछ हास्य जैसा भी है, जो निर्मल जी की 'गंभीरता' का ही एक पक्ष था) उन्होंने कहा था—"आज तक के जितने भी आख्यान हैं, टॉमस मान के डॉक्टर फाउस्ट से लेकर आज तक के, वे इतिहास या मिथ (जिन्हें अलग करके मैं नहीं देखता) के आख्यान हैं। लेकिन इतिहास के अंत के बाद समय का क्या हश्र होगा और मनुष्य की स्मृति के लिए क्या कोई 'स्पेस' बचा रहेगा—इस बोध से रचना करना, मैं नहीं समझता कि किसी लेखक ने इसकी परिकल्पना की होगी। तॉल्सतॉय ने मृत्यु की परिकल्पना जरूर की थी और अपनी मृत्यु से त्रस्त होकर कहानियाँ भी लिखी थीं, जिनमें उन्होंने मृत्यु के बाद के शून्य और त्रास को व्यक्त किया, लेकिन तॉल्सतॉय जानते थे कि मेरी मृत्यु के बाद भी मेरे उपन्यासों को पढ़ा जाएगा। यानी उसके बाद भी जीवन और 'इतिहास' (या मिथक और स्मृति से रचा जाता इतिहास—उ.प्र.) जारी रहेगा।" अब हिंदी के 'आलोचक' और हिंदी साहित्य के 'इतिहासकार' निर्मल वर्मा की कथा समय में उपस्थिति को जिस तरह भी रेखांकित करें, उनकी कहानियों, उपन्यासों, निबंधों, जर्नल्स और डायरियों के एक पाठक की हैसियत से मुझे लगातार लगता है कि हिंदी कहानी में उनका होना लगभग उसी तरह था, जैसा रूसी कहानी में चेखव का होना। यह संयोग ही है कि जिस समय निर्मल वर्मा का निधन हुआ, उस समय कथा सम्राट (इस सामंती विशेषण को सहन करें) प्रेमचंद की, जिन्हें हिंदी के आलोचकों ने 'हिंदी का गोर्की' मान लिया था, की सवा सौवीं जयंती मनाई जा रही थी। वहाँ यह याद करने की जरूरत है कि निर्मल वर्मा ने अपने एक निबंध में लिखा था कि 'जिस तरह यूरोप की आधुनिक यथार्थवादी कहानी गोगोल के 'ओवरकोट' से बाहर निकली, उसी तरह हिंदी की आधुनिक यथार्थवादी कहानी का जन्म मुंशी प्रेमचंद की कहानी 'कफन' से हुआ।'

क्या नहीं लगता कि जिस तरह रूसी भाषा में तॉल्सतॉय, गोर्की और चेखव एक ही कथा परंपरा के बड़े कथाकार थे, उसी तरह प्रेमचंद और उनकी परंपरा के अन्य कथाकारों की तरह निर्मल वर्मा चेखव के स्थान पर (हिंदी में) थे।

लेकिन यह प्रमेय समस्यामूलक है। यह एक 'प्रॉब्लेमेटिक' है। क्योंकि एकध्रुवीय, सपाट और ग्लोबल हो चुकी पूँजीवादी राजनीतिक सत्ताएँ और उनके भारतीय साझीदार इस प्रमेय से असहमत होंगे। कारण यह कि उनकी 'प्रदर्शनकारी' राजनीति अभी तक बीसवीं सदी के दो ध्रुवों वाले कूट खेल पर निर्भर है। उनका 'डायलेक्टिक्स' तब तक संभव नहीं होता, जब तक वे दो कृत्रिम ध्रुवान्तों का 'निर्माण' करके उनमें

से एक 'कृत्रिम' में अपने लिए सत्ता-स्थल (पॉवर-स्पेस) न खोज लें।

तो समस्या यह है कि जो निर्मल वर्मा 1968 से ही रूस की राजनीतिक राज्यसत्ता से अपनी असहमति को सार्वजनिक तौर पर प्रगट कर चुके थे, उन्हें एक महान रूसी कथाकार चेखव की पदवी कैसे दी जाए? शायद निर्मल वर्मा ने जब 1968 में चेकोस्लोवाकिया में रूस के अतिक्रमण का विरोध किया था, उसी समय उन्हें अपने 'इतिहास' से बाहर फेंक दिए जाने का अंदाजा हो गया था। 'इरेजर' लेकर उनकी हर रचना, हर कथा की ओर दौड़ने वाले 'आलोचक-इतिहासकारों' की तादाद खासी बड़ी थी। फिर सरकार और उसकी संस्थाओं का सहयोग भी इन 'रबरधारियों' को हासिल था, क्योंकि अगर सूजान सोटेग के शब्दों का स्मरण करें, तो वे कोई और नहीं, सत्ता के ही 'हथियार' थे। संभवतः इसीलिए निर्मल वर्मा ने उसी साक्षात्कार में कहा था—"आज बीसवीं शताब्दी के अंत में 'पोस्टमॉडर्निटी' आदि की बहसें हो रही हैं और इतिहास के अंत की बात कही जा रही है, लेकिन चेकोस्लोवाकिया में, मैं समझता हूँ, यह वह क्षण था जिसे हम इतिहास का अंत कह सकते हैं। जिसे ज्यां फ्रांसुआ लियोतार अपनी किताब 'दि पोस्टमॉडर्न कंडीशन' में 'एंड ऑफ हिस्ट्री' कहते हैं।" उन्नीसवीं शताब्दी की आदर्शमूलक धारणाओं का हश्र बीसवीं सदी के उत्तरार्द्ध में जिस तरह हुआ है, उसकी कल्पना किसने की थी?

लेकिन भारत में 1975 के दौरान एक बार फिर उसी तरह 'इतिहास का अंत' हुआ। इतिहास की 'धोखाधड़ी' को अच्छी तरह से जानने वाले निर्मल वर्मा ने एक सच्चे, निर्भय और नैतिक लेखक की तरह फिर अपनी असहमति प्रगट की। दोनों ही बार वे बीसवीं सदी के आदर्शवादी सिद्धांतों-अवधारणाओं के पक्ष में बोले, इतिहास से बाहर कर दिए जाने के खतरे को जानते हुए भी।

उस दिन इंडिया इंटरनेशनल के सभागार में निर्मल वर्मा की शोकसभा में जो लोग आए हुए थे, उन्होंने वहाँ भी इतिहास, स्मृति और मिथकों की टकराहट देखी होगी। विख्यात कवि जोसेफ ब्राडस्की ने 'इतिहास' से बाहर फेंक दिए गए रूसी कवि ओसिप मांदेल्स्ताम के बारे में कहा था कि 'पुश्किन और मांदेल्स्ताम की कविताएँ जब तक रहेंगी, तभी तक रूसी भाषा बची रहेगी।' लगभग यही यहाँ निर्मल वर्मा के बारे में कहने का मन हो रहा है।

हमउम्र होने का जादू

राजुला शाह

"तुम्हारा पत्र बहुत ध्यान से पढ़ा है। मुझे लिखने के पूर्व तुमने अपने से भी पूछा होगा–तुम्हारे पत्र से आभास मिलता है, कि तुमने पूरा उत्तर ना सही, समाधान की दिशा पा ली है। वही ठीक है। वही सच है जो तुमने सोचा है। पेंटिंग एकांत का तप है। वहाँ कोई दूसरा नहीं, सिर्फ तुम हो। तुम्हें सब कुछ भुलाकर अपना सामना करना होगा। यह मुश्किल चीज है। मुश्किल चीजें ही सच होती हैं। वही सबसे सहज भी होती हैं। जीवन में वही 'चीज' चुननी चाहिए–चाहे वह व्यक्ति हो या वोकेशन जो तुम्हारे भीतर के अवरुद्ध को तोड़कर गति दे सके। देखा जाय तो चुनाव फिल्म या पेंटिंग के बीच नहीं है। हमें अपने भीतर उस बीज सत्य को पहचानना होगा, जो अपने को पल्लवित करने की राह स्वयं चुन सके। कोई दूसरी राह नहीं है।"

ना जाने कितनी दफे, निर्मल जी को ऐसे ही सवालों, बेचैनियों, उलझनों से हैरान किया होगा और जवाब में उनकी चिंता का ऐसा ही कोई जाना पहचाना और प्रतीक्षित स्वर सुना होगा। कुछ ऐसी बातें, जो केवल निर्मल जी ही कह सकते थे, मगर कहते यूँ थे कि "मुझे मालूम है मैं वही सब कुछ लिख रहा हूँ जो तुम्हें पहले से मालूम है–मैं नया कुछ भी नहीं कह रहा हूँ...."

इसी तरह वे हमें बचपन से बरगलाते आए थे, हमारी छोटी से छोटी बात को पूरी तवज्जो देते हुए–हमसे खरबूजे की अंग्रेजी सुनकर चमत्कृत होते हुए, हमें लंबी कहानी कहकर 'उपन्यास' समझाते हुए, हमारे बी.ए. में संस्कृत पढ़ पाने से रश्क करते हुए और न जाने क्या-क्या। बाद के दिनों में यह सोचकर कुछ झेंप भी लगती थी कि कैसे उनके निराला सृजनपीठ के दिनों में हम वक्त बेवक्त धड़धड़ाते हुए उनके यहाँ धावा बोल दिया करते थे। संभव है उस वक्त हमें इसका अंदाजा ही न हो कि वे दिन-दिन भर टेबल पर झुके क्या किया करते थे। अब *कव्वे और काला पानी* पढ़ते हुए बड़ी शर्म आती है, कि जाने किस कहानी के किस-किस वाक्य

पर उन्हें अपनी कुर्सी से उठाया होगा। किन्तु तब तो, हर बार दरवाजा खोलकर हमें भीतर बुलाते उन्हें देख-मिलकर यही आभास होता था जैसे वे हमारा ही इंतजार करते रहे हों।

निर्मल जी शायद अकेले ऐसे बड़े थे जो पहले दिन से बराबर के लगे। ऐसी कोई वजह नहीं थी कि वे वैसी बराबरी से पेश आते। पर शायद वे कोई और तरीका नहीं जानते थे। यह सिर्फ मेरा व्यक्तिगत अनुभव नहीं है। वे हर एक का हमउम्र हो पाने का जादू जानते थे।

बरसों पुरानी झेंप को स्वीकारते हुए मैंने एक बार उनसे पूछा—''निर्मल जी सच कहिए, वो जो हम इतनी दादागिरी जमाते हुए आपके एकांत को रौंदते हुए घुस आते थे, आपको गुस्सा तो आता होगा?'' अपनी चिर परिचित गंभीर मुद्रा में धीरे-धीरे सिर हिलाते हुए वे बोले—''कभी नहीं। बल्कि मुझे तो हर बार लगता था कि चलो कुछ देर को मुक्ति मिली। मेरे लिए लिखना हमेशा ही बहुत यातनादायक रहा है।''

यातना, दर्द, पीड़ा, दुःख, अकेलेपन को अपने लेखन में इतनी गहराई में से उलीचने वाले रचनाकार के बारे में यह बात पहले भी जानी हुई थी, किंतु फिर भी नए सिरे से अचरज हुआ। यह वही निर्मल वर्मा हैं, जो मानते हैं कि 'अपनी' पीड़ा के बारे में 'दूसरे' से चर्चा नहीं की जा सकती। हममें से किसी को याद नहीं आता कि कभी भूले से भी उनके मुँह से किसी कष्ट, दुःख, तकलीफ का जिक्र भी सुना हो।

पिछली दफे दिल्ली में अस्पताल के एक बहुत ही कोलाहल भरे, जनरल वार्ड सरीखे आई.सी.यू. में जब उनसे भेंट हुई तो कहने लगे—''कल रात सोच रहा था कि यह कठिन वक्त, यह सफरिंग जो हमारे हिस्से में आई है, उसका अगर हम कुछ बना नहीं पाते हैं, तो उसका आना तो बिल्कुल व्यर्थ कहा जाएगा—शीयर वेस्ट।''

कैसी उत्कटता है यह? जीवन को जीने की कैसी ललक कि कुछ भी को अपने ऊपर से यूँ ही गुजर जाने नहीं दिया जा सकता? ''एक भी बारिश को दर्ज किए बिना कैसे गुजर जाने दिया जा सकता है!'' विन्सेंट नामक चित्रकार अपने भाई, थियो को लिखता है। शायद इस उत्कटता से जीने में ही उम्र से दोगुना, चौगुना जीना संभव होता है, जिसकी आँच में फिर कई दूसरे क्षीणकाय और दुर्बल लोग अपना पहाड़ सा सर्द जीवन काट सकें। निर्मल जी लेखक, चिंतक और व्यक्ति के रूप में एक ऐसा ही धधकता अलाव थे जिसके बुझने से हिंदी की यह सर्द शाम बेतरह गहरा गई है। पर शायद जिन्होंने उस गर्माहट को अपने भीतर सहेजकर रखा है उन सबके लिए वह उनकी रचनाओं में वैसे ही तहाकर रखी हुई मिलती रहेगी।

यह किसी सौभाग्य से कम नहीं कि उनके जैसे रचनाकार और व्यक्ति को इतने निकट से जानने का अवसर मिला। पिछले अगस्त की उस शाम में, निर्मल जी और गगन जी यासूजीरो ओजू की फिल्म 'टोक्यो स्टोरी' देख रहे थे। निर्मल

जी कुछ ही समय पहले अस्पताल में लंबी अवधि बिताकर लौटे थे। वे नाक में ऑक्सीजन की नली लगाए टी.वी. के ऐन सामने बैठे थे। उनकी लगभग पीठ मेरी तरफ थी। मैं कनखियों से बीच-बीच में उनकी तरफ देख रही थी। चूँकि फिल्म मेरा चुनाव था, सो उस शाम वैसी उदास फिल्म के चुनाव पर खुद को कोसते हुए मैं कभी उनकी ओर कभी गगन जी की ओर देख रही थी। सामने मेरे प्रिय फिल्मकार की फिल्म चल रही थी, जो मैं देख नहीं पा रही थी। एकाएक निर्मल जी पलटे और मेरी तरफ घूमकर बोले, ''आय लाइक दिस फिल्म वेरी मच।''

किंतु फिल्म लंबी थी। खासतौर पर उनकी तबीयत को देखते हुए आज मुझे भी कुछ ज्यादा लंबी लग रही थी। उन्हें बीच में उठना ही पड़ा। वे बहुत थकान महसूस कर रहे थे। रात भी काफी हो गई थी। हमें खाने के लिए थोड़ा विराम लेने का सुझाव दे, वे परदा उठाकर अपने कमरे में चले गए। हमने भी उनका सुझाव लेकर कुछ जल्दी से खा लेना उचित समझा। खाने के बाद हम दोबारा अपने मोर्चे पर डट गए। जैसे ही गगन जी फिल्म को पॉज से प्ले में लाईं, देखा पीछे से निर्मल जी पर्दा उठाकर दोबारा बाहर चले आ रहे हैं–''मैं भी देख लेता हूँ।'' वे बोले और अपनी ऑक्सीजन की नली नाक में लगाकर पहले की तरह 'टोक्यो स्टोरी' में डूब गए। बस।

मन में निर्मल जी की यह अंतिम छवि है, जिसमें अंतिम जैसा कुछ भी नहीं है।

एक निर्मल स्मृति

ओम थानवी

चिता अभी आधी भी नहीं जली थी। सब लोग लौट चुके थे। प्रभाष जी हैरानी प्रकट कर रहे थे कि दिल्ली में शवदाह का यह अजीब रिवाज है। चिता से अग्नि की छुअन के साथ ही वापसी की पदचाप शुरू हो जाती है। हम चिता की बगल में पत्थर की एक बेंच पर बैठे थे। चिता की आँच और राख रह-रहकर इसी तरफ आती थी। हर झोंका आग की लपटों के साथ यादों के अनगिन थपेड़े साथ लाता था।

मेरी सूनी नजर चिता पर टिकी थी, बल्कि उनके कपाल पर। मगर जो दिखता था वह चिता नहीं थी। अतीत के दृश्य, एक के बाद एक और कभी एक-दूसरे पर गड्डमड्ड होते हुए, आँखों के सामने तैरते निकल जाते थे। सत्ताईस साल पहले बीकानेर में हुई पहली मुलाकात से लेकर कल रात उनकी आखिरी साँसों की चाल तक के मंजर इस तरह जिंदा थे कि मुझे अपनी याददाश्त पर हैरानी होती थी।

कल रात की घटना तो लगता है क्षण-भर पहले की हो। निर्मल जी की सेवा में डटी गगन गिल का घबराए स्वर में फोन आया कि हालत बिगड़ती जा रही है। उस वक्त मैं इंडिया इंटरनेशनल सेंटर में परिवार के साथ एक फिल्म देख रहा था। बेटी को वहीं छोड़, मैं और पत्नी फौरन एम्स पहुँचे। आईआईसी से निकलते वक्त रामू (प्रो. रामचंद्र) गाँधी ने रमण महर्षि का एक छोटा चित्र थमाते हुए कहा कि इसे मेरे अजीज मित्र के तकिए के नीचे रख देना। गहन चिकित्सा कक्ष का लबादा पहन मैं भीतर गया। निर्मल जी की साँस चल रही थी। उनके चेहरे पर कुछ रोज की दाढ़ी उग आई थी। ऐसा शायद पहली बार हुआ था। अस्पताल के प्राइवेट वार्ड में भी वे अपनी दाढ़ी कभी बढ़ने नहीं देते थे। मैंने देखा, उनके पीछे आधुनिक संयंत्रों का जंजाल है और तारों का जाल उनसे निकलकर निर्मल जी के अंग-अंग पर छाया हुआ है। बाईं हथेली मेरे ठीक सामने थी। अँगुलियाँ सूजी थीं और उनकी पोरों में खून जमा था।

रामू गाँधी की दी तस्वीर मैंने उनके तकिए के नीचे रख दी। मेरे मुँह से अनायास निकला—"निर्मल जी!" मुझे लगा उनमें कुछ हरकत हुई। डॉक्टर ने कहा, भ्रम हुआ होगा। ये 'ब्रेन-डेड' हैं। वापस नहीं आएँगे। हाँ, साँस थमने में जरूर वक्त लग सकता है। मैं कक्ष से बाहर निकलकर आठवीं मंजिल से पाँचवीं मंजिल के प्राइवेट वार्ड में, जैसे अपने आपको अनिष्ट के लिए तैयार करते हुए पहुँचा और निर्मल जी की बहन और रामकुमार जी की पत्नी से कहा कि आज की रात निकल जाएगी। उन्होंने राहत की साँस ली। पर उसी वक्त गगन के भाई ने आकर कहा : निर्मल जी चले गए।

जीवित रहने और न रहने में इतना मामूली फर्क हो सकता है, मैंने पहले कभी महसूस नहीं किया था।

प्रभाष जी ने पुण्य प्रसून और अभी-अभी आ पहुँचे प्रियदर्शन से मुखातिब होते हुए शवयात्रियों के आने-जाने का जिक्र छेड़ा तो सहसा मुझे वात्स्यायन जी की अंतिम यात्रा का स्मरण हो आया। निगम बोध घाट पर 'अज्ञेय' भस्मीभूत हो चुके थे। तब शोकाकुल लोग धीमे-धीमे वापस हुए थे। रघुवीर सहाय को कोई कंधे पर हाथ रखकर कहता था कि अब आप चलें। विलाप करती कपिला जी को ढाढस बँधाकर लोग घर भेज चुके थे। सबके साथ इला जी को भी हमने जाते देखा। अशोक शास्त्री और मैं जयपुर से आए थे। कुछ देर के लिए हम लोग बाहर निकल आए और थोड़ी देर बाद घाट लौटकर विस्मय से देखा कि चबूतरे पर, जहाँ 'अज्ञेय' की चिता बुझ रही थी, सफेद साड़ी में इला जी अपलक अकेली खड़ी हैं। हम दबे पाँव बाहर लौट आए।

निर्मल जी के साथ वात्स्यायन जी की याद मुझमें जब-तब यों भी उमड़ आती है। दोनों से एक साथ मुझे पहली मुलाकात का मौका मिला था। 1978 में वे राजस्थान साहित्य अकादमी के 'नवांकुर लेखक सम्मेलन' में हिस्सा लेने बीकानेर आए थे। निर्मल जी धीमे स्वर में बहुत सोच-सोच कर बोलते थे, खुद अपने से बात-सी करते हुए शब्दों के बीच एक लयभरा ठहराव देते, जैसे हर शब्द में नई जान भरने की कोशिश कर रहे हों।

हम सुनने वालों को उन्होंने अपने वक्तव्य से सही अर्थों में मंत्र-मुग्ध कर दिया। लेकिन जैसे अपने उद्बोधन पर खुद उन्हें शंका हो, वे बाद में वात्स्यायन जी के करीब प्रश्नाकुल मुद्रा में आकर खड़े हो गए। अक्सर अपनी राय न देने वाले 'अज्ञेय' ने उनकी संक्षिप्त मगर उन्मुक्त तारीफ की। एक राहत मैंने निर्मल जी के चेहरे पर साफ पसरते देखी, मानो किसी अंधी गुफा से वे बाहर निकल आए हों। (यह जुमला उन्होंने उसी भाषण में सभ्यता के संकट के लिए प्रयोग किया था) पूरे

सम्मेलन के संवाद से वात्स्यायन जी जरूर संतुष्ट नहीं थे और अपने समापन भाषण में उन्होंने कहा कि वहाँ 'बात कम हुई, चीत ज्यादा'।

बहरहाल, एक पहुँचे हुए लेखक की उस ऊहापोह पर मैंने कोई बीस बरस बाद, जब निर्मल जी के साथ संबंध गहरा हो गया, सवाल खड़ा किया। निर्मल जी ने जवाब में एक किस्सा सुनाते हुए कहा कि पेशेवर वक्ता को छोड़कर हर रचनाकार के साथ ऐसा होता है। उन्होंने बताया कि बीकानेर के सम्मेलन के कई साल बाद दिल्ली के इंडिया इंटरनेशनल सेंटर में उस दफा पहले वात्स्यायन जी के बोलने की बारी थी। चाय के लिए हॉल से बाहर आते ही उन्होंने निर्मल जी से पूछा, "पास कि फेल?" निर्मल जी अचकचा गए और उनके सवाल को समझ नहीं सके तो वात्स्यायन जी ने मुस्कुराते हुए फिर कहा, मुझे कितने नंबर मिले? निर्मल जी के मुँह से निकला, "फर्स्ट क्लास! फर्स्ट क्लास फर्स्ट!" मुझे लगा जवाब देते हुए, बड़ी आँखों में मासूम चमक के साथ, निर्मल जी के दाएँ हाथ की अँगुली मद्धम गति से हवा में लहराई होगी।

लेखक की इस ऊहापोह के बारे में निर्मल जी से कई बार बात हुई। वे कहते थे कि जो कुछ तय कर लिखना शुरू होता है, वह रचना पूरी होने के बाद बहुत पीछे छूट जाता है। यहाँ तक कि छपने के बाद भी कभी-कभी संशय बना रहता है। अगर किसी प्रसिद्ध रचना के बारे में मैंने अपनी राय रखी कि अमुक अंश में अनावश्यक विस्तार लगता है या पात्र ज्यादा तर्क-प्रधान हो गए हैं तो बगैर झिझके वे कहते थे कि मुझे तुम्हारी बात ठीक जान पड़ती है! मुझे लगता वे मेरा दिल रख रहे हैं। लेकिन ज्ञानपीठ पुरस्कार लेते वक्त जब मैंने इस विषय पर उनके आत्म-स्वीकार को सुना तो उनकी विनय और ईमानदारी पर द्रवित हो उठा। उन्होंने कहा था कि यह पुरस्कार मेरे लिए नहीं उन पुस्तकों के लिए है, "जिन्हें मैंने अनेक आत्म-संशयों और शंकाओं के कुहासे के बीच लिखा था, जहाँ जितना सत्य दिखाई देता था, उससे कहीं ज्यादा छिपा रहा था...।"

मृत्यु के थोड़ी देर बाद जब मैं उनकी छोटी बहन निर्मला से बात कर रहा था, उन्होंने बताया कि अक्सर निर्मल जी लिख-लिखकर बहुत सारा काट देते थे। बहनें अगले रोज छुपकर उनकी अधूरी कहानी पढ़ने पहुँचतीं और पातीं कि वह और अधूरी हो गई है। तब वे भाई को छेड़तीं कि—निर्मल, तुम लिखते कम, काटते ज्यादा हो!

बीकानेर में हुई सामान्य भेंट के दो वर्ष बाद वत्सल निधि की तरफ से लखनऊ के साक्षरता निकेतन में जो पहला लेखक शिविर आयोजित हुआ, उसमें मुझे भी आमंत्रण मिला। वहाँ निर्मल जी के निकट आने का और अवसर हासिल हुआ। बाद में दिल्ली जाने पर जब कभी उनसे मिलने का मन हुआ, पता चलता कि वे विदेश प्रवास पर हैं।

1989 में चंडीगढ़ पहुँचने के बाद उनसे भेंट का नया सिलसिला शुरू हुआ। दस साल बाद दिल्ली आने पर तो वह नियमित ही हो गया। किसी शाम मैं उनके घर चला जाता था या वे मेरे घर आ जाते। आई. आई. सी. में भी अक्सर उनसे मिलना हो जाता था। वहाँ के माहौल में उन्हीं की बैठक मुझे अपने लिए ऐसी जान पड़ती थी कि बगैर बुलाए कुर्सी खींचकर उनके साथ बैठ सकता। पता नहीं उनसे क्या तार जुड़ता था कि लोगों को हमेशा गंभीर दिखने वाले निर्मल जी कई बार किस्से सुनाते, लतीफों पर ठहाके लगाते और शरारत भरी चुटकियाँ भी लेते थे।

एक दफा कुछ कवि-लेखकों की कंजूसी का जिक्र चला। मैंने कहा, ''वे लोग कभी अपनी जेब में हाथ नहीं डालते...।'' आगे का वाक्य उन्होंने खुद पूरा कर दिया—''क्योंकि वे दूसरों की जेब में हाथ डाल देते हैं!'' अपने मजाक पर वे बड़ी जोर की हँसी हँसते, गर्दन थोड़ा झुकाकर, जैसे अपनी चुटकी पर मुदित भी हों और झेंप भी रहे हों। एक दफा उन्होंने कुछ इसी तरह मुझ पर भी चुटकी ली। मैंने कहा मैं कितना कृतज्ञ महसूस करता हूँ कि आप सरीखे लेखकों को पढ़-पढ़ कर मैं हिंदी सीख गया और पत्रकार बन गया...। वे बोले, ''वाह! तुम हमें पढ़-पढ़कर कहाँ के कहाँ पहुँच गए और हमें देखो हम करोलबाग से पटपड़गंज पहुँच गए!'' उन्होंने 'पट-पड़' की 'पढ़-पढ़कर' से तुक मिलाई थी। बाद में मैंने यही बात भोपाल में एक संगोष्ठी में भी कही कि निर्मल जी और दूसरे हिंदी साहित्यकारों के पाठ की बदौलत कैसे वाणिज्य की पढ़ाई करके मैं हिंदी पत्रकारिता में आ गया; निर्मल जी ठीक मुझसे अगली कुर्सी पर बैठे थे। मैंने देखा वे मेरी बात कुछ ऐसे सुन रहे हैं जैसे पहली बार सुन रहे हों। उन्हें खूब याद रहता था, पर मुझे लगा अब शायद उनका भूलने का दौर शुरू हो गया है। लेकिन यह मेरी भूल थी। अंतराल में बाहर निकले तो निर्मल जी बोले, ''तुम कॉमर्स के विद्यार्थी थे?'' मैंने कहा, ''और क्या। साहित्य तो स्वैच्छिक पढ़ा है।''

''मगर उस रोज तुमने यह नहीं बताया था!....'' उस रोज, यानी पटपड़गंज वाली चुटकी के वक्त।

स्मृति निर्मल जी का प्रिय शब्द था और उनकी अपनी स्मृति हमेशा तीव्र बनी रही। उनकी आँखों की तरह। उन्हें दूर देखने के लिए कभी चश्मा नहीं लगाना पड़ा।

निर्मल जी का साहित्य मैंने कमोबेश पूरा पढ़ा है। अनेक कृतियाँ एकाधिक बार। *अंतिम अरण्य* को तीसरी बार शिमला ले जाकर पढ़ा। अजीब संयोग था कि 'पीटर हॉफ' के लॉन में धूप सेंकते हुए मैं जब उपन्यास पढ़ रहा था, निर्मल जी का फोन आया। मैंने उन्हें बताया कि पहाड़ की दास्तान पहाड़ों के बीच पढ़ने का अलग ही सुख है। उपन्यास पर देर तक बात होती रही। मेरी प्रतिक्रिया वे गौर से सुनते रहे।

मैंने तब कहा था कि इस उपन्यास को पढ़ते हुए कई कलाओं का आस्वाद एक साथ मिलता है। एक अंश की मैंने ध्रुपद के आलाप से तुलना की और दूसरे की सिनेमा से। सिनेमा वाली बात लगा उन्हें बहुत जँची। मैंने कहा कि इस उपन्यास पर फिल्म बनाने वाले को ज्यादा कुछ नहीं करना पड़ेगा। मैंने उस अंश का हवाला दिया जिसमें निरंजन बाबू के साथ ऊँचाई पर हवा को सुनने के सुख का वर्णन है। निर्मल जी लिखते हैं : ''धीरे-धीरे सारा आकाश तारों से भर आया था। एक हल्का-सा आलोक चारों ओर फैला था, पेड़ों पर, लॉन पर, कॉटेज पर...हवा में झूला अपने आप, अपनी ही खुमारी में झूल रहा था।''....या जंगल से लौटते वक्त उस सँकरी पगडंडी पर बातचीत का दृश्य जिस पर दो व्यक्ति आगे-पीछे ही चल सकते हैं। मैंने कहा कि यह एक दृश्य नहीं, पूरी दृश्यावली है। व्यापक दृश्य, धीमे-धीमे सरकते हुए, कैसे किसी क्लोजअप की तरह नजदीक जाकर ठहर जाता है...।

निर्मल जी बोले, ''तुम्हें इस उपन्यास पर यह सारा अनुभव एक लेख की शक्ल में लिखना चाहिए।'' मैंने कहा, ''साहित्य में एक पत्रकार की इस उड़ान का लोग मजाक बनाएँगे।'' उन्होंने कहा, ''बिल्कुल नहीं। लोगों के लिए यह बहुत रुचिकर होगा।'' बाद में दिल्ली में इस नजरिए के इर्द-गिर्द उनके साथ मैंने अपनी यह बयानबाजी जारी रखी। पर लिखने का साहस कभी जुटा नहीं पाया।

निर्मल जी गंभीर लेखक थे, मगर उनके व्यक्तित्व के दो पहलू थे। गंभीर और अलमस्त। हालाँकि उनकी मस्ती, चुहल और हँसी-ठट्ठे पर भी गंभीरता का बोझ बीच-बीच में अनचाहे लद जाता था। ठहाका लगाते हुए उनका सिर छत की तरफ न जाकर फर्श की तरफ मुड़ता था। हँसी में आवाज पर काबू पाने की अपनी सफल कोशिश में कभी-कभी उनकी बत्तीसी, जो उन्होंने सार्वजनिक तौर पर कभी बाहर नहीं रखी, के बीच से सिर्फ हवा फूटती दिखाई पड़ती थी। गोया हम किसी मूक फिल्म में हँसने का दृश्य देख रहे हों। हँसी में आवाज के असर को भले वे किसी तरह दबा लेते हों, उनका पोर-पोर पुलकित चेहरा उनके उस आनंद को खूब उजागर कर देता था, जो आज के दौर में (ज्यादातर ओढ़ी हुई) गंभीरता और कहीं-कहीं मनहूसियत भरे माहौल में दुर्लभ हो चला है।

उम्र के आखिरी पड़ाव में उनमें बेचैनी ज्यादा दिखाई पड़ती थी। उत्तेजित वे कभी भी हो सकते थे। अंतरंग बैठकों में अनिच्छुक उत्तेजना भी उमड़ आती थी। कभी-कभी तनाव के अजीब दृश्य उपस्थित हो जाते थे। मगर उनका तनाव किसी न किसी वैचारिक असहमति के साथ भड़कता था। इसका वे पछतावा भी शायद नहीं करते थे। रात-गई-बात-गई के अंदाज में अगले रोज सहज रूप में पेश आते थे। कई दफा मेरे सामने वे अशोक वाजपेयी, के. विक्रम सिंह, प्रयाग शुक्ल से लेकर पत्नी गगन गिल तक से उलझे। एक बार गगन ने कार खरीदने का मन जब बना लिया तो वे कई रोज बेचैन रहे। वे सोचते थे, तिपहिए से आने-जाने में कम झंझट

है। उन्हें शायद यह भी लगा कि कार के लिए मैंने गगन को उकसाया है। उन्होंने ऐसा कभी कहा नहीं, पर एक बार दिन-भर की दौड़-धूप के बाद, बगैर कोई कार पसंद किए, हम घर लौटे तो निर्मल जी की बेचैनी आसमान पर थी। वे बिगड़ गए। मैंने उनके गुस्से की उपेक्षा करते, शायद कुछ उनके दिए अधिकार से आग्रह किया कि कार जरूरी है, जो आएगी। इस उम्र और आपके ऐसे स्वास्थ्य में जाने कब उसकी जरूरत पड़ जाए। इस बात पर वे नरम पड़ गए। मैं जानता हूँ कि बाद में उन्होंने गगन की कार में इतने चक्कर घर और अस्पताल के बीच लगाए कि पुरानी कार के पैसे इसी में वसूल हो गए। आखिरी दिनों में तो ऐसा लगता था वे अस्पताल से घर सिर्फ लौटने के लिए आते हैं।

पिछले वर्ष जब उन्होंने पचहत्तर वर्ष पूरे कर लिए, उनका जन्मदिन मनाने के लिए कुछ लेखकों-कलाकारों को मैंने अपने घर बुलाया था। नामवर सिंह, कुँवर नारायण, कृष्ण बलदेव वैद, रामकुमार, केदारनाथ सिंह, अशोक वाजपेयी, के. विक्रम सिंह, शमशाद हुसेन आदि बहुत-से आत्मीय लोग थे। उस रात अपने अशोक वाजपेयी से उन्होंने गरमागरम बहस की और जिन वैद जी से कुछ खिंचे रहते थे, उनके गले में बाँहें डालकर देर तक बतियाते रहे। यह उनके व्यक्तित्व का द्वैध नहीं था, खूबी थी। अगले रोज हमारी बेटी अपरा उनके घर जाकर, उन्हें एक घंटे एकटक बैठे रहने की जहमत देकर, एक पोर्ट्रेट बनाकर दे आई। और हमारे तईं उनका अमृत महोत्सव इस श्रद्धा में संपन्न हुआ।

निर्मल जी से आत्मीय रिश्ते का एक नया आयाम सिनेमा भी बना। नाटक, संगीत और सैर-सपाटे के बाद मेरे फितूर का नया पड़ाव सिनेमा था। यह उनकी पुरानी कमजोरी निकला। दिल्ली में फिल्म क्लब की वे बहुत-सी फिल्में देख लेते थे। हमारे घर में किताबें तक रखने को जगह नहीं थी और घरवालों के टोकते-न-टोकते मैंने विश्व सिनेमा के क्लासिक जुटाने शुरू कर दिए। एक होम-थिएटर भी कमरे में स्थापित कर दिया। निर्मल जी ने इस जुनून की खुले दिल से तारीफ ही नहीं की, हमने मिलकर जब-तब घर में फिल्मी अड्डा जमाना शुरू कर दिया। जब अकीरा कुरोसावा की 'ड्रीम्स' मैं बाहर से लाया और उनके साथ घर में उसका 'प्रीमियर' किया (बाद में फिल्म आई.आई.सी. फिल्म-क्लब में भी दिखाई) तो उस पर लंबी चर्चा उन्होंने की।

उन्होंने 'ड्रीम्स' पर मेरी राय पूछी तो मैंने कहा कि फिल्म में सब कुछ जरूरत से ज्यादा व्यक्त है। उन्होंने आँखों में जानी-पहचानी चमक लाकर दाएँ हाथ की अँगुली की मद्धम हिलोर के साथ सहमति प्रकट करते हुए कहा—"हाँ, बहुत 'लाउड' है।" निर्मल जी को छोड़ मुझे एक व्यक्ति अब तक नहीं मिला है जो 'ड्रीम्स' की मुक्त कंठ से कोरी प्रशंसा न करता हो। फिल्म का झोल निर्मल जी बड़ी खूबी से पकड़ते थे।

नागरी में प्रचुरता में उपलब्ध उर्दू साहित्य निर्मल जी मेरे खयाल में कुछ कम पढ़ते थे। ऐसा अनुमान मुझे तब होता जब किसी प्रचलित ग़ज़ल का कोई शे'र प्रसंगवश बोल देने पर वे शे'र की बारीकी पर बहुत विस्मित होते और बाकी शे'र भी सुनाने को कहते।

एक बार मैंने उनसे पूछा कि आपने ग़ालिब का घर देखा है? मेरा मतलब बल्लीमारान में ग़ालिब की हवेली से था। उन्होंने कहा नहीं। उस वक्त मंजूर एहतेशाम भी उनके यहाँ आए हुए थे। हम लोग रात को खाना कहाँ मिलेगा, यह बात भी कर रहे थे। निर्मल जी ने कहा, रात में पुरानी दिल्ली की तरफ यातायात कम रहता है, उधर ही चलिए, बल्लीमारान भी हो आएँगे। रात आधी हो चली थी। हमने हवेली की सैर की। तब हवेली में एक पीसीओ और सिगड़ी का एक घरेलू कारखाना चला करता था। बाद में हवेली को अजायबघर का रूप दिया गया और रात के मुसाफिरों के लिए ग़ालिब के घर के दरवाजे बंद हो गए।

मुझे यह देखकर तकलीफ हुई कि निर्मल जी की मृत्यु के डेढ़ घंटे बाद ही उनके विवादास्पद विचारों की चर्चा टीवी पर एक इंटरव्यू में शुरू हो गई। जो विचार एक प्रसिद्ध कथाकार ने व्यक्त किए, वे सही होंगे; मगर वह वक्त एक बड़े रचनाकार को श्रद्धांजलि देने का था, न कि उनके वैचारिक अंतर्विरोध ढूँढ़ने का। निर्मल जी कथाकार थे, निबंधकार थे और उन्होंने यात्रा-संस्मरण और रिपोर्ताज लिखे। मुझे नहीं खयाल पड़ता कि उन्होंने इन विधाओं में एक भी रचना भाजपा के समर्थन या प्रचार में लिखी हो। महज कुंभ मेले जैसे रिपोर्ताज या *अंतिम अरण्य* में एक हिंदू पात्र के कर्मकांड के वर्णन से उन्हें दकियानूसी ठहरा दिया जाए तो यह साहित्य को साहित्य की नजर से देखना नहीं होगा। यह मेरी एक पाठक के नाते, निर्मल वर्मा के कई राजनीतिक विचारों से असहमति के बावजूद विनम्र राय है। प्रेमचंद को इस नजर से देखने का भला क्या औचित्य होगा कि धनिया ने अंत में पंडित को गाँठ से निकालकर 'गो-दान' के लिए पैसे दिए थे।

निर्मल जी जब चिता पर लेटे थे, श्मशान घाट पर भी ऐसी चर्चा सुनी गई। एक आलोचक का कहना था कि बाबरी मस्जिद के ढहाने का निर्मल वर्मा ने विरोध नहीं किया, पर इसकी चर्चा उन्हें लगता है फिर कभी होगी। मेरा सुझाव है कि चर्चा जब भी हो, विरोध की पड़ताल करने वालों को यह भी पता कर लेना चाहिए कि क्या निर्मल जी ने बाबरी मस्जिद ढहाने का कभी समर्थन किया था? गौर करने की बात होगी कि मस्जिद के शर्मनाक कांड के वक्त निर्मल जी विदेश में थे। हार्वर्ड में उन्होंने हादसे के तीन दिन बाद अपनी डायरी में लिखा था (*धुंध से उठती धुन* में संकलित) : "तीन दिन पहले अयोध्या की मस्जिद ढहा दी गई। कभी-कभी रात को नींद खुल जाती है और लगता है, यह एक दुःस्वप्न है, जो बीत जाएगा और

यह भाव और भी भयंकर लगता है, कि मैं सो नहीं रहा, जाग रहा हूँ और यह असलियत है, ख्वाब नहीं। क्या डर का यथार्थ यह होता है? भारत से जो खबरें आती हैं उनका 'डिप्रेशन' अलग है। भोपाल, बंबई....जब मैं सोचता हूँ, कैसे लोगों को उनके घर से घसीटकर मारा जाता है, तो वह कल्पना ही असहनीय लगती है। उस भयावह यथार्थ के सम्मुख 'धर्म' जैसी चीज कितनी काल्पनिक जान पड़ती है।''

कहना न होगा कि मस्जिद को उन्होंने संघी या भाजपाइयों की तरह विवादित ढाँचा नहीं कहा और धर्म नाम पर होने वाली हिंसा पर सिर्फ वेदना प्रकट नहीं की, उसे दुत्कारा भी।

यह सही है कि निर्मल जी बाद के वर्षों में भारतीयता की बात करते थे। कभी उनकी बात मुझे समझ आती, कभी नहीं। उनके कुछ विचार जानकर मुझे कभी-कभी कोफ्त होती थी। गुजरात नरसंहार के विरोध में मैं चाहता था कि एक बयान पर वे दस्तखत कर दें। इसके लिए मैं उनके घर गया। मैं जानता था कि उनके राजनीतिक विचार कुछ भी हों पर वे सांप्रदायिकता के निश्चय ही विरोधी हैं। पर उन्होंने दस्तखत करने से साफ इनकार ही नहीं किया, उत्तेजित हो गए और कहा कि हमारी अभिव्यक्ति की अपनी विधाएँ हैं, तुम्हें भी इस बयानबाजी में क्यों पड़ना चाहिए?

मुझे बेचैनी हुई, पर मैंने उन्हें गलत नहीं समझा। इस प्रसंग पर बाद में सोचते हुए मुझे रसूल हमज़ातोव के दिल्ली प्रवास की एक चर्चा का स्मरण हुआ। उनसे पूछा गया था कि बेंजामिन मोलाइस की फाँसी पर उन्होंने कविता नहीं लिखी, जबकि बहुत से प्रतिबद्ध कवियों ने लिखी थीं। रसूल ने जवाब दिया कि, ''तब मैंने उस घटना पर एक लेख लिखा था।'' वे बोले—''जब मुझे लेख लिखना हो लेख लिखता हूँ, भाषण देना हो तो भाषण देता हूँ, कविता तभी लिखता हूँ जब किसी और विधा में यह संभव न हो।''

एम्स में कई बार की आमदरफ्त के बाद निर्मल जी उस अंतिम अरण्य से बाहर निकल गए हैं। वे तकलीफ में थे और उससे बरी हुए। हिंदी साहित्य को उन्होंने इतना दिया है कि उनके न रहने का दुख शायद विलय होता जाएगा। मगर मुझे एक निजी कसक बहुत सालती रहेगी। मेरे यूरोप से लौटने पर एक रात उनका मोबाइल पर फोन आया। आवाज इतनी भारी और बदली हुई थी कि मैं पहचान नहीं सका। उन्होंने तंज किया कि—''अब हम पहचान से भी गए।'' पर उनके वाक्य के बीच में ही मैं ताड़ गया था। उन्होंने फिर मजाक किया, ''आजकल विदेश में ही रहते हो!'' मैंने भी उसी लहजे में कहा—''हाँ, आजकल मैं नॉन-रेजिडेंट एडीटर हो गया हूँ!'' कब आओगे—उन्होंने पूछा। मैंने कहा, ''आप कहें तो अभी, वरना परसों, क्योंकि मैं कल बाहर रहूँगा।''

उन्होंने कहा, "परसों आओ।"

इस बीच उनको एम्स से छुट्टी मिल गई।...मैं रायपुर गया। वहाँ गगन का फोन आया कि तबीयत फिर बिगड़ गई है, हम एम्स जा रहे हैं।...रायपुर से लौटा तो वे ऐसी तंद्रा में गए कि वापस नहीं आए।

इतनी ही तसल्ली है कि आखिरी बार उनके पास पहुँचा, तब साँस चल रही थी। मैंने उन्हें देखा। मुड़ा। और पीछे उन्होंने भी मुँह मोड़ लिया।

अंतिम अरण्य में पुनर्जन्म

पुरुषोत्तम अग्रवाल

किसी पाकिस्तानी शायर का दोहा है :

'पूरी करना परमेश्वर मेरे मन की आस।
मैं भी रचूँ शकुंतला बनकर कालिदास।'

निर्मल जी के बारे में कुछ लिखने का मन बनने पर इस दोहे के याद आने का क्या मतलब? सिर्फ इतना कि इस दोहे ने उस पहली भावना को सुंदर शब्द दे दिए हैं जो दोहा पढ़ने के बरसों पहले, असल में उन्नीस बरस की उम्र में *वे दिन* पढ़ते ही मन में आई थी। उस उम्र में पढ़े *वे दिन* की रायना रैमान को भला कोई भूल सकता है? रायना रैमान जैसी कोई चरित्र मेरी कल्पना और स्मृति से संभव हो, वह मेरी आरंभिक साहित्यिक महत्त्वाकांक्षाओं में से एक थी। किसी रचना की गहराई का एक प्रमाण शायद यह भी होता है कि वह पाठक की संवेदना में ही नहीं, उसकी आकांक्षा में भी पुनर्जन्म प्राप्त करे। कुछ इस तरह अपने होने को आलोकित करे कि आलोक की थरथराहट में पाठक की अपनी संवेदना एक और रचना की आकांक्षा बनकर थरथराने लगे। हालाँकि कई बार ऐसा भी होता है कि बहुत से पाठक ऐसी आकांक्षाएँ लिए उसी तरह अपने मन की मंजिलों की सीढ़ियाँ चढ़ते-उतरते रह जाएँ, जिस तरह *कुरु कुरु स्वाहा* के तिमंजिले नायक जोशी जी एक ठो *वार एंड पीस* और एक ठो *वेस्टलैंड* रच जाने की आकांक्षा लिए-लिए अंत में सिर्फ इतना जान पाते हैं कि 'भ्रांतिरूपेण सर्वभूतेषु संस्थिता....'

और तब फिर जैसे अपनी विकलता की प्रतिध्वनि निर्मल वर्मा के *अंतिम अरण्य* में भी सुनाई पड़ती है, 'इस दुनिया में कितनी दुनियाएँ खाली पड़ी रहती हैं, जबकि लोग गलत जगह पर रहकर सारी जिंदगी गँवा देते हैं।'

कैसे मालूम पड़े कि खाली पड़ी दुनियाओं में अपनी जगह कहाँ है? कैसे निश्चित

हो कि जहाँ जी रहे हैं वह जगह सही है या गलत? कैसे मालूम पड़े कि सही या गलत का जो निर्धारण हमने कर डाला वही सही है या गलत? कैसे तय हो कि इस तरह के सवाल ही सही हैं या गलत? और इस तरह के सवालों के जवाब क्या नित बदलते रह सकते हैं? जीवन के लिए, उसे अर्थ देने के लिए निरंतरता और सार्थकता का कोई सूत्र तो चाहिए ही। और ऐसा कोई सूत्र कब किसी जड़ फार्मूले में बदल जाता है, इसकी खबर कैसे मिले?

ये सवाल हर मनुष्य के सवाल हैं। मुहावरा और लहजा हरेक की हालत के मुताबिक जुदा-जुदा हो सकता है, लेकिन सवाल हरेक के हैं। कला और साहित्य के करीब आने की मानवीय इच्छा का मूल कारण ही है—सार्थकता की खोज में सहायता देने वाले संकेतों की तलाश। फिर से कहें कि इस तलाश का मुहावरा, इसकी शब्दावली हरेक के लिए एक सी नहीं होती। लेकिन हम मानवीय रचनात्मकता की अद्वितीय अभिव्यक्ति—साहित्य की ओर जाते सार्थकता के सूत्र की प्यास लेकर ही है। साहित्य के साथ ही संभव होने वाले उस संवादपरक एकांत में, जहाँ कुछ वक्त बिताए बिना उपरोक्त सवालों के साथ धीरज से बैठ पाना संभव ही नहीं।

यह एकांत तो उस लेखन के साथ संवाद के लिए भी जरूरी है जो बहुत आत्मचेतस और मुखर रूप से 'सामाजिक' लेखन है। निर्मल वर्मा का कथा जगत बहुत तात्कालिक आशय में सामाजिकता और समकालीन के मुहावरे नहीं अपनाता, लेकिन वह उस संवादपरक एकांत की माँग पुरजोर ढंग से करता है, जिसमें जाए बिना न आत्म का बोध संभव है, न समाज की समझ। साहित्य की सामाजिकता को समाज-शास्त्रीयता में बदल देने वालों की बात और है, लेकिन अपनी सामाजिक जगह को संवेदनशीलता के साथ समझने को उत्सुक लोग निर्मल वर्मा के कथा जगत से समृद्धतर होकर ही लौटते हैं। छब्बीस अक्तूबर की रात किसी टीवी चैनल पर एक 'सामान्य' (यानी जिसे हम आलोचक/लेखक/पत्रकार की हैसियत नहीं बख्शते) पाठिका निहारिका का बयान दिलचस्प था। पच्चीस-छब्बीस बरस की उस लड़की ने कहा, ''पाँच बरस पहले *वे दिन* पढ़ा था, तब से आज तक हजार बार फिर पढ़ा होगा।'' हजार बार माने न जाने कितनी बार...

यह क्या सिर्फ उस बहुप्रशंसित भाषा का चमत्कार भर है? यह क्या उस लड़की के आत्म-निर्वासन का भी प्रमाण है? या यह उस आत्म-अनुसंधान और आत्म-संवाद की उत्सुकता का, इसे संभव करने के लिए *वे दिन* के प्रति कृतज्ञता का प्रमाण। बेशक ऐसे भी पाठक होंगे, होंगे क्या हैं ही, जो मजमा लूट लेने के अंदाज में मंच से कहते हैं कि अब निर्मल वर्मा अप्रासंगिक हैं, हम तो उन्हें न पढ़ते हैं, न पढ़ने लायक मानते हैं।

किसी भी समाज में, ऐसे लोग इने-गिने ही होते हैं जो अपनी चेतना को समाज के आत्मसंघर्ष का कुरुक्षेत्र बन जाने दें। ऐसे लेखक भी कम ही होते हैं जो शब्दों,

स्मृतियों और संबंधों की पुनः परिभाषा की यातना ऐन अपनी आत्मा में झेलें और इस यातना की परिणति को ही नहीं, दुःखदायक प्रक्रिया को भी अपने शब्दों में आने दें, और उन शब्दों तक पाठक को। परिभाषाओं के इस संघर्ष के विषाद से ही शुरू कर लेखक और नागरिक दोनों की भूमिकाओं में नैतिक कर्म की खोज निर्मल वर्मा के कथा जगत की मूल प्रतिज्ञा है। ठीक वैसे ही, जैसे वह मुक्तिबोध के काव्य जगत की भी मूल प्रतिज्ञा है। नागरिक की भूमिका में, निर्मल जी अपनी इस खोज में जहाँ पहुँचे, उसके प्रति पूरी असहमति के बावजूद यह कहा जा सकता है कि उनका विषाद भी मूल्यवान है और उनकी प्रक्रिया भी। असहमति किसी को मुक्तिबोध की वैचारिक पीठिका से भी हो ही सकती है। लेकिन जैसे मुक्तिबोध की आशंकाएँ, उनके दुःस्वप्न हमें स्वयं अपनी आत्मा की आशंकाओं से संवाद का अवसर देते हैं, वैसे ही निर्मल वर्मा की उदासी हमें स्वयं अपनी आत्मा के विषाद को परखने का अवसर देती है। इस अर्थ में, मुक्तिबोध और निर्मल वर्मा अपने समय के मूलभूत प्रश्नों के प्रतिनिधि लेखक अवश्य हैं, 'भ्रांतिरूपेण संस्थिता' प्रासंगिकता के लेखक हों न हों। निर्मल वर्मा के कथा जगत की मूल संवेदना में *वे दिन* से लेकर *अंतिम अरण्य* के दिनों तक एक विकासमान निरंतरता है। दूसरी ओर उनके निबंधों और यात्रा-वृत्तांतों में 'प्राग वसंत' के पहले और बाद का फर्क साफ दीखता है। उन्नीस सौ पचहत्तर की जुलाई में उन्होंने अपनी डायरी में लिखा—"ईश्वर और फिर, पहली बार मैं वह लिख रहा हूँ जो महसूस करता हूँ, वह नहीं जो मुझे महसूस करना चाहिए। शायद यह एक कदम है—छोटा कदम—अपनी तरफ बढ़ने का, अपने साथ ही होने और जीने का... ।" उन्नीस सौ अड़सठ के 'प्राग वसंत' (रूस से मुक्त होने की चेकोस्लोवाक कोशिश) से लेकर उन्नीस सौ पचहत्तर के इस 'छोटे कदम' का अरसा—सात साल—कम ही कहा जाएगा। 'जो महसूस करता हूँ।' और 'जो महसूस करना चाहिए' के बीच का बड़ा फासला याद रखें तो। इस 'छोटे कदम' को डायरी में दर्ज करने के साल भर बाद ही निर्मल जी ने कुंभ मेले का वह विख्यात रिपोर्ताज लिखा था, जिसके बाद वे 'भारत व्याकुल' लेखक मान लिए गए।

ध्यान देने की बात यह है कि निर्मल जी के कथा जगत की संवेदना उनकी पॉलिटिक्स को 'सपोर्ट' न तब देती थी जब वे *चीड़ों पर चाँदनी* लिख रहे थे, और न तब जब वे *अंतिम अरण्य* का विषाद-योग साध रहे थे। निर्मल जी को इस उलझन ने जरूर कभी-न-कभी जकड़ा होगा। शायद उनके आलोचकों को भी। छठे दशक की विश्वमान्य साम्यवादी राजनीति से *परिंदे* का उतना ही तालमेल बैठ सकता है, जितना कि इन दिनों के 'सांस्कृतिक राष्ट्रवाद' से *अंतिम अरण्य* का। अपने आपको रेखांकित करती भाषा और अपने आपको खोजने का न्यौता देती संवेदना से इन दोनों ही प्रकारों की राजनीति को असुविधा होती है। दोनों ही सर्जनात्मकता को अपने-अपने राजनीतिक प्रोजेक्ट के अनुसार ढल जाने का आदेश देती हैं और निर्मल

वर्मा का कथा जगत ऐसे हर आदेश की अवहेलना करता है, उनके निबंध भले ही एक दौर में एक प्रोजेक्ट को सही ठहराएँ, और दूसरे में दूसरे को।

कथा जगत और निबंधों की दुनिया के बीच ऐसे अंतर्विरोध के वाजिब कारण हैं। निबंधों में निर्मल जी आत्म, स्मृति और विस्मृति के अंतस्संबंधों पर गहराई से विचार जरूर करते हैं, लेकिन विचार के उपलब्ध उपकरणों और प्रचलित कोटियों को उलाँघ नहीं पाते। दूसरी ओर उनका कथा जगत निर्मित ही होता है ऐसी उलाँघ की बुनियाद पर। और वे अपने राजनीतिक विचारों के सामने अपनी सर्जनात्मक संवेदना का समर्पण न 'प्राग वसंत' के पहले करते हैं, न बाद में।

अंतिम अरण्य की सुनें तो, इसी अतीत के कारण, ''जीवन के तमाम अनुभव एक महीन धागे में बिंधे जान पड़ते हैं। यह धागा न हो, तो कहीं कोई सिलसिला नहीं दिखाई देता, सारी जमा-पूँजी इसी धागे की गाँठ से बँधी होती है, जिसके टूटने पर सब कुछ धूल में मिल जाता है।''

अनुभवों को अर्थ देने वाला ऐसा धागा क्या सिर्फ व्यक्तियों के जीवन में ही होता है? क्या इसका टूटना समाजों को भी धूल में मिला देने वाली दुर्घटना नहीं है? निर्मल जी का विषाद इस दुर्घटना के आसपास होने का विषाद है। वह विषाद ही है, गहरा, कथापूर्ण और विचारपूर्ण। वह विलाप नहीं है। सवाल है वह।

ठीक हो सकता है, *अंतिम अरण्य,* ''पता नहीं, मरने के बाद आदमी दूसरा जन्म लेता है या नहीं, पर जो पीछे रह जाते हैं उनके पुनर्जन्म की आशा बन जाती है...''

निर्मल जी चले गए। पता नहीं, दूसरा जन्म लेंगे या नहीं। लेकिन *वे दिन* से लेकर *अंतिम अरण्य* तक उनके कथा जगत में प्रवेश करने वाले के लिए तो पुनर्जन्म की आशा बनती ही है।

अकेलेपन की मुक्ति

नंदकिशोर आचार्य

"मनुष्य का यह लावारिस अलगाव और अधूरापन कोई आधुनिक, पश्चिम-बोध की देन नहीं है—वह मनुष्य के मनुष्यत्व के बीच एक कीड़े की तरह विद्यमान है, धरती पर उसके महज 'होने' के बोध में निहित है। उसकी समूची मिथक-संरचना, धर्म विधान, ईश्वर-कल्पना और हमारे समय में संपूर्ण क्रांति का स्वप्न इसी अभिशप्त अनाथावस्था से छुटकारा पाने का गौरवपूर्ण, ट्रैजिक और बीहड़ प्रयास है।" निर्मल वर्मा की उपर्युक्त पंक्तियों से क्या यह ध्वनित नहीं होता कि उनके लिए संस्कृति और इसलिए साहित्य भी—मनुष्य द्वारा अपने अलगाव, अकेलेपन और अधूरेपन की स्थिति का अतिक्रमण करने के रचनात्मक प्रयास हैं। रचना का तात्पर्य ही इस अधूरेपन, इस अकेलेपन का अतिक्रमण करना है। यह 'ट्रैजिक' है क्योंकि अपने सारे प्रयासों के बावजूद मनुष्य इसमें लहुलूहान होता रहता है, लेकिन यह गौरवपूर्ण भी है क्योंकि यही उसके मनुष्य होने की सार्थकता है। निर्मल वर्मा की कहानियों में 'अकेलेपन' या 'अलगाव' को एक केंद्रीय थीम की तरह देखा जाना, इसलिए उसे अधूरा देखना है क्योंकि ये कहानियाँ अकेलेपन के आनंद की नहीं, बल्कि वेदना की कहानियाँ हैं—बल्कि 'अकेलेपन से मुक्ति के लिए छटपटाहट' की कहानियाँ हैं। निर्मल के लिए संस्कृति का तात्पर्य यह मुक्ति ही है।

अकेलेपन से मुक्ति—यही वह आंतरिक सूत्र है जिसके आधार पर हम निर्मल की रचना और विचार-यात्रा को समझ सकते हैं। अक्सर इस बात पर आश्चर्य व्यक्त किया जाता रहा है कि अपने लेखकीय जीवन के आरंभ में न केवल दार्शनिक विश्वास के रूप में बल्कि साम्यवादी पार्टी के एक सक्रिय सदस्य की तरह मार्क्सवाद में आस्था व्यक्त करने वाला कोई लेखक अंततः 'धर्म' और 'स्मृति' को इतना महत्त्व क्यों देने लगता है? इस प्रश्न का समाधान हमें उपर्युक्त सूत्र में ही मिल सकता है। साम्यवाद के प्रति निर्मल वर्मा की आस्था की पृष्ठभूमि में वस्तुतः अकेलेपन से मुक्ति की यह

कामना ही सक्रिय है क्योंकि साम्यवाद एक ऐसा स्वप्न रहा है जो अपने सीमित 'स्व' से मनुष्य को बाहर निकालता और उसके सामूहिक मुक्ति की प्रेरणा देता है। लेकिन इसमें व्यक्ति का लोप नहीं होता बल्कि समूह से जुड़कर वह अपने वास्तविक 'स्व' की उपलब्धि करता है। निर्मल को शायद 'कम्युनिस्ट मेनिफेस्टो' में मार्क्स के इस निष्कर्ष ने निश्चय ही प्रेरित किया होगा कि, ''प्रत्येक की मुक्ति सबकी मुक्ति की अनिवार्य शर्त है।''

इसलिए यह स्वाभाविक ही लगता है कि साम्यवादी राजनीति द्वारा किए गए दमन और उत्पीड़न ने निर्मल वर्मा के स्वप्न को खंडित किया—मनुष्य के अकेलेपन से उसकी मुक्ति के स्वप्न को—क्योंकि यहाँ मुक्ति नहीं बल्कि मानसिक और व्यावहारिक दासता के नए रूप थे। स्वाभाविक था कि निर्मल अकेलेपन से मुक्ति के अपने स्वप्न को चरितार्थ करने के लिए दूसरी दिशाओं का अन्वेषण करते। अक्सर सामूहिकता के स्वप्न के भंग होने से हताश मानसिकता एक अंध व्यक्तिवाद की शिकार हो जाती है। लेकिन निर्मल का रास्ता इस व्यक्तिवाद का रास्ता नहीं है।

संपूर्ण की ओर अग्रसरता—यही वह बात है जो साम्यवादी स्वप्न के भंग होने पर निर्मल को 'धर्म' और 'स्मृति' की राहों की ओर ले जाती है क्योंकि निर्मल के लिए—जैसे कि महात्मा गाँधी के लिए भी—'धर्म' कोई पूजा-पद्धति मात्र नहीं है। निर्मल के ही शब्दों में वह 'समग्र परिवेश की पवित्रता' का और 'संलग्नता का सर्वव्यापी बोध' है। अक्सर जिसे उत्तर-निर्मल की भारत-व्याकुलता कहा जाता है, वह दरअसल, संलग्नता के इस सर्वव्यापी बोध को भारतीय संस्कृति और स्मृति में पहचानना है। 'स्मृति' इसलिए निर्मल के यहाँ कोई वैयक्तिक स्मृति नहीं बल्कि 'संपूर्ण' का वह बोध है जिसमें से गुजरने पर ही अनुभव कहानियाँ बनाते हैं।

लेकिन निर्मल वर्मा को इस बात का गहरा अहसास है कि एक भारतीय लेखक का वास्तविक द्वंद्व आधुनिक यथार्थ और संलग्नता के इस सर्वव्यापी बोध के बीच है, जिसे वह संस्कृति का स्वप्न कहते हैं। अखंडित संपूर्णता का अनुभव और अकेलेपन की यह स्थिति दोनों ही निर्मल की चेतना के सच्चे और प्रामाणिक पहलू हैं और यही वह संघर्ष है जिसमें उनकी कहानियों और उपन्यासों के पात्र निरंतर दिखाई देते हैं। इस संघर्ष और इसकी वेदना ही निर्मल वर्मा के कथा-संसार की केंद्रीय थीम है—यह वेदना ही है जो इस संघर्ष को किसी सपाट समाधान से बचाती हुई उसे प्रामाणिकता देती है। एरिक फ्राम जैसे मनोविद का निष्कर्ष है कि 'मानवीय स्थिति' में ही मनुष्य के अलगाव का स्रोत है क्योंकि 'स्वचेतना' ही उसे समग्र से अलग करती है, लेकिन समग्र का अंग होने की स्मृति उसे संचालित करती है। प्रेम ही है जो उसे समग्र से पुनः जोड़ता है। निर्मल वर्मा की प्रेम कहानियाँ इसीलिए रूमानी प्रेम की कहानियाँ नहीं हैं। प्रेम अकेलेपन या अधूरेपन के अतिक्रमण का ही एक प्रयास है और प्रेम करते हुए भी इस शाश्वत अकेलेपन से मुक्त न हो पाने तथा

अपने प्रयास की ट्रैजिक परिणति के बोध की वेदना ही निर्मल वर्मा की वह कहानी है जिसे वह बार-बार लिखते हैं।

इस अर्थ में निर्मल वर्मा का रचना-संसार एक नैतिक अन्वेषण है—किन्हीं स्थूल अर्थों में नहीं बल्कि आध्यात्मिक और संवेदनात्मक अर्थों में—क्योंकि अंततः अन्य से जुड़ाव का बोध ही समस्त प्रकार की नैतिकता का बुनियादी स्रोत है। अखंडित, निर्वैयक्तिक और पारदर्शी चेतना के लिए कलाकार के जिस आत्मसंघर्ष की जरूरत पर निर्मल जोर देते हैं, वह अपने पाप अर्थात् अपने को अलग मानने के अहंकार से संघर्ष है और एक लेखक अपने पात्रों के संघर्ष में ही तो अपना संघर्ष रूपायित करता है—और उनकी मुक्ति में अपनी मुक्ति। निर्मल के शब्दों में, 'अन्य को अपने भीतर ढालने की अनवरत प्रक्रिया' यह रूपायन संभव करती है। 'संलग्नता के सर्वव्यापी बोध' को खो देने पर इस प्रकार के द्वंद्वों का समाधान या तो 'अन्य' को नष्ट कर देने में होता है या अपने को नष्ट करने में। मनोविज्ञान की दृष्टि से देखें तो 'अन्य' को नष्ट करना भी अंततः अपने को ही नष्ट करना है। इसलिए निर्मल इस संघर्ष का समाधान 'आत्महनन' और 'परहनन' से अलग 'अहं' के हनन में देखते हैं क्योंकि वही अलगाव या अकेलेपन के मूल में है। अहं का हनन—क्या यही वास्तविक धर्म नहीं है क्योंकि इसी में से वह रास्ता निकलता है जो अकेलेपन से मुक्ति और संपूर्ण से संलग्नता की ओर ले जाता है! निर्मल जिस हल का प्रस्ताव करते हैं, वह समकालीन भारतीय चित्त के द्विभाजन को पाटने का रास्ता ही नहीं बताता बल्कि यूरोपीय सभ्यता के द्विभाजन को पाटने और भारत-यूरोप संवाद की नई संभावना का संकेत भी करता है। अहं के हनन का यह प्रयास, निर्मल के अनुसार, आधुनिक भारत में रामकृष्ण परमहंस से शुरू होता है और बाद में इसका प्रतिनिधित्व महात्मा गाँधी करते हैं। निर्मल मानते हैं कि 'अन्य' से अलगाव की पीड़ा की वजह से ही यूरोपीय संवेदना में 'रोमांटिक प्रेम' का वह बोध पल्लवित हो सका जो वास्तव में दो मानव-अस्तित्वों के बीच की फाँक को पाटने की बेचैन अभिव्यक्ति है।

इसलिए जब निर्मल 'स्मृति' या 'धर्म' की बात करते हैं तो वह विशिष्ट समाजों की ऐतिहासिक स्मृति के वैशिष्ट्य को स्वीकार करते हुए भी 'अन्य के आत्म में रूपायन' की स्मृति को ही रेखांकित कर रहे होते हैं। इसीलिए वह 'इतिहास' और 'स्मृति' को एक नहीं मान पाते और उनका विश्लेषण यह विश्वास जगाता है कि हम इतिहास के उपनिवेश नहीं, वह मुक्त चेतना हैं जो संपूर्ण का—भारतीय शब्दावली में कहें तो 'ऋतु' का अंश होने में ही अपनी मुक्ति की अनुभूति करती है। इसीलिए निर्मल के लिए महत्त्वपूर्ण प्रश्न अनुभव का नहीं, स्मृति का है। अनुभव इतिहास संभव है और स्मृति संस्कृति संभवा। साहित्य सम्यक अर्थों में सांस्कृतिक विमर्श की प्रामाणिक प्रक्रिया तभी बनता है जब वह अनुभव को अर्थात् इतिहास को स्मृति अर्थात् संस्कृति अथवा मूल्यबोध में से गुजार सके। इन्हीं अर्थों में साहित्य या कला

को मूल्यान्वेषण की प्रक्रिया कहा जाता है और मुक्ति की साधना या संघर्ष भी क्योंकि अंततः मुक्ति ही परम मूल्य है—न केवल सामाजिक-राजनीतिक अर्थों में बल्कि अहं से मुक्ति के नैतिक-आध्यात्मिक अर्थों में भी।

निर्मल वर्मा को अक्सर रूपवादी कह दिया जाता है। लेकिन उनके लिए रूप का सवाल भी एक सांस्कृतिक सवाल है। एक कथा-रूप वह है जो अपने को संपूर्ण से अलग मानने की मानसिकता से रचा जाता है। वह न केवल इतिहास बल्कि व्यक्ति केंद्रित भी होता है। लेकिन एक रूप वह है जो समग्रता के बोध से रचा जाता है। वह इतिहास को स्वीकार करते हुए भी उसका अतिक्रमण करने की मानसिकता से रचा जाता है। जब निर्मल कथा के भारतीय रूप का आग्रह करते हैं तो वह उसे इतिहास के कारागार से मुक्त करते हुए स्मृति के खुलेपन में ले आते हैं। यूरोपीय उपन्यास की सीमा और भारतीय उपन्यास की संभावनाओं के अधिक ठोस आधार और पश्चिम में उपन्यास की मृत्यु की घोषणा के कारणों पर एक साथ टिप्पणी करते हुए वह कहते हैं कि जिस उपन्यास-विधा का जन्म ही व्यक्ति की विशिष्ट अवधारणा से जुड़ा था, उसके लिए यह स्वाभाविक ही था कि हमारे समय की घोर व्यक्तित्वहीनता तक आते-आते अपने को थका और क्लांत अनुभव करने लगी और उसे भी अपने निस्तार का रास्ता इतिहास नहीं, 'स्मृति' में ही तलाशना पड़ा। प्रूस्त, काफ्का और जॉयस आदि के प्रयोगों का औचित्य इसी पृष्ठभूमि में समझा जा सकता है।

स्पष्ट है कि रूप का सवाल, निर्मल वर्मा के लिए, केवल सौंदर्यशास्त्रीय नहीं बल्कि एक सांस्कृतिक सवाल भी है। वह मानते हैं कि भावी उपन्यास उसी समग्रता की दृष्टि पर आधारित हो सकता है जो केवल मनुष्य-केंद्रित नहीं है, जो व्यक्ति को उसके 'अहं' से मुक्त करवा कर उसे समग्र के साथ, उसके वास्तविक 'आत्म' के साथ जोड़ती है। दूसरे शब्दों में, निर्मल के लिए उपन्यास की भावी संभावना और मनुष्यता की भावी संभावना एकमेक हो जाते हैं—और इस प्रकार निर्मल का सामाजिक-बोध और साहित्य-चिंतन एक ही स्रोत से निःसृत होते दीखते हैं।

इसका मुख्य कारण यही है कि निर्मल के चिंतन का मूल आधार भी उनकी सृजनात्मक संवेदना ही है। यदि मार्क्सवाद निर्मल वर्मा के चिंतन की सीमा नहीं बन सका तो यह केवल हंगरी या चेकोस्लोवाकिया की घटनाओं के कारण नहीं बल्कि मूलतः उनकी उस संवेदना के कारण जिसका आधार 'संलग्नता का सर्वव्यापी बोध' में है। इसीलिए निर्मल वर्मा के वैचारिक लेखन और कृती साहित्य में एक अद्भुत संगति दिखाई देती है जैसे एक विचारक अपने तर्कों को अनुभवों की कसौटी पर जाँच रहा हो, और साथ ही, एक रचनाकार अपने अनुभवों को स्मृति के आलोक में पहचान पा रहा हो।

पाठ की एकांतिकता

कृष्णा सोबती

निर्मल, होने और न होने के द्वंद्व को सुलझा तुमने अपनी कलात्मक प्रमुखता को गौण कर दिया है।

हम सब मिलकर तुम्हें याद कर रहे हैं।

यह वही सभागार है जहाँ तुम भी बैठे हुए दिखाई देते हो।

मैं तुम्हें हारकोर्ट बटलर स्कूल की सीढ़ियों से उतरते देख रही हूँ।

शिमला की पगडंडियों पर चढ़ते देख रही हूँ।

कनॉट प्लेस के बरामदों में चलते-फिरते।

मैं 'एलप्स' से निकली हूँ। तुम बाहर खड़े पत्र-पत्रिकाओं को उलट-पलट रहे हो।

घर लौट रही हो।

नहीं! अभी नहीं! *भवनानी* तक जाऊँगी।

चाहो तो कॉफी हाउस में कुछ देर बैठें।

क्यों नहीं।

इतवार की सुबह हम लोग 'वोल्गा' में मिल रहे हैं। प्रबोध, अशोक सेकसरिया और तुम।

मैं इम्पायर स्टोर से बाहर आई। तुम धूमीमल धर्मदास की ओर बढ़ रहे थे।

मेरे हाथ में अब्दुल्ला सिगरेट का डिब्बा था।

क्या तुम लेने लगी हो?

नहीं, पिताजी के लिए। इसकी गंध अपूर्व है।

अब्दुल्ला का विज्ञापन कर रहे हो?

हम दोनों हँसे।

नहीं, वह तो सिनेमा के हर शो के पहले होता है कि माफ कीजिए आप यहाँ 'अब्दुल्ला' तक नहीं पी सकते।

निर्मल! उन दिनों कनॉट प्लेस की बरकतों की जिंदगी भरपूर थी।

मैं *ला बोहीम* से निकल रही हूँ और तुम दाखिल हो रहे हो।

राजधानी एक सुव्यवस्थित साधनों का मौसम था जिसे हम साहित्य की हलचलों में जीते थे।

एक दुपहर दफ्तर में तुम्हारा फोन था। तुम विदेश जा रहे थे और जाने से पहले मिलने के लिए सिर्फ एक ही दिन बाकी था।

अगले दिल हम लंच के लिए मिल रहे थे *मेडन्स* में। मेडन्स के स्वीमिंग पूल के किनारे बियर के सुनहरे रंग पर हमने अपने सभी दोस्तों को याद किया।

उन दिनों दोस्ती से दुश्मनी नहीं पलती थी।

निर्मल, तुम जा रहे थे वहाँ—जहाँ तुम्हारी रचनात्मक क्षमताओं और सीमाओं को तय होना था।

वह हुई।

जब बरसों बाद लौटीं तो राजधानी का साहित्य संसार स्वतंत्रता प्राप्ति के बाद वाले तापमान में विधाओं की सर्जना में व्यस्त था। मगर यह वक्त तुमसे छूट गया था। एक दूरी।

जब बरसों बाद तुम लौटे तो दिल्ली का साहित्य संसार नामवर की उपस्थिति से गुंजान था।

आत्मकेंद्रित आत्मविमुग्धता से निज के बहुत कुछ की सुरक्षा होती है और बहुत कुछ नष्ट हो जाता है। मगर तुम उस दार्शनिक अभिव्यक्ति को अक्षरशः अपना चुके थे कि आत्मचेतना जितनी अधिक बढ़ती जाएगी उतनी ही बाहर की दुनिया से दूर और अलग पाते हैं। अलग!

तुम अपने में संचित बोझ तले दूसरों को तौल रहे थे।

देसीपन अब घर-परिवार में सिमटा था और बौद्धिक संवेदन तरल था बाहर की अंतःप्रक्रियाओं से।

वाम की विचारधारा से विलग हो तुम स्वयं अपने में ही अपना रास्ता तलाश करने में सामूहिक सांस्कृतिक संस्कार से दूर होते गए थे। विशेष की विशिष्टता में सर्वसाधारण ओझल हो गया।

निर्मल, तुम सचमुच में नई दिल्ली और शिमला के मैट्रोपोलिस की उपज थे जिसने अंग्रेजी के प्रवेश द्वार से अपनी पड़ताल करने की राह चुनी। यह उस समय की टोडी बिरादरी की सबसे बड़ी छलाँग थी।

निर्मल, तुम्हारा रचनात्मक संवेदन उस साधन संपन्न सुव्यवस्थित वर्ग की असादगी से पनपा था जिसका रसायन अपने जातीय परिवर्तन और अंग्रेजी साम्राज्यवाद से उभरा था।

चमत्कार यह था कि तुमने हिंदी में लिखने का निर्णय लिया। एक महत्त्वपूर्ण

फैसला। हिंदी भाषा के गद्य और कथ्य में व्यक्ति के निजी स्पेस को तुमने पहली बार अंकित किया।

तुमने अपनी एकांतिक प्रस्तुतियों में संयुक्त परिवार की व्यावहारिक सामाजिकता से आगे व्यक्ति को व्यक्ति का वैभव दिखाने का प्रयास किया।

सन्नाटे हवाएँ अँधेरे हल्के उजाले रोशनी की लकीरें धूप-छाँह बर्फ की धुनाई—यह तुम्हारा संसार था। अपने को इस दिखाने-रिझाने वाले तुम थे। तुम्हीं।

"मेरे और मेरे मन के बीच एक परदा-सा गिर गया। मैं उसके परे कुछ भी देख नहीं पाता। दिल्ली छोड़ने के पीछे यह आकांक्षा थी कि मैं इस परदे के पीछे उसे देख पाऊँगा जहाँ मैं आज हूँ।"

"सुबह साढ़े चार बजे ही उठ गया। गहरा विषाद जिसमें अकेलेपन का छोर नहीं दिखाई देता। यह सोचना भयानक लगता है कि कोई आदमी हर सुबह इतने उजाड़पन के साथ उठे—एक के बाद दूसरा दिन बिना किसी मुक्ति की आशा के।"

निर्मल, जैसे तुम थे—वैसे ही तुम्हारे शब्दों में से किसी त्रासदी की चाहत लगातार झाँकती रही। इस मनःस्थिति को पलटने की हिम्मत तुम क्यों न जुटा सके। विस्मय यही था। नहीं मैं गलत कह रही हूँ। तुम ऐसा कर पाते तो क्या इतना पारदर्शी गद्य लिख सकते? तुमने अपना आंतरिक संसार बुनते-बुनते बाहर की दुनिया का विश्वास बाहर ही छोड़ दिया। व्यक्ति की प्रतिष्ठा की और समाज बाहर खड़ा कर दिया।

भोपाल के *जहाँनुमा* में सत्येन, मंजूर के साथ तुम हाथ में ड्रिंक लिए कभी लंबी चुप्पी कभी तुम्हारी वह घुन्नी हँसी और कभी माथे पर चिंता की रेखाएँ।

मुझे ऐसी दो चित्री दो मुँही शामों का शौक नहीं रहा। मैं उठने को हुई—

कहाँ जा रही हो। हम सभी एक संग खाने को चलेंगे। निर्मल, तुम्हें नहीं लगता, तुम तीनों को ही इस कमरे में होना चाहिए। कुछ पेचीदा मसला लगता है। सुलझाइए—तुम्हारा आग्रह था—वहीं बैठी।

कुछ देर खामोशी छाई रही। गिलास ताजा हुए तो पैमाने देखते-देखते पूछा—

अगर उम्र में छोटी लड़की किसी को प्यार करे तो—

अगर कोई मान लो कि वह तुम्हीं हो और उसे पसंद करते हो तो कोई परेशानी नहीं।

तुम खीझ गए थे निर्मल।

मैं अपनी बात नहीं कर रहा।

जवाब में मैं नटखट गंभीरता से तुम्हारे तेवर देखती रही। माथे पर संदेह-झिझक-झुँझलाहट। तुम्हारे चेहरे पर तुम्हारे बचपन की झलक और हाथ में खिंची छनी पुरानी शराब—

वह बहुत छोटी है—

यह उसकी सिरदर्दी है सिर्फ तुम्हारी नहीं।

मैंने शरारत से कहा—"निर्मल मुझे अभी-अभी तुम्हारे सिर पर साफा नजर

आया है।" सत्येन और मंजूर हँसते रहे और निर्मल, तुम गंभीर बने रहे और अजीब नाखुश निगाह से देखते रहे थे।

समकालीनों की नजदीकियाँ और दूरियाँ बनी ही रहती हैं। पुराने विपरीत मिजाज के राजधानियाँ लेखकों को न एक-दूसरे की सराहना की जरूरत होती है और न जल्दी-जल्दी एक-दूसरे से मिलने की।

निर्मल, हमारे तुम्हारे बीच का लेखकीय व्यवहार इतना पुख्ता तो कभी नहीं था कि उसे याद करके ही उसे कसौटी पर उतारा जाए। राजधानी में पली-बढ़ी पौध इतनी ही समझदार होती है जितने तुम थे और मैं और अन्य सब। स्पर्धा और प्रतिस्पर्धा के खतरनाक और भोले-भाले मतलब अपने-अपने ढंग से हम सभी जानते रहे हैं। कभी मुलायमियत से हँस कर और कभी मुस्कराते हुए, ऊबते हुए, जम्हाई लेते हुए।

निर्मल, उस मैत्री वितृष्णा को हम सभी लेखक अनुभव किए हुए हैं। अपने-अपने ढंग से इस कमीनगी को विविध भंगिमाओं में सजाते हुए, अपने को लगभग बरगलाते हुए कि हम ही श्रेष्ठ हैं। वह पुराने समय उड़न छू हो गए। आज न जाने किन-किन लेखकीय गुच्छों में कौन-कौन श्रेष्ठ है। सब बँट चुके हैं। सब श्रेष्ठ हैं।

विचारधारा से जुड़े, राजनीतिक खेमों से बँधे, बाजार में अड़े साहित्य माफिया की पालतू छत्र-छाया में पले, निकटतम सर्कल में चुने-बुने जाने किस-किस जाति वर्ग की चौखटों में सजे हम नश्तरों की कौम में कौन क्या है और क्या नहीं है—इसे तो कभी समझेंगे तो संगठन और संस्थान नहीं बिक्री का ग्राफ ही तो—

निर्मल, तुमने इस स्थिति पर कितना ठीक सोचा था।

आत्मा और विपन्नता अपनी विपन्न रोशनी से सिहरती हुई जिसे सिर्फ फूँक मारकर उसे बुझाया जा सकता है। राख का ढेर। यह वह आत्मा है जो राख की आत्मा में रोशनी की चिनगारी ढूँढ़ती है।

आत्मा और विपन्नता अपनी विपन्न रोशनी में सिरहती हुई जिसे सिर्फ फूँक मारकर उसे बुझाया जा सकता है। राख का ढेर। यह वह आत्मा है जो राख में रोशनी की चिनगारी ढूँढ़ती है।

"जन्मदिन को गुजरे तीन दिन बीत गए। मैं अभी तक अपने को बढ़ती हुई उम्र की 'माँगों' का सामना करता हुआ कतराता हूँ। शायद 'कतराना' शब्द ठीक नहीं है। मैं अपने को सुन्न-पा पाता हूँ—उन सब चीजों द्वारा विमूढ़ित, जो मेरे साथ और मेरे इर्द-गिर्द घट रही हैं। इस वर्ष जो चीज बार-बार मुझे आक्रांत करती रही, वह न मेरे लेखन की समस्या थी, न मेरे व्यक्तिगत अकेलेपन का संत्रास—बल्कि अपने समूचे जीवन का पोर्ट्रेट। वह अजीब ढंग से धुँधला होता जा रहा है जैसे आईने पर भाप चढ़ने के कारण कुछ दिखाई देता है, कुछ नहीं और इच्छा होती है कि तौलिए से एकबारगी उस काँच को पोंछ दिया जाए ताकि मैं साफ-साफ अपने को देख सकूँ। जैसे डोरियन ग्रे अपना बिगड़ता जीवन अपनी बदलती पोर्ट्रेट में देखते थे।"

यों देखा जाए, तो गुजरा वर्ष मेरे लिए अपेक्षाकृत अधिक शांतिमय रहा। उतनी बेचैनी और आत्म-प्रताड़ना नहीं रही, जितनी पिछले कुछ वर्षों में घुन की तरह खाती थी।

लेकिन अपने लिखने की धुरी मैं अभी तक नहीं बना पाया और यह शायद सबसे अधिक शोक और शर्म की बात है क्योंकि मुझे वे सभी सुविधाएँ प्राप्त थीं, जिनके लिए एक अभावग्रस्त लेखक तरसता है—एक घर, नियमित आय, सुंदर और शांत शहर, एक नॉर्मल मनःस्थिति में जीने की स्थिरता। इस देश में ऐसी सुविधाएँ कितने लोगों को मिल पाती हैं? कहीं यही चीज तो मुझे बर्फ के लोंदे की तरह नहीं जमा देती, जो ऊपर से ठोस, साफ और स्थिर दिखाई देता है और वहीं भीतर ही भीतर पिघलता हुआ खाली होता जाता है!

निर्मल एक समकालीन की तरह मैं तुम्हारे इन पारदर्शी शब्दों को पढ़ रही हूँ। जितनी ईमानदारी से तुमने अपने को देखा है इसकी सराहना करूँगी। जिस सुव्यवस्थित जीवन शैली का हवाला तुमने दिया है मैं भी उसी से उभरी हूँ। गहरे तक उसकी सीमाओं और क्षमताओं से परिचित हूँ। क्योंकि उसी की पीठ हूँ। हम दोनों का फर्क ही इतना है कि तुमने उस चौखटे में ही अपना रचना संसार गूँथा और मैंने उसे फलाँगकर एक बड़ी दुनिया को साक्षात्कार किया। तुम्हारे बौद्धिक और आत्मिक घनत्व के बावजूद। तुमने ही उस संस्कृति के वैभव का प्रसार किया जो सिर्फ एकांत में जाना और जीया जा सकता है।

"एक दिन हम मर जाएँगे। फिर उस पूँजी का क्या होगा जिसके बारे में हमें भ्रम है कि हमने उसे लिखने से अर्जित किया है। हम जो अपनी जिंदगी में एक मील खो देते हैं—उससे एक इंच भर पा लेना चाहते हैं। अपने लिखने के कागज पर और यह ईमानदारी से खोई हुई जमीन को पाने का प्रयास भी नहीं है, क्योंकि मेरा जीना न तो मृत्यु के आतंक से संचालित होता है न उस पश्चात्ताप से जो टॉल्सटॉय को लिखने के लिए प्रेरित करता था।"

निर्मल, पूरा सभागार तुम तक पहुँचा रहा है कि तुम अपनी पंक्तियों में हमेशा झाँकते रहोगे। पाठकों द्वारा पढ़े जाते रहोगे।

अपने लेखन में तुम ही सिर्फ तुम इस धरती पर यहाँ तुम्हारी जमीन का टुकड़ा है। अब तुम और तुम्हारा लेखन एक है। तुम्हारे ही कहे अनुसार तुम्हारे होने के बहाने की जरूरत भी उसे नहीं पड़ेगी। अब तो तुम ही तुम हो। अपने तक पहुँचने के लिए तुम्हें कोई दुभाषिया नहीं चाहिए। पाठकों के निकट अब तुम्हीं एकांतिक पाठों में जीओगे। इन्हीं में अपने पाठकों से मिलोगे।

निर्मल, यह तुम्हारी विदा ही नहीं आगमन भी है। नई जिंदगी जो चले जाने के बाद आरंभ होती है।

एक और नई जिंदगी। अब तुम अपने पाठ की एकांतिकता में जीयोगे। पाठ में ही पाठकों से मिलोगे।

प्रिय निर्मल

कृष्ण बलदेव वैद

Every Being is a broken hymn. Every friendship is an inconspicuous drama, a series of subtle wounds.

—*E.M. Ciorn*

इस दुनिया में तुम्हारे कयाम के दौरान तुम्हें लिखे अपने अधिकतर पत्रों में मैं तुम्हें 'प्रिय निर्मल' या 'प्रिय निर्मूल' या 'प्रिय नार्मल' कहकर ही संबोधित किया करता था—तुम्हारी खिंचाई करने के लिए भी और तुम्हारा ध्यान तुम्हारे चरित्र के उन तत्त्वों की तरफ खींचने के लिए भी जिन्हें न जाने क्यों तुम अपने से भी छिपा कर रखा करते थे : मेरा संकेत तुम्हारी निर्बलता (भेद्यता), निर्मूलता और 'नार्मलता' की ओर है लेकिन अब जब तुम दूसरी दुनिया को चल दिए हो, मैं तुम्हारे नाम के साथ खेंलने के बजाय तुम से जुड़ी कुछ यादों और तुम्हारे साथ अपनी गहन और कठिन दोस्ती के कुछ गुँजलकों से खेलना चाहता हूँ। तो, लो शुरू पचपन वर्ष पहले इसी प्यारी गर्दालूदा दिल्ली में गुजारे उस जवाँ दौर से करता हूँ, जिसमें हम दोनों कभी-कभी यातना-ग्रस्त हो इस शहर की सड़कें और गलियाँ नापा करते थे। तब हम उखड़े हुए थे, मैं तुमसे कुछ ज्यादा; हमने छटपटाना, लिखना और छपना अभी शुरू किया था, और हम अपनी कृतियों या करतूतों की औकात के बारे में अनाश्वस्त रहते थे, मैं तुमसे कुछ ज्यादा। कुछ महीनों के लिए हमने एक ही लड़की को बतौर प्राइवेट ट्यूटर पढ़ाया भी था—तुमने इतिहास, मैंने अंग्रेजी और हम अक्सर अपने उस अजावा का मजाक उड़ाया करते थे, मजा लिया करते थे। उस दौर की मेरी सबसे मीठी और मजबूत याद उस हँसी के उन अदम्य और दीवानावार दौरों की है जो बाहरों

और आवारागर्दी के दौरान अचानक ही दबोच लिया करते थे। जीवन, कला, साहित्य, प्रेम, पीड़ा और मृत्यु जैसे बुनियादी और बोझिल विषयों पर अपने बुनियादी और बोझिल मतभेद को हम अक्सर अपनी उस हँसी में बहा दिया करते थे जो हमारे मुँहों से ही नहीं, हमारे समूचे शरीरों से भी फूट उठा करती थी।

उसी दौर में तुम्हारा पहला मार्मिक कहानी संग्रह *परिंदे* पीपल्स पब्लिशिंग हाउस ने और मेरा पहला उपन्यास *उसका बचपन* सरस्वती प्रेस ने प्रकाशित किया था। तुम्हारी राय में मेरे उपन्यास का शीर्षक कुछ रूखा-सा था, मेरी राय में तुम्हारे कहानी संग्रह के कुछ अंश अति मार्मिक से थे, उन दोनों पुस्तकों के कवर रामकुमार ने बनाए थे।

उससे अगले दौर में—तब भी हम जब जवान ही थे—तुमने कई वर्ष पहले प्राग और फिर लंदन में बिताए थे और मैंने पहले कैंब्रिज (मैसाचूसेट्स) और फिर चंडीगढ़ में। तुमने प्राग में रहते हुए और उपलब्धियों के अलावा चेक भाषा सीखी और कई चेक पुस्तकों को हिंदी में उतारा, मैंने हार्वर्ड से हेनरी जेम्ज पर पी-एच. डी. की डिग्री ली और भारत लौट आया। उसी दौर में एक बार फिर हार्वर्ड जाते हुए मैं कुछ दिनों के लिए तुम्हारे पास प्राग में ठहरा। वे कुछ दिन हमने काफकाई आलम में रमकर गुजारे थे—प्राग की नशीली नीली धुंध और अपनी बातों में खोए हुए। उस लाजवाब शहर में सौंदर्य और मौन और संगीत को सीखते हुए जिसे कुछ ही देर बाद सोवियत रूस के टैंकों ने रौंद डाला था। उसी दौर में तुमने अपना पहला उपन्यास *वे दिन* प्रकाशित किया, जिसका अनुवाद मैंने तुम्हारे कहने पर कुछ साल बाद अंग्रेजी में कर दिया था। *वे दिन* और *परिंदे* ने मिलकर हिंदी कथा जगत में तुम्हारी धाक जमा दी थी। अपनी ईर्ष्या से इनकार के बजाय मैंने खुलकर उसे स्वीकार किया था, उसका यानी अपनी ईर्ष्या का मजाक उड़ाया था ताकि उसका दंश कुछ कम हो जाए और वह कम हो भी गया था। तुमने उन दोनों किताबों में कई नई तानें छेड़ी थीं, कई नई गहराइयों का स्पर्श किया था, एक नई जमीन जोड़ी थी। तुम्हारी ताकत तुम्हारी भाषा की लय और तुम्हारी तीखी दृष्टि में थी। तुम एक ऐसी कैफियत पैदा कर लेते थे जिसमें कला का जादू होता था और तुम अपनी भाषा को एक बारीक नजर शब्द-शिल्पी के धीरज से तराशते और चमकाते थे। तुम्हारी रूमानी आर्द्रता को लेकर मेरे मन में कुछ संकोच सुलगते तो थे लेकिन अपने बेहतरीन क्षणों में तुम उन्हें बुझा दिया करते थे। उन दिनों तुम्हारे कुछ आलोचक तुम्हें 'विदेशी' और 'अ-भारतीय' कहकर कोसते तो थे लेकिन तुम्हारे कलात्मक और बौद्धिक उत्कर्ष की सराहना उन्हें भी करनी ही पड़ती थी।

1966 में मैं फिर अमरीका चला गया और फिर सत्रह साल वहीं रहकर तड़पता, पढ़ाता और लिखता रहा। हर दूसरे तीसरे साल कुछ दिन या महीनों के लिए मैं दिल्ली लौट आया करता था और तुम्हारे समेत अपने दूसरे दोस्तों—कृष्णा सोबती,

रामकुमार, भीष्म साहनी, स्वामीनाथन, श्रीकांत वर्मा, अलकाजी—के साथ बैठने और बतियाने के कई बहाने और अवसर मिलते थे। हर बार हम दोनों अपनी जवानी की मस्तियों को बहाल करने की कोशिश किया करते थे लेकिन उसमें कामयाब कम ही होते थे। हम एक-दूसरे से दूर तो नहीं जा पड़े थे लेकिन हमारी पारस्परिक विरोधाभासी भावनाओं से पानी बह गाँठ (Ambivalence) जो हर गहन और कठिन दोस्ती या रिश्ते में किसी काँटे की तरह मौजूद रहती है—इस बीच इतनी बढ़ गई थी कि हम उसे अपनी हँसी से भगा नहीं पाते थे। बतौर लेखक तुम प्रतिष्ठित तो हो चुके थे लेकिन साहित्य की सत्ता के अभिन्न अंग अभी नहीं बने थे। इस बीच तुमने कुछ और कहानी संग्रहों और दो उपन्यासों के अलावा कई अन्य गद्य रचनाएँ भी प्रकाशित कर ली थीं जिनमें दो जगमगाते यात्रा-वृत्तांत—*चीड़ों पर चाँदनी* और *हर बारिश में*—और कई विवाद-धर्मी और सारगर्भित निबंध भी शामिल थे।

1983 में मैं भारत लौट आया। उसके एक दो बरस बाद ही तुम पर बड़े-बड़े पुरस्कारों और सम्मानों की बरखा-सी होने लगी, तुम्हारी पुस्तकों के अनुवाद कुछ विदेशी भाषाओं में छपने लगे और तुम एक लोकप्रिय वक्ता और सार्वजनिक बुद्धिजीवी के अलावा एक मशहूर मंचीय हस्ती की तरह भी माने जाने लगे। उस वक्त के तुम्हारे कई बयानों का मैं एक खामोश लेकिन कड़ा नुक्ताचीनी था। मुझे यह अंदेशा भी होने लगा था तुम्हारे उपासक तुम्हें ले डूबेंगे लेकिन उस कुप्रभाव के खिलाफ तुम्हारी जद्दोजहद, तुम्हारी बा-अक्षूल जिद्दों और अपनी काम-कला के प्रति तुम्हारी वफादारी की मैंने हमेशा प्रशंसा की—मन ही मन भी, दूसरों के सामने भी।

दिल्ली में साथ-साथ वयोवृद्ध होते हुए हम दोनों उस दूरी से आगाह होने लगे थे जो अक्सर हमारे बीच एक भीगी बिल्ली की तरह बैठी रहती थी। अब हम एक-दूसरे के काम के बारे में बात करते हुए अक्सर असहज और कभी-कभी अप्रिय हो उठते थे। इसीलिए हमने एक-दूसरे के काम के बारे में बात करना बंद कर दिया। इस बंदिश ने हमारी पारस्परिक दूरी को और बढ़ा दिया। लेकिन दूरी के बावजूद हमारी दोस्ती की शिद्दत में कोई कमी नहीं आई।

इस आखिरी दौर में मुझे यह भी महसूस होता रहा कि तुम आत्माराधना और आत्म-मुग्धता के शिकार होते चले जा रहे थे, कि तुम अक्सर अपने से कम दर्जे के लेखकों और प्रशंसकों से घिरे रहते थे, कि तुम उनके सरपरस्त से बनते जा रहे थे, कि तुम्हें उन्हीं की सोहबत में सुरक्षा-सी दिखने लगी थी और तुम्हें यह मालूम था कि तुम्हारे इस पुराने दोस्त को तुम्हारे ये नए दोष और दोस्त नापसंद थे।

तुम्हारे भरे-पूरे सार्थक जीवन के आखिरी बारह-तेरह महीने कई प्रकार की शारीरिक मुसीबतों से छलनी तो होते रहे लेकिन तुमने उनका मुकाबला खूब किया—आखिर तक!

तुम्हारे अंत से ग्यारह दिन पहले अस्पताल में तुम्हारे साथ मैंने जो डेढ़ दो

घंटे बिताए वे अद्‌भुत थे। कोमल, कुरबत के दुर्लभ क्षण गुजरे हुए जमाने की भीगी-भीनी यादों में, मौन तादात्म्य में, हँसी-मजाक में, कुछ दूसरे दोस्तों को याद करते हुए, कुछ पुरानी बातों को दुहराते हुए, एक-दूसरे पर कुछ प्यारी चोटें करते हुए बहुत ही जल्दी गुजर गए—अंत के आभास की घनी छाया तले। और अब जब तुम नहीं रहे, प्रिय निर्मल, मैं उन क्षणों को अपनी स्मृति में सँजो कर रखूँगा और कभी नहीं भूलूँगा कि तुम जिन्दा रहोगे—अपनी महान कहानियों में, अपने उपन्यास *लाल टीन की छत* में, अपने खुशावाज और पुरसोज गद्य में, और अपनी अनुपस्थिति की नफीस उपस्थिति में।

प्यार से,

तुम्हारा,
केबी

सेंसुअल गिरफ्त

महेंद्र भल्ला

लिखने के अपने शुरुआती दिनों में जब हम किताबों को निगला करते थे, चेखव की *माई लाइफ* से हम खास तौर पर प्रभावित थे, क्योंकि उसका हीरो हर हालत में अपनी तरह से जीना चाहता है और हाउस-पेंटर ही बनना चाहता है—अपने पिता की इच्छा और अपनी 'क्लास' की मर्यादा के विरुद्ध—क्योंकि वही काम उसे दरअसल अच्छा लगता है। और बावजूद रुकावटों के वह अंततः हाउस-पेंटर ही बनता है। यों इस बात से मुझे हैरानी तब भी हुई थी और आज भी हो रही है कि चेखव ने अपने हीरो के लिए हाउस-पेंटर जैसा 'ड्रिअरी' पेशे को चुना है, उसमें रचनात्मक रस बराबर कैसे मिलता रह सकता है।

मगर यह चेखव की आलोचना में आता है। चेखव का मकसद यही दिखाना था कि जो आदमी चाहे वही उसे करना चाहिए।

हम भी—मैं और मेरे दो-तीन दोस्त—अपनी आंतरिक जरूरत से मजबूर और *माई लाइफ* और *लस्ट फॉर लाइफ* जैसी पुस्तकों से बुरी तरह प्रभावित, हर हालत में लेखक ही बनने की तड़प लिए रहते थे।

उन्हीं दिनों देवेंद्र इस्सर के सौजन्य से हमने 'कल्चरल फोरम' जाना शुरू किया, जो उन्हीं के द्वारा संचालित होता था। इसमें हर इतवार के दिन एंग्लो-ओरिएंटल कॉलेज (करोलबाग) के एक कमरे में बेंचों पर बैठे सदस्यों की मीटिंग होती थी जिसमें कहानियाँ, कविताएँ, लेख आदि पढ़े जाते थे और आलोचना खासी सख्त होती थी। देवेंद्र इस्सर के अलावा उसमें भीष्म साहनी, कृष्ण बलदेव वैद, रामकुमार और निर्मल वर्मा तथा कई अन्य लेखक आते थे। निर्मल वर्मा काफी प्रखर माने जाते थे।

निर्मल वर्मा हमें एक सारभूत (Quintessence) लेखक का रूप लगे। लेखक होने का भाव उनके चेहरे पर मानो झलकता रहता था या हमें ही ऐसा लगता था। उनकी शक्लो-सूरत भी गैर-आम थी। वे सिर्फ लिखते थे। हमारी या दूसरों की तरह

वे जीवनयापन के लिए कुछ करते नहीं थे। उन्हें करना नहीं पड़ता था। हमारे लिए यह बड़े आश्चर्य और ईर्ष्या की बात थी। और बावजूद कल्चरल फोरम का स्टार होने के वे हर वक्त बात करने के लिए तैयार रहते थे।

जब भी हम उनके यहाँ जाते थे या मैं अकेला ही जाता था तो उन्हें अपनी बरसाती में किताबों के बीच घिरा हुआ पाता था, कोई किताब पढ़ते हुए या कुछ मित्रों से साहित्य चर्चा करते हुए, जिसमें मैं तुरंत शामिल हो जाता था।

कई बार घंटी बजाने पर जब वे अंदर से बाहर आते थे (इस बीच हम उनके घर की सीढ़ियाँ चढ़ कर उनकी बालकनी में पहुँच चुके होते थे), तो कभी-कभी कोई किताब उनके हाथ में होती थी, जो वो पढ़ रहे होते थे। एकाध बार शायद जल्दी से बाहर आने के कारण उनकी उँगली उस पन्ने पर दबी हुई थी जहाँ तक वे पहुँचे थे और बाकी का उनका हाथ उस किताब को प्यार से और पुख्तगी से पकड़े—बल्कि जकड़े हुए था, एक सेंसुअल बल्कि 'सेक्सुअल एंब्रेस' में।

किताबों के प्रति ऐसी ललक तब मैंने और किसी लेखक में नहीं देखी थी।

आज जब मैं निर्मल को परिभाषित करने की कोशिश कर रहा हूँ और एक प्रकार से अपने लेखकीय जीवन को भी तो उनकी सबसे पहली छवि एक किताब को पकड़े-जकड़े उनके हाथ की यह सेंसुअल गिरफ्त ही सामने आती है। उनके हाथ, किसी नवजात बच्चे की लाल-लाल हथेलियों वाले थे, जिनको देख कर विस्मय होता था कि इस दुनिया में किसी आदमी के ऐसे हाथ कैसे हो सकते हैं। और अगर मैं उस सेंसुअल सेक्सुअल गिरफ्त की उपमा को आगे बढ़ाऊँ तो कह सकता हूँ कि किताब को पकड़े वे हाथ निरावरण लगते थे।

दुनिया के स्थूल और सख्त कामों से अनभिज्ञ लगने वाले लाल-लाल हथेलियों वाले वे हाथ प्यार से किताब को फिर मेज पर रखते थे या रैक में और मानो बातचीत की तैयारी में सिगरेट उठाकर सुलगा लेते थे।

आज उनके उन हाथों को याद करते हुए लूसियन फ्राइड की कुछ पेंटिंग्स का खयाल आ रहा है।

निर्मल की दुनिया किताबों की थी, विचारों की थी, बातचीत और बहस की थी, साहित्य के रोमांस की थी। मेरे तमाम मित्रों से कहीं ज्यादा।

और लिखने के मेरे उन शुरुआती दिनों में क्योंकि बेहद जिज्ञासा रहती थी, उत्सुकता रहती थी, तड़प रहती थी, इसलिए कभी-कभी मानो मन को आग लगाने वाली, रस देने वाली, रचना की परतों को समझने-समझाने वाली दुनिया को अपनी गिरफ्त में लाने की कोशिश करने वाली बातें, बहसें, मुलाकातें शुरू हो गईं।

दुनिया का कोई ऐसा महत्त्वपूर्ण लेखक नहीं था जिस पर बात/बहस नहीं होती थी। रूसी महानुभावों (चेखव, तुर्गनेव, दोस्तोव्स्की से लेकर, काफ्का, इलियट, वर्जीनिया वुल्फ, सार्त्र, कैम्यु तक और फिर अपने वात्स्यायन, जैनेन्द्र, महादेवी खासकर उनका

गद्य) प्रेमचंद और बाद में रेणु आदि से लेकर टैगोर, शरतचंद्र तक सबको समेटा जाता था। यों पश्चिम के लेखकों खासकर रूसियों और फ्रांसीसियों का प्राधान्य रहता था।

हमारा संबंध बात करने का, बहस करने का, रस लेने का—ज्यादातर बौद्धिक दोस्ती का ही रहा, भावनात्मक दोस्ती का नहीं। (मोहन राकेश से उलट जिनके साथ भावनात्मक दोस्ती ही ज्यादा उभरती थी। दोनों के व्यक्तित्व अलग-अलग थे। एक अंग्रेजों की तरह अपनी प्राइवेसी का खयाल रखता था तो दूसरा पंजाबी दिलदार की तरह मुहब्बती था—यों कहीं असुरक्षा का भाव भी लिए रहता था।)

हमारा यह संबंध अंत तक रहा। बल्कि अंत के दिनों के कुछ वर्षों तक जब वे लोग अभी जमनापार नहीं गए थे और हम लोग करोलबाग में रहने आ गए थे निर्मल के ही ब्लॉक में। हमारी मुलाकातें ज्यादा होने लगी थीं। खासतौर से पास ही राजेंद्र नगर के पार्क में जहाँ हम एक-दूसरे के घरों की अपेक्षा ज्यादा मिलने लगे थे, जिस पर गगन प्रायः शिकायत करती थीं कि "दोस्त बाहर ही बाहर मिल आते हैं।"

निर्मल की अगली छवि राजेंद्र नगर के इसी पार्क की है। वे वहाँ शाम को सैर करने जाया करते थे। मैं वहाँ सुबह जाया करता था मगर कभी-कभी शाम को भी जाने लगा था। हम वहाँ मिलने लगे। हमारा यों मिलने का वक्त तय नहीं था। तय यही था कि मिल गए तो मिल गए और प्रायः मिल जाते थे—आगे पीछे।

कई बार मैं पहुँचता था तो निर्मल पहले से ही सैर कर रहे होते थे जिस पर हम या तो इकट्ठे सैर करने लगते थे या किसी बेंच पर बैठ कर बातें करने लगते थे।

उन दिनों मैं कुछ ज्यादा ही मूर्तिभंजक हो गया था और हम दोनों को ही बातों में ज्यादा रस आने लगा था क्योंकि निर्मल भी कई मानों में वैसा ही सोच रहे होते थे—जैसे फिर से पढ़ने पर हजारी प्रसाद द्विवेदी के उपन्यासों के अच्छा न लगने को लेकर या हिंदी की मिडियाक्रिटी या हिंदी में किसी आलोचक के न होने को लेकर या रजा और स्वामीनाथन के ऐसे अच्छे पेंटर न होने को लेकर आदि-आदि।

मूर्तिभंजन की मेरी लिस्ट बहुत लंबी थी और है। इसका पूरा जिक्र कहीं और करूँगा। यहाँ इतना कहना ही ठीक होगा कि पुनर्पाठ और पुनर्विचार हमेशा ही भ्रम तोड़ता है। खैर।

एक दिन जब मैं देर से पहुँचा तो निर्मल सैर कर रहे थे। उन्होंने मुझे नहीं देखा था। मैं उन्हें देख रहा था। मैंने एकाएक नोट किया कि निर्मल एक अजीब निर्लिप्त भाव में सैर कर रहे हैं। दूसरे लोगों को जिनके बीच से वे गुजर रहे थे, वे देखते जरूर थे, मगर उन्हें जानने की कोई रुचि उनमें नहीं थी। बल्कि यह साफ लग रहा था कि वे उनसे बचके चल रहे हैं। इसी तरह एक दिन और मैं देर से

पहुँचा तो वे एक बेंच पर बैठे थे। (सैर करने के बाद) और सामने की दुनिया को आकाश को, सूरज को; पेड़-पौधों और पक्षियों को, ऐसे देख रहे थे जैसे कोई दुनिया के बाहर देख रहा हो।

मुझे एकाएक लगा कि निर्मल 'आउटसाइडर' ही नहीं हैं दोहरे 'आउटसाइडर' हैं। एक तो वे उन लेखकों में थे जो मूलतः 'आउटसाइडर' होते हैं। दूसरे वे उनमें से भी थे, जो वर्षों पश्चिम में रहकर वापस भारत आते हैं तो यहाँ से उनका संबंध नहीं बन पाता। नेहरू ने इसके बारे में कहा है, 'आई फील ऐट होम नाइदर इन दि वेस्ट नॉर इन इंडिया' (न तो मैं पश्चिम में 'घर जैसा' महसूस करता हूँ न भारत में)।

मगर निर्मल लेखक होने के नाते ऐसे भी नहीं लगे जो इस 'आउटसाइडर' पन से लड़ते रहते हों। वे इसे स्वीकार कर चल रहे लगते थे।

तभी मुझे खयाल आया कि निर्मल के साहित्य में बाहर के लोग जो इतने कम हैं, उसका कारण यही है। और जो हैं भी वे प्रायः असली नहीं लगते। सोचे हुए लगते हैं। विचार लगते हैं।

और यही मूल कारण है उनके किताबों और विचारों की दुनिया में इतने ज्यादा रमे होने का। यही कारण है कि उनके साहित्य में इन्हीं किताबों की हल्की-सी भनक सुनाई पड़ती रहती है। यही कारण है उनके नई अंतर्दृष्टियों के न खोज पाने का, यही कारण है उनकी 'एकरसता' का।

और यही कारण है उनके साहित्य के मौसम और वातावरण और दृश्यों का वर्णन इतना अच्छा बन पाया है क्योंकि 'आउटसाइडर' मूलतः अकेला होता है और तमाम अकेलों की तरह वह मौसम और वातावरण और दृश्यों को उत्कटता से देखता है।

मुझे इस वक्त उनकी कहानी *सितंबर की एक शाम* का वर्षा वर्णन याद आ रहा है और *रात का रिपोर्टर* में अस्पताल के सूने बरामदों में रुड़कते पत्तों का।

मगर इन छवियों की तुलना में मेरे लिए निर्मल की घनघोर दिलचस्पी और रस लेकर बात करने वाली छवि ही, ज्यादा महत्त्वपूर्ण छवि है। उनसे बात करने पर हमेशा ही एहसास होता था कि आप एक बहुत जीवंत और सतर्क दिमाग से बात कर रहे हैं। उनसे बात करते वक्त हमारे बीच एक विशेष कैमिस्ट्री पैदा होती थी, जो अब कभी मुमकिन नहीं होगी।

भाषा का जादूगर

राजेंद्र यादव

वैसे तो हर लेखक होता है, मगर निर्मल वर्मा बेहद जटिल और संश्लिष्ट लेखक हैं। लगभग अद्वितीय।

यहाँ भी मैं जानता हूँ कि निर्मल के देहावसान के तुरंत बाद उनकी रचनाओं पर विश्लेषणात्मक टिप्पणी करना अशोभन और अशालीन माना जाएगा। ऐसे समय रिवाज सिर्फ प्रशस्तियाँ करने और सुनने का है। मैं और निर्मल सोच और सरोकारों में लगभग दो अलग ध्रुवों पर बने रहे हैं। निर्मल मुझे बेहद कंसिस्टेंट विचारक लगते हैं, फिर मैं कोई ऐसा कारण नहीं देखता कि अपनी असहमति में भी कंसिस्टेंट न रहूँ। या रातों-रात इसलिए अपनी धारणाएँ बदल दूँ कि आज वे शारीरिक रूप में हमारे बीच नहीं हैं। ऐसा करना तो यही सिद्ध करेगा कि सारी सहमति-असहमतियाँ उनके शरीर या भौतिक अस्तित्व को लेकर थीं—विचारों और रचना से उनका कोई संबंध नहीं था।

निर्मल वर्मा अपनी रचनाशीलता और चिंतन में बेहद नीरंध्र (कंसिस्टेंट) लेखक हैं—वहाँ कहीं खाइयाँ और दरारें नहीं हैं; एक अंतर्ग्रथित (इंटिग्रेटेड) व्यक्तित्व है। लगता है एक समग्र और संपूर्ण सॅल्फ (आत्म) है और विभिन्न विधाओं में अपने को अभिव्यक्त कर रहा है। उनकी अभिव्यक्ति में धुंध और धुआँ चाहे जितना हो, कहीं झोल और असावधानी नहीं है। पचास साल लंबी रचना-यात्रा में कहीं भी विचलन दिखाई नहीं देता। जहाँ हैं, वहाँ सोची-समझी राजनीति है। आंतरिक व्यक्तित्व की यह कंसिस्टेंसी अज्ञेय में भी है। मगर वहाँ विकास और विस्तार हैं। अंतर्विरोध भी हैं और विचलन भी। निराला और प्रेमचंद या मुक्तिबोध उन अंतर्विरोधों के रचनाकार हैं, जो जीवन और समाज से जुड़े विकासमान लेखकों में अनिवार्यतः दिखाई देते हैं। निर्मल को उस तरह के जीवन-संघर्षों से नहीं गुजरना पड़ा कि एक वक्त के खाने को लेकर परेशान हों। जैसा शैलेश मटियानी के साथ रहा। निर्मल की ज़िंदगी

में ऐसे समय कम रहे हैं जब वे किसी न किसी स्कॉलरशिप, फैलोशिप, स्पॉन्सरशिप या पुरस्कारों पर न रहे हों। इधर तो सम्मानों की झड़ी ही लग गई थी। इसलिए उनका संघर्ष भी आत्म और अभिव्यक्ति को लेकर है। बिना उन वास्तविक खुरदुरी स्थितियों से गुजरे। निर्मल की बौद्धिक बनावट के सूत्र 'अस्तित्ववादी' वैचारिकता से आए हैं—मृत्यु, संत्रास, आत्मसंशय, आतंक, अलगाव, निर्वासन, अध्यात्म, इत्यादि। इन्हीं सूत्रों के सहारे शायद निर्मल को सही समझा जा सके।

जब हम लोगों ने लिखना शुरू किया था तो वातावरण में यही अस्तित्ववादी शब्दावली गूँज रही थी। स्वतंत्रता के साथ क्रमशः आते हुए मोहभंग, भविष्य-भय ने हमें लगभग संभ्रमित कर दिया था और हम आपस में या अपने आप से पूछ रहे थे, 'ये क्या जगह है दोस्तो...?' सबकुछ उलट-पुलट गया था—भ्रष्ट और आडंबरी नेतृत्व, भयंकर जातिवाद, अन्याय, अपराध, सांप्रदायिकता, आर्थिक अराजकता, सामाजिक उथल-पुथल, प्रशासन और नौकरशाही की मनमानियाँ, बेकारी-बेरोजगारी और समाजवादी सपने का निरंतर टूटते और छीजते जाना, स्थापित आपसी संबंधों का पुनर्व्यवस्थापन और अस्वीकार, अंतर्राष्ट्रीय स्तर पर अमेरिका और रूस के बीच चलता भयानक शीतयुद्ध, जहाँ सच और झूठ ऐसे गड्डमड्ड हो गए थे कि हर समय एक संशय और अनिर्णय की मानसिकता बनी रहती थी : पता नहीं कौन-सी सूचना कहाँ से उत्प्रेरित है। सारे स्वर्ग बिखर रहे थे। सच्चे अर्थों में यह थियेटर ऑफ एब्सर्ड था। हम अपने ही देश, समाज और परिवार में आतंक से घिरे असुरक्षित अजनबी थे—आपस में अपरिचित....यह अस्तित्ववादी शब्दावली रूसी साम्यवाद के विरोध में व्यक्तिवादी स्वतंत्रता की लुभावनी 'दार्शनिकता' थी। हम जिस मानसिक प्रलय को सारे प्रतिरोध के साथ जी रहे थे, बाद में आने वाली कथा-पीढ़ी ने तो कुछ ज्यादा ही बड़बोली नफरत के साथ उन शब्दों को अपना कथ्य बना लिया था—वहाँ न कुछ शुभ्र था, न पवित्र....न रक्षणीय...।

निर्मल का यह स्वर्ग कुछ ज्यादा ही झटके से टूटा....जिस सोवियत रूस प्रेरित कम्युनिस्ट पार्टी के वे कार्ड-होल्डर सदस्य थे, उसी रूस का नृशंस चेहरा उनके सामने था। तब वे चेकोस्लाविया में अध्ययन कर रहे थे—यह भरी दोपहरी अँधेरे का तांडव था। अपनी जमीन से उखड़कर वे अपने आपसे अपरिचित, असुरक्षित, अनिश्चित और अनात्मीय परिवेश के आतंक से संत्रस्त थे। अब वे पश्चिमी बुद्धिजीवियों के बीच अधिक एकात्म महसूस कर रहे थे जिनके 'ईश्वर' ने उनके साथ विश्वासघात किया था। यहीं से उनकी अपने आपसे टूटते जाने की वह प्रक्रिया शुरू होती है जो उन्हें निरंतर आत्मनिर्वासनों में धकेलती जाती है। जितना ही वे बहिष्कृत और निष्कासित महसूस करते हैं उतना ही आग्रह अपनी जड़ों को खोज निकालने का प्रबल होता चला जाता है। उन्हें एक वैचारिक, सांस्कृतिक आधार चाहिए जहाँ खड़े होकर वे इस साँस-घोंटू अजनबियत के त्रास से मुक्त हो सकें। अस्तित्व और अस्मिता

का यह संकट वह नहीं था जिसे उस समय पश्चिमी बुद्धिजीवी ने युद्ध की विभीषिकाओं और फासीवादी राष्ट्रों द्वारा योजनाबद्ध संहारों के बीच स्वयं भोक्ता बनकर महसूस किया था—मगर अपनी स्थिति को समझने का मुहावरा ही उस समय निर्मल का बहुत बड़ा सहारा था। शायद निर्मल (अस्तित्ववादी शब्दावली में) उस 'बैड-फेथ' की गिरफ्त में आते चले गए जो हर भारतीय संन्यासी को मायावाद बनकर निरंतर निरर्थकता-बोध की तरफ धकेलता जाता है। 'बैड-फेथ' इसलिए कि वह उनकी अपनी वास्तविक स्थितियों से अर्जित नहीं, सिर्फ 'चुना हुआ' और सुना हुआ था। वे 'घर की तलाश' में भटकते शरणार्थी की नियति 'चुन' रहे थे, वे भोक्ता नहीं दर्शक थे—शायद यही वे सूत्र हैं जो वेदांती-दर्शन के संस्कारियों को सबसे अधिक अपील करते हैं और निर्मल उन्हें 'भारतीय' लगते हैं। विडंबना यही है कि अंग्रेजी लेखकों की तरह विदेशियों को निर्मल भारतीय और यहाँ वालों को विदेशी संवेदना के लेखक लगते हैं।

'घर' की तलाश नई कहानी युग का मूल 'दर्शन' है—हम सभी अपने-अपने क्षेत्रों में भटकते हुए 'घर' ही तलाश रहे थे—स्त्री-पुरुष के संबंधों का घर, परिवार, समाज और समय में पैर टिकाने की जगह, संवेदना, नैतिकता, दर्शन, संस्कृति और वैचारिकता की टूटी-फूटी दुनिया में अपने होने और बने रहने का अर्थ...घर हमारे लिए धूप के टुकड़े की वह तलाश थी जहाँ कुछ क्षण के लिए ही शायद सुकून पाया जा सके, पूरा युग ही उखड़े हुए लोगों में बदल गया था। मगर सबके बावजूद हमारे रणक्षेत्र या पलायन-क्षेत्र हमारे अपने समय और समाज थे। और भी ज्यादा ठोस रूप में कहा जाए तो वह हमारा अपना शहरी मध्यवर्ग था जिसे ये वैचारिक और बौद्धिक ज़लज़ले लगातार झकझोर रहे थे।

निर्मल उस समय विदेशों में थे और अपने समाज या विचारों की उस रोज़-रोज़ की रगड़ से मुक्त थे जो हमें न अपने भीतर रहने दे रही थी न बाहर। बारों, पबों और पार्कों में भटकते युवा निर्मल चियान्ती पीते और बाख, बिठोविन या ह्यूबर्ट की सिम्फनियाँ सुनते अपने भीतर के ध्वंस को समझने की कोशिश कर रहे थे। उनके पास सिर्फ स्मृतियाँ थीं, निजी अतीत था और एक अनसमझा, अनसुलझा अचानक अपरिचित हो गया संसार था। भविष्य नहीं था। वे वहाँ भी अपरिचित थे और यहाँ भी। चुप्पे अंतर्मुखी और एकाकी वे बचपन से ही थे। अब घर की यह तलाश उन्हें भीतर के अतीत और बाहर के संस्कृति-विमर्श में ले जाती थी और वे रीयल-अनरीयल के बीच भटकते कहानियाँ और निबंध लिख रहे थे। सिर्फ *लंदन की एक रात* कहानी में उन्होंने अपने इस धुंध को बाहर के पात्रों के माध्यम से समझने की कोशिश की है जहाँ एक अश्वेत, गोरों के बीच अपनी स्थिति और नियति शेयर करता है—अपने अपमान, रंगभेद, नस्लवाद, आतंक और असुरक्षा लेखक के साथ बाँटता है। वरना उनके एक उपन्यास का एक पात्र बाहर सड़क पर जुलूस देखकर आश्चर्य प्रकट करते हुए पूछता है कि ये कौन लोग हैं, और किन बातों को लेकर लड़ रहे हैं? क्या वे इन सारे आंदोलनों की व्यर्थताओं को नहीं जानते?

निर्मल उस डायस्पोरा (आ-प्रवासी) की तरह हैं जो सौ डेढ़-सौ साल पहले अपना एक मानसिक संसार लेकर विस्थापित हुआ था और अजनबी लोगों के बीच उसे बचाए रखना चाहता था, क्योंकि वही उसकी 'पहचान' थी और वही पाँव टिकाए रखने का अंतर्दीप। यह डायस्पोरा भूल जाता है कि जीवित-संदर्भों से कटे सत्य अपने आप में एब्सोल्यूट या स्वायत्त होने लगते हैं, यही नहीं कालांतर में इतने भुरभुरे और ब्रिटल होते जाते हैं कि झरते-झरते, वह नहीं रह जाते जिन्हें लेकर वह निर्वासन भोगने गया था। इस मृत या शिलीभूत 'सत्य के क्षरण' को डायस्पोरा अपनी स्मृतियों और कल्पनाओं से भरता है, यहाँ तक कि इस प्रक्रिया में वह अपने भीतर ऐसे प्रति-सत्य का निर्माण कर लेता है, जिसका वास्तविकता से कोई लेना-देना नहीं होता। वह अपने मूल-सत्य के ह्रास और क्षरण को लेकर सचेत न हो ऐसा नहीं है—मगर इस विद्रूपता को वह एक प्राकृतिक प्रक्रिया न समझकर इसका दोष बाहरी कारणों को देने लगता है। इस प्रक्रिया को वी एस नॉयपाल में शायद सबसे उजागर रूप में देखा जा सकता है। बड़ी ललक से पहली बार जब वे भारत आए तो यहाँ की गंदगी, बेशर्मी, भ्रष्टाचार और बीभत्सता देखकर धक्का लगा—ये किन अँधेरों और अंधेरगर्दियों में आ गए हैं? यह भारत वह तो नहीं है जिसके सपने देखते बड़े हुए थे, सुनते और पढ़ते हुए जिसका उन्होंने निर्माण किया था और अब वे 'अपने' देश आए थे। क्या हो गया है इस देश को? पीछे मुड़कर देखते तो वहाँ घायल, ध्वस्त और अस्त-व्यस्त सभ्यता का मलबा था। 'अपना' भारत तो ऐसा नहीं था, वह तो महान और जगद्‌गुरु था—इसे ऐसा किसने बना दिया? जाहिर है विदेशी आक्रमणकारियों ने। और भी साफ कहें तो मुसलमानों ने। अब भारतीय संस्कृति, या उनके लिए हिंदू-संस्कृति एक ऐसी रूढ़, ठोस और विकासहीन वस्तु थी, जिसे या तो बचाया जा सकता था, या नष्ट होते हुए देखा जा सकता था। हंटिंगटन की तरह उसका नाश करने वालों में बार-बार उन्हें इस्लाम नजर आता था; यानी एक आततायी, जिहादी और युद्धोन्मत्त धर्म। अब बदले में वे अरुण शोरी की तरह खुद खड्‌गहस्त जिहादी होकर उन सारे धार्मिक समुदायों का संहार करने में जुट गए जो 'हिंदू-संस्कृति' के जानी दुश्मन थे—बौद्ध, मुसलमान, ईसाई...शायद किसी हद तक सिख भी....

समाज-विज्ञानियों की दृष्टि में हम सब जानते हैं कि संस्कृतियाँ न नष्ट होती हैं, न विद्रूप...वे भाषा की तरह सिर्फ विकसित होती हैं। मगर संस्कृति, विज्ञान से अधिक संस्कार का मामला है। इसलिए बिना भीतरी ध्वंस से गुजरे हम संस्कृतियों के बदलाव को स्वीकार नहीं कर पाते....

निर्मल के भीतर भी कहीं न कहीं यही डायस्पोरा-ग्रंथि जड़ जमाए थी—पीछे कहीं छूट गई एक शिलीभूत संस्कृति की खोज...'महान' का आविष्कार। वे इतने 'बाहरी' हो चुके थे कि अपने आपको, अपने घर और संस्कृति को लगभग 'मेहमान' की तरह 'देख' रहे थे। निश्चय ही वे अपनी जड़ों से उतने नहीं टूटे थे कि विदेशी

सैलानी बन जाएँ। हाँ, उनके भीतर अप्रतिहत नॉस्टेल्जिया था जो उन्हें भारत-मुग्ध डायस्पोरा बनाता है, उस 'महान' से जुड़ने की ललक पैदा करता है जिसे विदेशियों और विधर्मियों ने लगातार विद्रूपित कर दिया है। अब निर्मल को साँपों, शेरों, हठयोगियों, स्वामियों, तांत्रिकों, जादूगरों और भयानक जंगली जानवरों, असभ्य जनजातियों से भरे उस भारत के साथ महान, जगद्गुरु, सांस्कृतिक प्रकाश-स्तंभ इत्यादि की महानता पर भी मुग्ध होना था जिसे एडवर्ड सईद उपनिवेशवादी साम्राज्य की 'पूरबी गढ़न्त' घोषित करता है—यानी वेदों, उपनिषदों, गहरी दार्शनिकताओं और महान परंपराओं का आध्यात्मिक भारत। यह एक ऐसी घायल आत्मा के घाव धोना है जिसे वर्तमान की क्रूरताओं और विडंबनाओं ने भी क्षत-विक्षत कर दिया है। निर्मल की सारी वैचारिकता का कथ्य लगभग यही है कि पश्चिम ने हमें कितना विकृत, विद्रूपित और विभ्रमित कर दिया है—वहाँ के हर विचार, हर राजनीति और हर क्षेत्र की उन्नति, सभ्यताओं के विमर्श हमें और अधिक से अधिक भटकाते हैं—जबकि 'आज' का हर समाधान यानी हमारा *अंतिम अरण्य* हमारे भारतीय दर्शन, अध्यात्म और कर्मकांड में पहले से सुरक्षित है। निर्मल की मानसिक बनावट और द्विधा (एम्बिवेलैंसी) को समझने का मुझे और कोई सूत्र नहीं दिखाई देता जहाँ वे एक तरफ महाकुंभ के गंजेड़ी, भंगेड़ी, भयानक ठंड सहते नागासाधुओं और अपने ही बनाए यंत्रणा-भोगी तांत्रिकों का मुग्ध भाव से वर्णन करते हैं और वहाँ विराट भारतीय संस्कृति की अजस्रधारा प्रवाहित होते देखते हैं, या *अंतिम अरण्य* में श्मशानी कर्मकांडों को महान संस्कृति की प्रतीकात्मक अभिव्यक्ति मानते हैं। इस आध्यात्मिकता में आधिभौतिक उपस्थिति से भी उन्हें कोई आपत्ति नहीं है। नदी के रेतीले एकांत में अगर अचानक प्रगट होकर कोई 'आत्मा' दिशा-निर्देश करती है, या कौवों के झुंड भटकते पूर्वजों के रिश्तेदार लगते हैं तो किसी को क्या आपत्ति हो सकती है? दास्तानों में बीसियों ऐसे प्रसंग हैं जहाँ रेगिस्तानों और समुद्रों में भटके हुए नायक के सामने हज़रत ख़्वाजा ख़िज्र प्रकट होकर रास्ता बताते थे और फिर गायब हो जाते थे। 'सांस्कृतिक राष्ट्रवाद' के उच्चतर बोध में लोक और लोकोत्तर अलग कहाँ हैं?

खुद भटके यात्री इसे 'माइरेज-मिराज' या मृग-मरीचिका कहते हैं, जहाँ पूरे के पूरे शहर सामने दीखने लगते हैं और उन्हें पाने के लिए आप और भी भटक जाते हैं। वह थके-टूटे यात्रियों की स्वप्न-सृष्टि का मोह ही रहा होगा।

कोई आश्चर्य नहीं कि निर्मल को बीजेपी का हिंदुत्व बहुत अपना लगता है। बहुत से मित्रों को आपत्ति रही है कि निर्मल को बीजेपी के साथ क्यों जोड़ा जा रहा है? स्मृति में मेरे सामने लगभग पंद्रह साल पहले का *टाइम्स ऑफ इंडिया* का वह पन्ना है जहाँ चुनाव पर अलग-अलग बुद्धिजीवियों से राय माँगी गई थी और निर्मल ने खुलकर कहा था कि बीजेपी को आना चाहिए। यही नहीं मुसलमानों के नाश के लिए तैयार किए गए परमाणु-परीक्षण, बाबरी-मस्जिद ध्वंस, पादरी स्टेन्स

को जलाया जाना, गुजरात का महीनों चलता राज्य-प्रेरित नरसंहार जैसी किसी भी घटना ने उन्हें आंदोलित नहीं किया। न कहीं दलितों पर होने वाले अत्याचारों की बात की न स्त्रियों की प्रताड़ना की। बहुत पूछे जाने पर सिर्फ संत विनोबा भावे की तरह इतना ही कहा कि हत्या और संहार हर जगह गलत है। जब वे शंकराचार्य और परम-पवन दलाई लामा के प्रति अपनी श्रद्धा व्यक्त करते हैं तो कारण बौद्ध-धर्म में आस्था से अधिक चीन जैसे कम्युनिस्ट राक्षस का शत्रु होना ही है। उन्होंने अपने निबंध *चुनी हुई चुप्पियाँ* में उन देशी-विदेशी कम्युनिस्टों की भूरि-भूरि भर्त्सना की है जो सोवियत नृशंसताओं और हत्याओं पर चुनी हुई चुप्पियाँ साधे रहे—मगर खुद निर्मल हिंदुत्व प्रेरित जनसंहारों पर जैन-साधुओं की तरह दार्शनिक मौन ओढ़ कर बैठ गए। पिछले दशकों में वे एकमात्र ऐसे 'बड़े लेखक' थे जो बीजेपी के समर्थक थे—वरना वहाँ बड़बोले पत्रकारों के अलावा मुझे तो कोई लेखक दिखाई नहीं देता।

जैसा कि पंकज बिष्ट ने कहा है निर्मल मूलतः रोमानी लेखक हैं जो या तो किशोर मन को आकृष्ट करते हैं या थके-हारे बूढ़ों को। (चाहें तो यहाँ जोड़ लें : मार्क्सवाद विरोधी 'समाजवादियों' को भी) मैं मानता हूँ कि हर युवा रोमांटिक होता है। रोमांटिक नहीं होगा तो सपने कैसे देखेगा? और सपने नहीं होंगे तो नई दुनियाओं का निर्माण कैसे होगा? यही स्वप्न-जीविता हमें सामंती जड़ताओं से आधुनिक युग में लाई है। मगर अपनी प्राचीन संस्कृति की अद्वितीयता हमें अतीत के प्रति रोमानी बनाती है—हम उस सबके सपने देख लेते हैं जो वहाँ नहीं था और सारा आग्रह स्मृतियों के इसी जोड़-तोड़ पर होता है कि ऐसा नहीं, ऐसा था। 'सांस्कृतिक राष्ट्रवाद' अतीत में स्थित ऐसा ही सपना है जहाँ सामाजिक सरोकार सिरे से गायब हैं, न वहाँ कहीं वर्ण-व्यवस्था की आलोचना है, न गरीबी, भुखमरी की—सामाजिक अन्याय जैसा कोई शब्द वहाँ नहीं है—हाँ, अनेक तरह विधर्मियों को लताड़ा गया है कि यहाँ रहना है तो हिंदू-राष्ट्र और हिंदू-धर्म-संस्कृति की छत्र-छाया में ही रहना होगा, दूसरे दर्जे के नागरिक की तरह। समय और समाज से निरपेक्ष ऐसा राष्ट्रवाद, फासीवाद नहीं होगा तो क्या होगा? यह मुख्यतः अतीत महिमा का कीर्तन है। अतीत और स्मृति, निर्मल के भी आधार शब्द हैं।

चलिए, इस्लाम तो निर्मल की चेतना से बहिष्कृत और शहर-बदर कर दिया गया शब्द है, मगर धक्का तब लगता है जब पादरी स्टेन्स को परिवार के साथ जला दिए जाने पर निर्मल चुप रहते हैं। क्रिश्चियेनिटी तो उनके लिए उतनी अप्रिय नहीं है : खुद उनकी सारी शिक्षा क्रिश्चियन शिक्षा-संस्थानों में हुई है। वहाँ के चर्च, कब्रिस्तान, प्रार्थनाएँ, मूर्तियाँ, ईसा की यातनाएँ, करुणा, क्षमा, सब कुछ निर्मल को आध्यात्मिक सुकून देती रही हैं। उनकी कथा-रचनाओं को क्रिश्चियन प्रतीकों के बिना समझना मुश्किल है। मगर बाद में वे भी शायद मानने लगे थे कि क्रिश्चियेनिटी की सेवा, समर्पण, त्याग, करुणा इत्यादि सब धर्मांतरण की रणनीतियाँ हैं। उन्होंने शायद ही

कभी इस पर सोचा हो कि वर्ण-व्यवस्था की वे यंत्रणाएँ और अमानवीयताएँ क्या हैं जो धर्मांतरण के लिए प्रेरित करती हैं। हर कहीं न तलवार होती है न अशर्फियों की थैलियाँ।

हिंदी में निर्मल का आगमन *परिंदे* कहानी से हुआ। वह एक कान्वेंट स्कूल की प्रिंसिपल लतिका के आत्मनिर्वासन की बेहद रोमांटिक कहानी है...गहरी संवेदना और आत्मीयता से खूबसूरत भाषा में लिखी गई। सारे के सारे परिंदे छुट्टियों में उड़ गए हैं और लतिका सिर्फ अपनी स्मृतियों के साथ एक भविष्यहीन जिंदगी जी रही है...यह नामवर सिंह के शब्दों में हिंदी की पहली 'नई कहानी' है। खुद नामवर का भी वह युवा रोमानी काल था और वे सीधे गाँव-बनारस से दिल्ली आए थे—उन्हें हर शहरी चीज चमत्कृत करती थी और वे कोट-टाई पहनने की आधुनिकता के भाव-बोध से जोड़ कर अपने पिछड़ेपन को जीत रहे थे। रेस्त्रां, गिरजाघर, सिम्फनियाँ, शराबें, कपड़े और योरुपीयन रोमानी अतीत...काव्य-समीक्षा के सारे संस्कारों की मदद से उन्होंने निर्मल की भाषा में प्रतीक, बिंब, लय, संगीत, संवेदना, भाषा की अनुगूँजें, हर ठोस और मूर्त का अमूर्तनों और वायवीयता में बदलते जाना, अतीतजीवी उदास और खोई-खोई स्त्रियाँ—*परिंदे* को नामवर जी ने दूर पहाड़ी एकांतों से आती धीरे-धीरे सुनाई पड़ने वाली खूबसूरत सिम्फनी की तरह 'सुना' जो स्मृति के मोहक सपनों में ले जाती है...रोमांटिक काव्य-धारा की तरह—वर्ड्सवर्थ, शेली, कीट्स की कविताओं की तरह, एकाकी गिरजाघर की घंटियों की टुनटुनाहट की तरह...कहानी की यह परिभाषा हर उस कथा-रचना को अस्वीकार्य बना देती है जहाँ वह एक समाज-समीक्षा है। या संघर्ष का संकल्प है। काव्य-संवेदना कला का आत्मिक आनंद है, कथा-संवेदना यथास्थिति में बेचैनी।

जैसा मैंने कहा, 'अतीत' निर्मल का बीज शब्द है। एक छूटा हुआ स्वर्ग है और इससे निष्कासित हम क्रूर असंवेदनशील दुनिया में आ गए हैं, जहाँ न कोई हमें पहचानता है न समझता है। यहाँ तक कि एक किशोरी का रजस्वला होना, बचपन के निष्पाप स्वर्ग से धक्का दिए जाने जैसा लोमहर्षक अनुभव है। यह 'लॉस ऑफ इन्नोसेन्स' (मासूमियत के ध्वंस) की परिघटना है।

कहानी को निर्मल कभी 'अँधेरे की चीख' कहते हैं तो कभी कहानीकार को 'आत्मा का डिटैक्टिव'। सही है उनकी कहानियाँ चेखव की तरह बेहद सहज ढंग से शुरू और समाप्त होती हैं—वहाँ कोई झटका, चमत्कार या मरोड़ नहीं है। मगर चेखव की उदासी, अवसाद और 'मैलेंकोली' (विषाद) से निर्मल की कहानियाँ बिल्कुल अलग हैं। जल्दबाजी में हम कुछ ऊपरी समानताओं के आधार पर उन्हें चेखव से जोड़कर देखने लगते हैं। वस्तुतः चेखव के पात्र ऐसी दुनिया में आ गए हैं जहाँ उनकी भावनाओं और व्यथा को कोई नहीं समझता—वे उन्हें अपने भीतर समेटे ही संसार से विदा हो जाते हैं—बांका, गुसीव, वार्ड नं. छह जैसी बीसियों कहानियाँ इन अनसमझे,

अनखुले पात्रों के दुखांत से भरी हैं—जितना ही वे अपने को दूसरे के सामने खोलना चाहते हैं उतने ही मजाक और असंवेदनशीलता के पात्र बनते हैं। जबकि निर्मल के पात्रों को शायद ही कभी दूसरों से जुड़ने का दबाव महसूस होता हो। मुझे गोविंद मिश्र के यहाँ सरोजिनी नगर की वह शाम आज भी याद है जब निर्मल के साथ खासी कड़वी बहस हो गई थी। निर्मल का कहना था कि मार्क्सवादियों ने अभिव्यक्ति के साथ संप्रेषण मिलाकर इसे वल्गराइज कर दिया है। अगम्य लेखकों वाला वही तर्क कि चिड़ियों का चहचहाना, या झरनों का बहना किसी को संबोधित नहीं होता... वह सिर्फ 'होता' है—स्वायत्त और संपूर्ण...मेरा कहना था कि चहचहाना हो या अँधेरे की चीख, जब तक उसे देखा सुना न जाए वह 'होते' ही नहीं हैं। वे तभी हैं जब हम तक पहुँचें। चेतन-अवचेतन में हम उन्हें 'ग्रहण' करते हैं। अभिव्यक्ति अपने आप में संप्रेषण के दबाव से आती है—वरना न उसे शब्दों की जरूरत है, न रंगों की। शब्द स्वयं हमें समाज ने दिया है—यानी शब्द दूसरे के साथ संवाद है। भीतर कोई अनकहा संवेग है जिसे शब्द की तलाश है—हमारा सारा लेखन इसी सही शब्द का संधान है। इसे स्वयं निर्मल झाड़ी में छिपी चिड़िया का नाम देते हैं।

यही चेखव और निर्मल के अवसाद का अंतर है—एक को संवाद भी चाहिए और अपने भीतर की हिस्सेदारी भी—दूसरा अपने भीतर किसी को आने ही नहीं देना चाहता। अकारण नहीं है कि निर्मल के पात्रों को अकेले गिरजाघर, भुतहे पुराने घर, कब्रिस्तान, सुनसान बंगले या ऐसे ही एकांत पसंद हैं। दूसरी जो चीज निर्मल को चेखव से अलग करती है वह है प्रकृति के प्रति दृष्टिकोण। चेखव ने कभी गोर्की की भाषा को लेकर कहा था वह अपने मनोभावों को प्रकृति पर थोपता है : न तो बादल गुरगुराता है, न समुद्र दहाड़ता है, प्रकृति सिर्फ होती है। चेखव कहानी को 'जीवन की तराश' मानते थे। इसलिए प्रकृति का यह मानवीकृत अलंकरण उन्हें बहुत रास नहीं आता था। निर्मल के यहाँ चाँदनी उदास है और पहाड़ अनंत से संवाद करते हैं। एक मूड है जो निरंतर प्रकृति पर प्रक्षेपित होता रहता है।

निस्संदेह निर्मल भाषा के जादूगर हैं। और हमें एक ऐसी सपनीली दुनिया में ले जाते हैं जहाँ वातावरण ही भाषा बन जाता है। इस कला को विनोद कुमार शुक्ल के सिवा कोई नहीं जानता। लेकिन सारी कल्पनाशीलता के बावजूद विनोद कुमार में दूसरों की उपस्थिति भी है और उनसे संवाद भी। निर्मल के कथा-तिलस्म के अँधेरों से बाहर आकर खुली हवा में साँस लेने की जरूरत महसूस होती है—इस तिलस्म को कुछ प्राध्यापकीय समीक्षक 'गहन सौंदर्यानुभूति' के दुर्लभ क्षणों से साक्षात्कार का नाम भी दे सकते हैं।

इस दृष्टि से निर्मल के यात्रा-वृत्तांतों पर निगाह डालना दिलचस्प है। कहने का मन करता है कि निर्मल तत्वतः पर्यावरणवादी लेखक हैं—बरुंस, चीड़, चाँदनी, पहाड़, बर्फ, बारिश, समुद्र, लहरें निर्मल के इतने आत्मीय अंश हैं कि उनसे होकर

गुजरना उदात्त और विराट के साथ एकाकार होना है। जीवंत धड़कते इस पर्यावरण को निर्मल की खूबसूरत भाषा में पाठक स्वयं अपने भीतर जागते हुए पाता है। मगर आश्चर्य है इन मायावी लैंडस्केपों में मनुष्य प्रायः कहीं नहीं है—या कम से कम उस तरह याद नहीं आता जैसे चीड़, चाँदनी और झरने अपनी कहानियों के मानव-संसार को भी वे पर्यावरण में ही बदलते दिखाई देते हैं। अतीत, स्मृतियाँ, संस्कृति, प्रकृति पर्यावरण मुझे सब कहीं निर्मल 'दर्शक' होने का भ्रम देते हैं—ए कीन ऑब्जर्वर या—सूक्ष्म-द्रष्टा पर्यटक....

बहरहाल निर्मल बेहद सौम्य, शिष्ट और शालीन व्यक्ति थे और लगभग फुसफुसाकर जिस निजी मुस्कराहट के साथ बात करते थे, वह फौरन एक आत्मीय रिश्ता बना लेती थी। हालाँकि मैंने, शीला संधु ने और अशोक वाजपेयी ने रस-रंजन के बाद उन निरंकुश और अनियंत्रित क्षणों को भी भुगता है जब वे सचमुच वल्गर अशिष्ट और प्रतिहिंसालु हो उठते थे।

अतिशयोक्ति ही होगी मगर निर्मल उस ताजमहल की तरह भारतीय कथा-साहित्य की उपलब्धि हैं, जिसके भीतर 'मृत्यु का अर्चन' करता गुंबदी सन्नाटा है...जो अपने सम्मोहन में हमें अशरीरी होने में रूपांतरित कर देता है। काल के कपोल पर ठहरा हुआ अश्रु-बिंदु। आखिर अपने सारे फासीवादी विश्वासों के बावजूद इलियट एक अपरिहार्य और अद्वितीय प्रतिभा तो हैं ही...

मूर्त को अमूर्तन में, ठोस को द्रव में और परिचित को अपरिचित में बदलने का अद्‌भुत जादू निर्मल की सबसे बड़ी शक्ति है। आकार से विद्रोह ही हमें सीमाहीनता के अनंत में 'मुक्त' करता है। निराकार का यह रहस्यलोक हमें रोज़मर्रा के अनुभवों को अतीन्द्रिय अनुभूतियों के लोकोत्तर में 'परा' शक्तियों से भी जोड़ता है। मनुष्य एक साकार इकाई है इसे तोड़कर निराकार बनाना मुझे मनुष्य-द्रोही होने जैसा भी लगता है। सारे संत-संन्यासियों ने सिर्फ अपने आपको समेटा (विथड्रॉ किया) है, सामान्य मनुष्य के पास वे कभी नहीं लौटे। अगर लौटे भी तो अपने को आदर्श और अनुकरणीय बनाकर। इस 'मायालोक' में लौटकर क्यों वे अपनी 'उच्चतर मानवीयता' को प्रदूषित करें? अपने आप में सुरक्षित, अनाविल 'नदी के द्वीप' अगर धार में छोड़ देंगे तो अपने ही किनारे और कगारों को टूटते हुए देखने का दर्द भोगना पड़ेगा।

शिमला और उनका पहाड़

तुलसी रमण

अरसे बाद मैं पहाड़ों को देखता हूँ, तो लगता है, वे मुझसे कह रहे हों, 'तुम फिर आ गए?' और वे खड़े रहते हैं, सफेद, निस्संग और खामोश, न मेरा मजाक उड़ाते हुए, न मुझ पर दया करते हुए—सिर्फ मेरे लिए प्रार्थना करते हुए कि मैं लौट आया हूँ।

—निर्मल वर्मा

जन्म : 3 अप्रैल, 1929। जन्म स्थान : शिमला

बचपन पहाड़ों पर बीता...

हर किताब में प्रकाशित उनके परिचय का यह मुखड़ा कहीं अकेला टाँग दिया जाए तो लोग इसके साथ 'निर्मल वर्मा' खुद अंकित कर देंगे। शिमला से संबंध रखनेवाले अनेक चोटी के कलाकार-लेखक हुए हैं—अमृता शेरगिल, मोहन राकेश, उपेंद्रनाथ अश्क, जे. स्वामीनाथन, कृष्णा सोबती, रामकुमार, डॉ. बच्चन सिंह, विजय मोहन सिंह और कृष्ण खन्ना आदि। लेकिन निर्मल वर्मा और शिमला का रिश्ता इसलिए खास है कि उन्होंने जन्म से लेकर जीवन के अंत तक शिमला और इसके पर्याय पहाड़ को किसी न किसी रूप में लगातार जिया और रचा है।

ग्यारह अक्तूबर, 1985 का दिन है, 'शिखर रचना शिविर' में भाग लेने के लिए आए निर्मल वर्मा पहली गाड़ी से शिमला स्टेशन पर उतरे हैं। इस बार कुछ लंबे समय के बाद आए हैं। उन्हें लेने के लिए मैं स्टेशन पर पहले ही पहुँच गया हूँ। दिल्ली में उन्हें देखा तो था, मगर मुलाकात यह पहली है। पचास पार निर्मल की आँखों में चमक और माथे पर बालों का सहज बिखराव है। *वे दिन* उपन्यास *शब्द और स्मृति* के निबंध, उनके कुछ यात्रा-वृत्तांत और कहानियाँ ही अभी तक मैं पढ़ पाया हूँ। *चीड़ों पर चाँदनी* शीर्षक यात्रा-वृत्तांत की शुरुआत उन्होंने यों की है—'इन पहाड़ों के पीछे न जाने क्या होगा?' जब हम छोटे थे, तो अपने घर के

बरामदे में खड़े होकर अक्सर एक-दूसरे से प्रश्न पूछा करते थे।...

इसमें आगे वह पहाड़ों की शक्ल, बच्चों की आँखों में माँ की शक्ल से भी जोड़ते हैं। खासतौर से बर्फ के दिनों में, यही प्रश्न हम भी अपने बरामदे में खड़े होकर किया करते थे, जब चारों और सफेद हुए पहाड़ों को फिर-फिर निहारने का मन होता था। पहाड़ में आँख खुलने के बाद और देखने-बोलने की समझ आते ही शायद हर बच्चा यही पहला सवाल करता है, उसके मन की यही पहली जिज्ञासा होती है। एक भाव प्रवण गद्यांश के शुरू में आए इस सवालिया वाक्य ने ही मुझे निर्मल वर्मा का पाठक बना दिया था। आगे चलकर हम उनके लेखन और एक कलाकार जैसे जीवन में भी देखते हैं कि पहाड़ से जाना और फिर वहीं लौटना चला रहता है।

जिस बरामदे में खड़े होकर यह रहस्यमय सवाल उनके भीतर कौंधता रहा था, शिमले का वह घर निर्मल जी ने छोड़ा कहाँ है? *लाल टीन की छत* में लोग कैथू की ढलान पर उस पुराने 'भज्जी हाउस' को पहचान लेते हैं, जहाँ उनका जन्म हुआ था। *अंतिम अरण्य* में वह इन पहाड़ों के सेब-बागीचों तक पहुँच जाते हैं। परिंदे से लेकर अंतिम प्रकाशित कहानी *अब कुछ नहीं* तक निर्मल जी की आत्मा में सोता-जागता पहाड़ फिर-फिर दिखाई देता है। 'यात्रा-संस्मरण' और 'डायरी' लिखने की फुर्सत उन्हें सबसे ज्यादा पहाड़ की खामोशी में ही मिलती है। 'जिस व्यक्ति ने अपने जीवन के कई वर्ष पहाड़ों पर गुजारे हों, वह इस खामोशी को केवल शब्द का अभाव नहीं मानता, बल्कि उसे जीने के एक 'पोजिटिव' विस्तार के रूप में भी स्वीकार करता है।' उन्होंने यह खुद कहा है।

उस रोज कंधे से झूलता लैदरबैग लिए निर्मल जी स्टेशन को देर तक चारों ओर ऐसे देखते रहे जैसे सालों पहले का कुछ खोया हुआ ढूँढ़ रहे हों—'साफ-सुथरा है, बिगड़ा कुछ ज्यादा नहीं।' सड़क तक आकर, वहीं किनारे स्टोव पर बन रही चाय पीने की जिद्द की और रेलिंग के सहारे खड़े होकर देर तक अपने शहर की ढलानें देखते रहे।

दूसरी सुबह ग्रेंड होटल के सभागार में 'रचना-शिविर' का उद्घाटन करते हुए उन्होंने अपने भाषण में कहा—"जीवन में राजनीति का भयंकर प्रकोप फैलता जा रहा है, ऐसी स्थिति में साहित्यकार को यह संकल्प करना चाहिए कि वह साहित्य के माध्यम से जीवन के प्रति एक वैकल्पिक दर्शन स्थापित कर सके। जब तक हम अपने शब्द में शक्ति नहीं लाएँगे, तब तक राजनीति का अनुचर बनकर हम किसी प्रकार का कोई सार्थक हस्तक्षेप नहीं कर सकेंगे। जब तक लेखक को इस बात में अदम्य विश्वास न हो कि एक दुर्लभ सत्य को केवल उसकी कहानी या कविता के माध्यम से संप्रेषित किया जा सकता है, तब तक रचना की पवित्रता को हम नहीं समझेंगे और साहित्य का दुरुपयोग करते रहेंगे, इसे दूसरे अनुशासनों का गुलाम बना देंगे।"

बाद में मैंने टेप से उतारकर उनका वह भाषण 'शब्द की सत्ता' शीर्षक से विपाशा में प्रकाशित किया तो पाया कि तीन पृष्ठों के उस वक्तव्य में कहीं कोई शब्द अतिरिक्त न था और न कोई शब्द बोलने में छूट गया था। निर्मल जी का धारा-प्रवाह बोलना भी सुसंपादित होता था; कथ्य के अनुकूल भावों का ओजपूर्ण निर्मल प्रवाह। इसीलिए उनके भाषणों का विरल प्रभाव रहता था।

दिल्ली के त्रिवेणी सभागार में *हंस* पत्रिका की ओर से कहानी पुरस्कार के उपलक्ष्य में संगोष्ठी का आयोजन था। कृष्णा सोबती अध्यक्षता कर रही थीं। राजेंद्र यादव तो मंच पर वक्ता थे ही, मगर डॉ. नामवर सिंह और निर्मल वर्मा के भाषणों से संयत टकराहटों के बीच जो वैचारिक संवाद बना था, उसकी याद अभी तक बनी हुई है। उसी त्रिवेणी सभागार में एक रोज निर्मल जी जितेंद्र कुमार के कविता संग्रह *ऐसे भी तो संभव है मृत्यु* का लोकार्पण करने आए। मैं संयोग से हिमाचल भवन में ठहरा था। पोस्टर देखकर कार्यक्रम शुरू होने से ठीक पहले वहाँ पहुँच गया। तभी निर्मल जी का बाहर प्रवेश पर स्वागत हुआ। सबको हाथ जोड़कर नवाजते हुए मेरी तरफ उनकी नजर पड़ी। राजधानी के साहित्यकारों की उस भीड़ में मेरा कोई खास वजूद न था, लेकिन निर्मल जी को मेरे माथे पर शायद अपना शिमला दिखाई देता था—मुस्कराते हुए करीब आ गए, शिमला के हालचाल पूछकर बाद में मिलने की बात कही।...कार्यक्रम खत्म होते ही वह भीड़ में मुझे खोजते हुए आ रहे थे—''कनाट प्लेस में चलकर कहीं बैठते हैं, या घर चलो।''

''यहीं हिमाचल भवन में ठहरा हूँ, कमरे में चलेंगे?'' मैंने पूछा तो वह मान गए। आसपास इकट्ठा होते लोगों से अब वह जल्द दूर निकलना चाहते थे। उनकी इच्छा को भाँपते हुए मैं कुछ संकट में पड़ गया।

''कुछ लोग और आनेवाले हैं, मैं उन्हें स्थगित करने को कहता हूँ।'' कुछ क्षण चुप रहने के बाद निर्मल जी बोले, ''उन्हें भी आने दीजिए जब पहले से तय है।''....वह बैठक लंबी चली। रात दस बजे के बाद भवन से बाहर मंडी हाउस के छह-राहे पर निकल आए तो स्कूटर नहीं मिल रहे थे। मैंने निर्मल जी से भवन में ही रुकने का आग्रह किया कि यहीं कहीं खाना भी खा लेंगे और अब घर जाना मुश्किल है। मेरे कंधे पर हाथ रखते हुए उन्होंने कहा, ''दिल्ली के बारे में मैं तुमसे ज्यादा जानता हूँ, मेरी दाल बनी हुई है, चाहो तो तुम चल सकते हो।'' इतना कहते ही मंडी हाउस के छह-राहे पर निर्मल जी की छरहरी आवाज गूँजी—'स्कूटरऽऽ..!' मगर वह तिपहिया बिना सुने निकल गया और आस-पास के पेड़ों के कुछ पत्तों के साथ उनकी वह पुकार निरुत्तर जमीन पर आ गिरी। अंततः मैंने उनसे हरि प्रकाश त्यागी के स्कूटर पर पीछे बैठने का निवेदन किया और वह चुपचाप बैठ गए। त्यागी का स्कूटर उन्हें लेकर करोलबाग की तरफ दौड़ा जा रहा था। नई कहानी के उस 'प्रथम पुरुष' ने युवाओं से जितनी बातें साझा की थीं, मैं उन्हें खँगालता कमरे में लौट आया।

अपने विभाग के निदेशक श्रीनिवास जोशी के साथ कार में चक्कर लगाते हम करोलबाग के वेस्टर्न एक्सटेंशन एरिया में 14-ए/20 ढूँढ़ रहे हैं, जो निर्मल जी का घर है। मकान नंबर क्रम में नहीं हैं। पूसा रोड में नर्सिंग होम के पास बस से उतरकर पहले भी सीधा उनके घर पहुँचता रहा हूँ, मगर गाड़ी के फेर में एक घंटा ढूँढ़ने में लग गया। अंततः उनकी सीढ़ियों पर पहुँचकर घंटी बजाई। निर्मल जी ने सीढ़ियों के ऊपरवाले सिरे का दरवाजा खोला और हाथ जोड़ मुस्कराते हुए कहा—''ऊपर बैठ जाइए।''

उस जानी-पहचानी बरसाती में हम उन दोनों कुर्सियों पर बैठ गए हैं जो बीच कमरे में न जाने कितने सालों से इसी तरह हैं। इधर-उधर किताबें अटी पड़ी हैं, जमीन पर उनका बैठने का गद्दा और पढ़ने-लिखने की छोटी-सी चौकी, जिस पर खुली किताब उल्टी पड़ी है। एक कोने में मेज पर पुराना रिकॉर्ड प्लेयर, पानी की सुराही और गिलास। दीवारों पर रामकुमार जी की कुछ पेंटिंग्स टँगी हैं। निर्मल जी गायब हैं और हम उनके इस अनूठे एकांत कक्ष को देख रहे हैं। वह काफी देर बाद एक ट्रे में कॉफी और पास की दुकान से गर्म समोसे लेकर आए हैं। उनकी कॉर्डराय की पेंट पर पीली दाल के छींटे पड़े हैं। ये उनके अकेले के दिन हैं—हर मोर्चे पर एक साधक के दिन। जल्दी में पानी पिलाते हैं और फिर ट्रे सामने रखकर 'लीजिए' कहते हुए अपने फर्शी आसन पर बैठ जाते हैं। देर तक बातें होती रहीं। 'राज्य सम्मान' के लिए हम उनकी स्वीकृति लेकर लौटते हैं तो कई-कई लेखकों के नाज-नखरे देख चुके जोशी जी विस्मय में अनायास कहते हैं—''इतने बड़े लेखक और ऐसा सादा रहन-सहन! उस पर यह विनम्रता!''

पच्चीस अगस्त, 1986 को शिमला में राज्य सम्मान समारोह तय हुआ है। त्रिलोचन शास्त्री और निर्मल वर्मा को इसमें आमंत्रित किया गया है। इससे पहले शिमला में 'लेखक-गृह' स्थापित हो चुका था। निर्मल जी को पता चला तो उन्होंने पत्र में लिखा कि ''समारोह के बाद सप्ताह-भर लेखक-गृह में ठहरना चाहूँगा।'' भाषा-संस्कृति सचिव श्री महाराज कृष्ण काव से यह बात कही गई तो बोले, ''पहले उन्हें दिखा लें, ठीक न लगे तो दूसरी बेहतर जगह में इंतजाम कर लें।''

निर्मल जी डॉ. यशवंत सिंह परमार राज्य सम्मान के निर्णायकों में थे। यह सम्मान हिमाचली संस्कृति पर लेखन के लिए पहली बार दिया जा रहा था। उस समारोह में अपने वक्तव्य में उन्होंने कहा—''सभी पुस्तकों में बहुत कुछ पढ़ने को मिला। न्यायोचित स्थिति तक पहुँचते हुए मैंने निर्णय लिया कि मियाँ गोवर्धन सिंह जी ने निष्ठा और मेहनत के साथ हिमाचल के अंचलों की लोक कलाओं पर न केवल ऐतिहासिक रूप से, बल्कि बहुत ही तटस्थ और विद्वत्तापूर्ण शोध किया है। मैं खुद हिमाचल का रहनेवाला व्यक्ति हूँ, मेरा बचपन यहीं बीता है, मैं इससे बहुत प्रभावित हुआ।''

उसके बाद निर्मल जी अपनी इच्छा से छोटा शिमला में 'पीच ब्लाज्म' के लेखक-गृह में एक साधारण कमरे में सप्ताह-भर अपना काम करते रहे। उसी दौरान जालंधर से सुरेश सेठ हिमाचल में राज्य अतिथि थे। वह एक रोज 'होटल होलीडे होम' से निर्मल जी से मिलने और लेखक-गृह देखने भी गए। घटनाएँ कुछ इस तरह भी यादगार हुआ करती हैं। शिमला के इस लेखक-गृह को हार्दिक रूप से सार्थक करते हुए एक रोज निर्मल जी को वहीं दमे का दौरा भी पड़ा। सेवादार देसराज मुझे ढूँढ़ता दफ्तर तक आया। एंबुलैंस मँगवाकर मैं उन्हें तत्काल स्नोडन अस्पताल ले गया। डॉक्टर ने उन्हें गोलियाँ दीं और एक गोली खाकर ही वह ठीक हालत में आ गए। उस घटना, दवा और डॉक्टर को निर्मल जी सालों तक याद करते रहे और थोड़ी घड़ी के लिए सुरेश सेठ का लेखक-गृह में आना भी उन्हें कभी याद आ जाता था।

शुरू फरवरी, 1988 के दिन हैं। हिमाचल के पंद्रह लेखकों का दल मध्य प्रदेश की सृजनानुभव यात्रा पर है। उज्जैन से लौटकर हम लोग भोपाल आ गए हैं। भारत भवन में वार्षिक कार्यक्रम चल रहे हैं। शाम को निर्मल जी 'बहिरंग' में जे. स्वामीनाथन के साथ बतिया रहे हैं। मुझे देखते ही संकेत करके निकट बुलाया और नाम-परिचय देते हुए स्वामी जी से बोले—"ये तुम्हारे बागीचे के पड़ोसी हैं।" बिखरी जटाएँ, कंबल ओढ़े चित्रकार स्वामीनाथन को पहली बार देखता हूँ, जो कभी शिमला में 'भारत भवन' बनाना चाहते थे और अंततः अशोक वाजपेयी के साथ भोपाल में सपना साकार करते हैं। स्वामी जी ने शिमला, ठियोग, छैला सब क्रमशः पूछा। शायद यह जानने के लिए कि सचमुच पड़ोसी हैं या कोई झूठा पहाड़िया। आखिर कंधे पर हाथ रखकर बोले, "गुम्मा के सामने, पूड़ग के नजदीक मेरा बागीचा रहा, उधर घूंड में तुम तो सचमुच मेरे पड़ोसी हो।" तभी मुझे उनकी आवाज में ठियोग-कोटखाई की टोन सुनाई दी। बाद में प्रयाग जी ने बागीचेवाले गाँव को लेकर लिखी स्वामी जी की सात कविताएँ पढ़ने को दीं तो उनमें वही लोकेल पाकर मैं विस्मित रह गया, फिर विपाशा में भी उन्हें छापा। प्रयाग जी तो उस बागीचे तक भी हो आए हैं, मगर निर्मल वर्मा और जे. स्वामीनाथन कभी एक साथ कोटगढ़ गए थे। यह बात निर्मल जी ने नारकंडा के बड़े शीशों वाले सर्किट हाउस में बताई थी, जब एक रात हम लोग वहाँ रहने के लिए चले गए थे। उस यात्रा के संदर्भ में निर्मल जी 'रत्ती' नाम कुछ ऐसे ले रहे थे जैसे उनके उपन्यास *रात का रिपोर्टर* का रिशी हो। पूरा संदर्भ खुला तो वह तब तक के पुलिस अधिकारी आर.आर. वर्मा निकले जिनका स्वामी जी से याराना हो गया था।

दूसरी शाम भारत भवन के 'अंतरंग' में पंडित रविशंकर का सितार वादन सुनने के बाद हम कुछ लोग निर्मल जी के आवास पर गए। भोपाल में तब वह निराला सृजन पीठ के अध्यक्ष थे। हमारे पहुँचते ही निर्मल जी शिमलावालों की खातिरदारी में जुट गए।

दो दिसम्बर, 1988 को शिमला में भी 'यशपाल सृजनपीठ' की स्थापना हुई। निर्मल जी को इसके अध्यक्ष के रूप में शिमला आमंत्रित किया गया। महाराज कृष्ण काव की अध्यक्षता में बचत भवन में समारोह हुआ। उस अवसर पर निर्मल वर्मा ने कहा—''ये पीठ लेखकों को पैदा नहीं करते, ऐसी अपेक्षा भी नहीं की जानी चाहिए। लेखक रातों-रात पैदा नहीं होते। यह माना जाना चाहिए कि सृजन के लिए जिस तरह के आधारभूत माहौल की जरूरत रहती है, उसे तैयार करने के लिए पीठ सार्थक सिद्ध हो सकती है।'' उसके बाद निर्मल जी पोर्टमोर के निकट 'प्रभात सदन' में लगभग एक साल तक रहे और यहीं से देश-विदेश के सेमीनारों में भाग लेने भी जाते रहे। यह कोई लाभ का पद न था। जैसी कुछ लोगों को भ्रांति हो जाती थी। भोपाल से ही योजना लाई गई थी। रहने को सीमित-सा आवास, एक सेवादार और आवश्यकतानुसार टाइपिस्ट के अलावा व्यय के लिए दो हजार रुपए मासिक दिए जाते थे, जिससे रसोई का खर्च-भर चल पाता था।

उसी दौरान शिमला की सड़कों, पगडंडियों, काफी-हाउस, बारों और आवास में उनके साथ रहने का मौका मिला। ये भी उनकी कड़की के दिन थे, जैसे दिन विदेशों में भी उन्होंने देखे। कई बार उन्हें जेब-खर्च की चिंता पहले से सताने लग जाती। आदत खुले खर्च की थी, मगर महज लेखकीय वृत्ति पर जीनेवाले निर्मल वर्मा ने खातिरदारी करने वाले चेले-चांटे कभी नहीं पाले, जैसा बड़े नामों के इर्द-गिर्द अक्सर देखा जाता है। सोहबत की तमीजवाले जिस भी व्यक्ति को निकट आने दिया, वह चाहे कितना ही जूनियर क्यों न हो, हमेशा बराबरी में बैठाया। अपने से छोटों को कभी बिल नहीं देने दिया। शिमला से दिल्ली लौटने पर भी वह मिलने और मेजबान होने के लिए तत्पर रहते थे। बाद में ऐसे मौकों पर हम शिमलावालों को गगन अक्सर 'निर्मल के मायकेवाले' कहतीं।

निर्मल जी जब शुरू में दिल्ली से शिमला आते तो उनसे चढ़ाई नहीं चढ़ी जाती थी। श्वास का संकट पुराना चल रहा था। रेलिंग के सहारे धीरे-धीरे चलते। लेकिन हर रोज उनकी गति बढ़ती जाती थी। तभी वह दिल्ली लौटने की बात करते। 'जितने को आपकी चाल बनती है, तब आप चल देते हैं'—मेरे मुँह से यह सुनकर निर्मल जी लोट-पोट हो जाते—निःशब्द हँसी और आँखों में तैर आता उस हँसी का पानी। एक शाम मेरे सँजौलीवाले घर तक चलना मान गए। उन दिनों मैं पहाड़ का पारंपरिक मांसाहारी था, जो बाद में महाराज कृष्ण काव और ओम थानवी के परामर्श से छोड़ दिया। मैंने उन्हें अपने हाथ से पकाया गोश्त खिलाने की इच्छा जाहिर की। मैं गोश्त पकाता रहा और निर्मल जी छोटे बेटों के बीच बैठकर टीवी देखते रहे, उनसे बतियाते हुए उन्हीं में समा गए थे। सुबह बरामदे की धूप में पढ़ने बैठ गए। वापस लौटते चढ़ाई चढ़ते हुए बोले, ''अब मैं दुबारा यहाँ नहीं आ सकूँगा, तुम वहीं आकर गोश्त पकाना।''

एक रोज उन्होंने उच्चाध्ययन संस्थान तक जाने की इच्छा जताई—"अपना वह कमरा देखना चाहता हूँ जिसमें 1972-73 में रहा।" यानी जहाँ अध्येता के रूप में काम करते हुए उन्होंने *शब्द और स्मृति* के निबंध, *लाल टीन की छत* का आखिरी हिस्सा और कुछ कहानियाँ लिखीं। "...साब आए, वर्मा साब आए!" क्यारियों से मालियों के मिट्टी पुते हाथ उठे। "कैसे हैं, पहचान लिया?" कहते हुए अक्सर नमस्कार के लिए जुड़नेवाले निर्मल जी के हाथ, क्यारियोंवाले संकोची हाथों से एक-एक कर मिले। संस्थान में एकाएक हरकत हुई। ऊपर की मंजिल में वह कमरा दिखाया और देर तक उस ओर निहारते रहे जिधर से कामना देवी मंदिर की घंटियों की गूँज उनकी खामोशी में जज्ब हो जाती थी और जिधर की पहाड़ियों पर शाम का सूरज डूबने से पहले निर्मल वर्मा के शब्द-बिंबों में समा जाता था। लौटते हुए ए.जी. ऑफिस के पास से नीचे अपना जन्मघर 'भज्जी हाउस' दिखाया, जहाँ हम कुछ रोज बाद गए भी। विवाह के बाद जब गगन का शिमला आना हुआ तो इन्हीं जगहों पर हम लोग फिर जाते रहे। तब उनका शिमला में नया घर लेने का भी मन था। इसके लिए हम लोगों ने काफी तलवे भी घिसाये, मगर कहीं जगह पसंद न आई और कहीं कीमत इतनी कि निर्मल वर्मा की शालीन पोशाक और नफीस कहानियों के पीछे दबी रहनेवाली उनकी आर्थिक तंगी आड़े आ जाती। फागू के पास गलू में उन्हें जगह इसलिए भी पसंद थी कि उनके बड़े भाई प्रख्यात चित्रकार रामकुमार ने भी कभी यह जगह पसंद की थी, जहाँ से पश्चिमी हिमालय की पर्वत शृंखलाएँ सामने दिखाई देती हैं। मगर वह सारी जमीन होटलों के लिए बिक चुकी थी।

शिमला में उन्हें किताबों की पुरानी दुकानों की याद अक्सर सताती, जहाँ अब जूते और जेवर बिकते हैं। गाँधी भवन की लाइब्रेरी में पड़ी पुरानी किताबों को धंधेबाजों द्वारा उड़ा लेने की उन्हें चिंता थी। उनका कहना था कि ये दुर्लभ किताबें अब यूरोप के पुराने पुस्तकालयों में भी नहीं मिलेंगी। समय की पाबंदी न बरतनेवाले और निकम्मे वेतनभोगियों पर उन्हें गुस्सा आता था और वह सबकुछ चुस्त-दुरुस्त और ईमानदारी से होता देखना चाहते थे। घना और बहुमंजिला निर्माण देखकर निर्मल जी परेशान होते थे। रात में चमकती व्यावसायिक रोशनियाँ उनकी आँखों में चुभती थीं, और यहाँ की भीड़ से निकलकर वह कभी पास में फागू आदि जगहों तक चुपचाप निकल लेते थे। शिमला की सड़कों और पगडंडियों पर भी वह अकेला घूमना पसंद करते थे। किसी भी मोड़ पर खड़े उन्हें चारों ओर निहारते देखा जा सकता था—कोई पेड़, जंगल, ढलानों पर बिछी बस्तियाँ या सूर्यास्त के समय क्षितिज पर छाई बदली के पल-पल बदलते रंग।

सितम्बर '89 में ही शिमला के फेयरलॉन्स में 'वत्सल निधि' का लेखक शिविर 'साहित्य, संस्कृति और मानवाधिकार' विषय पर हुआ। इसमें डॉ. लक्ष्मीमल्ल सिंघवी, प्रोफेसर दयाकृष्ण और सेमदोंग रिन्पोछे का संवाद 'करुणा' को लेकर लंबा चला

तो निर्मल जी ने दार्शनिकों के तर्कों के बीच, अपनी तरल भाषा में विमर्श देते हुए सामंजस्य का सेतु बनाया था।

पहली दिसंबर, 1989 को सृजनपीठ की एक गोष्ठी के सिलसिले में हम लोग निर्मल जी के साथ नाहन में थे। देहरादून से कवि-चित्रकार अवधेश कुमार विशेष आमंत्रण पर आए थे। अवधेश निर्मल जी के लेखन के खास पाठक और लेखक की जीवन शैली के जिज्ञासु थे। एक बार वह मुझे 'भज्जी हाउस' से होकर ऐनान्डेल तक ले गए, *लाल टीन की छत* और कुछ कहानियों के प्रसंगों में कैथू क्षेत्र और शिमला की कई जगहों की पहचान कराते रहे थे। सुकेती पार्क से लौटकर शाम को नाहन में शायर नरेश चंद्र साथी के घर बैठक जमी। साथी और निर्मल जी की कई शायरों से सांझी पहचान निकल आई। उस शाम पहली बार हमें निर्मल जी के मुँह से कुछ उर्दू शायरों के शे'र भी सुनने को मिले। उसके बाद कवि सतीश धर के घर पर रात को हम लोगों ने कश्मीरी व्यंजनों का भी स्वाद लिया।

दो दिसंबर, 1989 को हम लोग नाहन से शिमला लौट रहे थे। रेणुका की सड़क वाले मोड़ पर निर्मल जी कार रुकवाकर उतर गए और मुड़कर नाहन शहर का नजारा लेते हुए बोले, "यूरोप में ऐसे सुंदर शहरों पर बहुत अच्छी फिल्में बनती हैं।" सुदर्शन वशिष्ठ और बी.आर. जसवाल को मिलाकर हम चार लोग थे। उसी रोज वी.पी. सिंह मंत्रिमंडल के शपथ ग्रहण समारोह का दूरदर्शन से प्रसारण होनेवाला था। निर्मल जी नाहन से निकलते ही टीवी पर समारोह का प्रसारण देखने की इच्छा जता चुके थे। समय रहते डगशाई के लिए गाड़ी घुमा दी गई और हम लोग एक चाय की दुकान में टीवी के सामने बैठ गए। बाद में मैंने निर्मल जी से पूछा कि—इसमें आपने इतनी रुचि क्यों ली, जबकि रोजमर्रा की राजनीति में आपकी कोई दिलचस्पी नहीं और न आप टीवी ही देखते हैं? "इस मंत्रिमंडल में कुछ नए और पढ़े-लिखे लोग आए हैं, इनसे कुछ उम्मीद की जा सकती है।" यह उनका जवाब था। लगभग छह महीने के बाद मैंने उनकी उस उम्मीद को लेकर पूछा तो उदासी में बोले, "ये लोग तो बॉर्डर पर तारों के साथ अपने फोटो खिंचवाने में लगे हैं।"

वर्ष 1990 में शिमला की यशपाल पीठ छोड़कर निर्मल जी, दिल्ली वापस चले गए थे। उसी पुराने घर के बरामदों और छत पर निर्मल जी की बरसाती के बाहर गगन गिल ने तरह-तरह के सुंदर फूलों के गमले सजा दिए थे। तब निर्मल जी को मैंने पहली बार सफेद कुर्ता-पाजामा पहने देखा। ड्राइंग-रूम और कमरों की भी कहानी बदल गई थी। मगर निर्मल जी का बरसातीवाला एकांत कक्ष वैसा ही बना रहा। उस दोपहर उन्होंने भोजन कराए बगैर नहीं छोड़ा। गगन से भी बढ़कर निर्मल जी तसल्ली से सलाद, हरी मिर्च और अचार वगैरह खिलाए जा रहे थे। घर में नया टेलीफोन, टीवी और कुछ मशीनें घुस आई थीं, जिनसे निर्मल जी की पटरी नहीं बैठ पाती थी। ड्राइंग-रूम और रसोई के मजे लेकर दोपहर बाद जब ऊपर उसी बरसाती में

गए तो निर्मल जी ने अपने फर्शी आसन पर बैठते ही कहा, "अब अपनी ठीक जगह पर आ गए न?" उस घर में निर्मल जी को कई सालों से देख रहा था। एक सेवादार रहता था, वह भी उनसे काबू में नहीं रखा जाता था। कुछ अपना बुना एकांत था और फिर अवस्था का घेरा। गगन ने निर्मल जी को जिस निष्ठा से सँभाला, जैसी सेवा की, इसके लिए निर्मल के चाहनेवालों ने बाइज्जत उन्हें धन्य कहा।

बाद के वर्षों में जब वे पटपड़गंज के छोटे फ्लैट में आ गए तो निर्मल जी के राजनीतिक विचारों को लेकर साहित्यिक क्षेत्रों में चर्चा गर्म थी। हम लोग अपने नटखट अंदाज में उनसे पर्याप्त छूट भी ले लेते थे। कभी वह खुद भी छेड़ देते थे और एक रोज जब उन्होंने नई-ताजी बात पूछी तो मैंने कह दिया–"एक मौका उन्हें देने की बहस गर्म है।" गगन जी ने भी उन्हें घेरने में मेरा साथ दिया–"इसीलिए आजकल निर्मल सबके निशाने पर हैं।" तभी उन्होंने टका-सा जवाब दिया–"आप लोग बेफिक्र रहें, वे लोग तो जानते ही नहीं कि इस नाम का भी कोई लेखक है। कम से कम मैं उनके निशाने पर तो नहीं हूँ। जिनके साथ मुझे जोड़ा जा रहा है।" तभी मुझे वी.पी. सिंह सरकार की शपथ के प्रति उनकी उत्सुकता याद आई। दरअसल सक्रिय राजनीति की गतिविधियों में उनकी दिलचस्पी नहीं रहती थी। इसकी सूचनाएँ भी उनके पास नहीं होती थीं। उनकी इस क्रिया में समर्थन शायद इतना न था, लंबी सत्ता और यथास्थिति के प्रति विरोध जताने की मंशा संभवतः ज्यादा थी। दूसरी ओर भी इसका अधिक लाभ नहीं उठाया जा सका, क्योंकि निर्मल जी का बुनियादी स्वभाव वहाँ मेल नहीं खाता था। फिर वह अक्सर दुहराते रहे हैं कि "किसी खास विचारधारा का दास नहीं हूँ। लेखक होने के नाते स्वतंत्र चिंतन और चेतना के द्वारा समाज के हर पहलू पर विचार करता हूँ।" मगर इतना जरूर है कि असहमति जताने के लिए राजनीति के तालाब में वह कभी उल्टे हाथ का पत्थर भी फेंक देते थे।

बाद के वर्षों में एक सुबह शिमला के उच्चाध्ययन संस्थान से निर्मल जी का फोन आया। पहले कोई सूचना उनके आने की न थी। बोले, "यहाँ दो बजे मेरा लेक्चर है, सुबह की गाड़ी से आया हूँ, रात को ही लौट जाऊँगा। तुम्हें सुविधा हो तो आना, दोपहर का खाना यहाँ साथ खाएँगे।" मैं एक बजे संस्थान पहुँच गया। गेस्ट हाउस के कमरे में सुरेश शर्मा उनके साथ बैठे थे। लंच के बाद संगोष्ठी हॉल में देश के कई कोनों से आए अध्येता और कुछ स्थानीय लोग उन्हें सुनने के लिए बैठे थे। तब संस्थान का माहौल ऐसा था कि उत्तर प्रदेश और बिहार से आए लोगों से भी अंग्रेजी सुननी पड़ती थी। निर्मल वर्मा बोलने को उठे तो उनका पहला वाक्य था–"माफ कीजिएगा मैं हिंदी का लेखक हूँ, अपने विषय पर हिंदी में बोलूँगा।" उन्होंने हिंदी में ही धारा प्रवाह बोला। बाद के प्रश्नोत्तर काल में एक स्कॉलर ने अंग्रेजी में सवाल किया तो निर्मल जी की अंग्रेजी लंदन के किसी इंटरनेशनल सेमीनारवाली थी। अंग्रेजी का भरपूर ज्ञान होने के बावजूद हिंदी लेखक होने का मतलब उस रोज उन्होंने अच्छी तरह समझा दिया था।

करोलबाग वाले पुराने घर से लेकर पटपड़गंज के बहुत छोटे फ्लैट तक जब भी उनसे मिलना होता वे शिमला और पहाड़ की यादें ताजा कर लेते। खासतौर से उनके साथ रहीं शाम की बैठकें कभी नहीं भूल सकतीं, जब निर्मल वर्मा गंभीर बातों के बीच ही अपने अनूठे ह्यूमर में उतर आते थे। चंडीगढ़ में ओम थानवी के घर से लेकर शिमला, नाहन और नारकंडा में साथ बिताए दिनों की फिर चर्चा होती, और फिर वही लंबी खामोशियाँ बीच में तैर आतीं, जो और भी अर्थवान होतीं।...हाल के वर्षों में उन्हें एक के बाद एक कई पुरस्कार मिले। बधाई के बहाने टेलीफोन पर मेरा यही सवाल रहता, "निर्मल जी, अब तो गरीबी कुछ दूर हुई?" जवाब में वह पहले नाक के बल हँसते सुनाई देते और फिर कहते, "तुम्हारे हिस्से की रम रखी पड़ी है।"

गत 19 जुलाई को प्रेमचंद पर हिंदी अकादमी की संगोष्ठी के बहाने दिल्ली जाना हुआ। इसमें निर्मल जी से मिलने की इच्छा आगे थी। उनकी बीमारी की सूचनाएँ आती रहीं, मगर अपने संकटों के रहते, तीन सालों से उनसे मिल नहीं सका था। रात को मैंने हिमाचल भवन से फोन किया। उन्होंने खुद उठाया, हालचाल पूछा, मगर उनकी आवाज काफी दबी हुई थी। "आपसे मिलने आ सकता हूँ?" मेरे पूछते ही उन्होंने कहा, "अरे क्यों नहीं, कल सुबह ग्यारह बजे आ जाइए, बहुत दिनों से मिलना नहीं हो सका?"

बीस जुलाई को ठीक ग्यारह बजे YA-1, सहविकास एपार्टमेंट में उनके दरवाजे पर दस्तक देता हूँ। गगन जी ने दरवाजा खोला और अपने कमरे में चली गईं। सामने निर्मल जी सोफे पर बैठे हैं। नाक में ऑक्सीजन की नलियाँ, पैर और टाँगों में सूजन है। कुछ दिन पूर्व ही आँतों के कैंसर का ऑपरेशन करवाकर लौटे हैं। भयंकर पीड़ा में हैं। इसी हालत में वह फ्रिज तक गए, पानी निकाला और मुझे गिलास पकड़ाते ही उनकी ऑक्सीजन की नलियाँ छूट गईं—हृदय विदारक तड़प। जिन मशीनों से वह बचते रहते थे आज उन्हीं के सहारे हैं, यह सोचते हुए मैंने गगन जी के कमरेवाले दरवाजे पर जाकर पूछा, "क्या आप मायकेवालों से नाराज हैं?" तभी वह उठकर आईं। उनकी परेशानी समझ सकता हूँ। फिर हम लोग उसी तरह बैठ गए जैसे शिमला और दिल्ली में अक्सर बैठा करते थे। चाय-कॉफी का सिलसिला चल पड़ा। तभी निर्मल जी कहते गए, "तुलसी जी, हमारी दोस्ती तो बहुत पुरानी है, लिखना-पढ़ना क्या चल रहा है?...ज्ञानोदय में मेरी कहानी आ रही है, पढ़कर बताना। कुछ नई किताबें आई हैं, जाते हुए ले जाना। यहाँ प्रतियाँ नहीं बचीं, वरना मैं देता।" निर्मल जी ने रेणु का उपन्यास 'परती परिकथा' पढ़ने के लिए सामने अधखुला रखा है। "रेणु जी को पढ़ रहे हैं, यही उपन्यास शिमला में भी आपने दुबारा पढ़ा था", "तुम्हें मेरी पढ़ने-लिखने की सारी कमजोरियाँ मालूम हैं।" कहते हुए निर्मल हँसे। लगभग डेढ़ घंटे तक हम उनकी बेचैनी के साथ बैठे रहे। "बहुत समय हो गया शिमला

आए, मैंने आपका नया घर तो देखा ही नहीं।" फिर मुस्कराते हुए बोले। मुझे काल-पाश का घेरा निकट बनता नजर आ रहा था। निर्मल जी पढ़ने-लिखने की बातें करते हुए शिमला चलने की इच्छा जता रहे थे। मुझे लगा निर्मल वर्मा फिर से शिमला में जन्म लेना चाहते हैं।

चौबीस अक्तूबर की दोपहर को गगन गिल का एम्स से एसएमएस आया कि निर्मल जी कार्डिक एरेस्ट की हालत में वहाँ दाखिल हैं। इससे दो सप्ताह पहले ही उनकी हालत में सुधार उन्होंने बताया था। जवाब में मैंने फोन किया तो पता चला कि शायद ब्रेन जख्मी हो चुका है। दुआ करने के सिवा कोई चारा न रहा।... 25 अक्तूबर की आधी रात के बाद दैनिक भास्कर चंडीगढ़ से अरुण आदित्य का फोन था—"रमण जी, एक बुरी खबर है।" यही कि निर्मल जी चले गए। जवाब में मैंने कहा।

अकेलेपन के चितेरे

गोविंद मिश्र

उस मुकाम पर जब आप से उम्र में थोड़ा बड़े एक-एक करके पृथ्वीपटल से टपकते चले जा रहे हों, आप इस सिलसिले के थोड़ा-बहुत आदी भी हो चले हों...जैसे समुद्र तट पर हर जाती लहर के साथ पैरों तले से गीली रेत के सरकने के...तब निर्मल वर्मा का जाना...।

'श्रुति' (राष्ट्रीय नाट्य विद्यालय) के अंतर्गत रचनापाठ के लिए दिल्ली गया था—अगस्त 2005 के अंतिम सप्ताह। बलवती इच्छा हुई, उन्हें देखने की। वे अस्पताल से कुछ समय पहले ही लौटे थे। उनके घर गया। उनका शरीर आधा रह गया था... गोरा-गोरा, बबुआ जैसा...चाहो तो हथेली पर उठा लो...प्यारे लग रहे थे। सिर और आँखें...वही, चेहरे पर मंद स्मित जो खिल उठती थी मिलने पर, खास तौर से तब जब आप उनसे मिलने उनके घर गए हों और वह भी सपत्नीक। ऐसा लगता था कि भारतीय पत्नियाँ उन्हें खास पसंद थीं, एक वह साथ जो उन्हें जीवन में कम मिला...इसलिए उसके दूसरे पक्ष को उन्होंने ठीक से जाना नहीं, एक मोह-सा बना रहा।

वैसे ठीक-ठीक कहा नहीं जा सकता....कुछ भी उनके जीवन या जैसे वे इसे लेते थे, उसके बारे में। 70 के आसपास से जब कनॉट प्लेस में मेरे दूसरे कहानी संग्रह *अंतःपुर* पर गोष्ठी में वे बोले थे...राजेंद्र यादव, रवींद्रनाथ त्यागी आदि भी थे... उनसे संबंध बढ़ता गया था। तब से कितनी गोष्ठियाँ, और उससे भी आगे दिल्ली के वेस्टर्न एक्सटेंशन एरिया की वह छत जहाँ ऊपर की कोठरी में वे रहते-पढ़ते थे... जिनकी सीढ़ियाँ मैंने कितनी बार चढ़ी होंगी...उस छोटे कमरे में अस्त-व्यस्त किताबें, जमीन पर ही रखे हमारे गिलास...और बीड़ी सुलगाते, निर्मल जी। दिल्ली के जाड़ों की रातों में सफारीकट कोट, ऊपर मोटा मफलर में कभी मेरे यहाँ, कभी शीला संधू के यहाँ, कभी कहीं और पहुँचते निर्मल जी। जिसे सचमुच अभाव कहते हैं, वह नहीं,

पर आवाँगर्द स्टाइल...जो बहुत कुछ बिना घर के घूमते-घामते, चिलम खींचते हमारे बाबाओं की जीवन-शैली से मेल खाती है। उन बैठकों में कितनी चीजों पर कितनी बातें...(एक बार तो रात तीन बजे तक...रामू गाँधी, कृष्णा जी, उषा प्रियवंदा भी थीं...जहाँ तक याद पड़ता है—समाज, जीवन, प्रेम, साहित्य...सभी पर बातें...बहस किस्म की नहीं...सब टटोलते-से...एक बात कहकर रुकते हुए, दूसरे की तरफ तकते हुए कि वह हमारी बात को खोल दे...कुछ आगे बढ़ा दे। वह हमारी नहीं, उस रात का करिश्मा था, वैसी फिर आई नहीं...किसी के साथ नहीं)। लेकिन व्यक्तिगत पर आते ही निर्मल जी सट्ट से फिसल जाते। शायद ही कोई होगा (शायद थोड़ा-बहुत गगन हों) जो निर्मल वर्मा के व्यक्तिगत की गहराई में जानने का दावा कर सकता हो, (उनकी जीवनी लिखनेवालों को सचमुच बहुत मेहनत करनी पड़ेगी) आप थोड़ा-बहुत झाँक सके वही बहुत। एक बार उसी कमरे में उनकी लिखी जा रही किसी कहानी को मैं उलटने-पलटने लगा...कि निर्मल वर्मा ने झट से उठ कागजों को मुझसे छीन लिया...ऐसे ही वे अपने जीवन को ढककर रखते थे।

मुझे तब भी वह अजीब लगा था...आज भी लगता है। किसी अधलिखी रचना के बारे में कहा जा सकता है कि रचनाकार उस पर बात कर जैसे वह चली आ रही है, उसके उस रूप को प्रमोदित नहीं करना चाहता, जैसे वह भीतर उमड़-घुमड़ रही है उसे विरूपित नहीं करना चाहता...पर जीवन...उसे क्या छिपाना? उसके इस पक्ष या उस पक्ष पर बात करके, आत्मालोचना करके, ज्यादा पारदर्शी होकर क्या हम अपने विगत का सही आकलन और भावी की बेहतर तैयारी नहीं करते? कहीं ऐसा तो नहीं कि हमारी जो छवि गढ़ी जा रही है, जिसे गढ़ने में हमारा भी योगदान होता है, हम उसके इधर-उधर कहीं से भी विरूपित हो जाने के प्रति बहुत सचेत होते हैं।

पता नहीं....मुझे तो बस वहीं तक परवाह होती है जहाँ तक हमारी बात किसी अन्य व्यक्ति का नुकसान न कर बैठे...अपने जीवन का क्या, किससे छिपाना...कौन माई का लाल ताल ठोंक कर कह सकता है कि वह इतना प्रतिभाशाली था कि शुरू से आखिर तक सफल ही बना रहा, इतना गुणवान था कि...। इस मायने में मुझे उर्दू शायरों या रवींद्रनाथ त्यागी जैसे हिंदी व्यंग्यकारों का खुद का मजाक बनानेवाला अंदाज ज्यादा भाता है।

शायद निर्मल वर्मा के बारे में अपनी छवि का खयाल करनेवाली बात भी सही न हो...पर मुझे उनसे यह शिकायत बराबर रहती थी कि वे चौबीसों घंटे लेखक बने रहते हैं, क्यों कभी जीवन की दीगर चीजों में एक साधारण आदमी की तरह नहीं पैठते? हो सकता है यह भी मेरा अपना दुराग्रह हो जो जीवन जीने को साहित्य रचने-पढ़ने से हमेशा ज्यादा वरीयता देता है—यहाँ तक कि आवारागर्दी को भी एक मूल्य मानकर खासा वक्त बरबाद करता है! निर्मल वर्मा शायद यह सोचते हों कि

चूँकि हम अपने साथ तो बराबर रहते ही हैं, बाहर से अगर कोई आया है तो क्यों न उस दौरान अपने से बाहर की हवा लें, बाहर का जीवन देखें....क्यों उससे भी अपनी-अपनी ही बातें करते बैठे रहें...पर इससे उनके लेखन पर एक प्रभाव तो पड़ा—अगर दूसरों के साथ अपने व्यक्तिगत की हिस्सेदारी से इतना परहेज न किया जाता तो शायद उनके सर्जनात्मक साहित्य में 'प्राइवेट' इतना अधिक न आया होता... पर जीवन और सृजन में इस तरह की चीजें देखी गई हैं...जैसे कि प्रेमचंद, जिन्होंने स्वतंत्रता आंदोलन में कभी भाग नहीं लिया, उनकी रचनाओं में आंदोलन का परिवेश बार-बार आता है। जैनेंद्र कुमार, जो आंदोलन में सक्रिय थे, जेल भी गए...उनकी रचनाओं में यह परिवेश नदारद है। निर्मल वर्मा के साहित्य में 'प्राइवेट' जो इतनी अंतरंगता और कोमलता से आता है, तो वह इसीलिए कि जीवन में वे इसे बहुत सहेज कर रखते थे।

जीवन में जो तमाम तरह के अनुभव आते हैं...उनमें किस अनुभव को लेखक किस अंदाज में उठाता है उससे ही तो एक अनुभव विशिष्ट यानी कि रचनात्मक अनुभव बनता है...। इस उठाने के लिए लेखक को खास भाषा की तलाश करनी होती है। अच्छे लेखक की पहचान यह होती है कि वह अनुभव की एक विशिष्टता को उठाने और संप्रेषित करनेवाली भाषा ढूँढ़ने में कामयाब होता है। निर्मल वर्मा इस बात के बढ़िया उदाहरण हैं...उनकी भाषा की नकल अगर नहीं की जा सकती तो इसलिए कि अनुभव की जिस विशिष्टता पर उनकी नजर ठहरती थी, वह किसी अन्य लेखक के लिए उतना विशिष्ट नहीं होता। कभी-कभी भाषा की तलाश में लेखक का संघर्ष रचना-दर-रचना चलता है...क्योंकि अलग-अलग अनुभवों, अनुभव के अलग-अलग कोणों पर उसकी नजर जाती है। जो भाषा निर्मल वर्मा की है उसके वे बादशाह हैं, पर यह भी सवाल उठता है कि उनकी सभी सर्जनात्मक रचनाओं में यही भाषा क्यों रही आई? क्या इसीलिए कि यह एक लेखक की अपनी भाषा थी...या एक विशिष्ट सीमित अनुभव को ही संप्रेषित करनेवाली भाषा थी। यहाँ शैलेश मटियानी की याद सहज ही आती है...किस तरह उनकी भाषा *प्रेतमुक्ति* में एक, *अर्द्धांगिनी* में दूसरी, *इब्नू मलंग* में तीसरी और किस-किस में क्या होती चली गई। आनेवाले आलोचक शायद इस बात का विश्लेषण करेंगे। शोध का विषय यह भी हो सकता है कि वह सीमा रेखा कौन-सी है जिसके पार कोई अच्छा लेखक बड़ा लेखक बन जाता है, कोई अच्छा ही रह जाता है।

जैनेंद्र जी की बाद की पीढ़ी के इन दो सशक्त कथाकारों—निर्मल वर्मा और शैलेश मटियानी के चिंतनपरक लेख उनके सर्जनात्मक लेखों से कम महत्त्वपूर्ण नहीं हैं। मेरी नजर में निर्मल वर्मा का श्रेष्ठ उनके लेखों में उतरा है तो शैलेश मटियानी का उनकी कहानियों में। दोनों पहाड़ के थे पर उनका संघर्ष उन्हें अलग-अलग दिशाओं में ले गया जिससे उनके अनुभव-संसार पृथक्-पृथक् हुए। गौरतलब यह है कि दोनों

ही भारतीयता को समझने की तरफ झुके और इस कारण दोनों को ही 'प्रतिक्रियावादी' कहा गया जो हमारे समकालीन लेखकीय माहौल में अ-मार्क्सवादी लेखक का हश्र है। शैलेश मटियानी किसी भी आम भारतीय लेखक की तरह उस परिवेश में बड़े हुए थे जहाँ भारतीयता रोज की जीवन-शैली में पिरोई होती है और जिससे परिचय बच्चे को परवरिश के दौरान ही हो जाता है। फिर भी उन्हें भारतीयता को समझने की जरूरत महसूस हुई। निर्मल वर्मा की उत्सुकता जागी जब वे कुंभ देखने गए और उन्होंने 'दिनमान' में कुंभ पर लंबा लेख लिखा। शैलेश मटियानी से अधिक श्रेय उनको जाता है कि वे धारा के खिलाफ बहे—पाश्चात्य परिवेश में पके होने के बावजूद, कभी साम्यवादी रहे होने के बावजूद...वैसा ही श्रेय जो डॉ. रामविलास शर्मा को जाता है। दरअसल श्रेय इन तीनों मनीषियों को भी उतना नहीं जितना 'भारतीयता' को है...वह जो भी है....कि पुनरुत्थान के समय के मनीषियों, फिर नेहरू (डिस्कवरी ऑफ इंडिया), गाँधी से लगाकर आज तक हर जैन्यून चिंतक को इसे समझने की जरूरत पड़ती है। यह अंधभक्ति नहीं है...उस वातावरण को जानने-समझने की सहज उत्सुकता है जिससे आपकी मज्जा बनी है...जैसे अपने आपको समझने-जानने की स्वाभाविक कोशिश। शैलेश मटियानी को उपेक्षित किया गया, निर्मल वर्मा को नहीं किया जा सका (इसलिए भी कि वे दिल्ली में थे और उनमें दूसरे गुण थे जो शैलेश मटियानी में नहीं थे) पर लांछित उन्हें भी काफी किया गया जो निष्पक्ष होकर भारतीयता से संबंधित निर्मल वर्मा के निबंधों को पढ़ेंगे उन्हें हर जगह निर्मल वर्मा अपनी प्रश्नाकुलता और उन लोगों की 'अथॉरिटी' के साथ दिखेंगे जिनसे ऐसी अवधारणाओं के विरोध की ही अपेक्षा होती है। एक लेख 'मेरे लिए भारतीय होने का अर्थ' से ही उद्धरण पर्याप्त होंगे—

"क्या जमीन के एक टुकड़े से प्यार किया जा सकता है जिसका अपना आकाश है, समय है, अतीत है, जहाँ जीते हुए लोग ही नहीं, मृतात्माएँ भी बसती हैं? देशभक्ति, देशप्रेम....क्या ये सिर्फ थोथे शब्द हैं जिन्हें हमारे आधुनिक बुद्धिजीवी मुँह पर लाते हुए झिझकते हैं...कौन स्वतंत्र हुआ? वे हिकारत से पूछते हैं...गरीब, अमीर, छोटे, बड़े....कौन? और यदि कोई उत्तर में कहे...मैं और तुम नहीं, बल्कि वह, जो हमारे बीच में है, हमें बाँधता हुआ शताब्दियों से हमें हम बनाता हुआ, खुद अदृश्य होते हुए भी हमें एक परिदृश्य में अंकित करता हुआ...क्या है यह? क्या इस अनाम भावना को कोई नाम दिया जा सकता है?"

और उसी लेख के अंत में—

"यदि भारत का सभ्यता-बोध और सांस्कृतिक परंपराएँ आज भी मौजूद हैं, तो उसका मुख्य कारण वह केंद्रीय आध्यात्मिक तत्त्व है, जिसमें इतनी क्षमता और ऊर्जा थी कि इतिहास के निर्मम थपेड़ों के बावजूद वह समस्त प्रभावों को अपने भीतर समाहित कर सका। अंग्रेजी मार्क्सवादी इतिहासकार ई.पी. टाप्सन के शब्दों

में—'भारत सिर्फ महत्त्वपूर्ण नहीं, दुनिया का शायद सबसे महत्त्वपूर्ण देश है, जिस पर सारी दुनिया का भविष्य निर्भर करता है। भारतीय समाज में दुनिया के विभिन्न दिशाओं से आते प्रभाव एक-दूसरे के साथ मिलते हैं पूर्व या पश्चिम का ऐसा कोई विचार नहीं, जो भारतीय मनीषा में क्रियाशील न हो।' टाप्सन के इन शब्दों को पढ़ते हुए मैं सोचने लगा कि भारत में कितने मार्क्सवादी हैं जिनमें अपने देश के प्रति इस तरह के उद्‍गार प्रकट करने की ईमानदारी और विनम्रता हो।''

निर्मल वर्मा के संदर्भ में यह जरूर मानना होगा कि भारतीयता को समझने की उनकी दृष्टि आधुनिक भले रही हो....पर वह मोहाविष्ट थी क्योंकि भारतीयता उन्हें बचपन या परवरिश से खून में घुली हुई, स्वाभाविकता से उनका अंग बनी हुई नहीं मिली थी। आभिजात्य और पश्चिमी साहित्य के अध्ययन से जो दीवारें उनके जीवन में खड़ी हो गई थीं...उन्हें फाँदकर वे भारतीयता तक पहुँचे...इसलिए बहुत-सी वे चीजें जिन्हें आम भारतीय अपने जीवन का हिस्सा इतनी स्वाभाविकता से माने होता है कि उनके अपने भीतर होने का आभास नहीं होता....निर्मल वर्मा उन चीजों पर गहरी नजर जरूरत से ज्यादा डालते हैं। इसलिए अक्सर वे भारतीयता के नकारात्मक पक्षों को या तो देखते नहीं या उन पर नर्मी से पेश आते हैं। जैसे जब वे पुराने जमाने के घरों में ठाकुरद्वारा (ठाकुर के लिए बनाए कोने) का जिक्र करते हैं तो मुग्धभाव से उनके मन में यह आता है कि यह वह कोना होता था जहाँ 'ठाकुर जी के सामने जाकर हमारी माँ या दादी कुछ क्षणों के लिए मुक्ति पा लेती थीं...' अगर उन्होंने बचपन से ही भारतीय स्त्रियों को अक्सर बड़े मशीनी ढंग से रिचुअल्स से गुजरते देखा होता तो शायद उनके मन में ऐसा मोह न उगता। यही कारण है कि उपन्यास कहानियों में जब वे शहर, आभिजात्य, अकेलेपन, एकांत, वैयक्तिकता या जीने की विशुद्ध त्रासदी...ऐसी चीजों पर होते हैं, उनमें अनोखा कलात्मक संयम होता है, वे बहुत प्रभावशाली होते हैं।... लेकिन जहाँ वे आम भारतीय परिवेश पर आए...मोह उस संयम को स्खलित कर देता है। *अंतिम अरण्य* में पिंड-प्रसंग का अनावश्यक विस्तार बरबस याद आता है। गौरतलब है कि भारतीयता पर लेखों/भाषणों में इतना लिखने और बोलने के बावजूद उनकी सर्जनात्मक रचनाओं में विशुद्ध भारतीय परिवेश कम ही आता है। आलोचकों का कहना कि वे वैयक्तिकता और अकेलेपन के चितेरे हैं...गलत नहीं है, पर मैं उसे आलोचना की तरह नहीं कहूँगा। लेखक से हर तरह की रचना की अपेक्षा नहीं की जा सकती...क्या प्रेमचंद से यह शिकायत की जा सकती है कि सही अर्थों में प्रेम में क्यों नहीं जा सके वे? हमें फोकस उस वृत्त पर करना चाहिए जो उस लेखक की संवेदनात्मक बुनावट का केंद्रीय वृत्त है।

शैलेश मटियानी के देहांत के बाद मुझमें एक खालीपन घर कर गया था, लिखना व्यर्थ लगने लगा था...वह निर्मल वर्मा के जाने के बाद गहरा गया है। एक-दूसरे से एकदम फर्क इन दो में जो एक चीज समान थी...वह थी साहित्य में आस्था, लेखन

के प्रति समर्पण। निर्मल वर्मा में शायद ही साहित्य के बाहर किसी चीज की लालसा रही हो—राज्यसभा-आज्यसभा, कोई पदलिप्सा...कुछ नहीं, बहुत हुआ तो पुरस्कार-सम्मान... लेकिन उसे बहुत स्वाभाविक कहा जाएगा। शैलेश मटियानी में तो यह भी नहीं थी क्योंकि वे जानते थे कि उनमें वह सब संभव करने की सामर्थ्य होना तो दूर की बात...वे अधिकांशतः पसंद ही नहीं किए जाते थे...लेकिन दोनों का जीवन में साहित्य को ही सर्वोपरि मानना एक इसी बात से साबित होता है कि वे अंत-अंत तक सृजन में लगे रहे—शैलेश मटियानी ने भयंकर मानसिक विक्षिप्ति के दौरान (बताते थे कि चौबीसों घंटे सिर घूमता रहता है, दर्द होता रहता है) *नदिया किनारे गाँव*—लंबी कहानी लिखी और निर्मल वर्मा की भी ताजा कहानी अभी कुछ दिनों पहले ही *नया ज्ञानोदय* में आई। ये लोग 'न लिखने का कारण' अपनी बीमारी में ही खोजते और दिखाते रह सकते थे। शैलेश मटियानी, अटल बिहारी वाजपेयी को जब वे प्रधानमंत्री थे, पत्र लिख सकते थे कि आप कवि-अवि नहीं हैं। निर्मल वर्मा सुसभ्य थे...पर दोनों में से किसी को लालू यादव जैसी किसी की संगत में नहीं देखा जा सकता था. ...जैसे कि नामवर सिंह अध्यक्षता करते दिखते हैं, जहाँ मुख्य अतिथि लालू यादव किसी पुस्तक का विमोचन कर रहे हैं, राजेंद्र यादव श्रोताओं में हैं ('कथादेश' में फोटो के साथ प्रकाशित एक रपट)। निर्मल वर्मा ने अज्ञेय की परंपरा को आगे बढ़ाते हुए अंग्रेजी समाज में हिंदी की प्रतिष्ठा बढ़ाई...भले ही अपने माध्यम से...कि हिंदी-जगत् में भी अंतर्राष्ट्रीय स्तर के 'इंटेलैक्चुअल्स' हो सकते हैं कि हिंदी भाषा में भी मौलिक चिंतन किया जा सकता है।

ऐसे लेखकों के लेखन के स्तर को लेकर, उनके योगदान पर मतभेद हो सकते हैं, उनके विचारों से हमारी असहमति हो सकती है...पर उनका हमारे बीच होना क्या था—यह पूरी तरह उनके जाने के बाद उजागर होता है, जब जो पीछे छूट गए और जिन्होंने उन लेखकों को नीचा दिखाने का कोई मौका हाथ से नहीं जाने दिया... उन्हें भी दिखाई देता है वह आदर जो उनकी उपस्थिति से हिंदी जगत् को मिलता था और जिससे हम सबका लेखकीय कर्म गौरव पाता था।

परछाइयाँ—

84, रवींद्रनगर "मेरे घर में श्रीकांत वर्मा, निर्मल वर्मा और उषा प्रियंवदा... बहसें...अंतराल में कहीं उषा जी उसी दिन खरीदी अपनी काँच की चूड़ियों पर खुश होते हुए और उन्हें छूते, घुमाते निर्मल जी..."

"गोविंद...तुम उस व्यक्ति को लेखक कैसे मान सकते हो जो रूस में उन दिनों था, जिसने अपने आसपास निर्दोष लोगों का कत्लेआम देखा था...पर जिसकी अंतरात्मा पर कोई असर न हुआ"....निर्मल जी की नाराजगी...।

"पूर्वग्रह के उपन्यास अंक में निर्मल ने जानबूझकर मेरे उपन्यास को गिराने के लिए उससे लिखवाया है....", "मैं प्रतिवाद करता हूँ—यह संपादक (निर्मल वर्मा)

और उस लेख के लेखक दोनों के साथ आपकी ज्यादती नहीं है? मैं निर्मल जी को जानता हूँ...", "तुम कुछ नहीं जानते...."

कैसी कैसी बहसें....टकराहटें। आज सिर्फ परछाइयाँ...जैसे निर्मल वर्मा के उपन्यासों में पात्र इधर से उधर होते हैं। और तब अक्सर लगता है कि असल वे स्थूल स्थितियाँ नहीं, जिनकी वजह से तकलीफें हैं, वे पात्र नहीं, जो उन तकलीफों को झेल रहे हैं...बल्कि वे तकलीफें हैं...तकलीफें भी नहीं, उस एक समय में वह जीने की तकलीफ....रह-रहकर उठ बैठती, टीसती उस तकलीफ की चुभन...इधर से इसमें, उधर से उसमें!

अगर जीवन के इस भीतरतम के आसपास ही निर्मल वर्मा का लेखन घूमता था तो वह यूँ ही नहीं था। उनकी नजर असल यथार्थ पर थी।

अंदर मौजूद पुरखे

अलका सरावगी

अभी से पूरे तीन साल पहले निर्मल वर्मा के साथ फ्रांस में दो सप्ताह रहने का अवसर मिला। आज सोचने पर लगता है कि निर्मल जी को मैंने जितना जाना, यह उन दिनों के पहले और बाद में ही। उन चौदह दिनों में हम जितनी बार मिले, निर्मल जी का ध्यान मुझ पर कम और मेरे पति महेश पर ज्यादा रहता। और महेश भी तो उनकी सज्जनता और एक असाहित्यिक व्यक्ति के प्रति ऐसी जिज्ञासा के ऐसे कायल हुए कि बस यही मौका खोजते रहते कि फ्रांस के छोटे-छोटे शहरों की रेल-यात्राओं के दौरान निर्मल जी का सामान उठाने को मिल जाए या निर्मल जी को एक परिचित के घर से आए टिफिन की गरम-गरम आलू की सब्जी खिला सकें। मुझे यकीन है कि हिंदी साहित्य का बड़े-से-बड़ा निर्मल वर्मा का प्रशंसक-पाठक-आलोचक इस कदर निहाल नहीं होता जब निर्मल जी ने कहा—"महेश ऐसा लग रहा है कि कितने दिनों बाद गरम खाना खाया है।" मुझे यह भी यकीन है कि निर्मल जी ने अपनी बड़ी-बड़ी आँखों में विस्मय का भाव भरकर महेश जी के जीवन की शुरू से तब तक की सारी बातें जान ली होंगी।

साधारण जीवन के प्रति ऐसा कौतूहल, ऐसा विस्मय, ऐसा अनुराग निर्मल जी में होगा, इसकी कोई कल्पना मेरे अंदर मौजूद नहीं थी। उनके बारे में पिछले पंद्रह सालों में श्री अशोक सेकसरिया से जब भी कोई बात सुनी, उसमें निर्मल जी के पुस्तकों से प्रेम और शान की चर्चा होती। अशोक जी के अंदर निर्मल के व्यक्तित्व, शिष्टाचार और व्यवहार के प्रति अपार आदर के अलावा कृतज्ञता का भाव था क्योंकि दिल्ली में रहते हुए निर्मल जी के कारण उन्होंने बहुत-सी किताबें पढ़ी थीं। अशोक जी विश्व-साहित्य के किसी लेखक या किताब का जिक्र करते, तो मैं घर जाकर अपनी सूची में उसे लिख लेती कि कभी मौका पड़ने पर यह पुस्तक पढ़नी है। मुझे लगता कि यह सूची प्रकारांतर से निर्मल वर्मा की लिखवाई हुई सूची है। मुझे अभी

यह लिखते हुए लग रहा है कि दिल्ली में निर्मल जी की बरसाती के सलेटी फर्श की बात हो या किसी निर्मम आलोचना के प्रति निर्मल जी की संयत चुप्पी की बात हो, अशोक जी प्रकारांतर से कह रहे थे कि देखो, यह है एक 'लेखक' की जिंदगी! तुलना में अपने को घर-गृहस्थी, बच्चे-कच्चे, सास-ससुर-पति के दुमछल्ले से अधिक कुछ देख पाना मेरे लिए संभव नहीं था। यही कारण रहा होगा कि *वर्तमान साहित्य* के महाविशेषांक (1991) में मेरी पहली कहानी *आपकी हँसी* छपी, तो मैंने अपने को लेखक माना तो इसलिए कि उसमें निर्मल वर्मा की भी कहानी थी।

बहरहाल, अगले चार सालों में मैंने कुछ और कहानियाँ लिख डालीं और डॉ. प्रभाकर श्रोत्रिय के कहने पर *वागर्थ* के पहले अंक (जनवरी, 1995) के लिए निर्मल वर्मा पर अधिकारपूर्वक टिप्पणी भी लिख डाली : "निर्मल वर्मा की कहानियों में ऐसा तत्त्व क्या है, जो संवेदना और विचार के बीच तनाव-सा पैदा करता है—यानी एक तरफ मन अंतर्जगत-आत्मा जैसे किन्हीं आयामों को छूता हुआ एक तरह से मोहाविष्ट करता है और दूसरी तरफ ऐसा होने की प्रक्रिया के खिलाफ खुद अपने अंदर ही जैसे एक प्रतिरोध खड़ा करता है?"

शायद यह मेरी अपनी स्वतंत्रता का घोषणा-पत्र था—उसी तरह जैसे हम अपने माता-पिता को अपने अंदर पाते हुए भी अपने को उनसे अलग सिद्ध करना चाहते हैं।

निर्मल जी से पहली मुलाकात कलकत्ता में *भारतीय भाषा परिषद्* में 1998 में हुई, जब मेरा पहला उपन्यास *कलि-कथा वाया बाइपास* छपकर आया ही था। मुझे याद है कि निर्मल जी को अपना परिचय देने पर उनके *वागर्थ* की टिप्पणी का जिक्र करने पर कुछ झेंपते हुए मैंने उन्हें एक प्रति भेंट की थी और उन्होंने बड़ी सहृदयता से उसे उलट-पुलटकर ऐसे देखा था जैसे वे उसे कल ही पढ़ना शुरू कर देंगे। तब वाकई मुझे ऐसा लगा था। अपनी ही कल्पना से उत्साहित होकर मैं उन्हें बताना चाहती थी कि कभी उन्होंने अशोक सेकसरिया से कहा था कि अशोक जी को मारवाड़ियों पर एक उपन्यास लिखना चाहिए और यह भी कि शायद मेरे उपन्यास का बीज उनकी इस बात में था। पर, ऐसे चुप्पे आदमी के सामने इतनी चपर-चपर करना अशोभनीय-सा था। इसलिए मुझे अपनी बातें निगल लेनी पड़ीं।

अपनी यह बात उन्हें लिख पाने का मौका मुझे निर्मल जी ने दिया जब चार महीने बाद (19.6.98) उन्होंने मुझे अपने महीन-महीन अक्षरों में अपना उपन्यास देने के लिए 'कृतज्ञता प्रगट करने के लिए' पत्र लिखा : "....पढ़ते हुए याद आया, बरसों पहले मैंने अशोक से कहा था कि उन्हें कभी कलकत्ता के मारवाड़ी जीवन को आधार बनाकर कुछ लिखना चाहिए, जैसे अमेरिका के Jewish लेखकों ने अपने जातिगत अनुभव के बारे में इतने असाधारण उपन्यास लिखे हैं। तब उन्होंने मेरी बात को हँसी में टाल दिया था (शायद अब उन्हें याद भी न हो)।"

मैंने उन्हें लिखा कि किस तरह मैं उपन्यास देते हुए यह बात बताना चाहती थी, पर जाहिर है कि उसी वक्त यह बात मैंने कही होती तो बात का मजा कुछ और होता। अब तो निर्मल जी यह सोच सकते थे कि मैं उन्हें खुश करने के लिए झूठ-मूठ यह किस्सा गढ़ रही हूँ। हमारे सार्वजनिक जीवन में अपने से बड़े लोगों को प्रसन्न करने के लिए इस तरह के झूठ इतने बुने जाते हैं कि सच कहो, तो खुद को भी झूठ जैसा लगता है। पर, शायद निर्मल वर्मा ने 'वक्त पर चूक जाने'–जैसा कि मेरी दादी हमेशा कहती थी–मेरे अफसोस को भाँप लिया। तभी उन्होंने जैसे सांत्वना देते हुए लिखा–(5.11.98) ''आप हँसेंगी, पर जबसे आपका उपन्यास पढ़ा है, पता नहीं अपने परिवार के कितने सगे-संबंधियों, बड़े-बूढ़ों को यह पुस्तक पढ़ने को दी है।''

फ्रांस से लौटने के बाद जब पहली बार दिल्ली जाने का मौका मिला, तो निर्मल जी और गगन जी ने साग्रह अपने घर बुलाया। मैं बहुत उत्सुकता से और लगभग एक तीर्थयात्री के हिसाब से पटपड़गंज पहुँची। घंटी बजाई। गगन जी ने दरवाजा खोला। पीछे निर्मल जी आ खड़े हुए। मैंने देखा कि वे दोनों मेरे पीछे देख रहे थे। मैंने भी असमंजस में पीछे मुड़कर देखा कि शायद कोई पीछे खड़ा हो। वहाँ कोई नहीं था। ''महेश जी कहाँ हैं?''–गगन जी ने पूछा। मैंने गगन जी के मेरे पति के नाम से परिचित होने पर आश्चर्य से कहा–वे तो कलकत्ता में हैं। ओह–उन दोनों ने एक साथ कहा। तब मेरी समझ में आया कि कोई जरूरी नहीं कि आपने एक अच्छी किताब लिख दी हो, तो लिखने-पढ़ने वाले लोग आपको ज्यादा पसंद करने लग जाएँ।

निर्मल और कलाएँ

प्रयाग शुक्ल

निर्मल वर्मा की जितनी छवियाँ मन में हैं–और वे बहुतेरी हैं–उनमें से कई विविध कलाओं के विविध प्रसंगों से जुड़ी हुई हैं। उनके लेखन से हमारी पीढ़ी का परिचय तो 57-58 में ही *कृति, कल्पना, कहानी* आदि पत्रिकाओं के माध्यम से हो गया था और हमारे मन में यह बात भी पैठ गई थी कि निर्मल का लगाव संगीत, चित्रकला, नाटक, फिल्म आदि से गहरा है। यह बात मन में बैठ-पैठ जाए इसके वाजिब कारण थे। एक तो निर्मल की कहानियों में किसी कला-माध्यम का उल्लेख या प्रसंग सहज भाव से चला आता था, दूसरे, हमें यह खबर भी हो गई थी कि वे रामकुमार के छोटे भाई हैं और दोनों ही भाइयों की पृष्ठभूमि और रुचियाँ उन्हें कलाओं से जोड़ती हैं : रामकुमार की पुस्तक *यूरोप के स्केच* भले ही हमने बाद में देखी हो, पर उसके कुछ लेख हम पत्र-पत्रिकाओं में पढ़ चुके थे।

किसी बहुत अच्छे संयोग से रामकुमार जी और निर्मल से मेरी भेंट भी 21-22 वर्ष की उम्र में ही हो गई थी। मेरी कुछ कहानियाँ-कविताएँ *कल्पना, कृति* और *कहानी* में प्रकाशित हो चुकी थीं और मेरे बड़े भाई रामनारायण शुक्ल भी अपनी कहानियों के *कृति* और *कहानी* में प्रकाशित होने के साथ चर्चा में आ गए थे। सो, हम लोग उन सभी के बीच परिचय के हकदार बन चुके थे जिनकी दिलचस्पी युवा लोगों के लिखने में या तब के 'नवलेखन' में थी। स्वयं निर्मल तब युवा ही थे–1960 के आसपास तीस-इकत्तीस वर्ष के, पर वह अपने कथा-लेखन और अपने प्रखर वक्तव्यों-लेखों से एक समादृत लेखक की छवि प्राप्त कर चुके थे। और, युवा लोग उनके प्रति विशेष रूप से आकर्षित थे। 1961 में रामकुमार जी एक कला-सेमिनार के प्रसंग से कोलकाता आए और उन्होंने एक कार्ड से, अपने कोलकाता आने की सूचना दी। मैं उनसे मिलने गया और फिर जब तक वह कोलकाता में रहे, रोज ही उनके साथ घूमता रहा। उन्हीं के साथ, अपने ही शहर कोलकाता में, वहाँ के कलाकारों से मिलना

हुआ और कलाकारों के 'अड्डों' पर जाना भी। निर्मल को लेकर भी बातें होती रहीं, जो तब प्राग में थे।

इसके कोई साल भर बाद निर्मल जी का भी एक कार्ड मिला कि वह कोलकाता आ रहे हैं, सत्पनीक। संयोग से उन दिनों हमारे अभिन्न मित्र अशोक सेकसरिया भी कोलकाता में थे—निर्मल से उनकी भेंट दिल्ली में हो चुकी थी और यह भेंट एक अंतरंग परिचय और संबंध का रूप ले चुकी थी। निर्मल कोलकाता आए, विवाह करके अपनी पहली पत्नी बकुल (जी) के साथ जिनसे उनकी भेंट प्राग में हुई थी। वे बांग्लाभाषी हैं और इस नाते, उनसे मेरी बातचीत बांग्ला में ही होती रही। कॉलेज स्ट्रीट के एक पुराने बंगाली होटल में निर्मल और बकुल जी ठहरे थे : उस होटल को बंगाली मैंने इसीलिए कहा है क्योंकि मालिक बांग्लाभाषी ही थे, वह बांग्लाभाषियों के पाड़ा (मुहल्ले) में ही था और होटल के कमरे का काठ-फर्नीचर और आईना—सब बांग्लाभाषियों के तब के घरों की ही याद दिलाते थे—एक प्रकार से उसका कुल वातावरण निर्मल की कहानियों से मेल खाता था। बकुल जी से, मुझे बांग्ला में बात करते हुए देखकर निर्मल प्रसन्न होते थे। अगर मैं भूलता नहीं हूँ, तो उन्हीं दिनों निर्मल का यात्रा-वृत्तांत *चीड़ों पर चाँदनी*, ज्ञानपीठ से आने वाला था। और, मैं निर्मल के साथ ज्ञानपीठ भी गया था। वहीं बिल्कुल संयोगवश फणीश्वरनाथ 'रेणु' से हमारी भेंट हो गई थी। और 'रेणु' का कहा हुआ एक वाक्य, मेरी स्मृति में आज तक टँगा है, उन्होंने प्रेम से और कुछ विनोद से, निर्मल से पूछा था, 'निर्मल बियर मिल रही है न? कलकत्ता में भी बियर पीने के अच्छे ठिकाने हैं।' मेरे लिए तो यह एक दुर्लभ क्षण था।

निर्मल और 'रेणु' पहली बार एक-दूसरे से मिले थे। निर्मल और बकुल जी को कोलकाता से भुवनेश्वर-पुरी जाना था। विवाह के ठीक बाद का उनका गंतव्य वही था—रास्ते में कोलकाता रुक गए थे। निर्मल के साथ मैं नेशनल लाइब्रेरी भी गया। म्यूजियम भी। और एक दिन पार्क स्ट्रीट के पास की एक सड़क पर, जब मैं और निर्मल पैदल चले आ रहे थे तो सामने से हुसेन आते दिखाई पड़े। निर्मल को देखकर वह प्रसन्न हुए, रुके, कुछ देर तक खड़े-खड़े बतियाते रहे। आज सोच कर देखता हूँ तो यह बात निजी जीवन के प्रसंग से भी उभर आती है कि रामकुमार और निर्मल के कारण हिंदी के साहित्यिक जीवन में मुझ जैसे कई लेखकों-कवियों को कलाओं की दुनिया से कुछ अधिक परिचित होने का अवसर मिला। निर्मल के कोलकाता आने के कोई साल भर बाद ही मैं *कल्पना* के संपादक मंडल में हैदराबाद पहुँचा। वर्ष था उन्नीस सौ तिरसठ। बदरीविशाल पित्ती और मेरे आग्रह पर निर्मल ने *दीवार के दोनों ओर* नाम से *कल्पना* में एक स्तंभ लिखना शुरू किया। तय हुआ था कि यूरोप-अमेरिका की साहित्यिक-सांस्कृतिक गतिविधियों से संबंधित चीजों पर छोटी-छोटी टिप्पणियाँ वह इस स्तंभ में लिखा करेंगे, जिससे कि पश्चिम की तात्कालिक

बहसों और कला-संस्कृति संबंधित गतिविधियों की एक झलक मिल सके। सो, निर्मल की उस स्तंभ में लिखी हुई कुछ टिप्पणियों का स्मरण कर सकता हूँ : ज्यां काक्त्यू पर, आर्थर मिलर के नाटक *आफ्टर द फॉल* पर, इंग्लैंड के राष्ट्रीय रंगमंच पर, गोया और शेक्सपीयर को लेकर कुछ आयोजनों आदि पर उन्होंने लिखा था : अपनी विशिष्ट शैली में एक टिप्पणी रॉब्ब ग्रिए पर भी। और यह भी याद है कि एकाध बार प्रूफ की किसी गलती पर निर्मल ने चिट्ठी भी लिखी थी—शायद, रॉब्ब ग्रिए का नाम ही गलत छप गया था।

ऐसी ही और कई चीजों की याद मैं करता जा सकता हूँ। पर, इन चीजों को याद करने का असली मकसद यह बताना या याद करना नहीं है कि उनकी कलाओं में कितनी दिलचस्पी थी, बल्कि यह देखना-परखना है कि इस दिलचस्पी ने निर्मल और दुनिया को एक से अधिक अर्थों में कैसे बड़ा और समृद्ध किया था। और यह तो एक बिल्कुल अलग अध्ययन का विषय हो सकता है कि कलाओं के प्रति उनकी दिलचस्पी उनकी रचनाओं में, उनके लेखों, उनकी टीपों और टिप्पणियों में किन-किन रूपों में प्रतिफलित या 'प्रकट' हुई है। और उनकी भाषा और शैली में इस दिलचस्पी ने क्या कुछ जोड़ा है। चित्रकला, फिल्म, नाटक और संगीत की उनकी दिलचस्पियों को हम उनके कथा-संसार में विन्यस्त पाते हैं : *दूसरी दुनिया* कहानी को याद कीजिए। पार्क में आकर बैठने वाली नन्ही लड़की ग्रेता, जो स्कूल से आकर शाम तक वहीं अपनी नर्स-माँ की प्रतीक्षा करती है, एक अद्‌भुत खेल खेलती है : एक अद्‌भुत नाटक। वह कहानी के वर्णनकर्त्ता को भी इस खेल में शामिल करती है। लड़की ने पार्क की एक 'जमीन' को अपना बना लिया है। कुछ पेड़ इस जमीन की चौहद्दी हैं। जो भी इसमें प्रवेश करेगा, उसे 'पकड़ा' हुआ मान लिया जाएगा। उसकी मुक्ति तभी होगी जब वह पेड़ों को खाना खिलाएगा—फूल-पत्तों का खाना। ऐसे ही और कितने प्रसंग हम निर्मल की कहानियों और यात्रा-वृत्तांतों से प्राप्त कर सकते हैं।

उन्नीस सौ चौंसठ में जब मैं *कल्पना* से दिल्ली आ गया, तब से निर्मल को हमेशा फिल्म समारोहों में, प्रदर्शनियों में, नाटकों में, नृत्य-संगीत के आयोजनों में इस तरह भाग लेते हुए देखा है, जैसे अगर कोई आयोजन उनसे छूट गया तो उनका कोई 'नुकसान' हो जाएगा। बसों में लटककर, पैदल चलकर, किसी के दुपहिया के पीछे वाली सीट पर बैठकर वे इन आयोजनों में पहुँचते थे। तब गाड़ियाँ सबके पास थीं भी कहाँ, और निर्मल को तो गाड़ी की सुविधा गगन गिल के कारण (वही गाड़ी चलाती थीं) अपने जीवन के अंतिम वर्षों में ही मिली। सो, कला आयोजनों में पहुँचने की बेकली, उनके साथ गहरी दोस्ती होने का ही प्रमाण है।

कलाओं के साथ दोस्ती—और एक रचनाकार की उनके बीच आवाजाही—सजग रूप से भी उसके कामकाज को, उसकी रचना विधियों को प्रभावित कर सकती है

और अनजाने में भी किसी रचनाकार के कामकाज में कलाएँ एक अंतःक्रिया की तरह मौजूद रह सकती हैं। निर्मल की रचना-विधियों में कलाओं की यह अंतःक्रिया मानो हर समय मौजूद है, उनके शब्द-संसार में संगीत की ध्वनियाँ तो सुन ही पड़ती हैं, चित्रकला-फिल्म-नाटक के सादृश्य भी ध्यान आते रह सकते हैं। यह क्रिया-प्रतिक्रिया-अंतःक्रिया तब और भी सक्रिय होती है जब रचनाकार अपने माध्यम को मजबूती से पकड़े हो और उसके महत्त्व को ओझल या तिरोहित किए बिना, वह अन्य माध्यमों के निकट हो। निर्मल ने शब्द की दुनिया को मजबूती से पकड़ रखा था, उन पर उनमें सच्चा और पूरा भरोसा था।

दरअसल आधुनिक काल में अज्ञेय, शमशेर, 'रेणु', कृष्णा सोबती, निर्मल वर्मा, कुँवर नारायण, कृष्ण बलदेव वैद जैसे रचनाकारों के कामकाज से यह तथ्य सहज ही उजागर होता है कि कलाओं के साथ मैत्री जब प्रतिफलित होती है, तो वह भाषा में, रचना-विधान में, सूक्ष्म और गहरे अनुभवों को व्यक्त करने में, यहाँ तक कि मौन स्पेसेज को अर्थवान बनाने में—बहुत काम आती है।

निर्मल के रचना-संसार की एक बड़ी खूबी मैं यह मानता हूँ कि जिस मध्यवर्गीय या निम्न मध्यवर्गीय दुनिया को प्रायः इकहरी या कमोबेश सब जगह 'एक जैसी' मान लिया जाता है, उसकी न जाने कितनी अँधेरी-उजली 'यथार्थ' और अतियथार्थ छवियाँ उन्होंने उकेरी हैं और विभिन्न पात्रों के अंतर्मन में इस तरह उतरे हैं कि कई अदेखे कोने-अंतरे हमारे बहुत निकट आ जाते हैं। सामान्य, साधारण घरों के कमरे-कोठरियाँ, दरवाजे-खिड़कियाँ, सीढ़ियाँ आदि किसी कथा में न जाने कितनी और कथाएँ 'खोल' देते हैं। इसे हम लंदन की दूसरी दुनिया, प्राग जैसे किसी शहर की *लड़की और आदमी* जैसी कहानियों से लेकर *कव्वे और कालापानी* जैसी कहानी में 'देख' सकते हैं। *अंतिम अरण्य* जैसे उपन्यास में शब्द और अन्य कलाओं के आपसी योग से बुना गया कथा-संसार तो मानो इसका चरम उदाहरण है ही।

मुझे निर्मल के साथ बिताई वे कुछ शामें-दुपहरें भी याद आती हैं, दिल्ली-भोपाल की, जब स्वामीनाथन और अन्य मित्रों के साथ हुई बहसों, चर्चा आदि में न जाने कितने कला-प्रसंग भी सहज ही चले आते थे और शब्द-भाषा के बीच अन्य कलाओं की कितनी ही तरंगें व्याप जाती थीं।

तीसरी आँख

संगीता गुंदेचा

''मैं तीन होकर आई हूँ, निर्मल जी।''

मैंने उनके कमरे में प्रवेश करते हुए कहा। वे पलंग पर लेटे हुए थे। उनकी नाक पर एक पारदर्शी मास्क चढ़ा हुआ था, जिससे उन्हें ऑक्सीजन मिल रही थी। वे पहले से बहुत कमजोर लग रहे थे लेकिन उनके चेहरे पर वही शालीनता बिखरी हुई थी और आँखों में वही गहराई।

''कैसे?''

''मेरी एक आँख से आपको उदयन देख रहे हैं, मेरी दूसरी आँख से आपको जयशंकर जी देख रहे हैं।'' मैंने अपनी दोनों भौंह के बीच तर्जनी रखते हुए कहा, ''मेरी तीसरी आँख, जो आपको दिखाई नहीं दे रही, उससे मैं आपको देख रही हूँ।''

''वही सबसे सुंदर है।'' उनके चेहरे पर चिरपरिचित मुस्कान थी।

''बैठिए। *अब कुछ नहीं* कहानी पर आपकी बहुत सुंदर चिट्ठी मिली थी।''

''आप भोपाल से कब आईं?''

''कल।''

''कुछ काम से...''

''पिछले कई दिनों से आपसे मिलने की इच्छा थी, सो वीसा लेने के बहाने आ गई।''

''कहाँ जा रही हैं?''

''लाहौर।''

''वहाँ कुछ है?''

''कविताएँ पढ़ने के लिए।''

''बहुत अच्छा।''

चित्रकार मोहन मालवीय मेरे साथ थे। मैंने परिचय कराते हुए कहा कि मोहन

ने अभी कुछ अच्छे चित्र बनाए हैं, आप कभी जरूर देखिएगा।

"थोड़ा स्वस्थ होने पर जरूर देखूँगा।"

उनकी आँखें कुछ क्षणों तक छत पर ठिठकी रहीं, फिर उनकी आवाज धीरे-धीरे उभरना शुरू हुई।

"वैसे बीमार होना भी अच्छा है। मैं यहाँ बिस्तर पर लेटा-लेटा अपने आने वाले उपन्यासों के बारे में सोचता रहता हूँ।"

"मुझे तो दोस्तोएव्स्की का पूरा लेखन ही बीमारी के दौरान किया गया लगता है।"

उन्होंने सहमति में अपनी गर्दन हिलाई। उनकी गर्दन थोड़ी ज्यादा देर तक हिलती रही। मुझे लगा जैसे दोस्तोएव्स्की का सारा लेखन उनकी आँखों के सामने से गुजर रहा हो। मानो वे उनके एक-एक पात्र को एक-एक घटना को एक बार फिर परख रहे हों कि क्या यह सब किसी बीमार आदमी की रचना है? क्या बीमारी का ऐसा विस्तार संभव है? इस बीच एक व्यक्ति आकर चाय के दो प्याले और एक प्लेट में कुछ नमकीन बिस्किट्स रख गए थे। मोहन और मैंने चाय पीनी शुरू की।

"दीवाली पर पटाखों से आपको तकलीफ होगी। क्या आप दिल्ली से कहीं बाहर जाने के बारे में सोच रहे हैं?"

"मैं और गगन नागपुर जाने के बारे में सोच रहे थे। लेकिन डॉक्टर का कहना है, वहाँ तापमान काफी गिर जाता है। दक्षिण में कहीं जा सकते हैं।"

"दक्षिण में कहाँ, केरल?"

"जा सकते हैं, आप कोई जगह जानती हैं वहाँ?"

"तिरुवनन्तपुरम में मैं कावलम नारायण पणिक्कर को जानती हूँ। आप आपस में परिचित ही होंगे। मैं उनसे फोन पर बात कर लूँगी। आप वहाँ जा सकते हैं।"

"पूछकर देखिए, हो सकता है, वे किसी अच्छी जगह के बारे में बता सकें। मुन्ना आने वाला था यहाँ? उसका उपन्यास पूरा हुआ या नहीं?"

वे उदयन वाजपेयी को हमेशा मुन्ना कहकर पुकारते थे।

"वो आपसे मिलने किसी भी दिन आ सकता है। जयशंकर और वो मिलकर लगभग रोज फोन पर आपसे मिलने आने का कार्यक्रम बनाते हैं। वैसे कार्यक्रम शब्द से मुझे रज्जन भैया (अनिल वाजपेयी) की लिखी एक बात याद आ गई।"

"क्या? आप लोग चाय के साथ बिस्किट्स भी लीजिए।"

वे बीमारी के क्षणों में भी अपने मेजबान होने की मर्यादा को याद रखे हुए थे।

"उन्होंने लिखा है कि हमारे एक मित्र हर साल गर्मी में कहीं-न-कहीं जाने का कार्यक्रम बनाते हैं। इस बार वे देहरादून न जाने का कार्यक्रम बना रहे थे। मैंने उनसे कहा कि मसूरी वहाँ से पास ही पड़ता है, आप लगे हाथ वहाँ भी न जाने का कार्यक्रम बना सकते हैं।"

हम हँसने लगे। वे रुक-रुक कर हँस रहे थे, मानो खुद को सँभालकर हँसी में डुबो रहे हों।

"रज्जन ने कहाँ लिखा है।"

"जनसत्ता में।"

"अच्छा, मैं खोजकर पढ़ूँगा। इन दिनों आप क्या पढ़ रही हैं?"

"मैं कारेल चापेक की कहानियाँ पढ़ रही हूँ। अनुवाद आपके ही तो हैं। मैं चापेक को इतना ठीक से कभी न पढ़ पाती यदि आपके इतने प्रांजल अनुवाद न होते। आपने चापेक के लिए एक बहुत अच्छा फ्रेज पुनरुद्धरित किया है, 'विज्डम ऑफ दि हार्ट'।"

"संग्रह की आखिरी कहानी *नींद* है न?"

"हाँ।"

"नींद न आने पर आदमी के साथ क्या-क्या घटता है।"

वे मोहन की तरफ देख रहे थे।

"चापेक ने इसको बहुत सुंदर विस्तार दिया है। वे लिखते हैं कि जब आदमी सो नहीं पाता, तो शुरू-शुरू में वह कुछ नहीं सोचना चाहता। वह गिनती गिनने लगता है या प्रार्थना करने लगता है। फिर उसे ध्यान आता है कि वह फलां काम करना भूल गया। फिर उसे कैंसर जैसी अजीब-अजीब बीमारियों के नाम याद आने लगते हैं। वह पसीना-पसीना हो जाता है। बीस साल पहले की कोई लज्जास्पद घटना उसे अचानक याद आ जाती है। वे कहते हैं कि नींद हमारे भीतर जमा कीचड़ को अवचेतन में डुबो देती है। नींद की दया असीम है।"

कुछ देर तक चुप्पी छाई रही। हममें से कोई भी सो नहीं रहा था। हम तो मानो पास ही कहीं बहती नींद की नदी की सरसराहट को सुन रहे थे।

"मदन कैसा है?"

"ठीक है?"

"*पूर्वग्रह* का नया अंक कब आ रहा है?"

"शायद आने वाला हो? आप पढ़ने का कैसे करते हैं? कोई आपके लिए पढ़ देता है?"

"नहीं, जितना हो सके मुझे खुद ही पढ़ना अच्छा लगता है।"

उठते हुए मैंने उनसे विदा लेनी चाही। मैंने अपना हाथ उनके हाथ में रखकर विदा ली। रुई की तरह मुलायम उनकी हथेली पर हल्की नमी थी। वे बोले, "अपनी तीसरी आँख सदा खुली रखिए।"

मेरे दिल्ली से लौटने के छह दिन बाद उनकी हथेली की वह नमी सूख गई, पर, उस हथेली की याद भला कभी भूल सकती है!

संशय की छायाएँ

अशोक सेकसरिया

निर्मल जी घनघोर पुस्तक प्रेमी थे, जो एक बुद्धिजीवी और लेखक की तरह पढ़ने के बजाय एक भावक पाठक की तरह ज्यादा पढ़ते थे। उनके लेखों में पूर्ववर्ती और समकालीन लेखकों के नाम का आधिक्य, उनकी विद्वत्ता का नहीं, लेखकों से उनके अंतरंग सामीप्य का परिचायक ज्यादा है। स्वाभाविक है कि यह बात उनके लेखों से कहीं ज्यादा आपसी बातचीत में प्रकट होती थी। तॉलस्तॉय, चेखव, प्रूस्त, वर्जीनिया वूल्फ, जार्ज आरवेल जैसे बड़े लेखक ही नहीं, कम नाम वाले या किसी अज्ञात लेखक की चर्चा करते हुए उन्हें सुनना, ऐसा लगता था कि मानो वह अपने किसी अत्यंत आत्मीय व्यक्ति की चर्चा कर रहे हैं। मैंने उनके साथ अपने 47 वर्षों के संपर्क में, उनके इस रूप को बार-बार देखा-जाना है।

न जाने कितने ही ऐसे लेखकों के बारे में उन्होंने मेरे पूर्वाग्रहों को ध्वस्त कर मन में उन्हें पढ़ने की वासना जगाई, जिन्हें मैं बेकार या त्याज्य समझता था। वर्षों पहले की बात है एक दिन निर्मल जी जार्ज आरवेल की बात कर रहे थे तो मैंने उन्हें कहा, मैंने आरवेल का कुछ भी नहीं पढ़ा है। क्यों? उन्होंने तुरंत पूछा तो मैंने उन्हें बताया कि 1954-58 के दौरान कलकत्ता के कई चौराहों पर जासूसी उपन्यासों और कोकशास्त्रों की तरह *एनिमल फार्म,* 1984 और *गॉड दैट फेल्ड* (भूतपूर्व कम्युनिस्टों और सोवियत रूस की प्रगति से सम्मोहित लेखकों के कम्युनिज्म और सोवियत रूस से मोहभंग का बखान करने वाली 1948-50 के दशक की प्रसिद्ध पुस्तक) की प्रतियाँ बिछी रहती थीं। कलकत्ता का अमरीकी पैसों पर पलने वाला कोई कम्युनिस्ट विरोधी संगठन इन किताबों को मिट्टी के मोल बेचा करता था। मेरे सभी साथी इन किताबों को अस्पृश्य मानते थे और आरवेल को अमरीकी पिट्ठू समझकर उसकी किताबें पढ़ना हराम समझते थे और मैं भी ऐसे ही 'समझदारों' में था। निर्मल जी ने मेरी सारी बात बड़े ध्यान से सुनी (वह सबकी बातें ध्यान से ही सुनते थे) फिर दुखी

होते हुए कहा, लोगों की बातों में आकर तुमने अपने को वंचित किया, आरवेल को पढ़ोगे तो तुम्हें अब तक अपने ठगे जाने का एहसास होगा। इस बातचीत के बाद ही मैंने आरवेल को पढ़ा। उन दिनों निर्मल जी जिस भी लेखक की प्रशंसा करते उसकी पुस्तकों को मैं ढूँढ़-ढूँढ़ कर पढ़ता था। निर्मल जी के कई प्रिय लेखकों जैसे फॉकनर, प्रूस्त, वर्जीनिया वूल्फ को मैं कोशिश कर भी पढ़ नहीं पाया। उस वक्त उमर कम थी तब नहीं पढ़ पाया तो अब इतनी ज्यादा है कि विश्वास ही नहीं होता कि निर्मल जी की इच्छा कभी पूरी कर सकूँगा। अपनी कलकत्ता की अंतिम यात्रा में वह सिमोन वेल की *गेट वे टू गॉड* की अपनी प्रति मुझे सस्नेह दे गए। उनकी मृत्यु की खबर सुनते ही मैंने उस पुस्तक को अपने जंजाल में बेतहाशा ढूँढ़ा और जब वह मिल गई तो जान में जान आई। उनके पत्र तो मैंने बिला दिए हैं और इसका अफसोस अब बहुत ज्यादा होता है। अगर सिमोन वेल की पुस्तक न मिलती तो मुझे कितना दुख होता, इसका अंदाजा मैं लगाना नहीं चाहता।

1958 में जब मैं *दैनिक हिंदुस्तान* में काम करने दिल्ली आया तो मेरे सबसे प्रिय कहानीकार रामकुमार और निर्मल वर्मा थे। मन में दोनों को देखने की इच्छा कुछ उसी तरह की थी, जैसे लोगों को फिल्म स्टारों और क्रिकेट खिलाड़ियों को देखने के लिए होती है। रामकुमार के नाम से मैं 1949-50 से ही परिचित था। पं. सुंदरलाल, अख्तर हुसेन रायपुरी और पं. विश्वंभरनाथ पांडे के संपादन में इलाहाबाद से निकलने वाली मासिक पत्रिका *विश्ववाणी* में रामकुमार जी की रचनाएँ पढ़ने की याद आती है। *विश्ववाणी* अंग्रेजी *मॉडर्न रिव्यू* और हिंदी *विशाल भारत* के टक्कर की पत्रिका थी, उसमें इतिहास, तत्कालीन अंतर्राष्ट्रीय प्रश्नों, भारतीय समाज-व्यवस्था, धर्म विशेषकर इस्लाम पर, अत्यंत गंभीर लेखों के साथ एक कहानी और दो-तीन कविताएँ होती थीं। *विश्ववाणी* की चर्चा इसलिए की है कि पुरानी पत्रिकाओं की चर्चा में उसका नाम पढ़ने को नहीं मिलता जबकि वह एक असाधारण पत्रिका थी। लेकिन रामकुमार जी का 'फैन' (घनघोर प्रशंसक) तो तब बना जब 1952 में कलकत्ता से प्रकाशित होने वाली एक अन्य असाधारण पत्रिका *नया समाज* में अमृता शेरगिल के पिता पर उनका (रामकुमार जी का) संस्मरण *तीर्थयात्रा* पढ़ने को मिला। तब से उनका लिखा ढूँढ़-ढूँढ़ कर पढ़ता था। 1958 में जब दिल्ली आया तब तक उनके दोनों लघु उपन्यास (रामकुमार जी ने दो उपन्यास भी लिखे हैं, इसकी जानकारी बहुत कम लोगों को है।) चेखव के *वार्ड नं. छह और ऑस्कर वाइल्ड के पिक्चर ऑफ डोरियन ग्रे* के उनके अनुवाद और विभिन्न पत्रिकाओं जैसे *प्रतीक* और *कहानी* में छपी उनकी सारी कहानियाँ पढ़ चुका था। 1957 में रामकुमार जी की पुस्तक *यूरोप के स्केच* कलकत्ता में किसी भी जगह ढूँढ़ने पर नहीं मिली। उस वक्त मुझे बंबई जाना था। मैंने तय किया कि बी.एन.आर. (बंगाल नागपुर रेलवे) से न जाकर इलाहाबाद बंबई मेल से बंबई जाऊँगा और बीच में एक दिन इलाहाबाद रुक कर

यूरोप के स्केच खरीदूँगा। आत्माराम एंड संस से प्रकाशित *यूरोप के स्केच* इलाहाबाद में मिल गई और उसे ट्रेन में पढ़ डाला।

संदर्भ यह है कि निर्मल जी की कहानियों को मैंने प्रारंभ में रामकुमार जी के विस्तार के रूप में ही पढ़ना शुरू किया। *कहानी* में रामकुमार जी का जो पता छपता था वही निर्मल जी का भी होता था। पते और कहानियों की पृष्ठभूमि की समानता से मैंने अनुमान लगाया कि रामकुमार और निर्मल वर्मा मामा-भानजे होंगे क्योंकि निर्मल जी के साथ सरनेम वर्मा लगा होता था। 1956 तक मैं यह जानता ही नहीं था कि रामकुमार चित्रकार (भी) हैं। तो मैंने निर्मल वर्मा को रामकुमार के पते के मारफत पढ़ना शुरू किया और उनके प्रति वही सम्मोहन पैदा होने लगा, जो रामकुमार के प्रति था। निर्मल जी की कहानी *पिक्चर पोस्टर कार्ड* के कुछ संवाद तो उन दिनों मुझे कुछ उसी तरह याद थे, जिस तरह आज तीस वर्ष बाद भी *शोले* फिल्म के संवाद कुछ लोगों को याद हैं। यहाँ एक बात और लिखने की है कि निर्मल जी की शुरुआती कहानियों पर रामकुमार जी की छाया एकदम स्पष्ट है। इस बात पर थोड़ा गुस्सा-सा भी आता है कि निर्मल जी पर विदेशी छायाओं की तो बहुत चर्चा होती है लेकिन उनके अग्रज की छाया का जिक्र तक नहीं होता। शायद किसी ने व्यंग्य में *डाक बंगलों* के लेखक के रूप में दोनों के बीच समानता का जिक्र किया है।

दिल्ली आने के 2-3 दिन बाद मैंने रामकुमार और निर्मल वर्मा से मिलने का निश्चय किया। वेस्टर्न एक्सटेंशन एरिया के उनके घर के सामने पहुँचकर मेरा साहस डगमगा गया। किसी बड़े लेखक से उनके घर जाकर पहले कभी नहीं मिला था। 10-15 मिनट मैं उधेड़बुन में रहा, एक बार यह भी सोचा लौट जाऊँ, फिर मन में जोरों से यह खयाल आया कि श्रद्धा-निवेदन न कर लौट जाने पर मन बहुत धिक्कारेगा कि कितने मूर्ख और डरपोक हो। साहस बटोरकर मैंने सीढ़ियों के बाहर लगी घंटी बजाई तो निर्मल जी बरामदे में आए और मैंने नीचे से ही उनसे पूछा, "क्या मैं आपसे मिलने आ सकता हूँ?" निर्मल जी ने बहुत प्रेमपूर्वक ऊपर बुलाया। उनसे पता चला कि रामकुमार विदेश गए हुए हैं। निर्मल जी जिस तरह मिले उसकी मैं कल्पना भी नहीं कर सकता था। एक अनजान पाठक को किसी लेखक से पहली मुलाकात में बहुत शंकाएँ रहती हैं कि उसे किस प्रकार ग्रहण किया जाएगा, वह सहज हो ही नहीं पाता। निर्मल जी ने दस मिनट के भीतर मुझे एकदम सहज बना दिया। आज शायद सैकड़ों पाठकों को उन्होंने अपार धीरज के साथ झेला है और ऐसे पाठक उनका गुणगान करते कभी नहीं थकते। निर्मल जी ने मुझसे मेरे बारे में, कलकत्ता के बारे में, मेरी पढ़ी किताबों के बारे में सहज आत्मीयता से दसियों सवाल पूछे होंगे। सप्ताह या पंद्रह दिन में एक बार मैं उनके पास जाने लगा और यह सिलसिला जब तक मैं दिल्ली रहा कभी पूरी तरह टूटा नहीं।

उनकी वह बरसाती मुझे याद आती है। आज भी मोहती है। जब निर्मल जी वेस्टर्न एक्सटेंशन का घर छोड़कर पटपड़गंज के घर गए (इस घर में मेरा कभी जाना नहीं हुआ क्योंकि दिल्ली मुझसे छूट गई) तो मैंने उन्हें शायद लिखा कि वह कैसे उस बरसाती के बिना रह और लिख पाएँगे। जवाब में शायद निर्मल जी ने लिखा आदमी हर स्थिति का अभ्यस्त होता जाता है और वह नई जगह के अभ्यस्त हो रहे हैं। पता नहीं, किस विचित्र झिलमिल से वह बरसाती और छत रामकुमार जी के प्रारंभिक चित्रों *यूरोप के स्केच* और *हुस्ना बीबी* के उनके बनाए आवरणों की भी उदास मटमैली याद दिलाती हैं।

स्मृतियों के ज्वार को लिखित भाषा में प्रकट कर पाना असंभव होता है, वह थोड़ा-बहुत प्रकट हो पाता है तो अंतरंग बातचीत में ही। मेरे परम मित्र-दंपती ज्योत्स्ना मिलन और रमेश चंद्र शाह की 'कन्या' शम्पा से एक बार बात हो रही थी तो मुझे इस बात का एहसास हुआ कि निर्मल जी का सान्निध्य प्राप्त करने का जिन्हें भी सौभाग्य प्राप्त हुआ है, उन सबने मेरी ही तरह उनसे बात करने का आनंद उठाया है। यहाँ 'कन्या' शब्द का इस्तेमाल जानबूझकर किया गया है निर्मल जी की उपस्थिति को मानकर। वह कुछ शब्दों को सुनने पर हँसते-हँसते लोटपोट हो जाते थे। ऐसे शब्दों की अगर मैं कोई सूची बना पाता तो बड़ा मजा आता। अभी तो एक ही शब्द 'क्षत-विक्षत' याद आ रहा है, जिसे वह एक बार सुनने पर बार-बार दुहराकर हँसते-हँसते बेहाल हो जाते थे। शम्पा के लिए 'कन्या' शब्द का इस्तेमाल शायद उन्हें 'क्षत-विक्षत' की तरह हँसाता और लोटपोट करता।

सभाओं में निर्मल जी बोलते या भाषण देते थे तो उनका धीमा स्वर, जो एक प्रकार की फुसफुसाहट को भी जन्म देता था, हर श्रोता को जताता था वह कुछ ऐसी बात कह रहे हैं जो उसे (श्रोता) छोड़कर किसी और को नहीं कहते। उनका भाषण हमेशा सम्मोहन पैदा करता था, मुग्ध करता था। भाषण में उत्तेजना के क्षण और शब्द भी आते थे लेकिन वे हल्के से दरवाजा खटखटाने की आवाज से ऊँचे कभी नहीं जाते थे। हजारीप्रसाद जी, महादेवी जी और किशन पटनायक के भाषण भी मुझे मुग्ध करते थे, लेकिन उनमें वाग्मिता का हल्का पुट रहता था। निर्मल जी निश्चय ही हिंदी के सर्वश्रेष्ठ वाग्मियों में एक माने जाएँगे, पर एक ऐसे वाग्मी, जिसके बोलने में वाग्मिता न हो बल्कि एक प्रकार की 'फुसलाने वाली' फुसफुसाहट हो।

निर्मल जी के कलकत्ता आने पर उनके साथ कहीं जाना होता या घूमना ही होता तो मैं हमेशा इस फिराक में रहता कि कोई वाहन न लेना पड़े। सड़कों पर पैदल चलते-चलते वह जो कुछ देखते उसके बारे में इस तरह के प्रश्न पूछते जिनका उत्तर देने में मुझे अपना कलकत्ता-प्रेम जताने का मौका मिलता, किसी स्थान-विशेष से जुड़ी कोई कहानी कहने का। वह दत्तचित्त होकर मेरी उच्छ्वसित बकवास सुनते कि मैं धन्य हो जाता। बच्चों की तरह किसी कहानी को सुनते और पूछते फिर क्या हुआ।

कलकत्ता की एक मशहूर इमारत क्वीन्स मैंशन के ऐय्याश घुड़-दौड़ प्रेमी आरमेनियन मालिक गार्लस्टोन के दिवालिया होने की किंवदंती (गार्लस्टोन एक समय पार्क स्ट्रीट से लैंसडाऊन रोड तक के अभिजात इलाके के एक बड़े हिस्से का मालिक था। उसके अपने दिवालिया होने का कारण 'फास्ट वीमेन एंड स्लो हार्सेज' बताने की किंवदंती) और एक मामूली कपड़ा व्यवसायी के एक ईरानी वेश्या से प्रेम और विवाह कर करोड़पति होने की किंवदंती सुनाते हुए और इन्हें निर्मल जी को अपार दिलचस्पी से सुनते हुए महसूस करना, जो अपार आनंद देता था, वह अब एक ऐसे अतीत की स्मृति है जो जीवन में सँजोयी भर ही रह सकती है। निर्मल जी को कलकत्ता के बारों और सिमेट्रियों के बारे में घोर दिलचस्पी थी सो मैं उन्हें जो भी बार मिलता उसके बारे में, उसमें जाने वालों के बारे में, जो भी ज्ञान मैंने अपने मित्र स्व. शिबू मित्र से प्राप्त किया होता था, उँड़ेल देता। पार्क स्ट्रीट की 18वीं शताब्दी की यूरोपियनों की सिमेट्रियों के पाट दिए जाने और उन पर स्कूल, अस्पताल और दुकानें बनाए जाने की बात सुन वह बहुत मर्माहित हुए थे। पार्क स्ट्रीट पर एक ही पुरानी सिमेट्री के बचे रहने का कारण उन्होंने पूछा तो मैंने उन्हें बताया कि इसके बचे रहने का कारण शायद इसमें सर विलियम जोन्स और हेनरी विवियन की रोजियों की कब्रों का होना है तो निर्मल जी ने व्यंग्य में कोई विलक्षण बात कही थी, जो याद आ ही नहीं पा रही है।

एक बार पार्क स्ट्रीट में घूमने के दौरान उन्होंने मुझसे पूछा, यह तो बताओ पार्क स्ट्रीट की सभी साड़ियों की दुकानों का नाम 'स' से ही क्यों शुरू होता है। मेरा ध्यान कभी इस बात की ओर नहीं गया था सो कोई जवाब नहीं दे पाया। तब उन्होंने खुद ही जवाब दिया, शायद पार्क स्ट्रीट पर साड़ियों की पहली सफल साड़ी की दुकान का नाम 'स' से शुरू होता हो। इस पर मुझे याद आया पहली सफल दुकान का नाम *श्रेयस* था।

निर्मल जी के साथ घनिष्ठ आत्मीयता के बावजूद एक दूरी भी थी, जिसमें नितांत निजी सुख-दुख की बातों का आदान-प्रदान न था। केवल एक बार की ही याद है और वह भी उनकी अंतिम कलकत्ता यात्रा की, जब उन्होंने स्वयं कुछ निजी बातें कहीं। निर्मल जी के परिवार में मैं सबसे परिचित भी नहीं था। उनके पिता, उनकी एक बहन, जिनकी सूरत निर्मल जी से एकदम मिलती है, उनकी माँ और उनके सेना में काम करने वाले एक भाई (शायद रामकुमार जी से भी बड़े) को देखा जरूर था पर बातचीत का मौका कभी नहीं मिला। हाँ, उनकी माँ से एक अविस्मरणीय मुलाकात हुई—एक दिन मैं निर्मल जी से मिलने गया तो वह घर पर नहीं थे सो मैं लौटने लगा तो उनकी माँ ने बुला लिया। गोरी-चिट्टी बूढ़ी और अशक्य उनकी माँ को देखते ही माँ की आर्केटाइपल छवि उभरती थी। उन्होंने बड़े प्रेम से मुझे एक बेटे की तरह पास बिठा लिया तो उनकी हिंदी (दिल्ली की) सुनकर मुग्ध हुआ।

खत्री खासकर दिल्ली की बूढ़ी खत्री महिलाएँ इतनी उम्दा हिंदी बोलती हैं कि उन्हें सुनना एक अनुभव होता है। निर्मल जी की माँ ने जो कुछ मुझसे पूछा उसको शायद इस तरह कहा जा सकता है—यह निर्मल ऐसे ही लिखता है कि इसके लिखने में कोई खास बात भी है (क्या)। मैंने उन्हें शायद यह जवाब दिया था—मेरे खयाल में तो उनसे ज्यादा अच्छा कोई नहीं लिखता। यह सुनकर उनके अपूर्व गरिमामय मुख पर खुशी और संतोष की छाया व्याप गई थी, जिसकी याद आज भी मन को प्रफुल्लित करती है।

निर्मल जी के घर जाने पर उनके परिवार के खत्रीपन को मैं लगातार भाँपने की कोशिश करता था। इस भाँपने की बात पर नाश्ते में रखी गई चीजें और टिकोजी से ढँका टी-पॉट भी याद आते हैं, लेकिन सबसे ज्यादा याद आती हैं विमला जी (रामकुमार जी की पत्नी) की मठरियाँ—मठरियों के सोंधेपन से लगता था कि ऐसी मठरियाँ किसी पारंपरिक खत्री-परिवार में ही बन सकती हैं। मेरा अनुमान है कि निर्मल जी के परिवार में अलग-अलग रहने के बावजूद भाइयों और बहनों में एक अत्यंत निजी आत्मीय संबंध की अंतर्धारा बहती रहती थी। निर्मल जी की एक बहन कानपुर में रहती थीं और उनसे मिलने पर वह कानपुर जाया करते थे। उनकी कहानियों में लंदन और प्राग की उपस्थिति तो प्रकट है, पर, मुझे लगता है कि कहीं कानपुर भी छुपा हुआ है। एक बार निर्मल जी से बातों-बातों में माँ आनंदमयी का जिक्र आ गया तो मैंने उन्हें बताया कि आठ वर्ष की उमर में मैंने उन्हें एक बार देखा था और उनकी दिव्य छवि मुझे भुलाए नहीं भूलती। इस पर निर्मल जी में उत्साह की लहर-सी दौड़ गई और एकदम भाव विभोर होकर वह पाँच मिनट तक लगातार माँ आनंदमयी के अपार सौंदर्य का बखान करते रहे। कानपुर में शायद उन्होंने अपनी किशोर और युवावस्था के दौरान माँ आनंदमयी के कई बार दर्शन किए थे।

निर्मल जी की पहली पत्नी बकुल जी की मुझे कई बार याद आती है। वह भी शायद निर्मल जी की तरह कम्युनिस्ट कनेक्शन (यह मेरा अनुमान है) के कारण डॉक्टरी का प्रशिक्षण प्राप्त करने प्राग गई थीं। निर्मल जी की शायद घोर अकेलेपन में उनसे वहीं मुलाकात हुई होगी। प्राग से निर्मल जी अकेले ही दिल्ली लौटे थे और मुझे एक दिन निर्मल जी के एक बंगाली लड़की के पानी में मछली की तरह तैरने (शी स्विम्स लाइक ए फिश) की बात कहने पर कुछ-कुछ भान हुआ था कि निर्मल जी की बात में किसी प्रेम-प्रसंग का संकेत है, पर, उनसे खुलकर पूछने की आस्पर्धा (अपनी हैसियत से आगे बढ़कर पूछने का दुस्साहस) नहीं हुई। कुछ दिन बाद बकुल जी दिल्ली आईं और कांस्टीट्यूशन क्लब में दोनों के विवाह का रजिस्ट्रेशन और स्वागत समारोह हुआ। कांस्टीट्यूशन क्लब से मोटर में बकुल जी के साथ बैठे दोनों के घर जाने का दृश्य, निर्मल जी के बच्चे जैसे खिले चेहरे के कारण आज भी एकदम याद है। तीन-चार दिन बाद मिलने गया तो वेस्टर्न एक्सटेंशन के घर में निर्मल जी और

बकुल जी ही दो प्राणी थे। मैंने सोचा था कि बकुल जी कोई प्रखर आधुनिका होंगी लेकिन वह मेरे सोच के एकदम विपरीत एकदम मध्यवर्गीय बंगाली महिला निकलीं, जिसने बंगाली पल्ले की साड़ी भी आधुनिक बंगाली महिलाओं की तरह पहनने के बजाय बंगाली गिन्नियों (गृहिणियों) की तरह पहन रखी थी (साड़ी जिसके आँचल के छोर पर चाभियों का गुच्छा बँधा रहता है।) वह कुछ बोलने के बजाय धीमे-धीमे हँसती ही ज्यादा थीं।

निर्मल जी कुछ दिनों बाद बकुल जी के साथ यात्रा पर निकले जिसके दौरान वह कलकत्ता भी रुके। इत्तिफाक से या जानबूझकर (याद नहीं आता) मैं भी उनके कलकत्ता रहने के दौरान कलकत्ता पहुँचा। एक दिन दोपहर के भोजन पर मैंने दोनों को आमंत्रित किया। हमारे घर उस वक्त पूर्व बंगाल की एक शरणार्थी महिला ठाकुरदासी साहा खाना बनाती थीं। उनसे मिलकर मैंने उत्साह के अतिरेक में पूरा बंगाली खाना बनवाया। मिष्टि दई, बेगुन भाजा, चड़चड़ी आदि। ठाकुरदासी ने मुझसे पूछा, ''कौन लोग ऐसे आने वाले हैं कि तुम सुबह से रसोई में बार-बार आ-जा रहे हो।'' पता नहीं भोजन कैसा बना था (ठाकुरदासी साहा की मृत्यु के बाद मुझे कभी घर का खाना नहीं रुचा) लेकिन मैं बार-बार बकुल जी को बता रहा था कि यह बेगुन भाजा है, यह चड़चड़ी है और वह चुपचाप हँसती-सुनती जाती थीं। मेरे स्व. पिता इस 'भोज' के आयोजन से बड़े प्रसन्न थे कि उनके बेटे ने कोई आयोजन तो किया। शायद निर्मल जी और बकुल जी से मैंने अपने पिता का परिचय भी करवाया और उसमें निर्मल जी का परिचय हिंदी के बड़े लेखक के रूप में दिया। यह 1961 की बात है और मेरे पिता हिंदी के सभी बड़े लेखकों से परिचित थे। हाँ, मैंने परिचय में निर्मल जी को जैनेंद्र जी, हजारीप्रसाद जी, राय कृष्णदास, महादेवी जी आदि से बड़ा बताने की भूल नहीं की।

दो-एक दिन बाद निर्मल जी बकुल जी के साथ पुरी रवाना हुए तो स्टेशन पर उन्हें सामान की देखभाल करते और फिर रेल के डिब्बे में ऊपर की बर्थ पर चादर बिछाते, बिस्तरबंद खोलते हुए देखा तो आश्चर्य-सा हुआ कि निर्मल जी यह सब काम भी कर सकते हैं। बकुल जी के वह पूरे अभिभावक बने हुए थे। यह सब इतना विस्तार से शायद इसीलिए लिख गया कि मैं कभी निर्मल जी से यह पूछने का साहस जुटा नहीं पाया कि उनके और बकुल जी के संबंध विच्छेद के पीछे क्या था?

ऐसा पूछना निश्चय ही घोर आपत्तिजनक होता और निर्मल जी नाराज हुए बिना नहीं रहते। निर्मल जी के व्यक्तिगत जीवन में जैसा मेरा अनुमान और साक्ष्य है निजता (प्राइवेसी) और सार्वजनीनता का विभाजन स्पष्ट था। श्रीकांत वर्मा के कहने पर 1982 में मैंने भोपाल जाकर (तब निर्मल जी भोपाल में रह रहे थे) उनके व्यक्तिगत जीवन के कुछ पहलुओं पर बातचीत करनी चाही थी, तो उन्होंने मुझे काफी

झिड़का था। उस झिड़की ने निर्मल जी के प्रति मन कुछ खट्टा भी किया था, लेकिन बाद में मुझे यह लगा कि यह मेरी अनधिकार चेष्टा थी, मात्र सदिच्छा किसी व्यक्ति को अन्य व्यक्ति के जीवन में दखल देने की स्वाधीनता प्रदान नहीं करती।

निजी जीवन और लेखन कभी एक नहीं होते, उनके बीच आवाजाही जरूर रहती है पर विभाजन भी स्पष्ट होता है। निर्मल जी का लेखन इस विभाजन को पाटने की एक ऐसी सृजनात्मक कोशिश के रूप में भी देखा जाना चाहिए, जिसमें लेखक अपने को इस तरह नंगा कर देता है कि उसके व्यक्ति-जीवन ही नहीं, उसके 'अंतर्मन के कई अनदेखे कोने-अंतरे हमारे बहुत निकट आ जाते हैं।'

भारतीयता और हिंदू विचार के प्रति निर्मल जी हाल के दिनों में जो अत्यधिक जोर देते रहे, वह एक असमाप्त या अधूरा यत्न ही जान पड़ता है और यदि कोई इसे एक भूतपूर्व मार्क्सवादी के 'काया-पलट' की दृष्टि से भी देखे तो उसे अंधा तो नहीं ही कहा जा सकता क्योंकि हमारे देश की एक ऐसी परंपरा रही है।

मेरा खयाल है कि अपनी ऊर्जस्विता के बावजूद निर्मल जी का यह 'भारत व्याकुल' यत्न एक प्रकार की अस्पष्टता से ग्रस्त रहा है और अपनी अस्पष्टता में रहस्यमयता पैदा करता है जिसमें कहीं संशय और द्वंद्वात्मकता नहीं है, जबकि निर्मल जी के लेखन को उनकी संशयात्मकता (या उनके लेखन में संशय की छायाएँ) ही प्रामाणिक बनाती हैं। प्रामाणिकता के अभाव में उनका यत्न हमें किसी संवेदनात्मक और रचनात्मक निष्कर्ष की ओर नहीं ढकेलता। अपने लेखों और निबंधों में तो उन्होंने एक अपरिभाषित और रहस्यमयी शब्दावली बरतकर प्रामाणिकता के झंझट से मुक्ति पा ली, लेकिन अपने उपन्यासों और कहानियों में पा नहीं सके। उनके पात्र किसी भूलभुलैया में फँसे जान पड़ते हैं और यही भूलभुलैया उनकी रचना को प्रामाणिकता प्रदान करती है। भूलभुलैया से निकलने की उनकी आकुलता हमें उनके प्रति संवेदनशील बनाती है और इसके लिए हम निर्मल जी के प्रति कृतज्ञ होते हैं। अंतिम उपन्यास *अंतिम अरण्य* में भी उनके पात्र संशय और आकुलता से मुक्त नहीं हैं। *अंतिम अरण्य* के गद्य की शक्तिमत्ता (पॉवर) हमें मोहती है लेकिन उसका कर्मकांड हमें किसी ऐसे गहरे अनुभव से नहीं जोड़ता, जो हमें उद्वेलित करे। *अंतिम अरण्य* भाषा के निरंतर अवमूल्यन के दौर में हिंदी गद्य की अमिट संभावनाओं की प्रतीति कराता है और यह आशाप्रद विश्वास जगाता है कि किसी समर्थ लेखक के हाथ लगने पर वह (हिंदी गद्य) क्या से क्या हो जा सकता है।

निर्मल जी की मृत्यु के बाद उनकी स्मृति के ज्वार में मैंने उनके कुछ निबंधों को दोबारा पढ़ा तो बार-बार यह एहसास हुआ कि मैंने उसे सघन रचनात्मकता के बजाय रिडक्टिव ढंग से ही पढ़ा और ना ही उस चुनौती को स्वीकार किया जो उन्हें पढ़ने पर मिलती है। एक ऐसे लेखक को, जिसका सारा लेखन रिडक्शन से योजनों दूर था, रिडक्टिव ढंग से पढ़ना उसके साथ घोर अन्याय करना है।

हममें से बहुतों को निर्मल जी के हाल के वर्षों के विचारों ने बहुत व्यथित किया है—पूरी पश्चिमी सभ्यता को नकारने (गाँधी जी ने भी नकारा था, लेकिन ठोस कारणों से) और सेमेटिक धर्मों की कटु आलोचना करने की निर्मल जी की प्रवृत्ति ने उन्हें अपने विचारों के दुष्परिणामों की अनदेखी करने को बाध्य किया। वह यह नहीं देख पाए कि वह जो कह रहे हैं उसकी एक तार्किक परिणति देश के सांप्रदायिक संगठनों को मदद देने के साथ स्वयं हिंदू विचार के विकास और सुधार के मार्ग को अवरुद्ध करती है। हमें यह भूलना नहीं चाहिए कि एक लेखक का राजनीति से एक अपरिभाषित रिश्ता रहना अनिवार्य है क्योंकि राजनीति सर्वव्यापी और सर्व विद्यमान है। जब यह रिश्ता परिभाषित हो जाता है तो लेखक उससे संचालित हो अपने लेखक-धर्म से ही च्युत हो जाता है। दुनिया में कोई अराजकतावादी हो या न हो, लेखक का धर्म ही उससे यह माँग करता है कि वह कहीं 'अराजकतावादी' हो, सारी सत्ताओं—राजनैतिक, आर्थिक, सामाजिक और धार्मिक—को शंका, घोर शंका, घनघोर शंका की दृष्टि से देखें। निर्मल जी के हाल के वक्तव्यों और साक्षात्कारों ने यह भ्रम पैदा किया है कि उनके कुछ विचारों से परोक्ष रूप से साम्प्रदायिक सत्ता प्रसन्न होती है और उसको बल मिलता है। मुझे लगता है कि उन्होंने अपने उच्छ्‌वसित विचारों और उनकी शक्ति की ठीक नाप-जोख नहीं की।

सांप्रदायिक तत्त्व उन्हें अपना लेखक मानें, इससे बड़ी कोई विडंबना निर्मल जी के लेखन और लेखकीय जीवन की नहीं हो सकती। अलग-अलग मताग्रही उनके बारे में चाहे जो कुछ कहें, सोचें, पर उनके पाठकों ने उन्हें ऐसा मानने की गलती नहीं की, क्योंकि उनका निर्मल जी की कहानियों और उपन्यासों से रिश्ता था। शोक भी उनमें ही उमड़ा जिन्होंने निर्मल जी को पढ़ा है, जो उनके रचना-संसार से परिचित हैं और जो यह जानते हैं कि उन्हें कोई भी ऐसी सत्ता मान्य नहीं हो सकती थी जो लेखक की स्वतंत्र चेतना पर अंकुश लगाए। शोक का एक अवांतर लेकिन राहत भरा एक पक्ष यह भी है कि उसने यह जताया कि निर्मल जी उतने विशिष्ट वर्गी, पश्चिम से मोहित, रूपवादी और समाज से कटे हुए लेखक नहीं थे, जितना कुछ लोग हमें मनवाने पर आमादा रहे हैं।

47 वर्ष की स्मृतियाँ कभी साथ नहीं छोड़ेंगी। उनके साथ उठने-बैठने, बियर पीने, फिल्में देखने, किसी चित्र-प्रदर्शनी में जाने की यादें रह-रह कर आएँगी। फिल्म देखना, चित्र देखना उन्हीं से सीखा था। झगड़ों की भी याद आएगी। पर, उनकी निर्मल-स्मृति में मलिनता का कोई स्थान नहीं हो सकता। निर्मल जी ने हिंदी साहित्य को ही समृद्ध नहीं किया, जो भी उनके सान्निध्य में आया उसे भी किया।

अंतिम पत्र

रामकुमार

प्रिय निर्मल,

इस बार इतनी लंबी यात्रा पर जाने से पहले तुम अपना पता भी नहीं दे गए।

यह अंतिम पत्र तुम्हें नहीं भेज सकूँगा। यह मैं ही पढ़कर अपने आप सुरक्षित रख लूँगा तुम्हारे हमारे पत्रों के साथ। यह सोचकर मुझे आश्चर्य होता है कि तुम्हारे पैदा होने का दिन भी मुझे बहुत अच्छी तरह से याद है जब शिमला के हर्बर्ट विला के एक कमरे में हम भाई-बहन बैठे थे और पीछे के कमरे में से दाई ने आकर हमें सूचना दी कि लड़का हुआ है। आठ भाई-बहनों के परिवार में दो लड़कों के बाद सातवीं संतान लड़का है, यह खबर हमने चुपचाप सुन ली। तब मेरी उम्र पाँच वर्ष के करीब रही होगी और 75 वर्ष बाद का वह अंतिम दिन मेडिकल इंस्टीट्यूट एंबुलेंस में जाते हुए जब मेरे सामने स्ट्रेचर पर तुम आँखें बंद किए लेटे हुए थे, तब विश्वास नहीं हो रहा था कि तुम घर लौटकर वापस नहीं आओगे। एक अरसे बाद बीमारी के सब कष्टों और यातनाओं से मुक्ति पाकर तुम्हारे चेहरे पर ऐसी अलौकिक शांति और ठहराव की छाया दिखाई दे रही थी मानो एक लंबी यात्रा का अंतिम पड़ाव आ गया हो। तुम तो इस पड़ाव पर पहले ही पहुँच गए थे। एंबुलेंस में तो केवल तुम्हारा पार्थिव शरीर ही था। एंबुलेंस के सायरन की चीखें सुनते हुए सड़क की भीड़, दीवाली के दिनों की रोशनियाँ, जगमगाती दुकानें गुजरती रहीं और मैं सोचता रहा कि यह रास्ता कभी समाप्त नहीं होगा। कई बार हमने तुम्हें उठाने की कोशिश की लेकिन एक लंबे समय के बाद उस शांत निद्रा से तुम उठना नहीं चाहते थे।

मकड़ी के जालों में उलझी पिछले 60-70 वर्षों की अनगिनत स्मृतियाँ आँखों के सामने धुँधली आकृतियाँ बनकर सजीव हो उठती हैं लेकिन उस यात्रा के पथ पर वापस लौटते हुए उसकी व्यर्थता और पीड़ा का अहसास भी होने लगता है। तुम्हें याद होगा कि जब कभी कुछ पीते हुए हम एक लंबे समय के लिए बैठते थे

तो प्रायः बातचीत बहुत पुराने बीते हुए समय की स्मृतियों में खो जाती थी। शिमला में कोई पुरानी घटना, या कोई व्यक्ति या परिवार का सदस्य हमारे बीच में उपस्थित हो जाता था।

मैं तुमसे कहता था कि भज्जी हाउस, कैथू और शिमला को लेकर तुम्हें एक उपन्यास लिखना चाहिए। तुम मुस्कुराने लगते थे लेकिन कभी लिखने की हामी नहीं भरी। और भी कितनी बातें अधूरी ही रह गईं।

पिछले एक वर्ष के दौरान तुमसे विभिन्न अस्पतालों में ही भेंट होती थी—विशेषकर मेडिकल इंस्टीट्यूट के प्राइवेट वार्डों में। आज भी कभी-कभी अचानक यह भ्रम होने लगता है कि तुम अस्पताल के किसी कमरे में लेटे हो और शाम को तुमसे भेंट होगी।

वर्षों तक मित्रों, संबंधियों आदि को पत्र लिखने में खुशी ही होती थी, डाकिए को देखकर चिट्ठी पाने और पढ़ने का कौतूहल होता था। समय बीतने के साथ-साथ वे सब पीछे छूटते गए और पत्र मिलने की आदत ही छूट गई। अकेले तुम ही रह गए जिसे किसी दूसरे शहर से पत्र लिखकर अपने आप को हल्का-सा महसूस करता था। अपनी खुशी और शंकाओं को तुम्हारे साथ बाँटकर मैं अपने आप को अकेला महसूस नहीं करता था। यही बात तुम्हारे दूसरे मित्र, परिचित और संबंधी भी महसूस करते थे। तुम बहुत धैर्य से उनकी बातें सुना करते थे जिससे तुम्हारे घर पर आने वाले लोगों का ताँता बँधा रहता था। चाहे वह दिल्ली हो, या शिमला या भोपाल—चाहे वे लेखक बनने के स्वप्न देखने वाले युवा छात्र हों, या प्रतिष्ठित लेखक, चित्रकार या बुद्धिजीवी या तुम्हारे पुराने दोस्त—किसी को तुम्हारे घर आने में कोई हिचक नहीं होती थी। तुम खुली बाँहों से सबका स्वागत करते थे।

कोई नहीं जानता था कि ये तुम्हारी जिंदगी के अंतिम 20 दिन थे। वार्ड नंबर दो में कमरा नंबर 12 में तुम्हें देखने के आदी हो गए थे। डॉक्टर तुम्हारी परीक्षा करके कहते थे कि तुम बिल्कुल ठीक हो गए हो और जब चाहो तब घर जा सकते हो। इस बार तुम्हारी घर लौटने की इच्छा नहीं थी। तुम्हारे मन में कहीं डर था। लेकिन अस्पताल में अधिक दिन तक रहना संभव नहीं था।

वे अंतिम दिन देर तक याद रहेंगे। तुम जीवित रहते तो बाद में हम इन दिनों की चर्चा अवश्य करते।

तुम्हें शायद याद नहीं कि कुछ महीने पूर्व जब वेंटीलेटर लगा हुआ था और तुम बोल नहीं सकते थे तो अचानक एक दिन कॉपी पर तुमने लिखा—"Am I Dying" हम चौंक गए और गर्दन हिलाकर इनकार कर दिया और आश्वासन दिया। तुम्हें यह विश्वास था कि अभी जाने का समय नहीं आया है और इस बार भी तुम स्वस्थ होकर ही लौटोगे। अगले साल तो तुम्हें जर्मनी जाना था, जहाँ तुम्हें एक पुस्तक मेले का उद्घाटन करना था। तुमने बतलाया कि तुम्हारे एक मित्र ने नागपुर में एक बड़े

से मकान की व्यवस्था कर दी है, जहाँ तुम सर्दियाँ बिता सकोगे। तुमने यह भी पता लगा लिया था कि दिल्ली से नागपुर की सीधी फ्लाइट भी है जिसमें तुम्हें यात्रा करने में विशेष असुविधा नहीं होगी।

उन दिनों अचानक तुम्हें बातें करने में बहुत आनंद आने लगा। शाम को भेंट होने पर तुम ऑक्सीजन का मास्क हटाकर बड़े उत्साह से बातें करने लगते। कुछ अस्वाभाविक भी जान पड़ता था। तब पता नहीं था कि कुछ दवाएँ इतनी अधिक मात्रा में दी जा रही थीं जिनकी प्रतिक्रिया इस तरह प्रकट हो रही थी। तुम्हारे इस उत्साह को देखकर हमें भी बहुत खुशी होती थी और यह उम्मीद जगने लगी थी कि तुम स्वस्थ हो रहे हो। तब जान नहीं सके कि एक बहुत कमजोर धागे में तुम्हारी जिंदगी बँधी हुई है और यह कभी भी टूट सकता है।

कभी-कभी तुम्हारे कष्टों को देखकर तो ऐसा लगता था कि तुम्हें इससे मुक्ति मिले तो शायद वह बेहतर होगा। जिंदगी के जिस कगार पर हम खड़े थे वहाँ कभी किसी को कुछ हो सकता था जिसके लिए हमें तैयार रहना चाहिए। हम धीरे-धीरे उस स्थिति के आदी हो गए थे। लेकिन आज तुम्हारे चले जाने के बाद कभी-कभी अंधकार में वह धुँधली सी रोशनी में चमकती खाली जगह दिखाई देती है जहाँ हमेशा तुम दिखाई देते थे। अब वह खाली पड़ा है, कभी भरेगा भी नहीं।

यह अंतिम पत्र लंबा होता जा रहा है।

अच्छा–

रामकुमार

निर्मल

गगन गिल

निर्मल जी पुनर्जन्म में विश्वास करते थे, निर्मल जी पुनर्जन्म की आकांक्षा रखते थे। उन्हें मोक्ष की अवधारणा से उलझन होती थी, एक बार हम अपने घर के छोटे-से बगीचे में बैठे थे, चिड़ियों और हरियाली के बीच। 'तुम मोक्ष चाहोगी या पुनर्जन्म?' उन्होंने मुझसे पूछा था। जो चीज उनके भीतर चल रही होती, हमेशा दूसरे से बड़े सरसरी अंदाज में पूछते।

"मोक्ष।"

उन्हें बड़ी निराशा हुई। "इतनी सुंदर पृथ्वी है, यह जीवन है। तुम इसे फिर देखने आना नहीं चाहोगी?"

"तुम?"

उन्होंने अपनी बड़ी-बड़ी पलकें झपकाई थीं। मुस्कुराते हुए। वह आना चाहते थे।

मुझे मालूम है, वह अब भी इस पृथ्वी को, इसकी सुंदरता को कहीं से देख रहे होंगे।

ईश्वर के बारे में निर्मल चुप रहते थे। दो-एक वर्ष में कभी एक बार उनकी मेरे साथ बंगला साहिब गुरुद्वारा जाने की इच्छा होती थी। उन्हें सरोवर अच्छा लगता था, और संगीत, और यह कि वहाँ कोई उनसे चढ़ावा चढ़ाने को नहीं कह रहा। उन्हें मंदिरों की गंदगी और पंडे, दोनों क्षुब्ध करते थे। लेकिन यात्राओं में वह मंदिर देखने जरूर जाते थे। हमने कई तीर्थ साथ-साथ किए, हरिद्वार, ऋषिकेश, बनारस, इलाहाबाद, चित्रकूट, सोमनाथ, द्वारका, श्रीनाथ जी, अयोध्या, बोधगया, सारनाथ, लुंबिनी, कुशीनगर, श्रीलंका। और हाँ वैटिकन।

शायद उन्हें मेरी सहज आस्था मोहित करती थी। वह मुझे एक ही समय में बौद्ध, सिख, हिंदू होते देखते थे। बाकायदा पूजा-पाठ मैं किसी भी धर्म का नहीं करती

थी। फिर कभी-कभी ऐसे फेज आते, कि मैं कुछ हफ्ते या कुछ दिन नियमित पाठ करती। वह इस सबको बड़ी उत्सुकता से देखते। आदर से।

हम दोनों ने ही धार्मिक पूजा-पाठ को अपने किसी प्रैक्टिसिंग परिजन से नहीं सीखा था। विवाह के बाद मैंने हिंदू पूजा-पाठ का बाकायदा किताब लेकर अध्ययन किया क्योंकि अब हमारी एक गृहस्थी थी और हमें शुभ शक्तियों के आशीर्वाद की अभिलाषा थी। मैं किताबों से जो भी जानती, निर्मल जी को बताती, वह उसे बड़ी जिज्ञासा से सुनते। ये हमारे छोटे-छोटे सीक्रेट्स थे। बाद के वर्षों में दीवाली की रात निर्मल सरस्वती माँ की पूजा बड़ी श्रद्धा से करते थे। मैं उनकी नोटबुक और अपनी नोटबुक पूजा के लिए ले आती। वह एक किताब में से देख-देख कर मंत्र पढ़ते थे। उन्हें सबसे अच्छा तब लगता जब उन्हें रोली का टीका लगता या मैं उनकी कलाई पर कलावा बाँधती और वह मेरी पर।

मुझे लगता है, वह आस्थावान शुरू से थे, लेकिन आस्था उनके भीतर की घटना बाद के वर्षों में बनी। हमारे साथ के वर्षों में।

करीब सोलह साल पहले जब हम हरिद्वार-ऋषिकेश गए थे, तो उन्होंने मुझे वह स्थान दिखाया था, जहाँ उन्होंने अपने पिता की अस्थियाँ प्रवाहित की थीं। काफी देर वह चुप रहे थे। वह मुझसे क्या कह रहे थे, यह मुझे बहुत बाद में पता चला। उनके जाने के बाद। फिर मैं उन्हें वहीं लेकर गई, अपने पिता, अपने पूर्वजों के पास।

पता नहीं, किसकी अंत्येष्टि में हम गए थे, लोदी रोड के electric crematorium में। लौटते में बहुत चुप थे। '' 'निर्मल' एक दिन तो मुझे यह सब देखना होगा। तुम्हारी कोई इच्छा है?'' मैंने पूछा था। ''ऐसे नहीं, मैं विधि से जाना चाहता हूँ।'' उन्हें बिजली की भट्ठी पसंद नहीं थी।

जे. कृष्णमूर्ति ने अंतिम समय में अमेरिका से पुछवाया था, बनारस के पंडितों से, कि एक साधु की अंत्येष्टि कैसे की जानी चाहिए। यह बात जब निर्मल जी ने पढ़ी, उन पर गहरा असर हुआ था। कभी-कभी वह फ्रॉयड के अंतिम दिनों की बात भी करते थे, जब गले में कैंसर के घोर दर्द के बावजूद फ्रॉयड ने मॉरफीन के इंजेक्शन लेने से इनकार कर दिया था। अंत तक उन्होंने अपनी चेतना की स्पष्टता, lucidity से जीवन को देखना-समझना चाहा था। निर्मल इसे बहुत हिम्मत, Courage वाला फैसला मानते थे।

मैं लेह में सिंधु नदी देखकर लौटी, 1996 की बात है, तो बड़े विह्वल हो गए। 'कैसी लगती है?' मुझे लगभग आध घंटा उसका वर्णन करना पड़ा, उतना सिंधु को अलग-अलग कोण से देखने का नहीं, जितना उसका जो उस समय मेरे भीतर हुआ था। काफी देर वह स्वप्निल से बैठे रहे। लद्दाख जाने की उनकी बहुत इच्छा थी।

और अब सिंधु देखने की। मुझे लगता है, जब तक उन्होंने सिंधु को अपने मन की आँखों से देख नहीं लिया, वह हिले नहीं।

वह अपने देश और काल से इसी तरह संबंध स्थापित करते थे। अकेले में, मौन, intuitive ।

उन्हें आस्थावान लोग अच्छे लगते थे, कठमुल्ले नहीं। नास्तिक उनके दिल को सर्द और काठ जैसा छोड़ देते थे, हालाँकि वह कहते कुछ नहीं थे। उनके घनिष्ठ दोस्तों में कुछ बाकायदा नमाजी मुसलमान दोस्त भी थे। कुछ उनकी कहानियों का तर्जुमा करने के बाद उनके संपर्क में आए। उर्दू जुबान की नफासत उन्हें पसंद थी, किसी खास शाम वह मूड में होते तो फैज साहब की गजलें सुनते। यों उन्हें शास्त्रीय संगीत पसंद था--सुबह के समय भारतीय, शाम के समय पश्चिमी।

ताज्जुब की बात यह है कि उनका झगड़ा कभी किसी धर्मपरायण व्यक्ति से नहीं हुआ, वह चाहे किसी भी धर्म का क्यों न रहा हो। उनके सारे झगड़े सेकुलरिस्टों से, वामपंथियों से होते थे। उनका दोमुँहापन वह बर्दाश्त नहीं करते थे। मुझे लगता है, वह लोगों के झूठ माफ कर देते थे क्योंकि वह उनके झूठ की मजबूरियाँ समझ जाते थे। अर्द्धसत्य उन्हें समझ नहीं आते थे।

यूँ वह अपने दोस्तों के प्रति भी कठोर हो जाते थे। लेकिन जिनसे वह प्रेम करते थे, वे जानते थे कि निर्मल सचमुच उन्हें निश्छलता से चाहते हैं। उनके दोस्तों ने उनके प्रेम को ही याद रखा। दुःख की घड़ी में वे सब मेरे साथ थे। मैं उनकी कृतज्ञ हूँ।

निर्मल जी की भारतीयता की अवधारणा को लेकर अनर्गल प्रहार होते तो वह हँस देते। जिस बात पर क्रोध आना होता, उस पर वह हँस देते। उनके विरोधियों ने उन्हें जीते-जी हिंदुत्व की गोद में बैठा दिया था लेकिन अंत समय वह वहाँ नहीं निकले। वह भारतीयता की गोद में बैठे निकले। आशा है अब वे हिंदुत्व और भारतीयता के छिलके अलग-अलग करेंगे।

मुझे याद है, पिछले साल अगस्त-सितंबर में हम घर पर बर्गमान की फिल्में देखते थे, डी वी डी पर। ये बदहवासी के दिन थे जहाँ घर और अस्पताल का अंतर मिट गया था। घर अस्पताल जैसा और अस्पताल घर जैसा हो गया था। घर लौटने का उत्साह इसलिए होता था कि वहाँ किताबें थीं, संगीत था, फिल्में थीं। शुरू में निर्मल जी मेरे डी वी डी खरीदने के विरुद्ध थे। मेरा तर्क होता, कि मेरा कोई निजी खर्च नहीं, शौक नहीं। दिमाग को खुराक तो चाहिए। वह कहते, यह खुराक बहुत महँगी है! बाद में एक दिन जब उन्होंने मेरी फिल्मों की लिस्ट देखी, जो इन वर्षों में मैंने बड़ी मेहनत से धीरे-धीरे जमा की थीं, तो बहुत खुश हुए। 'एक बर्गमान का फेस्टिवल कर दो', उस बार घर लौट कर उन्होंने कहा था। सो हर शाम हम एक नई बर्गमान फिल्म देखते थे।

एक शाम हमने *विंटर लाइट* देखी। फिल्म में एक कुबड़ा किरदार है, जो चर्च के पादरी का नौकर है। उसे कोई तकलीफ है, जिसके कारण वह सीधे खड़ा नहीं हो पाता, उसकी चाल में कितनी पीड़ा है, यह फिल्म में उसे देखकर ही समझा जा सकता है। आपमें से जिन्होंने यह फिल्म देखी है, वह जानते हैं, कि यह ईश्वर की अनुपस्थिति के बारे में है। एक जगह यह नौकर पादरी से कहता है, ''फादर मुझे समझ में नहीं आता, लोग जीसस के अंतिम घंटों की पीड़ा की बात क्यों करते हैं, वह सिर्फ छह घंटे सूली पर रहे, यह कोई लंबा समय नहीं। मैं हर समय अपने इस शरीर के साथ रहता हूँ। मैं पीड़ा को जानता हूँ। फादर, मुझे लगता है, जीसस की पीड़ा सूली की पीड़ा नहीं थी, न समझे जाने की पीड़ा थी, जिसकी कोई बात नहीं करता। अपने शिष्यों तक से न समझे जाना, इससे बड़ी पीड़ा और क्या हो सकती है?''

निर्मल कभी पीड़ा की बात नहीं करते थे, लेकिन उस शाम फिल्म देखने के बाद मैंने उनके चेहरे पर इसकी छाया देखी थी।

उन्हें चिट्ठियाँ बहुत आती थीं, दूर-दराज कस्बों से, गाँवों से। कभी-कभी इनमें किसी पाठक या पाठिका का भेजा पंख होता, मोर या कबूतर का। हम सब ने कभी न कभी किसी को एक पंख या एक फूल भेजा है। भेजने के उस नाजुक क्षण को हम जानते हैं। निर्मल जी ने जाने कितनी जिंदगियों को इसी नाजुकी से छुआ।

शाम की चाय के बाद निर्मल मेज पर बैठते, उत्तर लिखते। फिर टहलते हुए उन्हें पोस्ट करने जाते, लौटते हुए सड़क पार पत्रिका वाले से एक-दो पत्रिकाएँ लेते, जो वह 2 रुपए किराए पर देता। वह सबसे एडवांस रखवाता था, पता नहीं निर्मल जी के चेहरे पर उसे क्या दिखा कि उनसे कभी डिपॉजिट नहीं माँगा। शुरू में एक बार उसने मुझसे माँगा, तो मैंने कहा, ''भैया, निर्मल जी ने भेजा है।'' बस, इतनी सिफारिश काफी थी।

बाद में जब निर्मल जी को ज्ञानपीठ पुरस्कार मिला और हर जगह उनकी तस्वीर थी, तो उसे उनके बारे में पता चला। कुछ दिन बाद निर्मल शाम की सैर के क्रम में उसकी दुकान पर गए, तो उन्हें देखते ही उसने तालियाँ बजाईं, ''बाबू जी, आपको सफलता मिल गई, आपको सफलता मिल गई,'' उसके बाद तो निर्मल कभी जाते और कोई पत्रिका उठाते, तो वह कहता, बाबू जी, इसमें नहीं, इसमें आपके बारे में आया है। उस भले आदमी की बदौलत हमें कई ऐसे लेखों और पत्रिकाओं की जानकारी हुई, जिसके बारे में किसी ने नहीं बताया था।

निर्मल जी के पाठकों में कबाड़ी वाले, भैंस चराने वाले, रेलवे पुलिस के सिपाही, यूनाइटेड कॉफी हाउस के वेटर, रंगकर्मी सब तरह के लोग थे, एक पाठक उनसे

करोलबाग के घर में मिलने आया, तो बोला, निर्मल जी के लिए हमने चोरी करनी भी सीखी कैसे? बोला, पैसे नहीं होते थे, तो श्रीराम सेंटर की दुकान में खुले बटन वाली कमीज पहनकर जाना शुरू किया। बस कमीज में डाल लेते थे...

उनका पाठकों से कभी किसी ट्रेन में, कभी छोटे शहर में अचानक साबका पड़ता। कई बार वह मुकर जाते कि वह निर्मल वर्मा हैं, लेकिन पहचानने वाला मनवा कर ही छोड़ता। हम लोगों ने बहुत यात्राएँ साथ कीं। देश में और विदेश में। देश के किसी कोने में उनका पाठक न टकराए और विदेश में कहीं उनकी किताब न दिखे, तो मैं उनसे कहती, अभी तुम यहाँ मशहूर नहीं हुए। हालाँकि ऐसा कम ही होता था। मेरा खयाल था, वह गोवा में मशहूर नहीं होंगे, लेकिन एक शाम वह गोवा में भी मशहूर निकले। हारवर्ड के दिनों में एक दिन ऐसे ही खेल-खेल में मैंने निर्मल वर्मा के नाम की किताबों की सर्च की, लाइब्रेरी कम्प्यूटर पर, तो 9 किताबें निकलीं। अंग्रेजी अनुवादों की। एक को क्लिक किया तो पता चला, इशू है। दो पाठक प्रतीक्षा में हैं, मुझे बहुत रोमांच हुआ। अगर इन पाठकों को पता चल जाए कि इनका लेखक यहीं है!

कई बार कुछ ऐसे भावुक पाठक आते, Characters in search of their author, जो निर्मल जी के दूसरे कमरे में जाते ही मुझसे कहते, गगन जी, निर्मल जी से कहिए, मेरे पर एक कहानी लिख दें...यों मैं उनके मिलने वालों के सामने कम ही आती थी, जब तक कि वे उनके मित्र न बन गए हों, ज्यादातर उनके पाठक उनसे अपनी कनफेशन कहने आते थे और जाहिर है, उसकी पवित्रता हमें निभानी होती थी।

निर्मल निब वाले पेन से लिखते थे। फाउंटेन पेन से। नीली-काली स्याही से। धारीदार कागज वाला पैड उन्हें पसंद था। पेन उनके अक्सर बिगड़ जाते थे। शायद सोचते हुए ज्यादा दबाव से लिखते हों। उन्हें उपहार में भी बहुत पेन मिलते थे। बिगड़े पेनों को वे फेंक नहीं पाते थे। उनकी मेज पर एक मग में बिगड़े पेन इकट्ठे होते रहते थे। हम विदेश जाते तो पेनों के कार्टरिज भी खूब खरीदते। वह बहुत सस्ते पेन से नहीं लिख पाते थे, न बहुत महँगे पेन से। मैंने उन्हें Shaeffer का एक चाँदी मढ़ा, सोने का निब वाला पेन भेंट किया था, जो उन्होंने तीन दिनों में iic की लाइब्रेरी में गुमा दिया था। इसकी ग्लानि में वह कई दिन किसी अच्छी कलम को नहीं छू पाए। हालाँकि बाद के वर्षों में उन्हें बहुत सारे अच्छे और महँगे पेन भेंट में मिले और उन्होंने भरपूर उत्साह से उनका इस्तेमाल भी किया। कई साल पहले जर्मनी यात्रा में उन्हें एक मो ब्लांक पेन अनंतमूर्ति ने खरीदवाया था। यह उनके लिए कुछ ऐसा रोमांच भरा क्षण रहा, कि उन्होंने इसके बारे में अपनी डायरी में लिखा था :

> पहली बार 'मो-ब्लांक' से अपनी डायरी शुरू कर रहा हूँ, यह पेन मैंने अनंतमूर्ति के आग्रह पर हाइडलबर्ग में खरीदा था। मैं उसकी महँगाई देखकर झिझक रहा था, जैसे इतने कीमती पेन से लिखने का मुझे कोई अधिकार नहीं। फिर

मैंने अपने को फुसलाते हुए अनंता से कहा कि इस कलम को खरीदने की सजा यही है कि इससे कोई झूठा शब्द नहीं लिखा जाना चाहिए...

जो शब्द एक क्षण के लिए सच्चा लगता है, वही दूसरे पल झूठा हो जाता है। निर्मल इसे जानते थे। वह 'सच्चे' शब्द के इंतजार में घंटों मेज पर बैठे रहते, शब्द को, उसकी आहट, उसके सच को कान लगाए हुए। उन्हें लिखते हुए पचास साल से ज्यादा हो गए थे, लेकिन उम्र और अनुभव से उनका लेखन आसान नहीं हुआ था। उनके शब्द किसी अँधेरी खोह में से निकलकर आते। मैं उनकी टाइपिस्ट भी थी। कभी उनका लिखा पहला वाक्य और फिर उसका संशोधन देखती, तो उनका Precision के प्रति आग्रह समझ में आता। बारीक फाँस निकालने को उतनी ही बारीक सूई। एक सर्जन की तरह उन्होंने इसे साध लिया था।

निर्मल एकांत की, पीड़ा की, संघर्ष की पवित्रता में रह सकते थे। अन्य सब की तरह उनके हिस्से में भी दुनिया और दुनियादारी आई थी, लेकिन युवावस्था में ही एक सचेत चुनाव करके उन्होंने धीरे-धीरे अपने को इन सबसे खाली कर लिया था। वह अपने जीवन में संतों वाला सत्य ढूँढ़ने नहीं निकले थे। वह जानते थे, कला का सत्य जीवन की कालिख में से निकालकर ही धोना पड़ेगा। दुनिया और दुनियादारी के कीचड़ से निथारकर ही उन्होंने स्वयं को 'निर्मल' किया था। यह आसान नहीं था। इसकी एक कीमत थी। जीवन भर साधारण वित्त का रहकर उन्होंने यह कीमत चुकाई थी। हालाँकि इससे, जिन्होंने उनके लेखन का सच्चा मानदेय नहीं दिया, जिन्होंने उनके साथ घात किया उनका पाप कम नहीं हो जाता।

निर्मल जीवन से गहरे जुड़े व्यक्ति थे। उन्होंने अंतिम समय तक जीवन का रस एक-एक बूँद निचोड़कर पिया, मैंने इसे देखा था। पीड़ा सहते-सहते उन्होंने कब पीड़ा को अपने मन से अलग कर लिया था, मुझे पता भी नहीं चला। यह उनकी तपस्या की चरम उपलब्धि थी। मन अलग, शरीर अलग। ऐसा सिर्फ योगी कर पाते हैं। उनका शरीर अपने लंगर खोल रहा था और मन नए-नए विचारों, नई-नई कथाओं के पीछे भागता घूमता था। वह कहते थे, मेरे मन में कोई बड़ी अलग-सी चीज चल रही है। अगर भाग्य ने साथ दिया तो....

ये उनके अंतिम दिन होंगे, डॉक्टर भी नहीं जानते थे।

एक दुबली-सी काया में इतना साहस हो सकता है, इतना जीवट, मैंने किसी किताब में भी नहीं पढ़ा था।

लेखक की दूसरी दुनिया

अशोक वाजपेयी

1. एक बड़ा लेखक अपने देहावसान के बाद अपनी पुस्तकों में जीवित रहता है। बड़े लेखक बुनियादी तौर पर दूसरी दुनिया खोजते और विन्यस्त करते हैं जो उस दुनिया से मिलती-जुलती है जिसे हम जानते और जिसके कि हम अभ्यस्त होते हैं लेकिन फिर भी वही नहीं। यह दूसरी दुनिया कहीं और दूर-दराज नहीं बसी होती : वह यहीं होती है, हमारे बीच और आसपास और एक बड़ा लेखक मानो पहले पहल हमें उसके दूसरेपन से साक्षात् होने का अवसर देता है और फिर भी, यह दुनिया उस दुनिया को ध्वस्त या कम या अतिक्रमित नहीं करती जिसे हम रस्मी तौर पर जानते-पहचानते हैं। बल्कि उलटे वह हमारी परिचित और अभ्यस्त दुनिया को सत्यापित, सघन, उत्कट और समृद्ध करती है। निर्मल वर्मा, अपनी कहानियों-उपन्यासों-निबंधों में इसी दूसरी दुनिया को नए मुहावरों, विचारोत्तेजक दृष्टि से खोजने, विन्यस्त और शिल्पित करने के लिए अविस्मरणीय रहेंगे। बेतहाशा तेज और असीमित परिवर्तन के समय में उन्होंने मानवीय संबंधों में आने वाले धीर लेकिन क्षीण परिवर्तनों, तनावों और अंतर्विरोधों पर अपना यत्न एकाग्र किया। उन्हें आंतरिक जगत की धीमी या मंथर गति अधिक पसंद आती थी और उन्होंने मानवीय अस्तित्व और अनुभव के अपेक्षाकृत अल्पलक्षित क्षेत्रों, अँधेरे, नीमरोशन और छिपे हिस्सों को टटोलने और रोशन करने की कोशिश को बेहतर समझा, कम से कम अपने लिए। निर्मल वर्मा के कथासंसार का भूगोल भारतीय शहरों की जानी-पहचानी मध्यवर्गीय जिंदगी से ताल्लुक रखता है...वह उसकी उदास लयों, अवसाद और अकेलेपन, उसकी असमाप्य विडंबनाओं से रचा-बुना गया है। ये सभी पहलू प्रेम और आकांक्षा, अधूरेपन और पूर्णता की इच्छाओं की बुनियादी मानवीयता में बसे हैं। आंतरिक परिवर्तनों और जटिलताओं को विन्यस्त करने में समर्थ और उनके प्रति सदा सजग रहने के लिए निर्मल ने अपनी नई और अलग कथा भाषा विकसित की। इस भाषा में विलक्षण

दृश्यता और विशिष्ट अंतःसंगीत भी है। निर्मल के यहाँ लगभग शुरू से ही कभी कच्चापन या अपरिपक्वता नहीं रही। उनके यहाँ हर क्षण किसी प्राचीन मूर्तिकार की तरह सुशिल्पित रहा है।

2. निर्मल वर्मा उन हिंदी लेखकों में से थे जिनका परिवेश सिर्फ साहित्य तक सीमित नहीं रहा। आधुनिक भारतीय कला के एक बहुमान्य मूर्धन्य रामकुमार के छोटे भाई होने के नाते उनमें वस्तुजगत और प्रकृति की दृश्यता का बहुत सशक्त बोध था। एक कमरा, एक खिड़की, पार्क में एक बेंच, घंटी बजानेवाली एक रस्सी, लाल टीन की छत आदि अनेक वस्तु और दृश्यों का उनकी कहानियों या उपन्यासों में बहुत संयमित बखान है जो उनके होने की बुनियादी कविता को उजागर करते हुए उन्हें मानवीय जीवन के निरंतर चल रहे नाटक में सक्रिय तत्त्वों की तरह स्थापित करता है। निर्मल के यहाँ चीजें किसी भव्य या अबूझ एकांत में उपस्थित नहीं हैं। वे उपस्थित हैं दूसरों के अस्तिमूलक तनाव में, अपने आसपास जो मानवीय है उससे जुड़े और अकसर उसे दीप्त करे हुए। जो मानवीय है और जो मानवीय से परे है, निर्मल के यहाँ, कई बार एक न सुने जा सकने वाले संवाद में शामिल है। कई बार उनके द्वारा वर्णित कोई प्राकृतिक दृश्य या स्थिति कैनवास पर नहीं पृष्ठ पर, रंगों में नहीं शब्दों में लैंडस्केप या स्टिल लाइफ लगते हैं।

निर्मल ने रामकुमार के एक अधसदी के काम को ध्यान में रखते हुए लिखा था : 'रामकुमार उन गिने-चुने भारतीय कलाकारों में से हैं (शायद एकमात्र) जिनके पिछले पचास बरस के चित्र, 'मनुष्य की स्थिति', उसकी वेदना और एकाकीपन, मुक्ति की उसकी कामना और संसार जैसा है उसी रूप में उसकी स्वीकृति के साक्षी हैं।' यह स्वयं निर्मल द्वारा निर्मित कथा-संसार का भी उपयुक्त बखान हो सकता है। मक़बूल फ़िदा हुसेन की हिंदी में आपबीती के बारे में लिखे हुए निर्मल ने कहा था : 'यह हुसेन हैं, जो सिमटे हुए उजाले में सारा ब्रह्मांड देख लेते हैं। उनके लिए सुंदरता उसमें नहीं है जिसका कोई प्रयोजन है, वह खुद उसके होने में है, चाहे वह आकाश में उड़ते हुए पहाड़ ले जाते हनुमान हों या दो पहियों की साइकिल पर सवार हुसेन।'' साइकिल का जादू क्या पहाड़ की भव्यता से कम है? स्वयं निर्मल हमेशा पहाड़ों की भव्यता से अभिभूत रहे, उन्होंने कभी भी साइकिल के जादू को देख पाने और उसे हम तक पहुँचा सकने में कोताही नहीं की।

3. निर्मल वर्मा की एक खोज हमारे क्रूर-हिंसक-अध्यात्म शून्य समय में पवित्रता की खोज रही है। आधुनिक विकास, तकनीकी, बाजार, पूँजीवाद और साम्यवाद आदि ने भले मिलकर पवित्रता की सभी धारणाएँ और अवसर नष्ट या ध्वस्त कर दिए हों, स्वयं आधुनिकता के लंबे आंदोलन में पवित्रता का पुनर्वास करने की एक वृत्ति बराबर सक्रिय रही है। निर्मल इस वृत्ति का अंग थे। जिसे समय और परिवर्तन ने, कुपाठ और अनाचार ने गँदला या स्थानभ्रष्ट कर दिया है और जिसे किसी अपसरण

में नहीं हिस्सेदारी में ही फिर से पाया जा सकता है उस पवित्रता को निर्मल ने मनुष्य के संबंधों के संसार में ही पाने-थामने का यत्न किया। उन्होंने कहा था : 'देवऋण इस मायने में कि मैंने जिस परंपरा में जन्म लिया है उसमें पवित्रता का एक अद्‌भुत आभास था। वह जो भी है...चाहे पर्वत, धरती, आकाश कुछ भी। जो चीज भी हमारा पोषण करती है, जिसके माध्यम से हम इस जीवन के यथार्थ से परे किसी सार्वभौमिक शक्ति से साक्षात् करते रहते हैं, अनुभव-उपस्थिति से अधिक समग्र-संपूर्ण बातें हैं उसमें।'

4. अपनी सारी एकांतिकता के बावजूद निर्मल वर्मा संवाद प्रिय लेखक और व्यक्ति थे। उनके बारे में यह कहना सर्वथा उपयुक्त होगा कि वे 'बीच बहस में' एक आदमी थे। अपने समय के लेखकों, विचारों और मुद्दों में उनकी गहरी दिलचस्पी थी और भले उनमें अपने विचार या दृष्टि पर जिद कर अड़े रहने की आदत थी, वे दूसरे के विचार या दृष्टि की अवहेलना नहीं करते थे। उनकी वैचारिक यात्रा, जैसे कि उनका सर्जनात्मक पथ, गहरी बेचैनी और कच्चे आवेग की उज्ज्वल गाथा है। यह अकारण नहीं है कि वे न सिर्फ एक श्रेष्ठ साहित्यकार के रूप में प्रतिष्ठित थे बल्कि एक सार्वजनिक बुद्धिजीवी के रूप में भी समादृत थे।

5. निर्मल वर्मा ने किसी भी सच्चे-खरे आदमी की तरह कई भूलें की होंगी लेकिन समझौते बहुत कम किए। अपनी शर्तों पर ऐसी लेखकीय जिंदगी बिरले ही उतने स्वाभिमान और साहस के साथ बिता पाते हैं जितने के साथ निर्मल ने गुजारी। ऐसा नहीं है कि उनकी प्रखरता ने कई बार कटुता न पैदा की हो। उनके जीवन के उत्तरकाल में जो राजनीतिक रुख उन्होंने अपनाया उनसे बहुतों का गंभीर मतभेद रहा है। लेकिन इसके बावजूद उनके कद और उनके प्रति आदर में शायद ही कोई कमी आई हो। अगर हमारे समय में साहित्य रहस्य और विस्मय, स्वप्न और यथार्थ, उपस्थिति और अनुपस्थिति, विवेक और संशय, स्मृति और आकांक्षा के बीच की जगह है तो निर्मल वर्मा ने इस जगह का बेहद आवेग और कौशल से, गहरी भावप्रवणता और कल्पना के साथ अन्वेषण और विन्यास किया। अपनी पुस्तकों में उनका एक नया और अनंत जीवन अब शुरू हुआ है। भौतिक रूप से दिवंगत स्वयं उनके लिए उनकी कृतियाँ अब दूसरी दुनिया है वहाँ वे जीवित हैं और रहेंगे। अंततः उनका दूसरा जीवन शुरू हुआ है।

कथाकार की पवित्रता

चंद्रकांत बांदिवडेकर

निर्मल वर्मा के प्रायः सभी उपन्यास व्यक्ति की संवेदनात्मक गहनता की प्रतीति कराने वाले होते हैं और इस दृष्टि से वे महत्त्वपूर्ण भी हैं। इसलिए भी कि बाह्य यथार्थ और व्यापक सरोकार वाले दर्जनों उपन्यास जो काम नहीं कर पाते वह निर्मल के उपन्यास करते हैं। उनका *एक चिथड़ा सुख* भी मनुष्य जीवन के दर्द का गहन बोध देता है। मानव जीवन को पवित्र मानते हुए उसमें सार्थकता की खोज निर्मल करना चाहते हैं। वैयक्तिक अस्मिता को एक ओर रख कर सार्थकता के तकरीबन क्षणों को पकड़ने का प्रयास निर्मल करना चाहते हैं। *एक चिथड़ा सुख* में यह क्षेत्र थियेटर में एकाग्र किया गया है, जिसमें संगीत, चित्र, नृत्य सभी कलाओं का सम्मिश्रण है। यहाँ सुख एक चिथड़ा भर है। इमरजेंसी पर काफी कुछ लिखा गया है लेकिन उस काले अँधेरे के कारण खबरों के बीचोंबीच खड़ा पत्रकार किस तरह बेबस, बेचैन और व्याकुल होता है, इसका 'सफोकेट' करने वाला अनुभव निर्मल वर्मा *रात का रिपोर्टर* में व्यक्त करते हैं। कसकती संवेदना को पकड़ने और उसका तीव्र बोध कराने की निर्मल की क्षमता के सामने बहिर्मुखी प्रसंगों का जाल फैलाने वाले लेखकों के प्रयास कुछ-कुछ अर्थहीन लगते हैं। क्योंकि अंततोगत्वा जो संवेदनात्मक परिणाम प्राप्त करना है वह निर्मल केवल घटनाओं के संकेत से करते हैं। निर्मल का *अंतिम अरण्य* इस श्रेणी में आता है। असल में मृत्यु का चिंतन और उसकी अर्थवत्ता के पक्ष से रू-ब-रू होना कोलाहल प्रिय लेखक के बस की बात नहीं है। कोलाहल को टाला तो नहीं जा सकता, उसकी ध्वनियाँ-प्रतिध्वनियाँ तो कानों तक पहुँचती ही रहेंगी। लेकिन यदि मृत्यु से बिना डर के सामना करना है या उसे दोस्त में तब्दील करना है तो कोलाहल की दुनिया छोड़नी ही पड़ती है। ऐसे में जीवन की सभी वस्तुओं से ही नहीं, प्रिय जनों से भी मुक्त होते जाने की प्रक्रिया एक भारतीय लेखक ही साकार कर सकता है। जीवन की मूलभूत प्रवृत्ति मृत्यु-भय से ऊपर उठने में भारतीय

जीवन दर्शन की उपस्थिति ही सक्रिय हो सकती है। यह उपन्यास संभवतः निर्मल के दार्शनिक और संवेदनात्मक परिपक्वता का चरमबिंदु है।

अप्रतिम संवेदनात्मक गहराई, तीव्रता के साथ पृथगात्म जीवनानुभवों से जिन इने-गिने रचनाकारों ने हिंदी-कथा साहित्य को समृद्ध किया है, उनमें निर्मल का स्थान लगभग सर्वोच्च है। ऐसी स्थिति में उनकी एक-एक कहानी गहरी तल्लीनता और एकाग्रता से पुनः-पुनः पढ़ने की माँग करती है। यहाँ कुछ ऐसी स्थिति है जैसी कि भारतीय शिल्पकार की, जो बहुत बारीक डिटेल्स से भव्य शिल्पाकृति को प्रस्तुत करता है। डिटेल्स पर दृष्टि रहे तो भव्यता दृष्टि से हट जाती है, भव्यता को देखें तो सूक्ष्म बारीकियों के कुल योगदान का एहसास तो होता है परंतु उनका खास अपना वैशिष्ट्य नजरअंदाज करना पड़ता है।

निर्मल की कहानी का अनुभव काल और अवकाश के गहरे भान पर खड़ा रहता है, परंतु दोनों को अतिक्रमित कर मनुष्य के अंदर की कुछ शाश्वत भावावस्था मन को गहरे से आलोड़ित, विलोड़ित; आंदोलित; उद्वेलित करती है। निर्मल वर्मा स्थान के समूचे सूक्ष्म चित्रांकन से गहरे और सूक्ष्म जीवनानुभव की ओर ले जाने वाले विरल लेखकों में से एक हैं। जून से मई तक समस्त महीनों की सुबहें, दोपहरियाँ, शामें, रातें उनके सामने चित्रवत् आती हैं—धूप, बादल, वर्षा और उनके समान रंग और रूप। गर्मी, सर्दी, खुश्कपन, नमी सबका संवेदन विलक्षण तीव्र रूप में होता रहता है। इनका चित्रण प्रतीकात्मक नहीं होता। वे समस्त चीजें उनकी कहानी के शरीर का अंग-प्रत्यंग होती हैं। इनमें से किसी अंश को काट दें तो कहानी लुंज-पुंज हो सकती है। कभी तो शांति, नीरवता, मौन, अंधकार इत्यादि का बोध अधिक धारदार बनाने के लिए प्रकृति की हरकतों का अनायास चित्रण होता है। दृक्, श्रवण, प्राण, स्पर्श सभी ऐंद्रिय बोध इतने उत्तेजक रूप में ग्रहण किए जाते हैं कि लगता है कि कहानीकार के स्पर्श के लिए आतुर कोई तंतुवाद्य हों, झनझनाने के लिए आतुर! आश्चर्य यह है कि एक ओर नीरस फीकापन, वेदना की असहायता के साथ जिंदगी के स्थानीय रंग और रूप का काल के परिवर्तनशील भाव का सूक्ष्म बोध, यह कलाकार नहीं भूलता। कहानी को बुनते समय निर्मल बीच-बीच में ऐसे प्रतीकात्मक प्रयोग करते हैं कि समूचा आशय मानो इकट्ठा कर वह प्रतीक सघन और सामर्थ्यशाली बन गया हो।

निर्मल वर्मा की कहानियाँ रंजक कहानियाँ नहीं हैं। उनका पाठक विदग्ध सहृदय ही हो सकता है। मनुष्य की मानसिक गहराइयाँ तीव्र संवेदनों के साथ वे उतारते हैं और मन की अतल सक्रियता का अनुभव देकर पाठक को समृद्ध करते हैं। वे अपने दर्शन को, दृष्टिकोण को, विचारधारा को, मनोवैज्ञानिक ज्ञान और समझ को कहीं बाहर से आरोपित नहीं करते लेकिन मनुष्य के प्रति एक गहरी संसक्ति और आत्मीयता को वे निश्चय ही महान मूल्य मानते हैं। सभी कहानियों की यह पुख्ता धुरी है।

विरल मनीषा

रमेश दवे

निर्मल वर्मा में एक ऐसी प्रतिभा-त्रयी का समन्वय और समवाय था जो उन्हें अपने समकालीनों से पृथक व्यक्तित्व प्रदान करता है। वे हिंदी के जितने बड़े कथाकार थे, उतने ही गहन चिंतक-विचारक या आलोचनादर्शी विचारवेत्ता। व्यक्तित्व की निरपेक्ष स्वायत्तता और संवेदनात्मक त्वरा क्या होती है, यह उनके शब्द और शरीर दोनों से प्रतिभासित होता था। एक प्रकार से वे ऐसी दर्शन-प्रज्ञा से अभिभूत अध्ययन-मननशील सर्जक थे जिनके भीतर मनुष्य और संस्कृति दोनों की ध्वनि एक साथ गुंजित होती थी। इसलिए उन्हें पढ़ते हुए ऐसा लगता था जैसे शब्द स्वयं को चुन भी रहे हैं और स्वयं से स्वयं का ऐसा संवाद कर रहे हैं जिसमें आंतरिक ध्वनि-संगीत है और बाह्य रूप-विन्यास।

अज्ञेय के बाद सांस्कृतिक रूप से जिस चेतस मानस का साक्षात्कार निर्मल वर्मा में दिखाई देता है, सर्जना के स्तर पर वैसा भारतीयता-संपृक्त विश्व-संस्करण अन्य किसी सर्जक में कम ही प्रतीत होता है। निर्मल वर्मा कथा लिखें या निबंध, वे भाषा में विचार का विन्यास करते हैं, वे हमारे अपने समूचे सांस्कृतिक अवरोधों के साथ योरप से भिड़ते हैं, भारतीयपन के सांस्कृतिक विखंडन और विद्रूपन के पीछे उपनिवेशवाद के भौतिक अर्थवादी अपकारक उपकरणों की पहचान करते हैं, उन्हें उत्तरदायी ठहराते हैं। *भारत और यूरोप, प्रतिश्रुति के क्षेत्र* में वे स्पष्ट रूप से कहते हैं—'ज्यों ही पश्चिम के ऐतिहासिक हस्तक्षेप ने भारतीयों को उनके सांस्कृतिक आवास से विस्थापित किया, (हमारे) ये मिथक, विश्वास और आस्थाएँ टूट-बिखरकर सिर्फ एंथ्रोपोलॉजिकल (मानवशास्त्रीय) अवधारणाएँ बनकर रह गईं—जीवन का स्रोत नहीं, सिर्फ अध्ययन और शोध की सामग्री मात्र! जैसे ही एक भारतीय यूरोपीय संदर्भ में 'इतिहासीकृत' हुए, वैसे ही अपने पारंपरिक आत्म संस्कारों से वंचित भी हो गए।' (पृष्ठ 45)

निर्मल वर्मा जिस सांस्कृतिक धरातल पर भारतीय मनीषा का आत्म-चिंतन करते थे, उसमें उन्हें लगता था जैसे योरप ने हमें 'असमावेशी अन्यता' के साथ हमारे अपने

समावेशी आंतरिक तंत्र से काट कर रख दिया हो। वे यह भी मानते थे कि गैर-यूरोपीय समाजों और संस्कृतियों में हिंसात्मक शक्ति धारा के रूप में यूरोप ने हस्तक्षेप किया था क्योंकि योरप स्वयं सांस्कृतिक रूप से आत्म-खंडित और अहंग्रस्त चेतना से बौद्धिक-आध्यात्मिक मर्यादाओं की अवहेलना कर रहा था। जिस आदर्श यूरोपीय मनुष्य के पश्चिमी संस्करण की स्थापना योरप चाहता था, उसे वह इसलिए संभव नहीं कर सका कि एशिया, अफ्रीका, और लेटिन अमेरिका का सांस्कृतिक मनुष्य योरप के भौतिक मनुष्य से अपनी आस्थाओं, मिथकों, प्रतीकों और लोकाचारों में कभी पराजित नहीं हो सका।

निर्मल वर्मा एक ऐसे सर्जक, विचारक, कथाकार थे जिनसे बहस करना तभी संभव हो सकता था जब उनके प्रज्ञालोक में बराबरी से उतरा जा सके। भारतीयता में मात्र विविधता देखकर, समावेशीपन देखकर या एक विराट सामूहिकता देखकर वे अपनी दृष्टि सीमित नहीं करते थे बल्कि भारतीयता में एक ऐसा समूचा विश्व देखते थे जिसके तमाम पहिए भारतीयता की धुरी पर घूमते हैं। वे साहित्य को भी मात्र संवेदनात्मक अनुरंजन की वस्तु न मानकर एक भाषा की समूची सर्जनात्मक और मनुष्यगत जीवंतता मानते थे। उनके पास शब्द आकर मनुष्य से बड़ा हो जाता था और मनुष्य स्वयं शब्द के पास जाकर अपना कद नापने लगता था। एक भाषावान भारत के वे ऐसे संस्करण थे जो यह मानते थे कि एक सर्जक चाहे कथा लिखे, कविता-नाटक लिखे या निबंध, भाषा ही उसकी अस्मिता है, भाषा उसका अस्तित्व है। भाषा का यही मूल संवेदन उनके पास था जो भाषा के मनुष्यमय होने को सिद्ध करता था। अगर मनुष्य का होना, भाषा का होना है तो निर्मल जी अपने लेखन से यह भी सार्थक करते थे कि भाषा का होना ही मनुष्य का होना है।

निर्मल जी की कथा में जहाँ संवेदन का कोमलतम शिल्प है तो निबंधों में आवेश, आवेग और तर्कबद्ध विचार-विन्यास। उनकी कहानियाँ और उपन्यास यदि हमें मनुष्य और प्रकृति की एक संयुक्त शक्ति से रू-ब-रू करते हैं तो उनके निबंध भाषा, शब्द और चिंतन की धारा रचते हैं।

निर्मल जी एक आधुनिक मनुष्य थे—यूरोप के किसी भी आधुनिक संस्करण से अधिक आधुनिक, क्योंकि यूरोप उनके लिए एक प्रकार का सहवास था आवास या निवास नहीं, जिसमें वे अपनी भारतीयता विलुप्त कर दें। वे भारतीय मानकों से उतने ही सांस्कृतिक थे जितने योरोपीय मानको में तॉल्सतॉय, लॉरिन्स, टॉमस मान आदि रहे होंगे या स्वयं भारतीय मानकों में श्री अरविंद, विवेकानंद और गाँधी थे। निर्मल जी में ऊर्जा आधुनिक थी लेकिन उसके स्रोत भारतीय थे और उसकी चेतनात्मक आलोक-प्रज्ञा वैश्विक। न उनके पास ऐसा कोई पाखंड था जिसमें हिंदू, मुसलमान शब्द वर्जित हों, न ऐसी सांस्कृतिक छलनी जो गैर-भारतीयता को आधुनिक दृष्टि का पर्याय माने। एक सर्जक अपनी संस्कृति, प्रकृति और मनुष्य के बीच कैसे समाविष्ट होता है, उसी का एक विश्वास या आश्वासन थे निर्मल वर्मा—ठीक गाँधी की तरह!

होने का अर्थ

रमेशचंद्र शाह

हमारी पीढ़ी के लेखकों के लिए जिन्होंने स्वातंत्र्योत्तर भारत के हिंदी साहित्यिक परिवेश में एक-दूसरे से निहायत बेमेल और विसंगत दो-दो दौर एक के बाद एक तथा एक साथ भी देखे-भुगते हैं—एक सच्चे सृजनात्मक उन्मेष और वैचारिक तेजस्विता का, और दूसरा सृजन और चिंतन दोनों ही स्तरों पर एक अजीब से ठहराव और पठारीपन का—उनके लिए निर्मल वर्मा नामक कृती व्यक्तित्व के अपने बीच होने का—समूची अर्द्धशती के आर-पार, और आखिरी दम तक उसी अक्षुण्ण अंतर्निष्ठा के साथ अपने कलाकारत्व को और उस कलाकारत्व से अविच्छेद्य एक भारतीय बुद्धिजीवी होने के दायित्व को निभाते हुए सक्रिय होने का—क्या अर्थ था, यह उनके जीते जी जितना स्पष्ट था, उससे कहीं अधिक तीखेपन के साथ वह अब उजागर हो रहा है—उनके तिरोभाव के बाद।

वह अर्थ था : यूँ तो किसी भी समाज, किसी भी परिवेश में,—किंतु विशेष रूप से आज के भारतीय समाज और आज के सांस्कृतिक परिवेश में लेखक होने का—वह भी हिंदी का लेखक होने का, क्या मतलब है यानी क्या मतलब होना चाहिए—इसका प्रत्यक्ष वस्तु-पाठ स्वयं बन जाना, स्वयं बनकर दिखा देना। प्रौढ़ अज्ञेय ने कभी गाँधी जी से मिली सीख को रेखांकित करते हुए कहा था कि "...बौद्धिक स्वातंत्र्य का दावा केवल शुद्ध राजनीतिक दावा नहीं है, बल्कि हमें उसे राजनीतिक दावा बनने भी नहीं देना चाहिए। बौद्धिक को, और विशेष रूप से सर्जनशील कलाकार को केवल राजनीतिक स्वतंत्रता का दावा न करके कला जगत की स्वायत्तता का दावा करना है—जो दावा और जिसके लिए किया गया संघर्ष राजनीति से बड़ा हो जाता है।" (स्रोत और सेतु, पृ. 130-34) क्यों हो जाता है, इसका जैसा तीखा बोध, जैसा युक्तियुक्त विश्लेषण और मर्मस्पर्शी बखान हमें निर्मल वर्मा के यहाँ मिलता है, वैसा अज्ञेय के परवर्ती लेखकों में साही जी को छोड़ कदाचित् और किसी में

नहीं मिलता। 'लेखक की स्वतंत्रता' पर साहित्य अकादमी में बोलते हुए निर्मल वर्मा ने शुरुआत ही स्वयं अपनी लेखक-बिरादरी के आत्महीन आचरण का हवाला देते हुए, उसके अंतःकरण को झिंझोड़कर रख देने वाले कुछ बड़े असुविधाजनक सवालों से की थी। "...मुझे खुशी होती, यदि अकादमी इस विषय पर संवाद-गोष्ठी बीस वर्ष पूर्व आयोजित करती, जब हम आपात्काल की कठिन घड़ी से गुजर रहे थे... दिनमान जैसी गौरवशाली पत्रिका के पन्नों को पलटते हुए आश्चर्य होता है कि उसके संपादकीय लेखों पर कहीं उन दुर्दिनों की छाया तक दिखाई नहीं देती, आक्रोश या विरोध की तो बात ही दूर रही..." निर्मल जी जानते थे कि स्वतंत्रता का मूल्य संकटकाल में ही पहचाना जाता है और इस मामले में ज्यादातर हमारे लेखक कहलाने वाले लोगों की कथनी और करनी में बड़ा भेद है। उसी संदर्भ में उन्होंने खुशवंत सिंह सरीखे अंग्रेजी में लिखने वाले लेखक-पत्रकार की मानसिकता के भी अंतर्विरोध को उघाड़ा था। आपात्काल पर एक परिचर्चा के दौरान खुशवंत सिंह ने कहा था कि वह इमरजेंसी के समर्थक थे, लेकिन सेंसरशिप के विरोध में थे। निर्मल जी के ही शब्दों में—"जब यही बात उन्होंने आपात्काल की समाप्ति पर इंदिरा गाँधी से कही तो इंदिरा गाँधी ने आश्चर्यचकित होकर कहा, "क्या एक को दूसरे से अलग किया जा सकता है?" मैं समझता हूँ यह वह दुर्लभ क्षण था, जब इंदिरा जी ने एक सही बात कही थी।"

हम सभी उन दिनों के साक्षी हैं जब हमने न केवल राजधानी दिल्ली में, बल्कि भोपाल सरीखी हिंदी प्रदेश की अन्य राजधानियों में भी बड़ी-बड़ी बातें करने वाले लेखकों-बुद्धिजीवियों को घनघोर आत्मप्रवंचना और आत्महीन आचरण में लिप्त देखा। निर्मल जी की ख़ासी विश्व चेतस् संवेदना और बुद्धि स्वयं अपने देश और काल की विडंबनाओं को भी यथावत् देख सकती थी। वे जानते थे कि बीसवीं सदी में जो मानव मूल्य सबसे अधिक मर्माहत हुआ, वह वैचारिक स्वतंत्रता का मूल्य था। और वह भी तथाकथित तीसरी दुनिया के 'पिछड़े हुए' देशों में नहीं, बल्कि सारी दुनिया के अपनी प्रगति के रथ में जुटे होने का दावा करने वाले 'विकसित' यूरोप में। 'मार्क्स से लेकर सार्त्र तक'—निर्मल वर्मा कहते हैं—"अनेकानेक स्वनाम-धन्य बुद्धिजीवियों ने न जाने कितने दार्शनिक सिद्धांत, ऐतिहासिक फार्मूले, समाजशास्त्रीय स्थापनाएँ आविष्कृत की थीं, सिर्फ यह प्रमाणित करने को, कि व्यक्ति की स्वतंत्रता एक गए-गुजरे ज़माने का बुर्जुआ अवशेष भर है, जिसे सिर्फ इतिहास के कूड़ेदान में फेंका जा सकता है।" इससे भी शोचनीय विडंबना यह है जिसे मिलान कुंदेरा ने अपने उपन्यास *लाइफ़ इज़ एल्सव्हैर* में रेखांकित किया है : स्वयं कवियों-साहित्यकारों का इस जाल में फँस जाना और इस प्रकार अंततः एक मानव-द्रोही षड्यंत्र में जाने-अनजाने भागीदार बन जाना। निर्मल वर्मा भी अपने ढंग से इस दुर्घटना को दर्ज करते हुए अपने समानधर्माओं को चेताते हैं। कहते हैं, "जहाँ तक व्यक्ति की

वैचारिक स्वतंत्रता का प्रश्न है, उसकी मृत्यु-घोषणा तानाशाही अधिनायकों और वामपंथी बुद्धिजीवियों ने समवेत स्वर में की थी, जिसमें एक को दूसरे से अलग करके पहचानना असंभव था। वह फासिज़्म हो या सोवियत साम्यवाद, उसको हमेशा कहीं न कहीं, किसी न किसी बुद्धिजीवी की ओर से समर्थन प्राप्त होता रहता था।''

सबसे महत्त्व की बात—जिसकी पहचान के कारण निर्मल न केवल अधिसंख्य यूरोपीय बुद्धिजीवियों से, बल्कि आज के हिंदुस्तान में सक्रिय अधिकांश परोपजीवी बुद्धि के बुद्धिजीवियों से—जिन्हें उन्होंने स्वयं ही *मानसिक गुलामी के शब्दकोश* से परिचालित बताया है—उनसे भी अलग खड़े दिखाई देते हैं, वह स्वतंत्रता की उनकी वह गहरी समझ है जो राजनीति और इतिहास दोनों को अपनी-अपनी जगह वाजिब महत्त्व देते हुए भी दोनों को अतिक्रांत करती है : उसके नैतिक और आध्यात्मिक उत्स की ओर संकेत करती है। पूर्वी यूरोप में अपने सुदीर्घ प्रवास के सघन अनुभव से और वहाँ के श्रेष्ठतम लेखकों के कृतित्व से घनिष्ठ परिचय के बूते भी, वे जानते हैं कि ''मनुष्य कितने ही बँधे, सीमाबद्ध समाज में क्यों न रहे, भीतर से वह संपूर्ण रूप से स्वतंत्र रह सकता है। नहीं रहता, यह अलग बात है; किंतु रह सकने की क्षमता उसमें रहती है।'' निश्चय ही निर्मल इस तथ्य से भी भली प्रकार अवगत हैं कि, ''यह परम स्वतंत्रता भी कहीं न कहीं उस समाज की अभिलाषाओं, महत्त्वाकांक्षाओं और निहित स्वार्थों द्वारा बाधित और आच्छादित होती है, जिसका वह सदस्य है। अतः हर व्यक्ति अपने भीतर इन दो स्वतंत्रताओं को लेकर जीता है—परम और समाज-सापेक्ष।'' इस दुई की लाचारी का एक काला पहलू है और एक उजला। काला पहलू—जिसके प्रति हमारे अधिकतर बुद्धिजीवी जानते-घूमते अंधे बने रहने को अभिशप्त हैं, वह निर्मल जी के शब्दों में यह है, ''स्वप्न भले हर क्रांति का समाज-सापेक्ष स्वतंत्रता को परम स्वतंत्रता में परिणत करने का रहा हो, पर ट्रेजेडी यह है कि जब वह अपने लक्ष्य में सफल होती है तो 'परम' वाला आदर्श किसी नये समाज के प्रति सापेक्ष हो जाता है और कालांतर में मनुष्य की स्वतंत्रता उसके द्वारा सीमित और अनुशासित होने लगती है। फ्रेंच और रूसी क्रांतियाँ इसके प्रत्यक्ष उदाहरण हैं।''...किंतु निर्मल इस मोहभंग से उपजने वाले नकारवाद या प्रतिक्रियावाद का सही इलाज उस दूसरे उजले पक्ष में पाते हैं। कहते हैं—''किंतु इसका एक उजला पक्ष भी है, परम स्वतंत्रता का लक्ष्य भले ही बाह्य जगत् में चरितार्थ न हो सके—या निरंतर स्थगित होता जाए—मनुष्य की अंतर्भावना में वह सतत कायम रहता है। वह भीतर के अंतरिक्ष में उतना ही प्रकाशमान् है, जितना इतिहास क्षितिज के परे उज्ज्वल बना रहता है।''

यहाँ 'क्यों' और 'कैसे' का प्रश्न उठ सकता है। भारतीय मनीषा इस प्रश्न का अपनी तरह से सामना करती है और अपने ही ढंग से उसका समाधान भी ढूँढ़ती है। निर्मल वर्मा उस परंपरा के प्रति अपने विकास-क्रम में अधिकाधिक जिज्ञासु और संवेदनशील होते गए हैं, यह भी उनके निबंधों के आंतरिक साक्ष्य से स्पष्ट है। किंतु,

वे चूँकि मूलतः कलाकार हैं—कला की स्वायत्त गरिमा को वे जिस तरह कैसी भी राजनीति को समर्पित कर देने के विरुद्ध हैं स्वभावतः उसी तरह वे किसी धर्म-प्रतिष्ठान या कि दार्शनिक संप्रदाय की विचारधारा या शब्दावली में भी इस स्वतंत्रता का अर्थ खोजने या बखानने से पूरी तरह परहेज करते हैं। यह एक लेखक के लिए—आधुनिक भारतीय लेखक के लिए भी—कितना जरूरी विवेक है, इसे हम स्वयं उनके उपन्यासों-कहानियों और निबंधों में प्रयुक्त शब्दावली के अंतःसाक्ष्य से परख सकते हैं। भारत से गहरे प्रभावित डब्लू. बी. यीट्स सरीखे महत्त्वपूर्ण कवियों ने भी यह एक आलोचना का नुक्ता उठाया है कि "भारत के पास हर संकट को घुला देने वाला आध्यात्मिक समाधान है और इसी कारण वह 'ट्रेजेडी' को नहीं जानता या उसकी उपेक्षा करता है।"...निर्मल वर्मा या उनसे पूर्व, अज्ञेय सरीखे हमारे प्रमुख लेखक-कलाकार, इस आलोचना से सहमत ही हों या वैसा ही सोचते हों, ऐसी बात तो नहीं है। किंतु वे अनुभूति और उसकी अभिव्यक्ति के धरातल पर इस तरह की प्रतीति से संवेदित अवश्य हैं। किसी बाहरी प्रभाववश नहीं, बल्कि अपनी स्वाधीनकाल-चेतना और मानवीय मूल्य-चेतना के बूते ही, वे परिस्थिति और संस्कृति के संबंध को नए सिरे से परिभाषित और पुनराविष्कृत करने को प्रेरित होते हैं। परंपरा उनके लिए कोई पोटली बाँधकर रखा हुआ पाथेय नहीं है; बल्कि कलाकार के जोखिम भरे आत्मान्वेषण और सत्यान्वेषण की प्रक्रिया का अनिवार्य अंग है, जिसे उन्हें खोजना और कमाना है। वे अच्छी तरह पहचानते हैं इस तथ्य को, कि परम स्वतंत्रता के मूल्य की उनकी अनुभूति और अवधारणा उनके पश्चिमी समाजधर्मा की अवधारणाओं से कुछ अलग होगी ही; और यह उनके भारतीय परंपरा से जुड़े होने के कारण ही उनका अनिवार्य दायित्व बन जाता है कि स्वतंत्रता के मूल्य की उनकी खोज और अवगति और अभिव्यक्ति भी ऐसी हो जिसकी मौलिकता में भी भारतीय परंपरा की अनुगूँज सुनाई दे—वह यूरोपीय अनुभव और अभिव्यक्ति की प्रतिध्वनि उठाकर ही न चुक जाए—बल्कि अपने स्वर से ही यह प्रतीति, यह प्रत्यय हमारे मन में जगाए कि यह जीवन और मृत्यु के स्वाद को जानने और बताने की हमारी अपनी तैयारी है; कि इस तरह चराचर-संवेदी मानसिकता को भारत ने बनाया है—कि यह अपने भीतर गहरे कहीं उन अंतर्ध्वनियों की गूँज भी समाहित किए है जो सृष्टि के साथ हमारे पुरखों की चेतना के पहले-पहल संवाद में प्रतिफलित हुई होंगी और जिनसे सहस्राब्दियों में विस्तृत एक समूचा वाङ्मय प्रेरित हुआ है।

अब, चूँकि यह परंपरा वाक्-आधारित परंपरा है, जिसमें स्वयं धर्म और संस्कृति का ही प्रवर्तन कविता के, वाक् के माध्यम से हुआ है, अतएव, इसमें साहित्यकार से—यानी वाक् शक्ति के सबसे प्रत्यक्ष और सबसे परोक्ष अधिष्ठान या माध्यम से समाज की यह अपेक्षा भी स्वाभाविक है कि वह इस स्वातंत्र्य या मुक्ति नामक मूल्य को हर नई चुनौती के सम्मुख हर परिस्थिति, हर युग में नए सिरे से परिभाषित,

अर्जित और चरितार्थ करने का मार्ग दिखाएगा। प्रश्न उठता है कि क्या आज के भारतीय बुद्धिजीवी इस दायित्व को वहन कर पा रहे हैं? अब, यहाँ निर्मल वर्मा ने परम स्वतंत्रता के आदर्श का जो दूसरा उजला पक्ष प्रस्तुत किया था—उसके बारे में आगे चलकर वे कला या साहित्य के संदर्भ को स्पष्ट करते हुए कहते हैं कि... ''हर संवेदनशील व्यक्ति उसे (यानी 'मनुष्य की अंतर्भावना में सतह विद्यमान' परम स्वतंत्रता या पारमार्थिक मुक्ति को) अनुभूत करता है, किंतु एक लेखक अपनी कल्पना शक्ति से समय और स्पेस की सीमाओं का अतिक्रमण कर उसे एक ऐसे यथार्थ में अवतरित करता है, जो उसका 'दूसरा जीवन' है, जिसे हम कला कहते हैं।'' गौर करें, यह हिंदी के एक आधुनिक और विश्वचेतस लेखक द्वारा साहित्य या कला के स्वातंत्र्य-मूल्य या मुक्ति मूल्य की पुनर्मूल्यांकित, और नये युग और नयी मानवीय परिस्थिति से उद्भूत चुनौतियों के प्रत्युत्तर में खड़ी की गयी नयी परिभाषा है, जो संन्यास या मोक्षवाली पारमार्थिक अवधारणा से अलग अपना स्वायत्त और स्वतंत्र अर्थ रचती है, किंतु वह अर्थ लोकायतिक (सेकुलर) दृष्टि का बंदी नहीं है—उसका जुड़ाव उस पारमार्थिक, चराचर-संवेदी आत्मदर्शन या विश्व-दर्शन से ही है। कैसे? यह देखने के लिए हमें निर्मल वर्मा के साथ कुछ दूरी और तय करनी पड़ेगी; उन्हें उन्हीं की मौलिक चिंता-उद्विग्नता के मुहावरे में समझना-पकड़ना होगा। उस 'मानसिक गुलामी के शब्दकोश' के सहारे नहीं, जिसका सबसे पहले भंडाफोड़ और सचोट प्रत्याख्यान स्वयं निर्मल वर्मा कर चुके हैं।

हम विशेषज्ञताओं के अतिरूढ़िवादी युग में रह रहे हैं जहाँ हर अनुशासन के अपने दावे हैं—विश्व के अवधारणात्मक वशीकरण के, और ज्ञान तथा सूचना के अंतर को ही निरर्थकता में रिड्यूस कर देने वाले। आत्मज्ञान से सर्वथा निरपेक्ष और असंबद्ध ज्ञान। ऐसे में कला या साहित्य का ज्ञानमूल्य भी संदिग्ध हो उठता है। कला हमें ऐसा क्या देती है जो अन्य 'ज्ञान' कहलाने वाले या सत्य ज्ञान का दावा करने वाले अनुशासन नहीं दे सकते? निर्मल वर्मा के लिए इसका उत्तर सुस्पष्ट और उजागर है। वे कहते हैं—''इतिहास, अर्थशास्त्र, दर्शन मनुष्य को विभिन्न अवधारणात्मक कोटियों में परिभाषित करते हैं, कला में मनुष्य अपने को समग्रता में परिभाषित करता है। यह वह तभी कर सकता है जब 'दूसरे' तक पहुँचने में उसे अबाध छूट का अवकाश हो।'' स्पष्टतः निर्मल वर्मा के लिए कला 'संप्रेषणधर्मी' है, दूसरे तक पहुँच कर ही वह सार्थक होती है। यहाँ अज्ञेय और उनका दृष्टिकोण लगभग समान है। 'लगभग' इसलिए कि उनके बलाघात एक से नहीं। अज्ञेय वैज्ञानिक या दार्शनिक को उनके अपने अनुशासनों के भीतर बैठकर भी देख सकते हैं; निर्मल वैसा नहीं कर सकते, न करना चाहेंगे। साहित्य की स्वायत्त गरिमा की रक्षा करते हुए संवाद की जरूरत पर दोनों ने बल दिया है, निर्मल की यह बात अज्ञेय के खाते में भी जुड़ सकती है कि, ''लिखने की स्वतंत्रता समाज के भीतर ऐसे संवाद की संभावना

खोलती है जो किसी बाहरी दबाव से परिचालित होकर स्वयं मनुष्य के 'आत्मबोध' से उन्मेषित होती है।''...हाँ यह मनुष्य का आत्मबोध क्या है, इसे लेकर दोनों का अनुभव और नजरिया भिन्न हो सकता है, होगा ही। खैर, यहाँ उस तरह तुलना का कोई प्रयोजन नहीं। प्रयोजन है निर्मल वर्मा के स्वतंत्रता-विमर्श को, और उसके आधार को, महत्त्व को यथातथ्य समझने-मूल्यांकित करने का। गौरतलब बात यह है कि निर्मल भाषा की साधनरूपता को ही नहीं, साध्यरूपता को भी लक्षित करते हैं। भाषा द्वारा संप्रेषण होता है, इस मानी में वह साधन है।...''किंतु भाषा मनुष्य के मनुष्यत्व की प्रतीकात्मक पहचान भी है, जिसमें उसकी स्वतंत्रता वास करती है। इस अर्थ में वह 'साध्य' भी है।'' यह एक जरूरी विवेक है। 'स्वतंत्रता हमारा जन्मसिद्ध अधिकार है' यह कथन भले तात्कालिक रूप से राजनीतिक स्वतन्त्रता से जुड़ा हो, किंतु है वह मूलतः अस्तित्वसिद्ध और पारमार्थिक ही। खुद निर्मल जी के ही शब्दों में—''कोई सत्ता या संविधान मनुष्य को स्वतंत्रता नहीं देते; सिर्फ उस स्वतंत्रता-बोध को अक्षुण्ण रखते हैं। जो मनुष्य होने के नाते उसे पहले से ही प्राप्त है।'' इसी प्रतीति में से यह बात निकलती है कि ''जब कोई शासन-सत्ता किसी व्यक्ति को उसके आत्माभिव्यक्ति के अधिकार से वंचित करती है, तो वह संवाद की उस मूल प्रतिज्ञा को ठेस पहुँचाती है, जिसके रहते वह दूसरे तक पहुँचता है, और वापस मुड़कर अपने को पहचानता है।''

यह 'दूसरे तक पहुँचने और वापस मुड़कर अपने को पहचानने' की बात निर्मल वर्मा के रचना-दर्शन और जीवन-दर्शन में बुनियादी महत्त्व रखती है। इसी सिलसिले में उनके 'संवाद की जरूरत' और 'धर्म, धर्मतंत्र तथा राजनीति' शीर्षक निबंध भी हमें विचार के लिए उकसाते हैं।...''मनुष्य की स्वतंत्रता का स्रोत''—निर्मल जी के अनुसार ''केवल व्यक्ति की आत्मा हो सकती है; किंतु उसका कोई ऐसा राजनीतिक दर्शन नहीं है जो इस 'आत्म' को समुचित रूप से परिभाषित कर सके।'' लोकतंत्र का भी वर्तमान जैसा दीख पड़ता है, उसमें भी मनुष्य एक साधन ही है। 'साध्य' की चिंता वहाँ भी नहीं है। निर्मल जी के लिए धर्म किसी डॉग्मा या मज़हब के रूप में नहीं, 'सर्वव्यापी संलग्नता के बोध' के रूप में ही मूल्य रखता है। 'यही यह बोध है'—वे कहते हैं, जो मनुष्य को चिरकाल से सृष्टि के साथ जोड़ता आया है। इसी को वे 'धार्मिक बोध' की संज्ञा देते हैं—कुछ ऐसा मानते और कहते हुए, कि यह बोध उस दरार, उस विभाजन के घाव को भरता है, जहाँ प्रकृति की पवित्रता और मनुष्य का संपूर्णता-बोध दोनों खण्डित हो गये हैं आधुनिक युग में।

यह भी देखना होगा कि निर्मल जी किस तरह भारतीय बुद्धिजीवियों के आत्म-छल को भी सीधे पकड़ते हुए बताते हैं ''...हमारा देश भले ही क्रांतिकारी मरीचिकाओं के सम्मोहन से मुक्त रहा हो, यहाँ ऐसे बुद्धिजीवियों की कभी कमी नहीं रही जो लेखक की स्वतंत्रता को हमेशा कुछ हेय और संदेह की दृष्टि से देखते

रहे।...यह सही है कि एक भूखा आदमी रोटी की कामना पहले करता है, स्वतंत्रता की कल्पना बाद में; किंतु इससे रोटी और स्वतंत्रता को दो विरोधी विकल्पों में प्रस्तुत करना एक खतरनाक आत्मछलना से ग्रस्त होना है, जिसकी भयानक परिणति हमने भूतपूर्व सोवियत समाज में देखी थी; भौतिक सुविधाओं की खातिर मनुष्य की वैचारिक स्वतंत्रता का बलिदान किया गया, बहुत केवल उससे वंचित हुआ, बदले में उसे उस मानवीय गरिमा से भी हाथ धोना पड़ा जो मनुष्य होने के नाते उसके पास पहले से ही मौजूद थी—अपनी समूची गरीबी और विपन्नता के बावजूद।''

किंतु क्या भारत का एक संगठित राजनीतिक प्रबुद्धवर्ग इतिहास से कुछ भी सबक सीखने और अपनी परिस्थिति का स्वतंत्र मौलिक प्रत्युत्तर खोजने को तत्पर लगता है? यह हमारा नहीं, स्वयं निर्मल वर्मा का सवाल है कि, ''क्या स्वतंत्रता के बाहरी साधन मौजूद हो जाने भर से हमारी चेतना सचमुच स्वाधीन हो जाती है?'' निर्मल जी इस तथ्य से भी भलीभाँति अवगत हैं कि ''स्वतंत्रता लेखन की बुनियादी शर्त और प्राथमिक मर्यादा भले ही हो, वह अपने में श्रेष्ठ, सार्थक लेखन की गारंटी नहीं है।''...यह भी कि, ''जिस समाज में आत्माभिव्यक्ति की आजादी तो हो, किंतु स्वयं उसका आत्मबोध धूमिल और धुँधला पड़ जाए, वहाँ समाज समाज न रहकर आत्महीन, स्मृतिहीन, व्यक्तिहीन इकाइयों का समूह मात्र रह जाता है।''

उचित होगा कि हम इस लेख का समापन भी निर्मल जी के ही शब्दों से, उनकी अपनी आवाज से ही करें जिसमें उनकी इस आत्म-खोजी स्वतंत्रता की, तथा साहित्य और साहित्यकार की सामाजिक भूमिका संबंधी चिंता भी उनकी निष्कवच रूप से खुली संवेदना और बुद्धिमत्ता के भीतर से काफी कुछ स्पष्ट अभिव्यक्ति पा सकी है। नितांत प्रतिकूल परिस्थितियों के बीच भी समाज का अंतःकरण बन जाने वाले कुछ यूरोपीय साहित्यकारों का उल्लेख कर चुकने के उपरांत निर्मल कहते हैं—

''यह अतिशयोक्ति न होगी, अगर हम कहें कि 'सेल्फ' की खोज ही अंततः एकमात्र धार्मिक प्रयास है, जिसे पश्चिम के धर्मनिरपेक्ष समाज में कला सर्वाधिक सशक्त रूप में अभिव्यक्त करती है। उसके अभाव में समूची लेखकीय स्वतंत्रता के बावजूद लेखकीय कर्म अन्य व्यवसायों की तरह मांत्र मनोरंजन-व्यवस्था का अंश बनकर रह जाता है। यह एक ऐतिहासिक विडंबना है कि भारतीय समाज, जो अपेक्षाकृत अपनी धार्मिक परंपरा से अधिक गहरे स्तर पर जुड़ा है, वहाँ भारतीय लेखक का कलात्मक संघर्ष इस परंपरा को ठुकराकर, अपने आत्मबोध को झुठलाते हुए एक ऐसी 'आइडेंटिटी' को उपलब्ध करने का होता है, जो उसे वैसे ही स्वतंत्र करे, जैसी स्वतंत्रता वह यूरोपीय मनुष्य में पाता है। वह इस विरोधाभास को अनदेखा कर देता है कि स्वयं यूरोपीय लेखक को सहज रूप में अपनी परंपरा से प्राप्त है, जिसे वह आधुनिकता की झोंक में अतीत की—मार्क्सवादी शब्दावली में कहें तो, सामंतवादी, ब्राह्मणवादी परंपरा की देन मानकर जल्द से जल्द नष्ट कर देना चाहता है। हम यह

भूल जाते हैं कि परंपरा से 'मुक्त' होने पर भले ही स्वतंत्र हो जाएँ, हम उस आत्मबोध से भी वंचित हो जाएँगे, जिसके बिना स्वतंत्रता भी खोखली हो जाती है।''

यह आह्वान है हिंदी की सात्विक कठोरता का प्रामाणिक प्रतिनिधित्व करनेवाले लेखक का अपने समकालीनों और परवर्ती समानधर्माओं के लिए कि वे खुद को अपनी ऐतिहासिक और कुछ हद तक स्वयमाहूत विडंबना से उबारने की दिशा में सचेष्ट हों। क्या हम इसे अब भी अनदेखा-अनसुना करते रहने को ही अभिशप्त हैं?

अकेले खड़े होने का साहस

ज्योत्स्ना मिलन

> यदि अचानक कोई मुझसे पूछ बैठे कि इन वर्षों के दौरान मैंने लिखने से क्या पाया है? तो मेरा उत्तर बिलकुल असंदिग्ध होगा—उसके द्वारा मैंने एक ऋण चुकाया है, इस धरती पर जन्म लेने का चमत्कार जो केवल दूसरे चमत्कार को जन्म देने से ही चुकाया जा सकता है।
>
> *(दूसरी दुनिया की भूमिका से)*

निर्मल जी के लिए एक ओर तो लिखना कैथरीन मैन्सफील्ड के शब्दों में 'मनुष्य की असीम पीड़ा को अपनी जिंदगी का हिस्सा बनाने की कोशिश थी।' तो दूसरी ओर 'इस धरती पर जन्म लेने के चमत्कार का ऋण चुकाना था, एक दूसरे चमत्कार को जन्म देकर।' सृजन का चमत्कार! ढेरों चमत्कारों से भरी पड़ी थी उनके आसपास की दुनिया और वे हर समय उनसे चकित, चमत्कृत हुए रहते थे। एक छोटे कंकड़ जैसे बीज को बो देने पर उससे पूरे एक छतनार पेड़ के निकल आने जैसे बड़े और शाश्वत चमत्कारों को छोड़ दें तब भी निर्मल जी को अचरज में डालने के लिए तो तेरह साल की टीकू का सबके लिए रोटियाँ बना लेना और छह-सात साल की कक्कू का उनसे छिपकर पक्षियों की बोलियाँ निकाल लेना भी काफी हो सकता था।

हिंदी की दुनिया से परे, लगभग बाहर सुदूर मुंबई में बैठकर निर्मल वर्मा को पढ़ने का मतलब महानगर की हबड़तबड़ के और समुद्र के बरक्स पहली बार पहाड़ों को उनकी शांति, एकांत और सौंदर्य के साथ जानना भी था। तब से समुद्र के साथ पहाड़ भी मेरा ठिकाना हो गए थे, वे मेरे पास चले आए थे। बाद में कभी कुमायूँ के पहाड़ भी उनमें शामिल हो जाने वाले हैं यह बात तब तक पता नहीं थी। और मजे की बात यह थी कि बाद के वर्षों में निर्मल जी गर्मियों में दिल्ली से अक्सर कुमायूँ के पहाड़ों पर चले आते थे। हम लोग भी घर पर छुट्टियाँ बिताने अल्मोड़ा-रानीखेत

पहुँचते थे। बस से हर बार पहाड़ों पर चढ़ते हुए मन में यह उम्मीद बनी रहती कि क्या पता रानीखेत या अल्मोड़ा में निर्मल जी से मुलाकात हो जाए कभी किसी दोपहर या किसी शाम, जो कि हमें चकित करती हुई सच में हो भी जाती, अधिकतर तो रानीखेत में।

कभी-कभी तो वे, रामकुमार, विमला जी, निर्मला जी सब एक साथ एक परिवार की शक्ल में मिल जाते, जैसे वे बचपन में रहे होंगे।

रानीखेत के पहाड़ों पर जिस घर में वे रह रहे होते वह घर पहाड़ों का हिस्सा अधिक होता रानीखेत शहर का कम। चारों तरफ पहाड़ ही पहाड़, घाटियाँ और जंगल। नीचे तल में पहाड़ों को घेरकर बहती नदी। बाज़ार घर से इतनी दूरी पर होता कि उसके अस्तित्व का कहीं कोई सुराग न मिलता। दूसरे घर उनके उस घर से इतनी दूर होते कि वे अपने घर को बाहर निकालकर फैला ले सकते थे। इस तरह वह घर बाहर का हिस्सा हो जाता और बाहर घर का।

पहाड़ों पर निर्मल जी से मिलने के वे दिन अभी उनसे परिचय के शुरुआती दिन थे। और जिन निर्मल जी ने *परिंदे, जलती झाड़ी* जैसी कहानियाँ, *वे दिन और लाल टीन की छत* जैसे उपन्यास लिखे थे वे मेरे सामने साक्षात् बैठे हैं यह बात मुझे एक असंभव अचंभे की तरह लगती थी।

दूसरी ओर मुंबई में बैठकर निर्मल वर्मा को पढ़ना तो कहीं भी उन्हें पढ़ने जितना ही सुखद था, मगर उतना ही कष्टकर था वहाँ उनकी किताबों को प्राप्त करना। उनसे मिलने का खयाल तो उन दिनों एक असंभव स्वप्न की तरह था। बचपन भर किन्हीं साहित्यिक कारणों से भी बापूजी को मुंबई से बाहर कहीं आते-जाते शायद ही देखा हो। कहीं से बुलावा आता तब भी वे आसानी से यात्रा करने को राजी न होते। वरना तो उनके साथ भी लद लिया जा सकता था, उनका साथ देने के बहाने। उधर मुंबई हिंदी की दुनिया के इस कदर हाशिए पर थी कि निर्मल जी के कभी वहाँ आने की कोई वजह नजर नहीं आती थी। और यों भी तब तो निर्मल जी के चेकोस्लोवाकिया वास के दिन चल रहे थे और मेरे कॉलेज के शुरुआती दिन। हालाँकि इस बात का पता मुझे उस समय नहीं था, कई सालों बाद चला था।

बापूजी को जाने कैसे पता चल गया था कि निर्मल वर्मा वो कथाकार हो सकते हैं जिनकी मुझे तलाश थी। उन्होंने मुझे उसी बीच प्रकाशित निर्मल जी का कहानी संग्रह *जलती झाड़ी* लाकर दिया था। उस समय निर्मल वर्मा को पढ़ने का अनुभव तब तक पढ़े गुजराती, हिंदी, बांग्ला के कथाकारों—गोवर्धनराम त्रिपाठी, मुंशी धूमकेतु, पन्नालाल पटेल, दर्शक, प्रेमचंद, प्रसाद, अज्ञेय, जैनेंद्र, रेणु, रवीन्द्र, शरत्, बंकिम, ताराशंकर, विभूतिभूषण—को पढ़ने के अनुभव से एकदम अलग अनुभव था। कथातत्व तो अभी था, अपने बदले स्वरूप में, गौण भले ही हुआ हो। लेकिन उनके यहाँ भाषा संवेदन में ज़बरदस्त बदलाव आया दीखता था। पानी की तरह संवेदनशील और स्पर्शक्षम

भाषा ने कथा में ऐसे रहस्यों और चमत्कारों को सिरजा था जो कहानी के हर पाठ के साथ हर बार नए सिरे से खुलते थे और उसी तरह चमत्कृत करते थे :

—उनके बीच कुछ नहीं का संसार फैला था और वहाँ कुछ भी हो सकता था। इसलिए उनकी उम्मीद उतनी ही असीम थी, जितना उसका आतंक!

(लाल टीन की छत)

—मैंने और भी कुछ सुना था—उसकी आवाज़ हल्के से काँप गई जैसे एक झूठ से दूसरे झूठ पर कूदना अपने में सच हो, बीच हवा में एक छलाँग जो सब छलनाओं को काट जाती है।

(लाल टीन की छत)

—वह दीवार की तरफ मुँह मोड़कर सो रहा था, जैसे वह हर रात सोता था। उसे कुछ भी सुनाई नहीं दिया था। तब मुझे पता चला कि वह खटका कहीं बाहर नहीं मेरे भीतर हुआ था। नहीं मेरे भीतर भी नहीं, अँधेरे में चमगादड़ की तरह वह मुझे छूता हुआ निकल गया था—न बाहर न भीतर, फिर भी चारों तरफ फड़फड़ाता हुआ।

(धूप का एक टुकड़ा)

बात सिर्फ भाषा और शिल्प के जादू की ही नहीं है, कुछ ऐसे अछूते अनुभवों और संबंधों को पहली बार हिंदी में सिरजने की भी है। किशोर उम्र की देहरी पर खड़ी काया जैसी लड़की जो जीवन में बहुत सारी चीज़ों को नाम-रूप से नहीं जानती, सीधे अपने स्नायुओं के माध्यम से जानती है; जो निषिद्ध दायरों में भी उसी निर्भीकता से धड़धड़ाती हुई चली जाती है, किसी के कहे-सुने से परे जैसे खुले दायरों में जाती है। हर तरह के अनुभव से, हर चीज़ से होता है उसका सामना और सीधे उसके खून में होती है उनकी छपाक्! एक लड़की के इतने निजी अनुभवों को—जिन्हें वह संभवतः कई बार स्वयं भी नहीं जान पाती या जान लेती है तब भी उन्हें वह अपने तक से छिपा लेना चाहती है—*लाल टीन की छत* में मैंने पहली बार जाना और इतने सुंदर ढंग से जाना।

इसी तरह *जलती झाड़ी* कहानी के नायक का एक अजनबी शहर में बीती एक शाम का अनुभव अभी तक की हिंदी कहानी के लिए अपरिचित अनुभव था। नायक से उसी एक शाम अपने 'सच' का प्रमाण मानो दो बार माँगा गया था—एक बार बूढ़े मछुआरे के संदर्भ से और दूसरी बार झाड़ी में लड़की के साथ गए व्यक्ति के संदर्भ में। जवाबदेही का लमहा एकदम उसके सामने आ गया था। लड़की के साथ झाड़ी में जाने वाला व्यक्ति कौन था? क्या वही? एक ओर यह संदिग्धता, वह नहीं था यह भी दावे के साथ कैसे कहा जा सकता था? और दूसरी तरफ जवाबदेही से पलायन—

...भागने लगता हूँ और पीछे मुड़कर नहीं देखता। मेरे पीछे झाड़ी है और उसकी

बीभत्स, भुतैली हँसी, जो देर तक मेरा पीछा करती रही है, लहू के कतरों की तरह मेरे भागते पैरों के पीछे टपकती रही है।

(जलती झाड़ी)

एक छोटी-सी कहानी में पहली बारे ऐसे किसी अथाह अनुभव को थाहने का, उसकी अनेक परतों को खोलने का गंभीर प्रयत्न है।

स्त्री-पुरुष संबंधों से अधिक संभावनापूर्ण संबंध शायद ही कोई दूसरा संबंध होता हो। इसमें ईश्वरत्व के वास से लगाकर एक-दूसरे को नष्ट करने तक कुछ भी हो सकता है। इस संबंध के तंतु जितने नाजुक हो सकते हैं उतने ही मजबूत हो सकते हैं, जितने उथले हो सकते हैं, उतने ही अथाह भी, जितने जीवंत हो सकते हैं उतने ही तापहीन भी। इसके अलावा इनकी विडंबनाओं की तो गिनती ही मुश्किल है–

–मुझे यह अजीब-सा लगा कि मैं उसे छू रही हूँ और मेरे हाथ खाली के खाली वापस लौट आते हैं। बरसों पहले की गूँज जो उसके अंगों से निकलकर मेरी आत्मा में बस जाती थी, अब कहीं न थी।

(धूप का एक टुकड़ा)

मैं रात भर उसके सिरहाने बैठी रही और मेरे हाथ मुर्दा होकर उसकी देह पर पड़े रहे...मुझे यह भयानक-सा लगा कि हम दोनों के बीच जो खालीपन आ गया था वह मैं किसी से नहीं कह सकती।

(धूप का एक टुकड़ा)

इस पात्र के लिए जो अकथनीय है उसे निर्मल जी अपनी कहानी *धूप का एक टुकड़ा* में कह पाए हैं, किसी एक से नहीं सारी दुनिया से कह पाए हैं। संबंधों में कुछ भी न बचने के बावजूद जहाँ अधिकतर स्त्री-पुरुष इस संबंध से चिपके रहते हों, वहाँ ऐसी एक स्त्री का इस संबंध से न केवल बाहर निकल आना बल्कि यह कह पाना कि–'अलग होने के लिए कोर्ट-कचहरी जाना ज़रूरी नहीं है।' पहले पहल संभव हुआ है। एकालाप की तरह लिखी गई इस कहानी का अलगाव *एक दिन का मेहमान* कहानी के अलगाव से इस अर्थ में भिन्न किस्म का अलगाव है कि 'एक दिन का मेहमान' का अलगाव उतना संपूर्ण अलगाव नहीं है। संबंधों के तंतु यहाँ अधिक उलझे हुए हैं। कहानी में लेखक का किसी भी पात्र का तरफदार न होना उन पात्रों के मानवीय सत्व और संवेग को बचा लेना भी है। यही वजह है कि ये पात्र बिना किसी अपराध-बोध में लिथड़े अपनी मानवीय गरिमा के साथ कठिन दौर में हमारे साथ बने रहते हैं। वे ऐसी पीड़ा से गुज़रते हैं जिसके लिए तरफ़दारी बेमानी हो जाती है। यह संबंध अपनी अधिकतर जटिलता के साथ निर्मल जी के उपन्यास *वे दिन* से लगाकर उनकी कई कहानियों में न केवल उजागर हुआ है बल्कि किसी न किसी स्तर पर हमारे अनुभव का अंग भी बना है।

एक घटना सन् 74 की याद आती है जब हम सीधी-पन्ना में सात साल गुज़ारकर अभी बस भोपाल आए ही थे। उन दिनों मित्रवर अशोक वाजपेयी हमसे पहले से भोपाल पहुँचे हुए थे और उनका उत्साह समाता न था। आए दिन उनके दिमाग में एक न एक खयाल जन्म लेता रहता और क्या मजाल कि कोई अनोखा खयाल उन्हें आये और वो खयाल ही बना रह जाए। वे कई खयालों को एक साथ साकार करने में जुटे रहते। ऐसा ही एक खयाल उन्हें श्री अरविंद के निमित्त से 'Poetry & Belief' पर एक सेमिनार करने का आया था। इसमें बहुत सारे लेखक-विद्वान आने वाले थे। मेरे लिए उन सबका आना एक तरफ़ था और निर्मल जी का आना दूसरी तरफ़। निर्मल जी से मिलने का मौका यों एकदम अचानक उपस्थित हो गया था जब मैं अभी उसकी बिल्कुल भी उम्मीद नहीं कर रही थी। भीतर ज़बरदस्त उत्तेजना थी। क्या अपने इतने क़रीबी और प्रिय लेखक को सिर्फ़ देखना और सुनना हो पाएगा या उनसे सच में मिलना भी हो पाएगा! जानती तो मैं उन्हें जाने कब से थी। निर्मल जी मेरे लिए उस अर्थ में अजनबी तो मिलने से पहले भी कभी नहीं रहे। पर व्यक्तित्व से साक्षात्! वह तो पहली बार ही होने वाला था।

पहली बार में ही वे मुझे इस दुनिया में, 'आश्यर्चलोक में एलिस' की तरह लगे थे यानी किसी दूसरी ही दुनिया के आदमी, जो वे मुझे आख़िर तक लगते रहे। आख़िर तक।

उस गोष्ठी में निर्मल जी को सुनते हुए लगा कि विचार के बनने की पूरी प्रक्रिया से गुज़र रहे हों। सचमुच ही मैंने विचार को बनते हुए देखा था। वह पहले से सोचा हुआ कोई मुक़म्मिल विचार नहीं था, उसमें मेरी ही नहीं, हम सबकी साझेदारी थी। जाने कितने अनुभव-संदर्भों के ताप से गुज़रकर वह एक द्युति, एक पारदर्शिता अख़्तियार करता जा रहा था। यही वजह थी कि अपने सच की उसकी जिम्मेदारी उसी में समाहित थी। किसी विषय पर विचार करने का उनका यह ढंग किसी दूसरे लेखक जैसा नहीं था, विचार व्यक्त नहीं सृजित हुआ था।

सत्र की समाप्ति पर निर्मल जी मित्रों-परिचितों से घिर गए थे। उनका झोला उनकी कुर्सी पर टँगा छूट गया था। मैंने बढ़कर उसे उठा लिया और दरवाज़े से बाहर निकल चुके निर्मल जी के हाथ में थमा दिया, सभा में उपस्थित किसी अनजबी की तरह! जबकि उनसे अधिक मैं वहाँ किसी दूसरे लेखक को नहीं जानती थी।

किताबें पढ़ने का चस्का तो शुरू से था मगर ऐसी किताबें बहुत थोड़ी-सी पढ़ने में आईं जो कई बार पढ़ लेने के बाद भी पूरी नहीं हुईं, चलती रहीं, इसलिए साथ बनी रहीं। वे ज़रूरी किताबें थीं जिनका आसपास होना अनिवार्य था। निर्मल वर्मा की किताबें मेरे लिए कभी पूरी न होने वाली किताबें रही हैं। इनके एक भी पाठ ने शायद ही कभी निराश किया हो। हर बार पढ़ने पर उनमें कुछ न कुछ तो ऐसा निकल ही आता जो पहली बार पढ़ने का रोमांच दे जाता। मौक़ा हताशा का

हो, मोहभंग का हो, अपनी भाषा के साथ, अपने सर्जक के साथ संबंध विच्छेद का हो, निर्मल जी का लेखन नामालूम तरीक़े से मगर अचूक तौर पर मेरे रचनाकार के साथ फिर से मेरा संबंध स्थापित करने में लगभग हमेशा ही एक करिश्माई भूमिका निभाता रहा है। इस अर्थ में वे मेरे लिए एक अत्यंत ज़रूरी लेखक रहे हैं।

आज के जैसे समय में हमारे बीच निर्मल जी की उपस्थिति का एक अर्थ मेरे लिए यह भी था कि चुनी हुई चुप्पियों के बीच वे एक ऐसी आवाज़ थे जो हमेशा सच बोलने का जोखिम उठाती रही है। एक सर्जक के लिए किसी एक सोच या विचार या विचारधारा या तरफ़दार हुए बिना स्वतंत्र खड़े होना कितना ज़रूरी है यह अज्ञेय जी के अलावा निर्मल जी से भी उसी तरह जाना। वर्ना तो राजनीतिक दबावों को छोड़ दें तब भी देहधारी होने के, सामाजिक और बौद्धिक प्राणी होने के जो दबाव हैं उनके बावजूद जितनी भी स्वतंत्रता मनुष्य को नसीब हो सकती है उससे भी हाथ धोने पड़ जा सकते हैं और एक न एक दबाव हमें मनुष्यता का पक्षधर होने से कभी भी रोक सकता है। निर्मल जी मेरे लिए अकेले खड़े होने के साहस का दूसरा नाम थे। यही वजह है कि वे सही माने में एक लेखक की गरिमा और स्वतंत्रता के साथ आत्मसम्मानपूर्ण जीवन जी पाए। इस बात को कहते हुए मुझे उतने ही खरे कवि विजयदेव नारायण साही की ये पंक्तियाँ याद आ रही हैं :

दो तो ऐसी निरीहता दो
कि इस दहाड़ते आतंक के बीच
फटकार कर सच बोल सकूँ
और इसकी चिंता न हो कि इस बहुमुखी युद्ध में
मेरे सच का इस्तेमाल कौन अपने पक्ष में करेगा।

सादगी की जटिलता

मधुकर उपाध्याय

ब्योन बोर्ग ने पाँच विंबल्डन खिताब जीते। और भी बहुत-सी उपलब्धियाँ बोर्ग की झोली में गईं। यह सत्तर के दशक की बात है। उन्नीस सौ बयासी में टेनिस के इस ललित कला विशेषज्ञ ने संन्यास ले लिया। बोर्ग को खेलते हुए देखना एक सुख था। मैदान से बाहर एक दूसरी तरह का आनंद। बहुत नियंत्रित। शांत। मितभाषी। कोर्ट में जितना जरूरी हो, उतनी ही गतिविधि। अगर सिर्फ उँगली हिलाने से काम चलता हो, तो उतना ही। इस पर भी बोर्ग एक चुनौती थे। जब तक खेले, चुनौती रहे। एक कठिन चुनौती। जीवन और खेल दोनों में। बोर्ग का विस्तार सहज था। स्वाभाविक था। बेसलाइन से लेकर नेट तक। हर जगह मौजूद। और इतनी पुख्तगी से कि भेदना कठिन। दोनों हाथ से रैकेट पकड़ कर फोरहैंड क्रॉसकोर्ट शॉट। बैकहैंड में भी उतने ही प्रवण। देखने लायक। नेट पर ड्रॉप सहजता से। पूरे लालित्य के साथ। बोर्ग का व्यक्तित्व निर्मल था। उनकी उपस्थिति, अद्‌भुत। यह पूरा विवरण निर्मल वर्मा पर लागू हो सकता है। होता है। जस का तस। बस नाम बदल कर। खेल की पदावली को हटा कर। निर्मल को लिखते हुए देखना। उनका लिखा हुआ पढ़ना। उन्हें पढ़ते हुए देखना। उन्हें देखना। इन सभी क्रियाओं में एक खामोशी शामिल थी। एक सादगी। यह अकेलेपन से नहीं उपजी है। न ही स्वनिर्वासन इसका आधार है। जो धुंध दिखाई देती है वह निर्मल की बनाई हुई नहीं है। उनकी है जो निर्मल को समझे बिना उनके पास जाना चाहते हैं। निर्मल नहीं, उनका एकांत लोगों को आतंकित करता है। लेकिन वही निर्मल का मुहावरा है। और पाठ भी।

देश, समाज और विधाओं के फासले एक जैसे व्यक्तित्वों के लिए बेमानी होते हैं। निर्मल को पढ़ना और बोर्ग को खेलते देखना करीब-करीब एक ही तरह का अनुभव है। इसे उस अनुभव से गुजरे बिना नहीं समझा जा सकता। उनकी अपनी लय-युति है। गति है। वह आपको अपने कब्जे में कर लेती है और फिर अपनी

गति से चलाती है। विवश कर देती है। आँखों के सामने एक दूसरी दुनिया खोलते हुए। एक भव्य-विराट दुनिया। ऐसी दुनिया, जिसमें सहजता और जटिलता विरोधाभासी शब्द नहीं होते। एक-दूसरे के पर्यात होते हैं। सहज सहयात्री बन जाते हैं।

इन खूबियों वाले लोग मशीनी हो ही नहीं सकते। विशाल फलक के बावजूद दोहराव से बचे रहते हैं। किसी घिसे टेप की तरह खराब मशीन में फँसी आवाज के डर से मुक्त। निर्मल वर्मा को पढ़ते हुए पूरा पढ़ना पड़ता है। यह संभव नहीं है कि उसे कुलाँचे मारते हुए पढ़ा जाए। उनका गद्य आपकी गति तय करता है। वह आदेश नहीं देता लेकिन यह दरकार होती है कि उसे पढ़ने में एहतियात रहे। खरगोश के रोएँ से बनी तलवार उठाने जैसी। पात्रों की सीमित संख्या निर्मल को बाकायदा एक खाली जगह उपलब्ध कराती है। एक ऐसी जगह, जो बातों की तह तक जाने में मददगार हो। इतिहास, अतीत और संबंध की पड़ताल करे। इन्हीं तहों के बीच मखमली कपड़ों में लिपटी वह तलवार होती है, जिसे हिफाजत से रखना उतना ही जरूरी है, जितना उसे चलाना। सिर्फ उतनी हरकत के साथ, जिससे संबंध और संस्कृति का अँधेरा चीरा जा सके। चीजों को थोड़ा साफ-साफ देखा जा सके। इतिहास और समाज के संदर्भ में उन्हें वहाँ रखा जा सके, जहाँ होना चाहिए।

कई बार लगता है कि रिश्तों और समाज की उलझी हुई परतें खोलने में निर्मल की कहानियाँ ज्यादा कामयाब हैं। उपन्यासों से अधिक। यह दरअसल छोटे और बड़े फलक का फर्क है। बड़े फलक की जो खूबियाँ हैं, उसकी समस्या भी वही है। सब कुछ समेट कर तह करते हुए तरतीब से रखना। रखते जाना। ऐसा लग सकता है कि यात्रा-वृत्तांत और कहानियाँ निर्मल के उपन्यासों पर पैबंद की तरह हैं। लेकिन ऐसा है नहीं। थोड़ा गहराई में उतरते ही यह तर्क खुद-ब-खुद टूट जाता है। निर्मल की कहानियों का वैचारिक विस्तार उनके उपन्यासों से कतई कम नहीं है। वे अंतर्मन की पड़ताल बखूबी करती हैं। बल्कि कई जगह वे अंदरूनी जटिलताओं को बेहतर पकड़ती लगती हैं। हर विधा में उनका लेखन एक चुनौती की तरह खड़ा होता है। इस लिहाज से निर्मल के मुकाबले सिर्फ एक ही लेखक दिखाई पड़ता है। निर्मल।

कथा-साहित्य के अलावा निर्मल की चिंता के कई और विषय थे। गद्य की स्थिति और उसका निरंतर ह्रास उनकी चिंता का एक प्रमुख विषय था। उन्हें कई बार लगता था कि उनके हाथ का हथियार भोथरा होता जा रहा है। गद्य अपनी गरिमा खो रहा है। उसका सीधा असर सभी गद्य विधाओं पर पड़ा है। निर्मल अक्सर कहा करते थे कि हर व्यवस्था में एक गोयबल्स है, जो शब्दों द्वारा सत्य को झूठ में बदलना चाहता है। भाषा खामोशी से और अदृश्य ढंग से ध्वस्त हो जाती है और इस ओर बहुत कम लोगों का ध्यान जाता है। इस चिंता के बावजूद निर्मल ने अपना हथियार कभी नहीं छोड़ा। उसे बदलने की कोशिश की। लगातार करते रहे। उस पर एक नई धार चढ़ाई। धार की वास्तविक क्षमता का आकलन अभी होना बाकी है।

निर्मल अपनी रचनाओं के माध्यम से भाषा के हथियार को धारदार बनाने का काम करते रहे। कहानियों से लेकर उपन्यासों तक। इस हद तक कि भाषा के स्थापित विशेषण उसके लिए अपर्याप्त हो गए। *लाल टीन की छत, रात का रिपोर्टर* और *एक चिथड़ा सुख* से लेकर *अंतिम अरण्य* तक। निर्मल के आलोचकों के सामने एक समस्या थी। भाषा के भोथरेपन की। वही भाषा जिसे लेकर निर्मल चिंतित रहते थे। निर्मल के लेखकीय जीवन में उनकी भाषा में भारी बदलाव आया, पर आलोचना की भाषा वही रह गई। उसके प्रतिमान नहीं बदले। रचनाओं में धार थी। नयापन था। दिक्कत यह थी कि यह बदलाव आकलनकर्ताओं की धार से मेल नहीं खाता था। संभवतः इसी अंतर की वजह से निर्मल की आलोचना उलझ कर रह गई। भारतीयता, भारतीय विचार-संस्कार और उनके कथित राजनीतिक रुझान में। निहायत आक्रामक असहमतियों के साथ। यह चुनौती दोनों ओर थी।

निर्मल का विकास संभवतः इसी चुनौती से होता है। उन आरोपों के जवाब की तरह कि निर्मल का लेखन अँधेरे में आत्मालाप है। आरोप लगाने वाले इस एकालाप को स्वयंमुग्धता की श्रेणी तक ले जाते हैं। उन्हें आलोचना की सबसे मुखर चुनौती कहा जाता है। यह समस्या आलोचना की है। निर्मल की नहीं। उनके यहाँ परंपरा और तर्क दोनों हैं। दोनों का विस्तार है। सहूलियत की हद तक। इसमें यह छूट है कि लेखन का एक हिस्सा उठाकर निर्मल को एक खास रंग में रँग दिया जाए। यह सोचे बिना कि परंपरा को फिर से जाँचने में कुछ गलत नहीं है। *अंतिम अरण्य* की आलोचना के समय निर्मल का यह वाक्य उनके खिलाफ इस्तेमाल किया गया कि परंपरा का मूल्यांकन खुद का मूल्यांकन करना है... अपनी अस्मिता की जड़ों को खोजना है।

यह वक्त साहित्य और आलोचना के मैकनरो लोगों का है। आक्रामकता जीवित बचे रहने की अनिवार्य शर्त है। साहित्यिक हिंसा स्वीकार्य हो गई है। उखाड़-पछाड़ जीवन है। जटिलता स्तुत्य है। यह वक्त मानता है कि कोई भी जय-पराजय से परे नहीं है। निर्मल का एकांत उन्हें खल जाने वाली दूरी तक अलग ले जाता था। उस भीड़ से अलग, जिसे दौड़ कर दूसरा किनारा पकड़ने की जल्दी है। निर्मल की सादगी ने उन्हें जटिल बना दिया। वह बोर्ग की तरह रहे। मैकनरो लोगों से कुछ नहीं कहा। वह संभवतः इस कथन पर यकीन करते थे कि प्रभावी होने के लिए जोर से बोलना जरूरी नहीं होता। शायद जानते थे कि मैकनरो को बोर्ग का मुकाम कभी हासिल नहीं हुआ।

कविता का आभास

गिरिराज किशोर

निर्मल वर्मा थे, अब भी हैं।

इंसान नहीं रहता तो नहीं रहता। प्रकृति में हर किसी के साथ ऐसा ही है जब कोई गया तो गया। पूरी तरह। लेकिन इंसान की दुनिया में कुछ अपवाद हैं, क्यों हैं? यह समझने की बहुत-सी पगडंडियाँ इंसान अपने ज्ञान से आविष्कृत करता रहता है। यह उसे अच्छा लगता है। लेकिन सामान्य आदमी यह कहकर चुप हो जाता है कि ऊपर वाले ने यहाँ भी पक्षपात कर डाला। पैसा नहीं दिया चलो कोई बात नहीं, अक्ल ही दे देता। इस पक्षपात के लिए वे लोग जो और पक्षपात के लिए 'उसकी' भर्त्सना करते हैं, यहाँ आकर चुप लगा जाते हैं। किससे कहें कि यहाँ भी समता हो। ख़ैर, मैं उन स्थितियों की बात कर रहा था जहाँ अपवाद है। उदाहरण के लिए लेखकों की दुनिया। वहाँ मरने के बाद भी जिंदगी है। जैसे कबीर। पाँच सौ साल की उम्र का तो पता चल गया, वह निरंतर जीवित बना है। आगे कितनी है यह वक्त बताएगा। यही तुलसी आदि भक्त कवियों के बारे में है। ये सब शरीर से जीवित न रहकर भी जीवित हैं। इस जमाने में भी ऐसे हैं। निर्मल नहीं रहे। लेकिन ऐसा नहीं कि वे शरीर धर्म निबाह कर चले गए तो चले गये। लेखक की असली ज़िंदगी जाने के बाद शुरू होती है जब उसकी पक्षधरता और विरोध की धूप ढलने लगती है। दरअसल लेखक कहे न कहे, माने या न माने उसकी नज़र जीवन भर मिली उपेक्षाओं के बावजूद, मरने के बाद वाली ज़िंदगी पर टिकी रहती है। मरने के साथ ही मर जाएँगे या उसके बाद भी जिएँगे। यह विचित्र शायद स्वाभाविक आकांक्षा है। सभी की।

निर्मल वर्मा का न रहना उनकी जीवनोत्तर जीवन का आरंभ है। निर्मल जी से मेरी व्यक्तिगत स्तर पर उस तरह आत्मीयता नहीं रही जैसे नरेश मेहता, अज्ञेय, साही जी, यशपाल जी आदि लेखकों से थी। लेखक से व्यक्तिगत आत्मीयता का शायद उतना महत्त्व भी नहीं होता जितना रचनाओं को गहराई से जानने का होता

है। हम लेखकों, कलाकारों आदि से बहुत चिपटते हैं। साहित्य जानना हमारा उद्देश्य नहीं होता, उनका सान्निध्य अधिक महत्त्वपूर्ण लगता है। निर्मल वर्मा की बहन विमला जी एवं बहनोई श्री पुरुषोत्तम कपूर कानपुर के थे। कभी-कभी आते थे। 'दैनिक जागरण' की रजत जयंती (1972) के अवसर पर एक संगोष्ठी में वे कानपुर आये थे तो प्रवास के दौरान मेरे घर पर आए थे। उसके बाद भी वे यदाकदा जब मिलते थे बावजूद दूरी के लेखकीय आत्मीयता रहती थी। मैंने एक बात हमेशा अनुभव की कि उनमें आत्मनिष्कासन की लेखक-सुलभ प्रवृत्ति थी। साथ ही लेखकीय संवेदना भी। यह बात मोहन राकेश में भी थी। शायद कमोबेश हर लेखक में होती है। जिनसे रेपो यानी तादात्म्य है, है। जिनसे नहीं है, नहीं है। चिंतन इंसान को अंदर की तरफ धकेलता है। बाहर से काटता है। हर चीज जो बाहर से आती है उसे अंदर ले जाकर लेखक अपनी नितांत निजी कसौटी पर कसता है। स्वीकारता है तो अपनी चिंतन प्रक्रिया और संवेदना का हिस्सा बना लेता है, वरना नकार कर आगे बढ़ जाता है। यह एक अत्यंत निजी प्रक्रिया है। निर्मल के साथ, कुछ-कुछ ऐसा ही रहा होगा। उनका वैचारिक पक्ष प्रबल था। वहाँ एक निरंतर अकेलापन होता है। किसी तरह का भी हस्तक्षेप उस प्रक्रिया में गहरा व्यवधान उत्पन्न करता है।

जो उनके निकट थे वे उनकी उन्मुक्तता के बारे में बताते हैं। नरेश मेहता बताया करते थे कि उनके दिल्ली प्रवास के दौरान कई बार जब निर्मल बगल में बियर की बोतल दबाकर आते थे तो उनकी आँखों में बाल सुलभ चपलता और चमक होती थी। हम समझ जाते थे कि आज निर्मल पर वह बात लागू हो गई...जिन खोजा तिन पाइयाँ। कृष्ण बलदेव वैद ने लिखा है... 'हम अक्सर किसी न किसी बात की बेहूदगी पर बेतहाशा हँसना शुरू कर देते। वह हँसी सिर्फ मुँह से ही नहीं फूटती थी, सारे शरीर से फूटती थी।... तब निर्मल की हँसी का तरीका अजीब था। वह पेट पकड़कर दोहरा हो जाता और मुँह से कोई आवाज़ नहीं निकल पाती थी।' जो व्यक्ति इतना हँसता हो वह आत्मनिर्वासित कैसे हो सकता है? हँसना मनुष्य को मुक्तता और निजता देता है। लेकिन राजेन्द्र यादव ने लिखा भी है और बताया भी है कि पीने के बाद वे अपने पर से इस हद तक नियंत्रण खो देते थे कि खुली गालियों पर उतर आते थे। एक बार सर्दी की आधी रात में भीष्म साहनी ने इसी बात पर नाराज़ होकर उन्हें आधे रास्ते में अपनी कार से उतार दिया था। इस बात की और लोगों ने भी पुष्टि की है। ऐसा लगता है कि उनका चिंतनशील मन उन्हें आत्मनिर्वासित करता था और लेखक जीवन की धारा के बीच ला खड़ा करता था। ऐसे लोगों में एक तरह की कशमकश रहती है। चिंतनशीलता उन्हें निराला करती है और साहित्य जोड़ता है। आत्मनिर्वासन साहित्य की ऊष्मा उतनी नहीं देता जितना संवाद और संपर्क देता है। नामवर जी ने *धूप का टुकड़ा* कहानी से उस बूढ़ी औरत का उद्धरण कोट किया है जो कहती है 'अक्सर कहा जाता है कि हर आदमी अकेला

मरता है। मैं नहीं मानती। वह उन सब लोगों के साथ मरता है जिनसे वह लड़ता था या प्रेम करता था। वह अपने अंदर पूरी एक दुनिया लेकर जाता है।' यह बात जुड़ने से पैदा होती है, आत्मनिर्वासन से पैदा नहीं होती। नामवर जी ने उनकी पुस्तक *दूसरी दुनिया* की भूमिका से एक और उद्धरण दिया है : 'जिस चीज से बचा नहीं जा सके वह बारिश हो या राजनीति, बेहतर है, उसका सामना सजग रूप में किया जाए। यहाँ भी मैंने अपने 'मैं' को ही कुरुक्षेत्र बनाना उचित समझा है...।' निर्मल रचनात्मकता और चिंतन के बीच निरंतर एक अव्यक्त और सजग लड़ाई लड़ते रहे। *परिंदे* कहानी हो या *सूखा* उनका कुरुक्षेत्र उनमें भी झलकता है। जब वे संस्कृति या धर्म के संदर्भों को उकेरते हैं तो उनकी भाषा साहित्य की रचनात्मकता से निःसृत होती मालूम पड़ती है। विचार छोटे-छोटे शिखरों की भाँति नज़र आते हैं। उनकी भाषा की कल्पनाशीलता चिंतन को रचनात्मकता के निकट ला खड़ा करती है। साहित्य को चिंतन से जोड़ते-जोड़ते कविता का आभास कराने लगती है। अभी पिछले दिनों जब साहित्य अकादेमी ने निर्मल जी को महत्तर सदस्यता से सम्मानित किया था तो मैंने यही कहा था कि निर्मल की भाषा आधुनिक हिंदी साहित्य की एक महत्त्वपूर्ण उपलब्धि है। युवा लेखकों को उनकी भाषा ने सर्वाधिक प्रभावित किया है। उनका वैचारिक गद्य भी रचनात्मक उत्कर्ष की एक मिसाल है। मुझे उनके तीन उपन्यासों पर समीक्षा लिखने का अवसर मिला है—*लाल टीन की छत, एक चिथड़ा सुख* और *वे दिन*। *रात का रिपोर्टर* पर भी लिखा था। पहले दोनों उपन्यास मेरी नजर में उनके कथ्य और भाषा की दृष्टि से श्रेष्ठतम उपन्यास हैं। *वे दिन* की भाषा भी अनुकरणीय है। इसके बावजूद वे कहानी विधा में अधिक सहज और आत्मीय नज़र आते हैं। निर्मल जी के वैचारिक लेखों से असहमत हुआ जा सकता है। लेकिन विवेचन की उनकी कला और विषय-प्रवेश की उनकी क्षमता अद्‌भुत है। कभी-कभी एक सवाल मुझे परेशान करता है। यह सवाल मटियानी और निर्मल वर्मा के संदर्भ में ख़ास तौर से दिक करता रहा है। रचनाकार के संदर्भ में उसके लेखन को परखने का सर्वोपरि आधार विचार है या उसका रचना कर्म? विचार परिवर्तनशील है लेकिन रचना कर्म स्थायी भाव है। मटियानी का रचा साहित्य कबीर की साखी या निर्गुण भले ही न हो पर जीवन का ऐसा दर्पण है जो कभी धुँधला नहीं पड़ेगा। निर्मल जी के रचनात्मक साहित्य के बारे में ख़ासतौर से कथा-साहित्य के बारे में कमोबेश यही सोचता हूँ कि कहानी बहुत समय तक पढ़ी जाएँगी। हम अपनी संकीर्णताओं और परिवर्तनशील तत्त्वों के चलते स्थायी तत्त्वों को बेदर्दी से नकार देते हैं। यह हमारी असहिष्णुता और संवेदना पर बहुत बड़ा सवालिया निशान लगा देता है। नरेश मेहता, निर्मल वर्मा और शैलेश मटियानी हमारी इस संकीर्णता के फिलहाल शिकार हुए नज़र आते हैं। पर साहित्य दीर्घ सूत्री है समय अपने आप निर्णायक भूमिका ग्रहण करके अपने बेबाक निर्णय लेता है।

दूर के पड़ोसी

गिरधर राठी

दूर के पड़ोसी संभवतः कुलदीप नैयर की एक पुस्तक का शीर्षक है। पुस्तक भारत-पाकिस्तान के बारे में है जिसमें दो पड़ोसियों के आपसी वैमनस्य की पीड़ा है। निर्मल वर्मा को याद करते हुए यह बात शुरू में ही साफ कर दी जाए कि प्रस्तुत शीर्षक में वैमनस्य ज़रा भी नहीं है। लेकिन दूरी है जिसके कई आयाम हैं। अशोक सेकसरिया ने यह बात आत्मीयता के साथ उजागर की है कि पचासेक वर्षों की निकटता के बावजूद निर्मल वर्मा एक दूरी हमेशा बनाए रखते थे (रंग प्रसंग : जन.—मार्च 06) संयोग से पिछले बरसों से निर्मल हमारे निकटतम पड़ोसी थे। चौथी मंजिल पर हमारे फ़्लैट तक पहुँचाने वाला ज़ीना उनके दरवाजे के सामने बमुश्किल चार फुट की दूरी पर शुरू होता है। अब वे उस तरह दूर नहीं थे, जिस तरह तब जब वे करोलबाग में रहते थे और हम किन्हीं दूसरे इलाक़ों में और अब वे बहुत दूर निकल गए हैं।

आपातकाल के बाद ख़ास तौर से हम निर्मल वर्मा को अपने नज़दीक महसूस करने लगे थे। आपातकाल के दौरान भी, चंद्रकिरण उनसे मिलने कभी मैक्सम्युलर भवन की लाइब्रेरी या कभी उनके घर जाती रही हैं। उनके उपन्यास *रात का रिपोर्टर* के संश्लिष्ट चरित्रों में हम लोगों की छाया भी कहीं न कहीं जरूर होगी—यह बात अलहदा है कि मुझे वह उपन्यास कुछ ख़ास नहीं रुचा। पर बरसों तक, कभी बताकर और कभी भौचक ही मैं, और कभी-कभी हमारा पूरा परिवार करोलबाग पहुँच जाता था। समय-असमय का भी शायद मैंने बहुत ध्यान नहीं रखा। लेकिन तब उनके एकांत और उनकी नियमित दिनचर्या और निजता में हस्तक्षेप करते हुए उतना संकोच नहीं होता था जितना पिछले कुछ बरसों में होने लगा था। उन दिनों किंचित 'युवा' उत्साह और इन दिनों का अकिंचित 'प्रौढ़' दुचित्तापन इस बर्ताव के कई कारणों में शायद शामिल है। कभी-कभी ऊपर खिड़की से निर्मल जी आते-जाते दिख जाते थे, अपनी

सधी हुई, कुछ सोचती-सी चाल में। या कभी-कभी गेट पर या सहविकास हाउसिंग सोसायटी की गलियों में नमस्कार। बेशक यहाँ भी हम लोग उनके यहाँ घंटों बैठे हैं—सुबह, दोपहर या शाम। उनका और गगन गिल का स्नेह आतिथ्य पाया है। पुस्तकों-अखबारों का आदान-प्रदान किया है। इंटरकॉम और फ़ोन पर बातचीत हुई है। उनके साथ अपने फ्लैट में, फ्लैट की छत पर भी लंबी-लंबी शामें गुजारी हैं। लेकिन अब हम इसका ख़ासा खयाल रखते थे कि उनके अपने समय को नष्ट न करें। इस तरह की खामखयाली का एक बुरा नतीजा यह रहा कि पिछले दो-एक बरसों में उनकी गंभीर स्वास्थ्य-स्थितियों का पता भी कभी-कभी बहुत दूर से और बहुत देर से मालूम हो पाता था। एक बार अशोक सेकसरिया ने ही कोलकाता से हमें फोन करके सूचित किया। एक बार प्रयाग शुक्ल ने, एक बार ओम थानवी ने।

अपार्टमेंट कहते ही 'अपार्ट' होने का—अलग-विलग रहने का भाव समझ में आ जाता है। भावना का भाव और उस भावना से रहने की कीमत वाला भाव। रहते-रहते हम लोग इसे सीख चुके हैं। लेकिन निर्मल वर्मा के पड़ोसीपन और दूरी के कुछ और दिलचस्प पहलू भी हैं।

सन् 1967-68 में बुदॉपेस्ट (हंगरी) जाने से पहले निर्मल जी को पत्र लिखा था—या शायद बुदॉपेस्ट से ही लिखा था। उनका लिखा लगभग सब कुछ तब तक सागर और इलाहाबाद में पढ़ ही नहीं लिया था, उस पर काफी कुछ बहस-मुबाहिसा भी हो चुका था। उन दिनों इस बहस का एक कोण निर्मल वर्मा और ज्ञानरंजन को भी जोड़ना था। बहरहाल, प्राग (चेकोस्लोवाकिया) से तुरंत निर्मल जी की सूक्ष्म मगर मोहक हस्तलिपि में जवाब आ गया था—जरूर, अगर आप प्राग आएँ तो मिलें। दिलचस्प यह रहा कि प्राग जाकर मैंने एक टैक्सी ली। उस टैक्सी ने मुझे आधा प्राग दिखा दिया लेकिन निर्मल जी से नहीं मिलवाया! बावजूद इसके कि भाषा के अवरोध को खत्म करने की गरज से उनका पता साफ-साफ लिखकर ड्राइवर को दिया था। बाद में दिल्ली में मैंने निर्मल जी को कई बार याद दिलाया कि आप से टैक्सी का वह भाड़ा मुझे वसूल करना है और निर्मल जी मज़ा लेते हुए मुस्कुरा देते थे। पहली मुलाक़ात उनके भारत लौटने पर ही हो पाई, हालाँकि 6-8 महीने हम बुदॉपेस्ट और प्राग में पड़ोसी बने रहे।

अगस्त 1968 में हम लोग प्राग से, और फिर शायद लंदन से भेजे उनके संवाद-लेख गहरी उत्सुकता से पढ़ते थे। 'टाइम्स ऑफ इंडिया' में वे चेकोस्लोवाकिया की बेचैनी का उस पर रूसी हमले आदि का मार्मिक ब्यौरा खासी आकर्षक अंग्रेजी में देते रहे थे। जनयुग साप्ताहिक में काम करते समय मुझे दिल्ली में हो रहे घमासान को देखने-समझने का मौका मिल रहा था। भारतीय कम्युनिस्ट पार्टी सीधे-सीधे दो भागों में बँटती दिख रही थी। एक भाग चेकोस्लोवाकिया की स्वतंत्र चिंतना का और

इस तरह भारत में भी स्वतंत्र चेतना वाले कम्युनिस्ट आंदोलन का बड़ा समर्थक था। पार्टी का सदस्य हुए बग़ैर जनयुग में काम को लेकर उस एक वर्ष में हमारी गणना 'चैक पेट्रियॅट' खेमे में होने लगी थी। दूसरा खेमा सोवियत संघ को सर्वेसर्वा मानते रहने पर आमादा था। अंततः कम्युनिस्ट पार्टी ने स्वतंत्र नीति बनाने-बरतने का वह स्वर्णिम अवसर खो दिया—बाद में दोनों धड़े मिलकर फिर से सोवियत संघ के चाकर हो गए।

उस समय उस क्षणजीवी स्वातंत्र्य-चेतना के दस्तावेज़ों को, मेरा अनुमान है, निर्मल वर्मा के उक्त आलेखों से काफी बल मिला था। चैक संकट ने निर्मल जी का वह कम्युनिज्म मोह हमेशा के लिए ख़त्म कर दिया जिसे उन्होंने सेंट स्टीफेन्स कॉलेज (दिल्ली) जैसे अभिजात संस्थान में पढ़ते हुए अर्जित किया था। याद पड़ता है, उनके एक पुराने दोस्त ने बताया था। भारत-विभाजन के पश्चात् दिल्ली विस्थापितों से पटी पड़ी थी। निर्मल और चित्रकार स्वामीनाथन तब 'पार्टी-लिटरेचर' बेचने के लिए करोलबाग की सड़कों पर निकला करते थे। तब कम्युनिस्ट मेनिफेस्टो जैसी पुस्तिकाओं से ज्यादा अपनापा इन दोनों 'सोहणे' छोरों पर जताते हुए एक दिन कुछ महिलाओं ने वह 'लिटरेचर' खरीद लिया।

कम्युनिज्म से मोहभंग के बावजूद कई लोग ऐसे अब भी हैं जो सांप्रदायिक-शोषक विचारधारा के जाल में नहीं फँसे। निर्मल वर्मा के निंदकों में ही नहीं मित्रों-प्रशंसकों में भी सन् 1984 के आसपास से निर्मल वर्मा के वैचारिक झुकाव को लेकर खासी बहस होती रही है। विश्वमानवता और विश्वनागरिकता के भव्य आदर्श उन्हें मार्क्सवाद की ओर ले गए थे। यूरोप में रहते हुए उन्होंने नात्सी-फासिस्ट जर्मनी-इटली-स्पेन आदि के आततायी एकाधिकारवाद को गहरे महसूस किया था। उनकी तमान रचनाओं का मूल स्वर अधिनायकवाद के खिलाफ ही है। लेकिन उसके बाद वैचारिक लेखन में और मौखिक टिप्पणियों में सेक्यूलरिज्म पर उनके संदेहों और प्रहारों ने बहुत लोगों को बेचैन किया है। अंतिम वर्षों में उन्होंने जिस तरह के कुछेक सम्मान-पुरस्कार स्वीकार किए, जिस तरह के राजनेताओं के साथ उठने-बैठने में उदारता बरती, वह उनके मूल, संकोची स्वभाव के विपरीत जान पड़ती है। अपने पड़ोसी निर्मल वर्मा से मेरी दूरी बढ़ने का एक कारण यह भी था। सेंट जेम्स प्रेस लंदन से छपे विश्व लेखकों के परिचय में निर्मल वर्मा पर आलेख मैंने ही लिखा था, जिसमें इस बेचैनी को स्पष्टतः रेखांकित किया गया है। निर्मल जी ने अपने उस परिचय पर क्या महसूस किया, यह मैं कभी नहीं जान सका। पूछना गुस्ताख़ी होता। खुद उन्होंने कुछ कहा नहीं। संयोग ही है कि अपनी यदा-कदा उद्दंड हरकतों के बावजूद मैं प्रत्यक्ष रूप से निर्मल जी के आक्रोश का शिकार कभी नहीं बना। अगर मन में कोई खटक उन्होंने रखी हो तो पता नहीं। निर्मल जी से मिलकर हमेशा ही प्रीतिकर अनुभव हुआ है।

रघुवीर सहाय, सच्चिदानंद सिन्हा, अशोक सेकसरिया, विजयदेव नारायण साही और हिम्मत शाह की तरह ही—हालाँकि कुछ भिन्न कोणों और भिन्न संदेशों के साथ—निर्मल वर्मा भी अपनी मुलाकातों में मिलने वालों को भावनात्मक तथा बौद्धिक रूप से समृद्ध ही करते थे।

अप्रिय प्रसंग दो-एक हैं। एक तो पंजाब में चले आतंकी आंदोलन के दौरान मैंने पाया कि उनका रुख़ अतिरिक्त रूप से 'राष्ट्रवादी' हो रहा था। उस दिन एक अन्य प्रिय मित्र के साथ उनसे कुछ बहस हो गई थी। पर हमारा मिलना-जुलना चलता रहा। उसके बाद अफगानिस्तान पर सोवियत कब्जे के साथ एक सचमुच अप्रिय प्रसंग सामने आ गया।

निर्मल वर्मा ने कुछेक मित्रों के साथ अखबार में पत्र छपवाया था कि सभी रचनाकारों आदि को हर तरह के सोवियत आयोजनों का बहिष्कार करना चाहिए। लेकिन कुछ ही दिन बाद (संभवतः) दिलीप चित्रे और यू.आर. नारायणमूर्ति के साथ वे भारत-सोवियत सांस्कृतिक संघ चर्च गए। तब एक मित्र के साथ मैं निर्मल जी से मिला था, उनके मास्को जाने से पहले—यही कहने कि जो घोषणा आपने सरेआम की है, उसकी मर्यादा रखना चाहिए। लेकिन उन्होंने जो तर्क दिया वह तकनीकी किस्म का था—जिसने हमें निराश किया। तर्क यह था कि यह तो करार के तहत आदान-प्रदान है! वे लोग भी यहाँ आएँगे।

तर्क की खूबी यही है कि आप उसे युक्ति में बदलकर जो चाहें साबित कर सकते हैं। कुछ दिन बाद चंद्रकिरण ने शायद उनके लौटने के बाद, हमारी ही बात फिर से छेड़ दी। अवसर शायद जर्मन विद्वान लोठार लुत्स की विदाई का था। निर्मल जी ने शायद शालीनतावश उन्हें प्रत्युत्तर नहीं दिया, लेकिन उनका चेहरा लाल हो गया था—शायद गुस्से से ही। वह चेहरा भी याद आता है—और मैं ख़ैर मनाता हूँ कि उसके बावजूद वे मुझ पर बरसे नहीं।

क्योंकि निर्मल जब गुस्से में होते थे, ख़ासकर शराब के दौर में, तब वे असहनीय ढंग से आक्रामक हो सकते थे। एक पार्टी में मैंने देखा कि किस तरह वे आशीष नंदी के पीछे पड़ गए थे—उनके भाई कवि प्रीतीश नंदी को लेकर। आशीष नंदी काफी चकरा गए और उन्होंने मुझसे निर्मल जी के बारे में खासा कुतूहल जताया। अपने कुछ और मित्रों की भी ऐसी दुर्गति के बारे में सुनता रहा हूँ जिसके कारण बरसों की दोस्ती अचानक स्थगित होती रही है।

हमारे साथ ऐसा कोई मौका नहीं आया इसे सुयोग ही कहना चाहिए। तब भी नहीं, जब मैंने यहाँ तक कह दिया कि *लाल टीन की छत* जैसा उपन्यास आपने लिखा ही कैसे! क्योंकि उनकी कुछ शानदार कहानियों, यात्रावृत्तों और अनेक वैचारिक निबंधों को मैंने हमेशा सराहा था, आज भी सराहता रहता हूँ। उनके उपन्यासों के बारे में सराहना काफी कम महसूस हुई है।

विचारों और मान्यताओं के कारण आई दरारें अक्सर पीड़ा देती हैं। क्योंकि निर्मल जी और हमारे बीच में हमें जोड़ने वाली बहुत सारी चीजें थीं। मसलन, एमनेस्टी इंटरनेशनल की विकेंद्रीकरण सीमति की बैठकों में कई बार लंदन जाना हुआ। बाद में एक साहित्यिक कार्यक्रम में भी। और लंदन जाते हुए, वहाँ घूमते हुए निर्मल हमेशा दिमाग में रहे। उनकी कहानियों के पात्र, उनके बताए नागर-दृश्य, नेल्सन की मूर्ति के पास ट्रैफलर स्केअर में दाना चुगते कबूतर... लंदन जाएँ और चार्ल्स डिकेन्स और निर्मल वर्मा याद न आएँ ऐसा कभी नहीं हुआ पहली बार उन्होंने ही अपने दो मित्रों का और किताब की दो दुकानों का पता दिया था। चैक़ कवि इवान हार्तेल और उक्रेनी मूल की चित्रकार-मूर्तिकार हान्या से हमारी भी मित्रता हो गई। उन दोनों के साथ रहने का मतलब ही यह था कि हम निर्मल पुराण खोल-खोल कर पढ़ें!

अंतिम बार 2001 सितंबर में इवान के घर भी हम पति-पत्नी दो-तीन दिन ठहरे थे—और आधा समय उसने निर्मल की ही पचासों बातें बताई होंगी। बाकी आधा समय उस चैक शरणार्थी ने लंदन के कई गली-कूचों का, स्मरणीय स्थलों-इमारतों का, डॉ. जॉनसन वाले पब का, दुनिया को फतेह करने वाले एक बहुत छोटे से जहाज का जो बारीक परिचय हमें दिया, वैसा शायद मूल लंदनवासी अंग्रेज भी नहीं दे पाता। हान्या भी भारत दो बार आई, दूसरी बार बीमार निर्मल जी को देखने के लिए। ये दोनों अमूल्य मित्रताएँ निर्मल वर्मा के सौजन्य से ही मुझे—हमें मिली थीं।

हर बार निर्मल जी अपनी बेटी पुतुल के लिए कुछ न कुछ भेजते थे—जिसे मैं लंदन से डाकखाने के जरिए भिजवा देता था। और वहाँ से निर्मल जी ने शायद एक बार किताबें भी मँगाई थीं। वे ज्यादा महँगी यों हो गईं कि सजिल्द ही उपलब्ध थीं—कला के सामाजिक इतिहास की प्रसिद्ध किताबें थीं वे। लेखक-शीर्षक अभी याद नहीं आ रहे।

निर्मल वर्मा के भीतर हुए अप्रत्याशित वैचारिक परिवर्तनों की जाँच-पड़ताल कई कारणों से जरूरी है। यों तो उनके मौखिक और लिखित तर्कों से बहुत कुछ समझा जा सकता है। लेकिन मेरी जिज्ञासा यह है कि अपेक्षाकृत संकीर्ण राष्ट्रप्रेम, भारतीय और यूरोपीय संस्कृति की अपेक्षाकृत संकुचित व्याख्या आदि की ओर वे प्रेरित क्यों हुए? बांग्लादेश के एक सुप्रसिद्ध कवि के बारे में एक बंगाली मित्र ने मुझे बताया था। उनका कहना था कि प्रगतिवादियों ने उस कवि के उदार मन पर इतने प्रहार किए कि अंततः वह कट्टरपंथी मुस्लिम मत का अनुयायी हो गया। इस रूपांतरण में हम यह तुरंत देख सकते हैं कि इस कवि ने अपेक्षित दृढ़ता नहीं दिखाई। मन ही मन हम सोचते हैं कि उसे हर हमले के बावजूद अपने उदार मत पर कायम रहना चाहिए था।

निर्मल वर्मा के प्रसंग में भी कुछ-कुछ ऐसा ही हुआ, ऐसा लगता है। निर्मल जी और अज्ञेय पर हिंदी के साहित्यिक हलकों में नितांत विचार हीन हमले लगातार

होते रहे हैं। प्रगतिशील, जनवादी और नवसंस्कृति मंच से जुड़े तमाम तरह के तथाकथित वामपंथियों ने लगभग 40 बरस निर्मल वर्मा की विभ्रांत आलोचना की है—बहुत ही छिछले स्तर पर उतर कर भी। यहाँ तक कि जब पंजाबी के गुरदयाल सिंह के साथ उन्हें ज्ञानपीठ पुरस्कार बाँट कर दिया गया, निर्मल-विरोधी अभियान की बाढ़-सी आ गई। एक से अधिक पत्रिकाओं ने निर्मल जी को अपना निशाना बनाया, और गुरदयाल सिंह की तारीफ में अभूतपूर्व कशीदे पढ़े। खुद पुरस्कार समारोह में, निर्मल जी ने तो गुरदयाल सिंह को आदरपूर्वक संबोधित किया, लेकिन गुरदयाल सिंह जी ने निर्मल के बारे में एक शब्द नहीं कहा। इस पर वहाँ उपस्थित कई लोगों का ध्यान गया था। लेकिन निर्मल वर्मा पर प्रहार के मूल में सिर्फ और सिर्फ वैचारिक-सैद्धांतिक मतभेद हैं, यह मानने का मन नहीं करता। मुझे लगता है कि ईर्ष्या-प्रतिस्पर्धा के भाव भी उनके कटु आलोचकों को कटुतर बनाते हैं। हिंदी में विश्वव्यापी ख्याति जितनी निर्मल वर्मा को मिली, उतनी किसी अन्य लेखक को नहीं। यहाँ तक कि अज्ञेय जी भी ख्याति अर्जन में कुछ ऊने ही बैठेंगे। निर्मल-साहित्य का न केवल अंग्रेजी, फ्रांसीसी, जर्मन आदि अनेक विदेशी भाषाओं में जबर्दस्त अनुवाद हुआ है, विमर्श के आयोजनों में निर्मल वर्मा की भागीदारी भी व्यापक और सुदीर्घ रही है। विदेशी लेखकों-विद्वानों में निर्मल वर्मा के जितने मित्र हैं—जिनमें से कुछ को जानने का अवसर मुझे भी मिला है—उतने किसी अन्य हिंदी लेखक-लेखिका के नहीं हैं। निर्मल में यह सामर्थ्य था—और अज्ञेय में उनसे भी अधिक था—कि वे पश्चिम के साथ उसी के बौद्धिक-कलात्मक-सांस्कृतिक धरातल पर रू-ब-रू हो सकें। मुझे लगता है कि निर्मल के कई समकालीनों को यह तथ्य पचा नहीं। और उन गुरुजनों के संकेत पर, बिना कुछ पढ़े ही, लाल वानर सेना लगातार धूम मचाती आ रही है। यह भी नहीं भूलना चाहिए निर्मल वर्मा अपनी 'कलात्मकता के साथ' अत्यंत लोकप्रिय लेखक हैं, खुद हमारे देश में। प्रहार शृंखला पर चर्चा जरूरी है, क्योंकि लेखक को, किसी भी लेखक को उसकी समग्रता में देखा जाना चाहिए। जीवन और इतिहास में कई ऐसे अवसर आते हैं जो व्यक्ति की कठोर परीक्षा लेते हैं। बीसेक वर्ष से ज्यादा तक मार्क्सवाद-मोह में पले-बढ़े निर्मल वर्मा की परीक्षा का क्षण चेकोस्लोवाकिया प्रकरण ने प्रस्तुत किया था। उस समय निर्मल जी का मोहभंग सही था, हालाँकि उससे पहले भी सैकड़ों साक्ष्य मौजूद थे, जिनके कारण वे मार्क्सवाद के व्यावहारिक रूप को पहचान सकते थे। सन् 1956 का हंगरी और पोलैंड का प्रकरण, या 1930 के दशक में स्तालिन-विरोधियों का सामूहिक संहार या दूसरे विश्व युद्ध के आरंभ में स्तालिन-हिटलर मित्रता आदि। इतिहास के विद्यार्थी होने के नाते, स्टीफेंसियन निर्मल वर्मा शायद कुछ अधिक सतर्क हो सकते थे। लेकिन उन दिनों ऐसे तमाम संवादों को सी. आई. ए. का दुष्प्रचार मान कर रफा-दफा कर दिया जाता था। सोवियत संघ के विघटन के बाद जो तथ्य उभरे हैं, वे उस 'दुष्प्रचार' को भी मात देते हैं।

लेकिन ऐसे व्यामोह बहुतों को झेलने पड़े हैं। दुनिया में शीर्ष स्तर के कई स्तालिनवादी कम्युनिस्ट, अध्यात्मवादी कट्टर ईसाई-हिंदू-मुसलमान-यहूदी या घोर कम्युनिस्ट-विरोधी होते रहे हैं। मार्क्सवाद में सब कुछ बुरा ही बुरा नहीं है, यह कोई भी समझ सकता है—और सब कुछ अच्छा ही अच्छा हो, ऐसी कोई विचारधारा नहीं है। दरअसल, रचनाकार का राजनीतिक मतवाद से और राजनीतिक संस्थानों के साथ कैसा संबंध हो—यह बुनियादी गुत्थी है। संबंध, मेरी समझ से, सम्यक् आलोचनात्मक ही होना चाहिए। निर्मल जी बाद के वर्षों में इससे चूकते नजर आए। बढ़ती उम्र के साथ संसार की असारता का एहसास कई रूपों में और विभिन्न मात्राओं में हो सकता है। लेकिन शिवराम कारंत जैसे दिग्गज भी हैं जिन्हें 90 से अधिक की आयु में भी कर्मकांडी धर्म या सांप्रदायिकता आदि का कोई मोह नहीं व्यापा। और फिर निर्मल जी तो धर्म के मामले में कतई कर्मकांडी नहीं थे। बार-बार अपने को 'पैगन' हिंदू बताते थे—निसर्ग-पूजक आनंदमूलक धर्ममत का अनुयायी। उनकी पूरी बौद्धिक बनावट में वास्तव में संकीर्णता की गुंजाइश नहीं थी—फिर भी उनमें अप्रिय वैचारिक बदलाव देखा गया—इस गुत्थी को कुछ और खोला जाना चाहिए। वी. एस. नायपॉल यहाँ याद आते हैं। आजीवन वे पश्चिम-प्रेरित 'यूनिवर्सल सिविलाइजेशन' के प्रचारक रहे, लेकिन पिछले 10-15 वर्ष में उन्हें भी 'हिंदुत्व' के उभार में भारत का पुनर्जागरण नज़र आने लगा और रातों-रात वे आर. एस. एस.-भाजपा के प्रिय हो गए—बरसों तक जिन्हें धिक्कारा ही अधिक गया था।

क्या अपने जीवन काल की युगीन आँधी इतनी प्रबल होती है? शायद हाँ। जब समाजवाद की आँधी चली थी, तब सोवियत संघ आदि तमाम दमनचक्र को जानते हुए भी बर्नार्ड शॉ, बर्ट्रेंड रसेल और ज्याँ पॉल सार्त्र जैसे लोग भी सम्मोहित होते दिखे थे। अब जब भूमंडलीकरण का तूफान उठा है तो अपने यहाँ भी मार्क्सवादी कम्युनिस्ट पार्टी तक उसे गले लगा रहे हैं! चीन और रूस इत्यादि का तो कहना ही क्या! कई शीर्ष नाम यहाँ भी उपलब्ध हैं।

वाम और दक्षिण का भेद खत्म हो चुका है, यह इस दौर में पुनः दीख रहा है। लेकिन अर्थशास्त्री मैनफ्रेड बी. स्टेगर की किताब 'ग्लोबलिज्म' की एक अंतर्दृष्टि पर अचानक नजर ठहर गई। उनका कहना है कि बाक़ी तमाम मतभेद ख़त्म हो गए हों तब भी एक बारीक—और निर्णायक भेद बरकरार है। भूमंडलवाद का 'वाम' समर्थक अब भी समता, न्याय, स्वतंत्रता, गरीबी-अशिक्षा-रोग के उन्मूलन के लिए वचनबद्ध है। 'दक्षिणपंथ' को केवल संपत्ति के उत्पादन से, मुनाफे से मतलब है—तीन चौथाई पृथ्वी (भूमंडल) जिए या मरे, उनकी बला से। निर्मल वर्मा के संपूर्ण आकलन में यह निष्कर्ष निकालना असंभव होगा कि वे न्याय, समता, स्वतंत्रता, दरिद्रता-उन्मूलन के खिलाफ थे। उनकी राजनीतिक समझ को हमारे एक अन्य पड़ोसी, समाजशास्त्री ने 'नाईव' कहा है। बात निर्मल जी के निधन के तुरंत बाद, उनके ही घर के सामने

हो रही थी या फिर अशोक सेकसरिया के कहे पर विचार किया जा सकता है। कुछ साल पहले उन्होंने बातचीत में कहा—रचनाकारों के राजनीतिक विचारों को बहुत गंभीरता से नहीं लेना चाहिए। (रंग प्रसंग के संस्मरण में लेकिन उन्होंने इस रुझान को गंभीरता से लिया है।) दोनों निष्कर्षों पर एतराज उठाने का मन होता है। भाषा और संस्कृति का मोर्चा देखने में—राजनीतिज्ञों को भले ही निरापद लगे—विरोध हो तो राजनीति भले ही खुद को अप्रभावित महसूस करती रहे—लेकिन कुटिल राजनीति इन मोर्चों का फायदा अपने हक में उठाने में अक्सर सफल हो जाती है। हाइडेगर, एलियट, पाउंड आदि विश्वविख्यात लोगों का—क्षणिक या दीर्घ विचलन—हम सभी के लिए त्रासद है, उसी तरह जैसे जॉर्ज लुकाच, गोर्की, इल्या एहरेनबर्ग आदि का, बिल्कुल विपरीत दिशा में विचलन।

विचारधारा का अत्यधिक आग्रह विचारशून्यता पैदा करने लगता है, क्योंकि तब वाद-विवाद-संवाद की त्रयी भंग हो जाती है। दुर्योग यही है कि जीते-जी हम ऐसे बहुत सारे शिकंजों को, चाह कर भी तोड़ नहीं पाते। फलतः न सिर्फ़ निजी तौर पर हम, बल्कि समूची संस्कृति दरिद्रतर होती जाती है।

क्या निर्मल-प्रसंग हमें चेता पाएगा?

जाड़ों की धूप

पुष्पेश पंत

उन दिनों हम लोग लाल टीन की छत वाले एक बंगले में मुक्तेश्वर नाम के छोटे से पहाड़ी कस्बे में रहते थे। डाक हरकारे की पीठ पर लदकर पहुँचती थी और हर महीने इस जरिए पहुँचने वाली *कहानी* पत्रिका का जबरदस्त इन्तजार रहता था। 'बड़ों की' पत्रिकाएँ पढ़ना नया-नया शुरू हुआ था तभी निर्मल वर्मा की पिक्चर पोस्टकार्ड पढ़ी थी। उस कहानी को पढ़ना एक तरह से किशोरावस्था और नौजवानी की दहलीज पर खड़े होकर बाहर की, दूर और फैली हुई दुनिया की दुर्लभ झलक पाने जैसा था। बरसों बाद जब उपमन्यु चैटर्जी के *इंग्लिश ऑगस्ट* का बड़ा हल्ला मच रहा था तब बरबस यह 'पहली' कहानी बहुत याद आई। सेंट स्टीफेंस की मोहिनी हो या आई.ए.एस. की तैयारी की मृगमरीचिका, सिर्फ नॉस्टेल्जिया नहीं, सिविल सर्विस के व्यूह में फँसकर जवानी के अमूल्य लमहे गँवाने का अवसाद एक छोटी कहानी में जैसी कुशलता से पकड़ा गया था उसका सौवाँ हिस्सा भी इंडो-एंग्लियन सेलिब्रिटी लेखक को नसीब नहीं हो सका है।

अभी हाल में निर्मल वर्मा की अंतिम कहानी *ज्ञानोदय में अब और कुछ नहीं* पढ़ने का सौभाग्य मिला। सौभाग्य कहना इसलिए जरूरी लग रहा है कि संयोगवश ही पत्रिका हाथ लगी थी—इस मार्मिक रचना ने इस बात का अनायास अहसास कराया कि सशक्त-समर्थ लेखक कैसे अपने पाठक का साथ जीवन भर देता है—बचपन की स्मृति जो दशकों अदृश्य रहने के बाद प्रकट होती है—कौंधकर बिजली की तरह, सब कुछ खाककर लुप्त होने को नहीं बल्कि टीस की तरह लगातार व्यक्ति-बेकरार करने को। छोटी-सी बात, पर शायद जिससे महत्त्वपूर्ण जीवन के इस मुकाम पर कुछ नहीं लगता। यहाँ भी 'बचपन के दिन क्या दिन थे' वाला मुग्ध भाव नहीं—स्नेह को (वर्जित की छाया से) संगी-साथियों द्वारा तिरस्कृत किए जाने या उपहास का पात्र बनाए जाने की डर से ठुकराने की ग्लानि जिसकी अब कोई भरपाई नहीं हो

सकती—एक अनोखा चमत्कार अभिभूत करता रहा। पाठक कैसे अपने बचपन की ऐसी ही घड़ी में प्रवेश किए बिना रह सकता है इस कहानी को पढ़ते हुए?

निर्मल ने कहीं लिखा है कि हर पुस्तक को पढ़ना एक यात्रा करने जैसा होता है। इस यात्रा को यात्री जितनी तैयारी से या उसके बिना करता है निश्चय ही वह इस बात को तय करती है कि उसके हाथ क्या लगता है। निर्मल की किसी भी कहानी या उपन्यास को पढ़ने का असली सुख-दुःख यही लगता रहा है कि यह यात्रा ऑडेसी वा वॉएज ऑव डिस्कवरी जैसी विराट तामझाम और महत्त्वाकांक्षी वाली हो जरूरी नहीं। छोटे से पहाड़ी गाँव या कस्बे में अपनी कॉटेज या आउटहाउस की कोठरी से निकल चीड़ के झुरमुट या बाँज के पेड़ों की छाया में फिसलन भरी पगडंडी पर कदम रखना भी सम्मोहक और जोखिम भरा सफर नहीं होता? ढलती दोपहर की धूप-छाँव में भटककर लौटने पर क्या हम आप वही रहते हैं जो निकले थे?

निर्मल की पहचान हमेशा एक 'कॉस्मोपोलिटन सेरिब्रल' किस्म के लेखक की रही। उनकी तुलना बौद्धिक वजन और असर में अक्सर अज्ञेय से की जाती थी। पर इन दोनों का अंतर स्पष्ट नजर आता है। आभिजात्य का आतंक और पांडित्य का प्रभामंडल अज्ञेय से आम पाठक की दूरी बरकरार रखता था जबकि अपने एकांत की रक्षा के लिए निर्मल उनसे कम सजग-सतर्क नहीं थे—उनके इर्द-गिर्द आत्मीयता की ऊष्मा सदैव महसूस की जा सकती। एक बच्चे की मासूमियत, उसका स्वाभाविक कौतूहल उनसे कभी अलग नहीं हुआ।

जब मैं दिल्ली नया-नया पहुँचा था, कभी-कभार मेरे बड़े भाई मुक्तेश मेहमान के रूप में पधारते थे। मिजाज उनका बचपन से आशिकाना रहा है। उन दिनों वह दो-तीन महिलाओं को रिझाने में व्यस्त थे। हरेक को *वे दिन* की प्रति यह लिख कर भेंट करते थे 'अब ये दिन... ।' पता नहीं कैसे निर्मल को यह बात किसी मित्र ने बताई। वह खूब हँसे और जब भी मिलते यह पूछना ना भूलते—'मुक्तेश जी कैसे हैं, कहाँ हैं आजकल?'

बीच में और बरस बीते। संयोगवश निर्मल उसी मुक्तेश्वर पहुँचे जिसका जिक्र शुरू में हुआ है। वहाँ के प्रवास की डायरी *पूर्वग्रह* में छपी। बारिश-धुले सूर्यास्त का जो चित्र उन्होंने उकेरा वह फिर कुछ लमहों के लिए उस बचपन को लौटा लाया जिसे जाने कब गँवा दिया था। वहीं उनकी मुलाकात वैष्णव बंगाली बाबा से हुई, जो शिव मंदिर के अहाते में रहते थे। *कौवे और कालापानी* में मुक्तेश्वर की अनुगूँज बहुत साफ सुनी जा सकती है। इन सब बातों का जिक्र इसलिए कि निर्मल के साथ एक खास रिश्ता उन सभी पाठकों का एकदम और अटूट जुड़ता है जिनका कोई भी नाता पहाड़ों से जरा-सा भी कभी रहा हो।

आप पहाड़ों को छोड़ने की कोशिश कर सकते हैं, पर, पहाड़ आपको कभी नहीं छोड़ते। *अंतिम अरण्य* को पढ़ना इस शाश्वत सत्य का अहसास कचोटने वाली

शैली में करता है। यही बात *लाल टीन की छत* पर भी लागू होती है। अवसान वेला में प्रतीक्षारत बूढ़े हों जिन्होंने पहाड़ी अरण्य को शरण्य बनाने की चेष्टा की हो अथवा लड़की से औरत बनने की उत्तेजना-आशंका के बीच झूलती नायिका, इन सबकी कहानी में एक महत्त्वपूर्ण लगभग निर्णायक चरित्र पहाड़ है।

पहाड़ों में जाड़ों की धूप बहुत अच्छी लगती है। तीसरे पहर जब साए लंबे होने लगते हैं। यह चिंता सताने लगती है बस कुछ ही देर और रहेगी। कमजोर-पीली-उदास। पर, इस धूप का जादू यह है कि यह देर तक बनी रहती है—सायों से निःशब्द जूझती। इसकी गरमी महसूस होती है—हल्के खुमार की तरह। उपले जैसी आँच—अदृश्य-सुखद-सहायक। निर्मल की रचनाओं का प्रभाव भी उनके प्यारे पहाड़ों की जाड़ों की धूप जैसा ही है। मफलर लपेटे आप अपने परिवार के एलबम के पन्ने पलटते रहते हैं—पुराने पीले पड़ गए फोटो निहारते। कुछ चेहरे पहचान में आते हैं और कुछ अपने लगभग 'पराये' नजर आते हैं कभी-कभी। पश्चिम से सुपरिचित, अत्याधुनिक लेखन से भिन्न निर्मल के बुनियादी सरोकार मूलतः खाँटी हिंदुस्तानी दिखते हैं—पितृ ऋण, गुरु ऋण से मुक्त होने की छटपटाहट—मोहपाश से मोक्ष प्राप्त करने की उत्कट अभिलाषा। समय काल के अनादि-अनंत प्रवाह में अपनी नश्वरता, सुख-दुःख की क्षणभंगुरता के बावजूद संबंधों के निर्माण-निर्वाह की मजबूरी—कहानी हो या उपन्यास—निर्मल की रचनाओं की 'आत्मा' लगते हैं।

अपने को पहचानने का जीवनपर्यंत जारी रहने वाला यह प्रयास परंपरा के बोझ को सहर्ष स्वीकार करता है। इसके बिना यह पराक्रम साधा नहीं जा सकता। पुनरुत्थान नहीं, हिंदुत्व पोषक कहलाने का जोखिम उठाते निर्मल ने यह तलाश अपनाई। उनकी एक विशेषता थी हर पूछे सवाल को गंभीरता से लेना, उसका उत्तर ईमानदारी से विस्तार से देना। एक 'चालू' दूरदर्शन छाप डॉक्यूमेंट्री के लिए उनका इंटरव्यू लेते मुझे इस बात का अहसास हुआ। वह लिखने को ही नहीं अपने पढ़ने को भी गंभीरता से लेते थे। रिल्के हों या कोई और प्रिय लेखक उसके सटीक-संक्षिप्त उद्धरण उनसे सुनना एक अद्भुत अनुभव था। बाद में इस बात का बहुत मलाल रहा कि क्यों अवसर मिलने पर कुछ ज्यादा सार्थक सवाल नहीं पूछे। वेस्टर्न एक्सटेंशन एरिया करोलबाग की उनकी बरसाती किसी संन्यासी-वानप्रस्थी की कुटिया से कम नहीं थी—वह कॉर्डराय की पसंदीदा पतलून और मोटे ऊन का भूरा स्वेटर पहने जब इंडिया इंटरनेशनल सेंटर में दीखते तब भी यह आश्रम वाली दुनिया अपने साथ लिए रहते—उसी में बसते-रमते थे। शिल्प का कौशल बड़ी दुर्लभ चीज है पर उससे भी दुर्लभ है वह करुणा जो बिना विज्ञापित-प्रदर्शित सहानुभूति के आपको अपने दायरे में लपेट लेती है। कुंभ मेले में झोला लटकाए भटकते फकीर निर्मल हों या शिमला इंस्टीट्यूट के पीठासीन शोधकर्ता—मुद्रा उनकी 'जोगी एक अकेला' वाली ही रही। एक ऐसा जोगी जिसने खुद को तो पारिवारिक मायामोह के बंधनों से मुक्त कर

रखा हो, निर्ममता हो, पर जो दूसरों की अतृप्त तृष्णा से उनकी मुक्ति को लेकर बेचैन रहता है—उनकी तमाम रचनाओं के पात्र ऐसे प्रेत नहीं पितर हैं, जो पाठकों का पिंड कभी छोड़ने वाले नहीं।

रात का रिपोर्टर पढ़ते भी इसी बात को महसूस किया जा सकता हैं। आपातूकाल की विभीषिका को शायद ही इतनी अनाहत हिंसा के साथ किसी ने कुरेदा हो, पर यहाँ भी माँ को हरिद्वार न ले जा सकने का (या वहाँ जबरन पहुँचाने की कोशिश) अपराध-बोध इतना सजीव है कि पाठक 'जो हुआ या नहीं हुआ' उसके लिए खुद को जिम्मेदार समझने लगता है।

रिल्के ने एक युवा कवि के नाम अपने पत्रों में एक जगह लिखा है कि लिखना तभी चाहिए जब लगे कि लिखे बिना जिंदा नहीं रह सकते। सोलह-सत्रह साल की उम्र में निर्मल को पहली बार पढ़ने से आज साठ की ढलान पर पहुँचकर पढ़ते लगातार यह बात महसूस हुई कि निर्मल के लिए लिखना ऐसी ही जरूरत थी। अकेले छूटे बूढ़े माँ-बाप हों या खुद ही बड़े होते बच्चे या अपनी अलग राह चुन चुके भाई-बहन के खून के रिश्ते हों या प्रेम के इनका ज्वार कब भाटे में बदल जाय कौन जानता है? जब साए गहराते हों, शाम सर पर हो, ठंडी रात को साथ लिए तब जाड़ों की धूप ही साथ देती है। देती रहेगी।

आवजो!

विष्णु पंड्या

"यह सच है, कभी-कभी मुझे लगता है कि यह मेरा आखिरी दिन है, इसके आगे वे अचानक ब्रेक लगा देंगे और बीच सड़क पर मेरे कंधे मोड़कर कहेंगे–उधर नहीं, इधर। बस, खत्म। लेकिन ऐसा होता नहीं, रात को फोन की घंटी बजती है और अचानक चुप हो जाती है, कोई आधी रात को दरवाजा खटखटाता है, जब मैं जीना उतरकर उसे खोलता हूँ, तो कोई नहीं...सिर्फ रात की हवा और हवा में बहते पत्ते, अखबार, खून में लिथड़ी रूई की पट्टियाँ–कुछ भी नहीं। लगता है, जैसे आखिरी घड़ी आते-आते रुक जाती है, किसी अँधेरी झाड़ी से निकलकर मेरे सिर के ऊपर से निकल जाती है, जामा मस्जिद के ऊपर उड़ते एक गिद्ध की तरह इस अनिर्णय में फँसी रहती है, मेरा कितना हिस्सा खाने की लोथ है, कितना छोड़ देने लायक–और शायद उनके इसी संशय के कारण–मैं आखिरी लमहे में छोड़ दिया जाता हूँ...या शायद सत्य इसके उल्टा है, उन्हें मालूम है, सिर्फ मैं ही संशय में हूँ कि मेरा अब भी कुछ बचा है, जिसमें मैं जीवित हूँ, जबकि सच यह है, मैं कुछ भी नहीं...अपना आत्म भी नहीं। क्या बुद्ध यही कहा करते थे? मुक्ति की वासना-कथा यह अंतिम मरीचिका है? जिसके पीछे मैं रोज बेतहाशा, पसीने में लथपथ, हाँफता हुआ यात्रा करता हूँ?..."

निर्मल वर्मा के उपन्यास *रात का रिपोर्टर* में नायक रिशी का यह मंथन कथा के अंत में थोड़ी-सी दूरी पर पढ़ने को मिलता है। उसे समझने के लिए आपातकालीन स्थिति की भूमिका अनिवार्य है। इस उपन्यास के पूर्व उन्होंने *वे दिन, लाल टीन की छत* और *एक चिथड़ा सुख*–ये तीन उपन्यास लिखे थे। जब *रात का रिपोर्टर* प्रकाशित हुई तो एक प्रश्न उठता था मन में, निर्मल जी ने ऐसा एकदम सीधा-सादा डिटेक्टिव कहानी-सा शीर्षक क्यों पसंद किया होगा–रात का रिपोर्टर...

लेकिन उपन्यास का माहौल आपात्काल और प्रिसेन्सोरशिप के, 'मीसा' और

भारतीय सुरक्षा धारा के प्रयोगों का था, इतना जानते हुए यह शीर्षक उचित लगता है, वहाँ रात थी, एक नहीं, अनेक। बाहर की, भीतर की भी। ना, 1975-76 की केवल राजनीतिक घटना सो भी नहीं; भय और भ्रमणा के चक्रवात का अनुभव करते-करते एक अँधेरी कोठरी में वापस आने का अनुभव था। बाहर रहते हुए भी निर्मल जी ने 1988 में अहमदाबाद के दौरे पर आने के वक्त मुझसे, मेरे आपातूकालीन अँधेरों के खिलाफ संघर्ष और फिर लंबे जेलवास के बारे में बार-बार पूछा था, इसका रहस्य अब पता लगता है। मैंने उन्हें, अपनी स्मृतिकथा 'मीसावास्यम्' दे दी, भले ही वह किताब गुजराती भाषा में थी, उन्होंने कहा, "मैं इसे भी पढ़ने की कोशिश करूँगा।"

निर्मल वर्मा ने 1959 से 1966 के सात वर्ष प्राग की वसंत को प्राग की पानखर में बदलते हुए देखा था, भोगा था। अलेकाजांदर दूबचॅक को पुनः किसी बस का कंडक्टर बना दिया गया था। इस बार वहाँ सर्वसत्ताधीश नात्सी नहीं, अपने कम्युनिस्ट कामरेड ही थे। उन दिनों के बाद निर्मल जी में जी रहे सर्जक ने 1975-76 में भारत में देखी एक करुणान्तिका जिसमें शब्दों की खामोशी की पीड़ा के सिवा कुछ बचा ही नहीं था। जो कुछ था तो बस, दिल्लीश्वरो वा जगदीश्वरो वा...का महागान!

इस परिस्थिति की पीड़ा से *रात का रिपोर्टर* के नायक रिशी का सर्जन हुआ था। निर्मल वर्मा के लेखन को कोई आकाशी बारिश नहीं कह सकता, वहाँ गद्य का भी अपना विलंबित राग है। आंतरिक उत्पात को हवा लगते ही प्रदीप्त नहीं होता, धीरे-धीरे उस भीतरी आग का उत्ताप-परिताप महसूस होता रहेगा। आपातूकाल के 13 वर्ष के बाद यह उपन्यास प्रकाशित हुआ था। रिशी–उपन्यास के नायक का अंतर्बाह्य विश्व विस्फोटक बन गया है, पर बाहर से उसे केवल परिस्थितियों से पैदा हुई अस्वस्थता–आतंक ने ही हवा दी है। अँधेरा तो है, पर उसे समझने की पीड़ा में कितना हाहाकार? वृद्ध माता, अर्धविक्षिप्ता पत्नी, प्रियतमा-सी बिंदु और हौलबाख जैसा विश्वप्रवासी भी। आंतरिक स्वाधीनता की एक लंबी यात्रा, प्रश्नचिह्न, निरुत्तर सफर, और इसलिए नायक कहता है : "राय साहब आत्मकथा लिखने के लिए कहते थे, क्या कोई अपनी आत्मकथा यहाँ से शुरू कर सकता है–इस बैग, इस बरामदे, इस बारिश से?"

पाब्लो नेरुदा, बोरिस पास्तरनाक, सोल्जेनित्सिन या मारिना त्सेवातेया का मनोमंथन पीड़ा और सृजन एक-दूसरे से अलग-थलग नहीं कर सकते। ठीक वैसा ही निर्मल जी का सृजन है। सचमुच में वे लेखक नहीं, सर्जक भी थे। अज्ञेय जी के तुरंत बाद उनका नाम ओठों पर आएगा।

स्वतंत्रता में रही दुविधा और गरिमा का उन्हें अंदाज था। उनके गद्य में ऐसा अलग-अलग वैतरिणी का सुचारु प्रवाह है। मुझे पसंद रहा, उनका एक निबंध–सुलगती टहनी। कुंभ मेले की अंतरात्मा को शब्द देह देने की आंतरयात्रा किसी सर्जक के

लिए कैसी हो सकती है? यहाँ साम्प्रत की भीड़ है, अतीत का अधखुला अंधकार, इतिहास सर्‌सर् पवन-सा बहता है, गंगा का हाथ पकड़कर वह घुमक्कड़-सा निकला है। मनुष्य के चित्त में बसा अध्यात्मकौतुक, किसी प्रकार के पोज़ बिना ही हमारे साथ गोष्ठी करने लगता है। यहाँ वर्णनलीला नहीं है, दृश्य और चिंतन के फलक पर कुछ रेखाएँ। घटना एकदम छोटी-सी होगी, पर छोटे-से पत्थर के स्पर्श को भी निर्मल का गद्य व्यक्त करता है तो हम उपनिषद् के उजास तक पहुँच जाते हैं : पश्य देवस्य काव्यम्! अरे, यह सूर्योदय स्वयं एक कविता है।

सुलगती टहनी का यह गद्य–

"मैं इस मेले में खाली होकर आया था। सब कुछ पीछे छोड़ आया था–तर्कबुद्धि, ज्ञान, कला, जीवन का एस्थेटिक सौंदर्य। मैं अपना दुःख और गुस्सा और शर्म और पछतावा और लांछना–प्रेम और लगाव–और स्मृतियाँ भी छोड़ आया था। मैं बिलकुल खाली होकर आया था–खाली और चुप–क्योंकि शब्द बहुत पहले किसी काम के नहीं रहे थे। चुप और अदृश्य। मैं अथाह भीड़ में अपने को अदृश्य पाना चाहता था।"

...सीधी सड़क गंगा की ओर जाती है। दाईं पगडंडीनुमा रेखा संगम की ओर। उनके शब्द, गाते हुए भजनों के कुछ पद, उनकी थकी हुई आहें, उच्छ्वास, छिटपुट बातें कानों में पड़ती हैं। लगता है अँधेरे में मैं उनका चेहरा-मोहरा, वेशभूषा न भी देख सकूँ तो भी सिर्फ शब्दों के उच्चारण, बातचीत के लहजे से पता चला सकता हूँ कि कौन कहाँ से आया है। किंतु ऐसे भी शब्द हैं जिन्हें मैं बिल्कुल नहीं समझ पाता, जो अँधेरे से निकलकर अँधेरे में लोप हो जाते हैं–अपने पीछे खामोशी का एक दायरा छोड़ जाते हैं। मेरा संबंध इस खामोशी से रहा है–चेहरों के पीछे कविता की लाइनों के बीच, अपने भीतर और अब–कुंभ के मैदान में।

"...अब मैं देख सकता हूँ–अचानक उजाले में! पूर्व में एक छोटा-सा लाल पिंड, एक सुर्ख आँख-सा डिस्क। उसे देखकर मैं उसी तरह चौंक जाता हूँ जैसे पहली बार बाइबिल में यह वाक्य पढ़कर रोमांचित हो उठा था–लेट देयर बी लाइट एंड देयर वॉज लाइट! मैंने कभी ऐसा आलोक नहीं देखा–और तब मुझे सहसा महसूस हुआ कि आज का दैनिक उजाला नहीं, कोई प्रागैतिहासिक आलोक है, जब दुनिया पहली बार अँधेरे से बाहर आई थी।

...कैसा अंत? क्या ऐसी कोई जगह है जिन्हें हम अंत कहकर छुट्टी पा सकें? जिस जगह एक नदी दूसरी में समर्पित हो जाए और दूसरी अविरल रूप में बहती रहे, वहाँ अंत कैसा? हिंदू मानस में कोई ऐसा बिंदु नहीं जिस पर अँगुली रखकर हम कह सकें, यह शुरू है, यह अंत है। यहाँ कोई आखिरी पड़ाव, 'जजमेंट डे' नहीं, जो समय को इतिहास में बाँटता है। नहीं, अंत नहीं है, और मरता कोई नहीं, सब समाहित हो जाते हैं, घुल जाते हैं, मिल जाते हैं। जिस मानस में व्यक्ति की सत्ता अलग नहीं, वही अकेली मृत्यु का डर कैसा? मुझे रामकृष्ण परमहंस की बात याद

हो आती है : "नदियाँ बहती हैं, क्योंकि उनके जनक पहाड़ अटल रहते हैं।" शायद इसीलिए इस संस्कृति ने अपने तीर्थस्थान पहाड़ों और नदियों में खोज निकाले थे—शाश्वत अटल और शाश्वत प्रवहमान—मैं एक के साथ खड़ा हूँ, दूसरे के साथ बहता हूँ।"

"...बैठ जाओ। इस धुएँ में देह और आत्मा अलग-अलग नहीं है—दोनों के बीच कोई परदा नहीं, कोई दीवार नहीं—एक दूसरे की प्रतिच्छाया है। देह की आत्मा वही है, जो आत्मा की देह है—एक लपट में घुलती हुई, हवा में अपनी घुमड़ती पीड़ा की गाँठें खोलती हुई, जिसके भीतर एक गुठली है, एक स्वप्न, एक आलोकवृत्त—जन्म के चमत्कार से मृत्यु के रहस्य तक फैला हुआ—बैठो, भूल जाओ, तुम निरे मनुष्य हो—तुम एक पत्ता हो, एक टहनी, जानवर की स्निग्ध आँख, एक पत्थर, घास का एक तिनका—जब तुम मनुष्य नहीं तब तुम सब कुछ हो, ईश्वर के पास हो, स्वयं ईश्वर हो..."

इस गद्य की गहराई तो है, पर सहज सुंदर है, कोई पांडित्य नहीं, जैसे हमारे हाथ की अँगुली अपने हाथ में लेकर लेखक सुदूर दृष्टअदृष्ट आलोक की ओर ले जाता है। मनोरंजन नहीं, रम्य विश्व का अनुभव। किसी क्लासिक फिल्म को समझना उसी वक्त संभव नहीं होता, चित्रपट में दृश्य चला जाता है, पीछे छूट जाता है, तब हमारे मस्तिष्क में उसका सौंदर्यबोध प्रवेश करता है।

मुझे बार-बार लगा है कि 'सर्जक के समाजशास्त्र' से लेखक की विशेषता को हम पहचान सकते हैं। कोई भी शस्त्र और शास्त्र एक-दूसरे से अलग नहीं होते। एक-दूसरे से आंतरिक रूप से जुड़े हुए रहते हैं। उपन्यास, इतिहास, भूगोल, युद्ध, प्रेम, विज्ञान, टेक्नोलोजी या राजनीति—ये अलग-अलग टुकड़े नहीं हैं, जिंदगी का 'कोलाज' है। जैसे जिंदगी समग्र है, सर्वस्पर्शी है, वैसा ही एक उपन्यास या निबंध का है। वह 'अछूत कन्या' नहीं है। न रहना चाहिए। निर्मल जी के समग्र सृजन की यह पहचान रही है।

हमारा संबंध शब्दों से और एकाधिकारवाद के खिलाफ संघर्ष की समझदारी की समाज अनुभूति से जुड़ा हुआ रहा। 1988 में निर्मल जी अहमदाबाद आए थे। अगस्त में आने से पूर्व उन्होंने एक पोस्टकार्ड में जानकारी दी : "आज तक शब्द से, अब स्व-देह से मिलेंगे।" आइआइएम के अतिथि निवास में ठहरे थे। चित्रकार जेराम पटेल के पेंटिंग्स का कार्यक्रम था। तब गुजराती पाठकों के समक्ष उन्होंने एक कहानी का पठन भी किया।

हम मिले तो प्राग से लेकर आपात्काल तक की चर्चा होती रही। भोपाल में संशोधन कार्य भी जारी था। फिर उपन्यास *वे दिन* की बात चली। चेकोस्लोवाकिया के धरातल पर इस कहानी का प्रारंभ होता है, और वहीं पर अंत। गुजराती में मैं एक्सप्रेस-समूह के *चाँदनी* सामयिक का संपादन करता था। *वे दिन* का दीर्घ-संक्षेप

उसमें छपा तो निर्मल जी ने आनंदाश्चर्य व्यक्त किया कि किसी अन्य भाषा में इस उपन्यास की प्रस्तुति प्रथम बार गुजराती में हुई। सौ. आरती ने उसका अनुवाद किया था। यात्रानुयोग ऐसा भी हुआ कि सुश्री गगन गिल की कविताओं का मैंने गुजराती में अनुवाद किया और *चाँदनी* में प्रकाशित हुईं। तब उन्होंने घर-गृहस्थी नहीं बनायी थी। *वामा* में काम करती थीं।

1983 में *चाँदनी* में *वे दिन* की प्रस्तुति हुई तो गुजराती के श्रेष्ठ साहित्य सर्जक सुरेश जोशी का पत्र आया, कहा था : 'आपने 'निर्मलावतरण' किया, बधाई!'

हम जब मिले तब प्राग की चर्चा ही चर्चा! 1956 में हंगरी पर आर्थर कोस्लर के शब्दों में कम्युनिस्ट देवदूतों ने स्वर्गवृक्ष की सुरक्षा में सशस्त्र पहरेदार बिठा दिए। जघन्य आक्रमण था। निर्मल वर्मा कुछ दिन के लिए साम्यवादी दल के सदस्य भी बने थे। बाद में भ्रमनिरसन का वक्त आया। मैंने उनसे कहा, ''गुजराती में 'सदस्य' के लिए 'सभ्य' शब्द का प्रयोग होता है। सभ्य का एक अर्थ सुसंस्कृत होना भी है। तो आप 'सभ्य' ना रहकर 'अ-सभ्य' हो गए।'' वे हँस पड़े थे। उनकी आँखों में संतुष्टि थी, शायद भीतर रहे सर्जक ने उन्हें बचा लिया था।

1964 में हिंदी में प्रकाशित *वे दिन* का अंग्रेजी अवतरण हुआ *देज ऑफ लोगिंग*। इस हिंदी उपन्यास के प्रारंभ में उन्होंने रिल्के को याद किया है :

I believe I know
which one
still lasts
and stands like a city white
in the sky at the end of
the beam of light...

प्राग नगर है। निर्मल जी का वह प्रियपरिचित नगर है। इसमें कोई एक कथा-नायक नहीं है, सभी अपनी जगह नायक या वि-नायक। कहने भर आप 'मैं' को केंद्रस्थ समझ सकते हैं। सभी की जिंदगी से प्राग जुड़ा हुआ है। अपने-अपने रिश्तों और अस्तित्व की खोज में है। बहुत कुछ बनता है, टूट जाता है, बिखर जाता है। टीटी अर्थात् थानथून बर्मा से पढ़ने के लिए आया है। ठंडा बियर और अखबार दो के अलावा सभी बातों में वह निरपेक्ष था! फ्रान्ज को प्राग में रहने की इच्छा नहीं है और मारिया को चाहते हुए भी, उससे शादी नहीं कर पाता। थानथून—टीटी—को चेक भाषा नापसंद है। हिंसा का एक कोना उसने अपने में सुरक्षित रखा है। फ्रान्ज जर्मनी से सिनेमेटोग्राफी के लिए आया है। उसका अपना एक स्टूडियो था, जहाँ कथानायक 'मैं' गया तो देखा : एक पियानो, सोफा, कपड़े सुखाने के लिए लंबी तार लगी थी। उसे अपने ही बारे में बोलना अच्छा लगता था—एक इगोइस्ट की तरह नहीं, एक बच्चे की तरह, जो अपनी स्टेम्प-अलबम हर आदमी को गर्व से दिखाता

है। फ्रान्ज और मारिया के बाद उपन्यास में दो और लोगों का आगमन होता है। वे हैं रायना और मीता। माता-पुत्र। ऑस्ट्रिया से दोनों प्राग को देखने के लिए आए थे। ऐसी ठंड में? फ्रेजी--आई से फ्रेजी। टूरिस्ट एजेन्सी के दफ्तर में चीफ ने कथानायक को कहा था। और सूचना दी कि इन ऑस्ट्रियनों का गाइड या इंटरप्रेटर बन कर रहना होगा, कुछ रकम मिलेगी। 'योरुपा' हॉटेल में इन दोनों को मिलना हुआ। वह रायना थी, एक सिजारेट आटोमेट के पास खड़ी थी। आप ऐसे ठंड के दिनों में टूरिस्ट बनकर क्यों आयीं? अधूरी-सी अंग्रेजी में उसने धीरे-धीरे एक के बाद दूसरे प्रसंग पर कहा, वह इस उपन्यास का पीड़ामर्म है। दूसरे विश्वयुद्ध के घने बादलों के तले दुनिया में कैसा भूकंप आया था। हर कोई व्यक्ति की रक्तरंजित मनःस्थिति। आंतरमन और बाहरी स्थिति के बीच कोई संवाद नहीं। टूटे हुए पुल। बम के धमाके, मशीनगन के गोले, आकाश से युद्धविमानों का आक्रमण, जलते नगर, श्रमछावनी की यातना में, गेस-चेम्बर में मानवदेहों का सर्वनाश, (हिज़रत, मृत्यु, समर्पण, भूख, भीड़ और मौत का अनगिनत सफर...मनुष्य के लिए बच पाया था केवल विसंवाद, कुंठा, यातना, विक्षिप्तता, पागलपन, निर्मल एकलता, विरक्ति, आत्महत्या, लालसा का जलता हुआ अग्नि, दुःख की समाप्ति के लिए कुछ भी करने की छटपटाहट...कहीं किसी का मेलमिलाप नहीं, केवल वैषम्य।

वे दिन ऐसे अरण्य से गुजरती कहानी है, वहाँ कोई विजेता नहीं है, सभी के सभी पराजित देवता! यह रायना! पहली बार पति के साथ आयी थी, प्राग। वह युद्धकालीन श्रमछावनी में कभी जाक को मिली थी, फिर वहाँ से मुक्ति मिली। कोलोन में कैंप के दुःखदायी दिनों से यह स्थिति थोड़ी-सी अलग थी पर अभिशप्त युद्ध-परछाइयाँ? युद्ध और शांति दोनों में रायना जीने की चाह गँवा बैठी थी। वह कहती है : मुझे पता था कि मैं जीने के लायक नहीं रही। नॉट इवन फॉर लव, फिर वह इतने बरसों के बाद आयी, तो प्राग में सभी स्मृतियों का ढेर था। वो भूली दास्ताँ, लो फिर याद आ गयी!

कथानायक के साथ उसका बोलना, हँसना, बियर पीना, चुप रहना, अतीत को फँफॉसना और किसी बोझ को कंधे से उतारने के लिए एक-दूसरे में सिमटना, रात के अँधेरों में शरीर को पीड़ा के विकल्प तक पहुँचाना, और फिर अलविदा...

लेकिन इस पीड़ा के पीछे रहा है सामूहिक उत्पात। विश्वयुद्ध की लहूलुहान परिस्थिति ने आदमी का सब कुछ लूट लिया था और फिर भी वह कुछ पाने की कोशिश करता रहा। यहाँ सभी चरित्रों के जरिए लेखक ने यही आलेखन किया है। कुछ गद्य संकेत देखें :

> "...किंतु वह मेरी ओर से उदासीन थी। एक दिन उसे पता चलेगा कि जिंदगी में इतनी उदासीनता काम नहीं देती।"

× × ×

कहते हैं वोदका सुख का चिह्न है। वैसे भी पीते समय मैं अपने सुख के बारे में सोचने लगता हूँ।

× × ×

तीसरी मंजिल से युगोस्लाव मेलन्कोविच के एकोर्डियन का स्वर हवा में सिहरता हुआ सुनाई दे जाता था। उसकी पत्नी और बच्चे लेलीग्रेड में थे, लेकिन वह राजनीतिक कारणों से वहाँ वापस नहीं जा सकता था। हमेशा हमें आधी रात को उसके कमरे से एकोर्डियन का स्वर सुनाई देता था।

× × ×

हम ऐसे वर्षों में घर को छोड़कर चले आए थे जब बचपन का संबंध उससे छूट जाता है और बड़प्पन का नया रिश्ता जुड़ नहीं पाता। अब घर बहुत अवास्तविक-सा जान पड़ता था, जैसे वह किसी दूसरे की चीज हो, दूसरे की स्मृति।

× × ×

कोई हंगेरियन जिप्सी धुन रही होगी। यह अच्छा था कि वह हमें देख नहीं सकता था। हम सिर्फ सुन सकते थे। एक उलझा हुआ सुख। सुख भी नहीं, उसके पहले का क्षण जो जिप्सी ट्यून का आवारा, अंतहीन आतंक है।

× × ×

उसने अपना मुँह मेरी ओर मोड़ लिया। उसके होंठ थोड़ा-सा खुल गए थे। हवा में बार-बार उसका स्कार्फ फड़फड़ा जाता था।
''आप अजीब गाइड हैं।'' उसने कहा।
''क्यों?'' मैंने उसकी ओर देखा। ''कोई गाइड इतना चुप नहीं रहता।'' ''सर्दी बहुत है।'' मैंने कहा। वह हँस पड़ी। ''हमने गलती की। हमें अपने साथ कुछ कोन्याक (बियर) ले आनी चाहिए थी।'' उसने कहा।
''हम जब कभी वियेना जाते थे। जाक इस शराब के बिना कहीं बाहर नहीं जाता, तो साथ में लेते थे।''
''जाक कौन?'' मैंने उसकी ओर देखा।
वह सामने देख रही थी। पलभर एक गहरी-सी नीरवता रही। ''वह मेरे पति हैं....'' उसने कहा।
''वह आपके साथ प्राग नहीं आए?''
''हम साथ नहीं रहते।'' उसका स्वर बहुत धीमा था। कुछ देर बाद उसने कहा, ''हम अलग हो गए हैं।''

× × ×

''तुमने कल कहा था कि तुम जाक से अलग रहती हो।''
''मैंने यह कहा था?'' वह हँसने लगी। ''यह बिलकुल सच नहीं है। हम अक्सर

मिलते हैं। शनिवार की शाम को या कभी सड़क पर चलते हुए। एक शहर में रहने का यह फायदा है। तुम अलग रहते हो और प्रतीक्षा करते हो। किसी खास चीज की नहीं, क्योंकि तुम किसी भी चीज को पूरी तरह खो नहीं सकते। वह फिर से शुरू हो सकती है।''

× × ×

हम दोनों—मैं और जाक—साथ रहते थे...लेकिन हमें लगता था जैसे हमने कोई चीज हमेशा के लिए खो दी है...मुझे डर लगता था। घर की शांति से। कोलोन में हमने सोचा नहीं था कि हम जीवित रहेंगे। लड़ाई में बहुत लोग मरते हैं, इसमें कुछ अजीब नहीं है। लेकिन कुछ चीजें हैं, जो लड़ाई के बाद मर जाती हैं—शांति के दिनों में...हम उनमें से थे। मुझे कभी-कभी लगता था कि अब भी किसी कांसनट्रेशन कैंप में रह रहे हैं...एक ही घर में। ....इट किल्ड अस। मैंने उसका हाथ पकड़ लिया।

...हम दोनों अँधेरे में सहसा अकेले से हो गए थे।

अकेलापन—जो दुःख, पीड़ा, आँसुओं से बाहर है—जो महज जीने के नंगे बनैले आतंक से जुड़ा है।

...मेरे पास उसका चेहरा था। पिछले दिनों की पहचान के बाहर। ...एक क्षण के लिए हम दोनों ही उस मर्मान्तक चाह से चकाचौंध से हो गए। उसने हम दोनों को अपने में घसीट लिया—और तब मैं चूमने लगा, उसकी बाँहों को, माथे को, उसके होठों को, होठों के बीच कटकटाते दाँतों को—वही गंध थी, जो कल पहाड़ी पर, हवा में बह आई थी—एक अंतहीन खुलापन। वह मेरे शरीर को टटोलने लगी और उसे छूने लगी—जो फड़फड़ाहट थी—सफेद बाँहों के बीच पत्ते की तरह काँपती हुई....मुझे पकड़े रही...एक बहकी, आतुर-सी आवाज—और तब मुझे लगा, हम उस चाह के परे चले गए हैं...उसके पार जाकर एक-दूसरे में लौट आए हैं...।

× × ×

''लड़ाई के आखिरी दिनों में मैं कोलोन में थी। बहुत तकलीफ के दिन थे। हफ्ते गुजर जाते और हमें पेटभर खाना भी नहीं मिलता था। वह पोल था—हम एक ही बैरक में रहते थे। जब कभी महीनों बाद चोरी-चुपके सिगरेट मिल जाती, तब हमारे सुख की सीमा नहीं रहती थी। एक बार बैठक में बैठे ठिठुर रहे थे, आग नहीं थी। तब पोल ने हमें सिगरेटें दीं, और कहा कि दो तरह के सुख होते हैं—एक बड़ा सुख, एक छोटा सुख। बड़ा सुख हमेशा पास रहता है, छोटा सुख कभी-कभी मिल पाता है...बाद में उसे मिलना नहीं हुआ। हमें पता चला कि वह पोलिश यहूदी था। दे शॉट हिम...''

× × ×

ये कुछ अंश, कुछ संवाद *वे दिन* की कला का थोड़ा-सा परिचय कराते हैं, पर थोड़ा-सा। आज भी जब दूसरे विश्वयुद्ध या दक्षिणी अफ्रीका का संघर्ष या वियेतनाम और श्रीलंका के आंतरविग्रह के बारे में पढ़ता हूँ, और कभी-कभी 30 साल पूर्व की उस 'संवैधानिक' कारागार की स्मृतियों तक पहुँचता हूँ तो निर्मल वर्मा और *वे दिन* का भी स्मरण होता है।

शायद हम बाद में बडोदरा में मिले थे। राजीव गाँधी फाउंडेशन की ओर से परिसंवाद था। आई जी पटेल की पत्नी डॉ. अलकनंदा पटेल कार्यक्रम को सँभाल रही थीं। निर्मल जी भी आए थे। मिले, बहुत-सी बातें हुईं। 'मीसावास्यम्' उन्होंने किसी गुजराती मित्र की मदद से पढ़ा था। कह रहे थे—कारागर के भीतर और बाहर का संसार आपने बहुत अच्छे ढंग से प्रस्तुत कर दिया है। इसका हिंदी में भी प्रकाशन होना चाहिए।

फिर हम *वे दिन* की बात पर चले गए। मैंने पूछा था : "इस उपन्यास का और कोई शीर्षक हो सकता है?"

निर्मल जी मेरी ओर देखते रहे।

"मैंने सोचा है, शीर्षक।"

"कौन-सा?" उन्होंने पूछा।

मैंने कहा, "वे दिन!"

और फिर हम दोनों हँस पड़े।

2003 में दिल्ली गया तो निर्मल जी का नया टेलीफोन नंबर मिला। चाहता तो था कि उनके निवास तक पहुँच जाऊँ। तब तो गगन जी भी वही थीं। फोन पर बातचीत हुई। मिलना तय हुआ पर किसी कारणवशात् पहुँच नहीं पाया। मिलना संभव नहीं हुआ।

जब कभी निर्मल जी और गगन जी के कुछ पत्रों को देखता हूँ तो ऐसा लगता है कि कुछ क्षण कितने चिरपरिचित हो जाते हैं, और फिर सर्वस्पर्शी समय छा जाता है, हम अपने-अपने मुकाम पर प्रवृत्त हो जाते हैं। जब उनमें से कोई अंतिम विदा लेता है तो मुट्ठी भर अफसोस रहता है, काश! हम मिल पाते...

अभी तो गुजराती में एक शब्द है—विदा से जुड़े आगमन का, वही कहूँगा, आवजो, निर्मल जी! वैसे भी गगन जी ने लिखा ही है ना, कि वे मोक्ष नहीं, पुनः इस जमीं पर आना चाहते थे।

उड़ गया परिंदा

काशीनाथ सिंह

बीती रात एक न्यूज चैनल ने डेढ़-दो बजे फोन कर जगाया और यह सूचना देते हुए मेरी प्रतिक्रिया माँगी। उसे भ्रम था कि निर्मल मेरे अंतरंगों में से रहे हैं। सचाई यह है कि निर्मल वर्मा को पहली बार मैंने तीन-चार वर्ष पहले लखनऊ में देखा था *कथाक्रम* के आयोजन में। उस कार्यक्रम में *हंस* के संपादक राजेंद्र यादव भी थे, लेकिन पाठकों, कहानीकारों और मीडिया, सबके केंद्र में निर्मल वर्मा ही थे। यह मेरी उनसे पहली और अंतिम भेंट थी।

ऐसा शायद इसलिए भी था कि साहित्यिक आयोजनों में दिल्ली और दिल्ली से बाहर निर्मल जी कम जाते थे और कम बुलाए भी जाते थे। कारण बहुत स्पष्ट थे। सेमिनार, संगोष्ठियाँ और अधिवेशन या तो विश्वविद्यालय करते हैं या लेखक संगठन। निर्मल जी न तो प्राध्यापकों के काम के थे, न लेखक संगठनों के। संगठन ज्यादातर मार्क्सवादी विचारों के हैं और यह जानकारी हर लेखक को रही है कि निर्मल कलावादी और मार्क्सवाद विरोधी हैं। निर्मल का यह मार्क्सवाद विरोध तब मुखर होकर सामने आया था, जब सातवें दशक के उत्तरार्द्ध में वह चेकोस्लोवाकिया से लौटे थे और अपने जीवन के उत्तरार्द्ध में 'भारतीयता' और 'अध्यात्म' की बातें करने लगे थे। यही वह समय था, जब बहुत से लोगों ने उन्हें भाजपा से जोड़कर देखना शुरू कर दिया था, जो मेरी नजर में उनके साथ, उनके रचना कर्म के साथ ज्यादती है।

यह मेरा सौभाग्य है कि जब नामवर जी ने *परिंदे को नई कहानी* का पहला संग्रह कहा था वर्ष 1959 में, तब मैं विद्यार्थी था और निर्मल जी का पाठक भी। तब से आज पैंतालीस वर्ष हो रहे हैं। इन वर्षों में कहानी पर होने वाले कम ही ऐसे आयोजन रहे हैं, जिनमें नामवर जी न रहे हों और उनसे निर्मल वर्मा पर सवाल न किए गए हों। नामवर जी स्वयं निर्मल के विचारों के विरोधी रहे हैं। लेकिन जहाँ

तक निर्मल की कहानियों का प्रश्न है, मैंने उन्हें हमेशा 'अविचल' और 'स्थिर' देखा। मंचों पर ही नहीं, निजी बातचीत में भी। वह निर्मल को *नई कहानी* का सबसे बड़ा कथाकार तब भी मानते थे और अब भी मानते हैं। शायद *परिंदे* की रिव्यू के समय से ही नामवर के 'मार्क्सवाद' और उनकी 'प्रगतिशीलता' की बदनामी शुरू हुई जो आज तक चल रही है।

मैंने जिन लेखकों को पढ़कर लिखना सीखा, उनमें निर्मल जी भी हैं। मैंने ही नहीं मेरी समूची पीढ़ी ने। परवर्ती निर्मल भले अछूत हुए हों, लेकिन *परिंदे, तीसरा गवाह, डायरी का खेल, अँधेरे में, माया का मर्म, सितंबर की एक शाम* जैसी कहानियों का अपना जादू था और नशा था, जिसमें हम खो जाते थे, नई कहानी जिस गाँव, नगर, कसबे की मानसिकता से जूझ रही थी और प्रेमचंद-यशपाल की परंपरा की बहस में उलझी हुई थी—ये कहानियाँ उनसे एकदम निरपेक्ष थीं—थीम, भाव, भाषा, प्रभाव के स्तर पर बिलकुल अलग। जिसे हम 'आधुनिकता' कहते थे और समझते थे, वह हिंदी में पहली बार निर्मल की इन्हीं कहानियों से छनकर आती दिखाई पड़ी।

हमें यह कहने में भी संकोच नहीं कि हममें से कई कहानीकार नई कहानी की गुटबंदी और हो-हल्ले के प्रभाव के कारण निर्मल का विरोध करते हुए भी उनके जैसी कहानियाँ लिखने की कोशिश कर रहे थे। लेकिन वैसा लिखना उनके वश में नहीं था। हिंदी पट्टी के लेखकों के पास वे जीवनानुभव ही नहीं थे जो निर्मल मसूरी और शिमला के कान्वेंट मिशनरी स्कूलों से लेकर हिंदी में आए थे। मैं तो यहाँ तक कहना चाहता हूँ कि अगर हमारे दौर में अकहानी, अनाटक, अस्तित्ववाद, सार्त्र, कामू, काफ्का, आयनेस्को, ज्यां जेने और प्रतिबद्धता की चर्चा शुरू हुई, तो इसकी पृष्ठभूमि में कहीं-न-कहीं निर्मल और उनकी कहानियाँ थीं।

उन्हीं दिनों निर्मल को मेरी सिर्फ एक कहानी पसंद आई थी—*आखिरी रात*। वर्ष 1964-65 के आस-पास *कल्पना* में छपी थी और शायद वह पुरी (उड़ीसा) में थे, हनीमून पर। उन्होंने वहाँ से एक अपरिचित नए लेखक को चिट्ठी लिखी थी, पीठ ठोंकते हुए। वह एकमात्र पोस्टकार्ड रहा है उनका मेरे नाम। ...मैंने निर्मल से हमेशा एक चीज सीखने की कोशिश की है और वह है भाषा का संगीत, जिसकी अनुगूँज कहानी के पूरे वातावरण में बनी रहे। यह किसी को भी अटपटा या विरोधाभासी नहीं लगना चाहिए कि अपने तमाम समकालीनों में निर्मल को सबसे अधिक प्रिय फणीश्वरनाथ 'रेणु' ही क्यों हैं? यही संगीत, जो दोनों में है, फर्क है तो सिर्फ पियानो की सिंफनी और ठुमरी अथवा विदापत नाच का। देखिए, कैसे एक ही युग के दो ध्रुवांतों पर जीने वाले दो बड़े कथाकार कहीं-न-कहीं एक ही बिंदु पर मिल रहे हैं।

आज जब निर्मल नहीं हैं, मेरे मन में यह प्रश्न उठ रहा है कि अगर निर्मल न होते, तो हिंदी कहानी का क्या होता? ऐसे तो आप कह सकते हैं कि किसी के न होने से कोई फर्क नहीं पड़ता। प्रेमचंद, यशपाल, जैनेंद्र, अज्ञेय, रेणु के न होने

से क्या फर्क पड़ा? कहानी अपनी गति से आगे बढ़ती गई। आप यह भी कह सकते हैं कि वह न होते तब भी संभ्रांत मध्यवर्गीय प्रेमी-प्रेमिका के जोड़े होते, शराब की बोतलें होतीं, पब होते, सिगरेट होती, पियानो-गिटार होते, चीड़ों पर चाँदनी होती, चियांती-लीपा के पत्ते होते, वन के फूल होते। उनकी कलम से न सही, किसी दूसरे कहानीकार की कलम से।

लेकिन मुझे लगता है, फर्क पड़ता। शायद हिंदी कहानी का यथार्थ इकहरा होता। शायद सामाजिक और राजनीतिक समस्याओं के दबाव के अतिरेक के कारण वैविध्यहीन, एकरसहीन उबाऊ रह जाता। शायद एक वर्ग विशेष के मन की जटिल भावुक परतों को मद्धिम-मद्धिम काव्यात्मक अदा से खोलने का कौशल 'कहानी' में नजर न आता। शायद 'संगीत' की तरह अवरोह उत्पन्न करती हुई करुण लय में लिखी जाने वाली कहानियाँ न होतीं। और अगर यह न होता, तो शायद उस नए संवेदनशील गद्य का परिचय भी न होता, जिसके लिए नामवर ने कहा था, ''परिंदे को देखकर लगता है कि कहानी के क्षेत्र में जो काम इतने दिनों से 'प्रयोगशील कविता' भी न कर सकी, उसे अंततः 'कहानी गद्य' ने कर दिखाया।''

निर्मल जी, आज हम अकेले पड़ गए। 'कलावाद' और 'भाववाद' के पैरोकार तथा सबसे बड़े सौंदर्यशास्त्री से उलझकर हमें जो आत्मिक सुख मिलता था, वह नहीं रहा।

स्मृति परंपरा के नए संदर्भ

बटरोही

निर्मल वर्मा के नहीं रहने से क्या साहित्य का कोई कोना खाली हुआ है? कुछ लोगों की अनुपस्थिति से उनकी जगह सिमटने के बजाय उनकी स्पेस का विस्तार होता चला जाता है और समय बीतने के साथ ही वे अपनी उपस्थिति का और अधिक एहसास कराते चलते हैं, जैसे प्रेमचंद और अज्ञेय। लेकिन निर्मल वर्मा सिर्फ इसी रूप में प्रेमचंद और अज्ञेय की परंपरा के लेखक नहीं हैं। जिस प्रकार अज्ञेय को कुछ संदर्भों में प्रसाद की परंपरा में याद किया जाता है, निर्मल वर्मा भी उसी संदर्भ में अज्ञेय की परंपरा के लेखक हैं। हिंदी साहित्य में इन तीनों लेखकों पर एक ही तरह के आरोप भी लगते रहे हैं। अगर यह कहें कि इनके आरोप ही इन्हें एक विशिष्टता प्रदान करते हैं, तो शायद यह गलत नहीं होगा।

हिंदी कहानी के क्षेत्र में निर्मल वर्मा जितनी अधिक चर्चा में रहे, शायद ही कोई दूसरा कथाकार रहा हो, यहाँ तक कि प्रेमचंद भी। निर्मल की चर्चा उनके पहले ही कहानी संग्रह *परिंदे* से आरंभ हुई, जिसे हिंदी के दिग्गज आलोचक नामवर सिंह ने 'नई कहानी का प्रस्थान बिंदु' कहा। हिंदी कहानी में आजादी के बाद का बदला परिवेश, मध्यवर्गीय पढ़े-लिखे युवाओं का नया समाज, नया अंकुरित हो रहा आजादी का एहसास, नवीन अंतरंग संवेदना और मन की गहराइयों, अवसाद और उमंग को स्वर प्रदान करने वाली जिंदगी की धड़कन की तरह की चेतनासंपन्न भाषा पहली बार कहानी में दिखाई दी। यों तो कहानी की इस नई जमीन *नई कहानी* के जन्मदाताओं में मोहन राकेश, कमलेश्वर और राजेंद्र यादव की त्रिमूर्ति का उल्लेख किया जाता था, मगर इसका प्रस्थान बिंदु निर्मल वर्मा की कहानी से मानना हिंदी के कई लेखकों-समीक्षकों को रास नहीं आया। लेकिन निर्मल वर्मा जो एक बार अपनी इस कहानी के जरिए चर्चा में आए, कहानी की नवीन संवेदना और कथाभाषा का कोई भी जिक्र बिना इस कहानी के उल्लेख के संभव ही नहीं था।

वर्ष 1929 में शिमला में जन्मे निर्मल वर्मा एक संस्कारी मध्यवर्गीय परिवार में पले-बढ़े। वर्ष 1951 में दिल्ली के सेंट स्टीफंस कॉलेज से उन्होंने इतिहास में एम. ए. किया। अध्ययनकाल से ही वह भाकपा के सदस्य रहे। बाद में मोहभंग हो जाने के कारण उन्होंने भाकपा छोड़ दी। वर्ष 1959 में चेकोस्लाव इंस्टीट्यूट के आमंत्रण पर प्राग चले गए। वर्ष 1968 में भारत लौटने पर वह इंडियन इंस्टीट्यूट ऑफ एडवांस स्टडीज से बतौर फैलो संबद्ध रहे। वर्ष 1973 में निर्मल की प्रसिद्ध कहानी *माया दर्पण* पर कुमार शहानी ने फिल्म बनाई, जिस पर उस वर्ष का सर्वश्रेष्ठ हिंदी फिल्म पुरस्कार प्रदान किया गया। वर्ष 1987 में बीबीसी लंदन के चैनल-चार ने निर्मल पर एक फिल्म प्रदर्शित की और उसी दौरान लंदन के इंस्टीट्यूट ऑफ कंटेंपोरेरी आर्ट्स के लिए उनका विस्तृत साक्षात्कार रिकॉर्ड किया गया। निर्मल जी ने एक दर्जन से अधिक संसार के श्रेष्ठ साहित्य का हिंदी में अनुवाद किया है। उनके उपन्यासों, कहानियों व वैचारिक निबंधों का संसार की अनेक भाषाओं में अनुवाद हुआ है। भारत की समकालीन चिंताधारा को उन्होंने अंग्रेजी के माध्यम से भी संसार तक पहुँचाया है। शेक्सपीयर, कुप्रिन, कारेल चापेक आदि विश्वप्रसिद्ध रचनाकारों की कृतियों को निर्मल वर्मा ने हिंदी में अनूदित कर भारतीय पाठकों तक पहुँचाया है।

निर्मल वर्मा भारत की स्मृति-परंपरा को नए संदर्भों के साथ जोड़ने वाले गंभीर विचारक हैं, हालाँकि कई लोगों ने उनकी भारत-व्याकुलता को हिंदुत्व के उभार की तरह देखते हुए उनकी आलोचना की है। इस संदर्भ में उन्होंने स्वीकार किया है, लगता है जैसे हम परंपरा और आधुनिकता के हाशिए में जी रहे हैं। न एक में हमारा घर है, न दूसरे में हमारी सुरक्षा। जैसे मेरी चेतना के बीचोंबीच एक फाँक खिंच गई है, एक तरफ आधुनिक अनुभव मेरे वास्तविक यथार्थ को प्रतिध्वनित करता है, दूसरी तरफ अखंडित संपूर्णता का अनुभव है, जिसमें मेरी संस्कृति का स्वप्न छिपा है। इस रूप में निर्मल जी भारतीयता के प्रश्न को पुनःपरिभाषित करते हैं। वह सवाल उठाते हैं कि "क्या हम स्वयं अपनी संस्कृति के भीतर शरणार्थी बनकर रह जाएँगे?" पश्चिमी सभ्यता के संकट, उसकी हिंसा और आक्रामकता की बहुत तीखी आलोचना निर्मल वर्मा ने की है और उस नकलची औपनिवेशिक मानसिकता की भी, जो आज भारत में प्रभुत्वशाली है। लेकिन निश्चय ही निर्मल की यह व्याकुलता न तो अतीत का मोह है और न अतीत को पुनर्स्थापित करने की कोशिश। अशोक वाजपेयी कहते हैं, "यह कोई सरल बाबावाद नहीं है, बल्कि निर्मल वर्मा ने कड़े शब्दों में महर्षियों, भगवानों, साईं बाबाओं, बाल योगियों की भर्त्सना की है और भारतीय अध्यात्म के मसीहाओं और पश्चिमी सभ्यता की विक्षुब्ध पीढ़ी के बीच समन्वय को आत्मछलना का उत्कृष्ट उदाहरण बताया है।"

यह बात वर्षों से कही जाती रही है कि निर्मल वर्मा के साहित्य में एक साथ कला के अनेक रूपों का प्रगाढ़ अनुभव होता है। संगीत, चित्रकला, पुरातत्व और

स्मृति, एक ही विधा में एक साथ अनेक अनुभव, यह कौशल सिर्फ निर्मल वर्मा में देखने को मिलता है। प्रसिद्ध इतिहासकार सुधीर चंद्र ने उनके उपन्यास *एक चिथड़ा सुख* पढ़ने के बाद लिखा है, "*एक चिथड़ा सुख* पढ़ने के बाद अनायास ही मैंने विलायत खाँ का *दरबारी* लगा दिया। दोनों ही कृतियाँ पीड़ा के अंतर को भेदने का उन्मत्त प्रयास है। शायद अंततोगत्वा विफल और इसीलिए मर्मभेदी चेतना के उन स्तरों पर मँडराती है, जिन्हें पागलपन माना जाता है।" नंदकिशोर आचार्य बताते हैं, "प्रेम अकेलेपन या अधूरेपन के अतिक्रमण का ही एक प्रयास है, लेकिन प्रेम करते हुए भी इस अकेलेपन से मुक्ति के लिए छटपटाहट तथा अपने प्रयास की दुखांत परिणति के बोध की वेदना ही निर्मल वर्मा की कहानियों का केंद्रीय सरोकार है।"

इसीलिए ठीक ही कहा गया है, "बहुत कम लेखक होते हैं, जो अपनी रचनाओं के माध्यम से अपने निजी संसार को गढ़ने की आकांक्षा रखते हैं और उनमें भी ऐसे बहुत कम लेखक होते हैं, जो अपने इस स्वप्न को जी पाते हैं। निर्मल वर्मा निश्चय ही उन रचनाकारों में आते हैं, जिनका अपना आत्मीय जादुई और निराला संसार बन चुका है। (उन्होंने कहीं कहा है, लिखना मेरे लिए प्रार्थना है।) और उनकी इस बात से मुझे याद आया कि लेखन उनके लिए किसी पवित्र तीर्थस्थल की तरह रहा है, जहाँ वह किसी विकल और जिद्दी तीर्थयात्री की तरह बार-बार मनुष्य की मुक्ति की प्रार्थना के साथ जाते रहे हैं।"

पुनर्वास का भगीरथ उद्यम

शंभुनाथ

कहानी हमेशा ही यथार्थ और यथार्थेतर के बीच एक रोचक अंतःक्रीड़ा है। इसमें संदेह नहीं है कि कहानी पढ़ना आईने में अपने को जस का तस देखने से एक अलग मामला है। यह हमेशा ही एक अलग मामला था। इसका यह अर्थ नहीं है कि कथाकार विस्मयों से भरी एक ऐसी मनगढ़ंत दुनिया में ले जाता है, जिसमें कोई रास्ता समाज की तरफ नहीं खुलता। खासकर उत्तर-औद्योगिक समाज में जब लोग एकाकी होते जा रहे हों और झुंड संस्कृति का बोलबाला हो, मनुष्यता की बिछुड़ती ऐतिहासिक उपलब्धियों के लिए तड़प ज्यादा होती है। समाज एक ऐसी ही उपलब्धि है। यह बदलता रहकर भी हमेशा मनुष्य के लिए है। कहा जा सकता है कि मनुष्य अपना मनुष्यत्व समाज के बाहर नहीं पा सकता। फिर भी कुछ वजहों से निर्मल वर्मा कहानी को समाज से बाहर रखना चाहते हैं। वे मनुष्य के अकेलेपन के चित्रकार बनकर उभरते हैं। वे उसके व्यर्थताबोध और आत्मविहीनता से शुरू करके आध्यात्मिक संपूर्णता की खोज तक अपनी कथा में निश्चय ही एक लंबा सफर तय करते हैं।

आज 'पाठक की मृत्यु' की घोषणा होती है, उत्तर-आधुनिक परिदृश्य में पाठक कहीं नहीं है। पाठक एक आधुनिक परिघटना है। यदि रचनाकार के पास सृजनकर्त्ता की कल्पना होती है तो पाठक के पास ग्रहणकर्त्ता की कल्पना होती है। यह आधुनिक जमाने में संभव हुआ कि पाठक एक सजीव सत्ता बना। निःसंदेह पाठक भी समाज के बाहर नहीं बनता, जिस तरह लेखक समाज के बाहर नहीं बनता। निर्मल वर्मा बुनियादी रूप से एक भिन्न धारणा लेकर चलते हैं, पुस्तक का टेक्स्ट हर पाठक के साथ बदलता रहता है, एक तरह से पाठक ही रचना का निर्माता बन जाता है। रचना का कोई एक मूल, स्थायी सत्य नहीं होता, न ही किसी बाहरी संदर्भ में उसका मूल्यांकन हो सकता है। हर रचना न केवल अपने में स्वायत्त है, बल्कि अंतःसंदर्भित भी होती है। (कलाकृति, समाज और आलोचना)। उनके कहने का अभिप्राय है कि

हर पाठक निराला होता है, साहित्य की दुनिया ही निराली होती है। उसका समाज और इतिहास से कोई रिश्ता नहीं है। निर्मल वर्मा ने कलात्मक मेहनत से कृतियाँ लिखी हैं, उनकी भाषा में एक गुनगुनाती चमक है। फिर भी ऐसा नहीं लगता कि उन कृतियों में इस हद तक अमूर्तन है कि एक पाठक से दूसरे पाठक के अनुभव में कोई बड़ी भिन्नता आती है या उनकी इतनी व्याख्याएँ हो सकती हैं कि इनमें साझी चीजें न हों। वे इतनी अंतःसंदर्भित हों कि उस समाज से हर रिश्ता टूट जाए, जिसमें वे रची गयी हैं। आखिरकार अकेलापन हो या अजनबीयत और आत्मपरायापन, ये सामाजिक उत्पादन ही हैं, भले नकारात्मक या निषेधवाची।

निर्मल वर्मा की कई कहानियों और विचारों में देखा जा सकता है कि उनमें सत्य खोजने का ही नहीं पाने का भी दावा है, हालाँकि वर्तमान युग में हर सच विवादास्पद बन चुका है। संयोग से *अँधेरे में* मुक्तिबोध की एक कविता का शीर्षक है और निर्मल वर्मा की एक कहानी का भी। मुक्तिबोध के अँधेरे में चीजें रोशनी पाकर सामने उभर आती हैं, निर्मल वर्मा के अँधेरे में वे धूमिल हो जाती हैं। उनके अँधेरे मन में मुक्तिबोध की तरह भीतरी जद्दोजहद नहीं है, स्थिति से एक मौन समझौता है। निर्मल वर्मा की कहानी के 'अँधेरे में' में एक बीमार बच्ची है, जो पर्याप्त सुविधा और देखरेख में पल रही है। यह बच्ची वयस्कों की परिष्कृत मध्यवर्गीय क्रूरता और पापबोध से भरी दुनिया का एक कोमल प्रति-ध्रुव-सी रचती दिखाई देती है। वह अपनों के दूरत्व और परायों की निकटता के बीच तनाव का बोध कराती है। वह अपनी माँ के प्रेमी वीरेन चाचा की संवदेनशीलता से ज्यादा प्रभावित है। वह बड़ी होकर उनकी स्मृति को बचाती है। उसके पास वीरेन चाचा की दी हुई एक किताब है, जिसके भीतर उसने एक फोटो रख छोड़ी थी। उस फोटो में माँ के साथ वीरेन चाचा अपने भीतर के भाव को छिपाते हुए खड़े हैं, यह फोटो खुद उसने खींची थी। कहानी *परिंदे* हो या *अँधेरे में* या आखिरी उपन्यास *अंतिम अरण्य* निर्मल वर्मा की रचनाओं में स्मृति एक महत्त्वपूर्ण तत्त्व बनकर आती है, जो उनका बौद्धिक शरणस्थल है।

आखिरकार स्मृति ही वह चीज है, जो उनकी एक चर्चित कहानी *लंदन की एक रात* में नहीं थी। एक हब्सी, अंग्रेजी और भारतीय अपनी बेरोजगारी में भी ऊलजलूल स्थितियों को जी रहे थे। वे कुछ-कुछ *कफन* के घीसू-माधव जैसे लगते हैं, पर निश्चय ही अपनी चेतना में कहीं स्तब्ध, कहीं ठहरे हुए और बिल्कुल उखड़े हुए। वे उन्मूलित अवस्था एवं अजनबीपन का अनुभव करते हैं, जिसकी जड़ें औद्योगिक सभ्यता में थीं। यह सभ्यता एक ऐसी जगह आ खड़ी हुई थी, जहाँ सवालों के उत्तर और समस्याओं के निदान नहीं थे। आदमी को ऐसी सभ्यता के गलियारों से बाहर निकालने के संघर्षों की तरफ निर्मल वर्मा की दृष्टि कभी नहीं गयी। इसलिए यदि उन्हें अजनबीपन से एतराज है तो इसके प्रति सम्मोहन भी है। वे *लंदन की एक रात* के मजदूरों की अनुभूति और तर्क के अंतःसंबंधों में 'ब्रेक डाउन' ला देते हैं।

इन दोनों के बीच संबंध *कफन* में थे। निर्मल वर्मा की उपर्युक्त कहानी में अनुभूति और बौद्धिकता के बीच तर्कातीत संबंध की सृष्टि है, जो एक वैश्विक अति-बौद्धिकता की ओर ले जाती है। इस नयी सृष्टि में न अनुभूति के गुण होते हैं और न बौद्धिकता के। इस कहानी में विश्वमानववाद है, जो एक आत्मछलावा है।

निर्मल वर्मा की नजर में पहली दुनिया वह है, जिसमें हम साँस लेते, परिश्रम करते और जिंदगी को अर्थ देने का प्रयास करते हैं। यह आदमी के दुख-सुख की एक वस्तुगत दुनिया है। निर्मल वर्मा की दूसरी दुनिया इस दुनिया से बाहर मनुष्य के आत्मजगत में है। वे इसकी स्वायत्तता की रक्षा करते हुए इसे एक खास किस्म की आंतरिक संपूर्णता की तरफ ले जाना चाहते हैं, जहाँ सामाजिक वर्गों, इतिहास और विचारधारा की छायाएँ नहीं होतीं। उन्हें लगता है कि ये छायाएँ आदमी के सत्य को भ्रष्ट कर देंगी। वे कहते हैं, ''कुछ ऐसा लगता है कि बीसवीं सदी के पूर्वार्द्ध में मार्क्सवादी दर्शन ने जिस आक्रमण और सर्वग्रासी और ऐतिहासिक आइडियोलॉजी को जन्म दिया था, उससे मोहभंग के परिणामस्वरूप ऐतिहासिक परिप्रेक्ष्य के प्रति एक गहरा संदेह उत्पन्न हो गया है...।'' निर्मल वर्मा मार्क्सवादी दर्शन से खुलकर टकराने वाले हिंदी के सबसे मुखर बुद्धिजीवी थे। उनके मन पर चेकोस्लोवाकिया का अनुभव लगातार पकता ही गया। साहित्य की स्वायत्तता और लेखक की व्यक्तिगत स्वतंत्रता के लिए वैचारिक लड़ाई को उन्होंने अपना क्षेत्र बना लिया। यह बड़ी मुश्किल नहीं है, क्योंकि दुनिया में मार्क्सवाद से नाता नहीं रखने वाले लेखकों ने भी बहुत कुछ मूल्यवान दिया है। बड़ी मुश्किल यह है कि वे समाज को ही पूरे तौर पर अस्वीकृत कर देते हैं और उसे संपूर्णतः विघटित मान लेते हैं।

निर्मल वर्मा को इतिहास में, जिसमें क्रम और तर्क होते हैं, जीना मंजूर नहीं था। वे अतीत के ऐसे चुने हुए क्षणों में सुंदरता खोलते थे, जहाँ इतिहास ठिठका हो। उन्हें स्मृति से मतलब है, किसी मानवीय आशा या संभावना के आयाम से नहीं। उनकी स्मृति अपने आत्मजगत के अनुभवों से प्रतिबद्धता व्यक्त करने की एक ऐसी रूपवादी संरचना है, जिसका किसी ऐतिहासिक-सामाजिक सार से कोई रिश्ता नहीं है। उनकी स्मृतियों में कोई क्रम या तर्क नहीं है। सूर्य की किरणों के स्पर्श से कमल की पंखुरियाँ जागती हैं, भ्रष्ट नहीं होतीं। किंतु निर्मल वर्मा लगता है, कुछ भयप्रद अनुभवों के आतंक में गिरफ्तार रहने की वजह से कहानी को समाज से बिल्कुल दूर रखते हैं। उनकी कहानियों में सामाजिक संवेदना के चिह्न ही अनुपस्थित नहीं हैं, रिश्ते भी बहुत क्षणिक हैं। निर्मल वर्मा ताल्सताय और काफ्का दोनों के एक साथ प्रशंसक हैं। तॉल्सटॉय के बारे में कहा ही जा सकता है, उन्होंने अपने समाज को बखूबी पहचाना था। पिकासो के चित्रों में यूरोपीय समाज की रेखाएँ हैं, अतियथार्थवाद के बावजूद और उनके चित्र सार्वभौम असर डालते हैं। ब्रेख्त के साहित्य में वैचारिक किलेबन्दी नहीं है, फिर भी वहाँ समाज उपस्थित है। हमें जरूर इस पर

सोचना होगा कि निर्मल वर्मा स्मृति को इतना महत्त्व देते हैं, पर वे भविष्य और वर्तमान को इतना उपेक्षित क्यों करते हैं, वे समाज से इतना क्यों डरते हैं—क्या साहित्य को स्वतंत्र कलाकृति के बनाने के उद्देश्य से?

एक कहानी है *पिछली गर्मियों में*। इसमें निन्दी अपने माँ-बाप, प्रेमिका और दूसरे संबंधों के प्रति भी अति कठोर रुख अपनाता है और निःसंगता का अनुभव करता है। अकेलापन और निःसंगता में फर्क है। अकेलापन बहुत कुछ समाज के संकट की उपज है, यह एक हद तक सकारात्मक स्थिति है, जबकि निःसंगता 'अन्य' से नकारात्मक अलगाव है। निन्दी की दुनिया में हठात् सारे सामाजिक संबंध भंग हो जाते हैं या बर्फीले स्मृति-खंड में मिलने वाले 'एक हड्डी, पेड़ की एक डाल और एक काँच का टुकड़ा' जैसे न्यूनतम संबंध रह जाते हैं। ये अब आकर्षित नहीं करते, रेजिस्ट करते हैं—'रेजिस्ट कर सकना यह एक बड़ी चीज है।' निन्दी सोचता है, तुम उससे नहीं मिल सकते जिससे तुम कभी बहुत प्यार करते थे और अब नहीं करते। यह प्रेम जैसी 'अन्य' को महत्त्व देने वाली अनुभूति के प्रति एक अराजक व्यक्तिवादी रुख है। आमतौर पर भारत के लोग अपनी सोच, जीवन और संस्कृति में निन्दी की तरह निःसंगता का अनुभव नहीं करते। इसलिए निर्मल वर्मा की कहानियाँ कई बार 'अलियन' परिवेश का अहसास कराती हैं और कुछ चौंकाती भी हैं।

हम पिछले कुछ दशकों से लक्षित कर सकते हैं कि व्यक्ति की संस्कृति में गिरावट आई है, व्यक्ति का विलोप हुआ है। यह प्रक्रिया नगरों के वैश्वीकरण, तकनीकी बुद्धिवाद को औद्योगिक प्रोत्साहन, विदेशी पूँजी के वर्चस्व और उपभोक्ता समाज के निर्माण की वजहों से ही तेज नहीं हुई है, धार्मिक पुनरुत्थानवाद, घरेलू उपनिवेशीकरण और अस्मिता की राजनीति की वजहों से भी काफी विस्तृत हुई। इधर एक ओर रोजमर्रा की जिंदगी अधिक आसान, मनोरंजक और सुविधा संपन्न हुई है, दूसरी ओर ऐसे निःसंग व्यक्तियों की भरमार हुई है जो केवल लेन-देन, परस्पर घृणा और अंतहीन स्पर्धा में लिप्त हैं। ये अपने विस्तृत समाज के यथार्थों से कटते जा रहे हैं। वे निःसंगता में जी रहे हैं और सुखों के बीच भी भीषण तनावों में हैं।

निर्मल वर्मा की कुछ कहानियाँ ऐसी भी हैं, जिनमें रिश्ते की गरमाहट का हल्का-सा अहसास झलकता है। *सितंबर की एक शाम* एक ऐसे आदमी की भटकन की कहानी है, जिसकी सूनी जिंदगी में उसकी बहन मानवीय संबंध की बची आखिरी डोर है। वह इस डोर को तोड़ना नहीं चाहता, "उसे लगा इस क्षण वह जी रहा है, अपने समूचे अस्तित्व की मिट्टी अपनी मुट्ठी में दबोचे है—घास पर उड़ती तितली देख रहा है।" वर्तमान को जीने वाली ऐसी कुछ ही कहानियाँ हैं, जहाँ जीवन की आशा कुछ वैसे ही बची है जैसे घास पर उड़ती तितली। निर्मल वर्मा का मुख्य स्वर *सूखा* जैसी कहानियों में है, जिसमें भीतर के अंतहीन सूखे की बात है। वहाँ आशा के आख्यान का अंत है। एक फंतासी-सी बुनी गयी कहानी है *बीच बहस में*। इसमें

मृत्युबोध के एक खास कोण से ऐसे जीवन को उघाड़ा गया है, जिसमें मानवीय संबंध और सेवा अपना अर्थ खो चुके हैं या सिर्फ दिखावा रह गए हैं। *एक दिन का मेहमान* में संबंधों की एक वैसी ही रूखी और उदास दुनिया है, जिसमें भीतर के तनाव को एक लड़की बड़े कायदे से पार करती है। वह अपनी मम्मी और मेहमान पापा के बीच संवेदना के आखिरी तार की तरह है, जो अपना संगीत बिखेरता उस रूखी-उदास दुनिया में बजता रहता है। ऐसी कहानियाँ संकेत देती हैं कि सभ्यता एक कैसे दर्दनाक मोड़ पर आ खड़ी हुई है। महानगरों में संबंध टूट रहे हैं या अर्थवादी होते जा रहे हैं। आदमी दिन-प्रतिदिन रूखा होता जा रहा है। निर्मल वर्मा के सामने बुनियादी प्रश्न यही था कि ऐसे अंतःशत्रुताओं से भरे रूखे सामाजिक वातावरण में मनुष्य आखिरकार अपने जीवन का आभ्यंतरिक सार और अपनी गरिमा कैसे हासिल करे।

निर्मल वर्मा कहते हैं, ''औद्योगिक क्रांति के बाद एक ऐसे जन समुदाय का जन्म हुआ, जिसे हम 'मास सोसाइटी' कहते हैं—मनुष्यों के पारस्परिक संबंधों में बसा समाज नहीं, बल्कि अलग-अलग व्यक्तियों का संगठन, जिसे सामान्य स्मृति या संस्कार नहीं, राज्य के निजी स्वार्थ अनुशासित करते हैं। ऐसे समाज में एक कलाकार या तो सिर्फ एक बोहेमियन के तौर पर जी सकता है या आउटसाइडर की हैसियत से... ।'' (कलाकृति, समाज और आलोचना)। जाहिर है, ऐसी बेरहम घड़ियों के स्मृति-खंडों में विचरण और 'आत्म में ही आध्यात्मिक संपूर्णता' का अनुभव कथाकार का प्रधान लक्ष्य हो जाता है। दुनिया के कई आधुनिक कथाकारों के बारे में जानते हैं कि उन्होंने अपने अनुभव में 'आधुनिक' और 'आदिम' या 'आधुनिक' या 'धार्मिक' को जोड़ा है, क्योंकि सामाजिक चुनौतियों का सीधे सामना नहीं किया। निर्मल वर्मा की आधुनिकता काफी घूम-फिर कर भारतीय सभ्यता की छाँव में आती है। निश्चय ही यह उनकी अपनी परिभाषा की भारतीय सभ्यता है, ''मनुष्य आत्मबोध में 'अन्य' अनिवार्य रूप से समाहित है...इसके अभाव में मनुष्य की अपने में एक आत्मछलना है, मनुष्य के बारे में यह अंतर्दृष्टि भारतीय परंपरा की एक अनुपम देन रही है।'' (भूमंडलीकरण के दौरान भारतीय संस्कृति)। निर्मल वर्मा ने अपनी कहानियों से अधिक निबंधों में पश्चिमी बौद्धिकता और भारतीय रहस्यवाद का काकटेल तैयार किया। उन्होंने बोहेमियन और आउटसाइडर की जिंदगी जी। जिंदगी के आखिरी वर्षों में वे कुंभ के साधुओं के जीवन की तरफ भी आकर्षित हुए। उन्हें समाज और व्यक्ति के अहं दोनों से बाहर आने का रास्ता मिला प्राचीन भारतीय किस्म के आत्मबोध में।

यदि अज्ञेय ने व्यक्ति की संस्कृति के उत्थान की अभिव्यक्ति की थी तो निर्मल वर्मा ने इस संस्कृति के पतन और 'मैं' से मनुष्य के महाभिनिष्क्रमण की। 'मैं' का अतिक्रमण कर मनुष्य यदि इतिहास में नहीं आएगा या वह व्यक्ति के आधुनिक पुनरुत्थान में नहीं लगेगा तो उसका अंतिम अरण्य है अतीत।

निर्मल वर्मा का एक प्रधान लक्ष्य है राजनीतिक स्वार्थों और व्यावसायिक लिप्साओं के नीचे दबे भाषा के मौलिक और आत्यंतिक चरित्र को पुनः उद्घाटित करना। यदि उनकी एक समस्या स्मृति और परंपरा को बचाना है तो दूसरी बुनियादी समस्या बलात्कृत और प्रदूषित की जा रही भाषा की अस्मिता की रक्षा है। इस काम में निर्मल वर्मा ने जिस सावधानी, निष्ठा और ईमानदारी का सबूत दिया है, उसको टालना नहीं, उससे सीखना चाहिए।

ऐसा नहीं है कि निर्मल वर्मा संस्कृति का प्रश्न नहीं उठाते। वे यह प्रश्न प्रभावशाली ढंग से उठाते हैं और धर्म, संपद्रायवाद, राष्ट्र आदि के मुद्दों पर भी चर्चा करते हैं। परवर्ती दौर की उनकी सोच को उनकी कहानियों की तुलना में उनके निबंध ने ज्यादा खुलासा किया है। उनकी परवर्ती अनुभूति और चिंतन में समाज, इतिहास और विचारधारा से उसी तरह शत्रुता है जिस तरह पहले थी। स्वायत्तता की वैसी ही तरफदारी है एवं स्मृति की महत्ता भी पहले जैसी ही है। फर्क यह आया है कि उनमें संपूर्णता के लिए व्यग्रता बढ़ गयी है। इसके लिए वे आत्मबोध, ईश्वर, आस्था की समग्रता, परम पवित्रता जैसे मुहावरे अपनाते हैं। इतिहास के साथ-ही-साथ 'मैं' के व्यक्तिवाद से भी उन्हें असुविधा होने लगी थी। उनका उन्मूलित 'आत्म' शरणस्थल की खोज में था, "भारतीय परंपरा में मनुष्य के सांसारिक धंधों के बीच देवी-देवताओं का पड़ोस एक ऐसी आत्म पवित्रता और सुरक्षा प्रदान करता है, जो एक संप्रदायग्रस्त आस्था (इंस्टीच्यूशनल फेथ) से अलग है।" (इतिहास और आकाश के बीच)। उन्हें राह या आशा नजर आयी हिंदुओं की जीवन-शैली में, जो अपने उदात्त रूप में सांप्रदायिक नहीं होती। निर्मल वर्मा धर्म के शोर, उसके राजनीतिक और व्यापारिक विकृतिकरण के दौर में धर्म को महनीय वस्तु समझने लगते हैं, "मैं धर्म के उस पक्ष की बात कर रहा हूँ जो मनुष्य के सीमित, खंडित, अधूरे अस्तित्व को किसी परम, संपूर्ण मानवेतर अर्थ से जोड़ने की प्रक्रिया में उजागर होता है।" यदि परम, संपूर्ण या 'एब्सोल्यूट' राजनीति और इतिहास के संदर्भ में हो तो निर्मल वर्मा को लगता है कि यह कला और मानवता के विरोध में है। लेकिन जब यही धर्म के संदर्भ में हो, उनको लगता है कि इससे कला और मानवता का हित होगा।

यह विचित्र संयोग है कि जिस समय पूँजीवाद इतिहास का अंत कर रहा है और शत्रु बन इसे उजाड़ रहा है, वह विचारधारा और साहित्य का भी शत्रु बना हुआ है, उसी समय पुनरुत्थानवाद और आधुनिकतावाद के बीच जुगलबंदी भी चल रही है। निर्मल वर्मा का पुनरुत्थानवाद संप्रदायवादियों की संकीर्ण सोच से भले भिन्न हो, पर वह इसकी काट निश्चय ही नहीं है। यह पूँजीवाद के आगे भी शुतुरमुर्ग-सा है, अतीत की रेत में आँधी के वक्त सिर छिपाए हुए।

निर्मल वर्मा वैचारिक मशक्कत से अपने जीवन के उत्तरकाल में एक अंतिम समाधान-सा देते नजर आते हैं, "परंपरा एक जड़ित समय की धरोहर नहीं है, बल्कि

वह समय जो अतीत में बहता हुआ हमारे वर्तमान की धमनियों में प्रवाहित होता है। यहाँ अतीत कोई मृत चीज नहीं, बल्कि वह सब कुछ जो हो चुका है और हमारे साथ जी रहा है।'' वे सिमोन वेल से वैचारिक रिश्ता जोड़ते हुए कहते हैं कि अतीत से उन्मूलित होना आत्म-उन्मूलन का सबसे अभिशप्त रूप है। वे नहीं सोच पाते कि भविष्यहीन होकर सिर्फ वर्तमान या अतीत में रहना भी मनुष्य का उन्मूलन है, उसके अपने जीवन के अर्थ से। वह अपनी सारी नई संभावनाएँ खो देता है, कृत्रिम इच्छाओं या अतीत की परंपराओं का गुलाम होकर। सवाल है कि अतीत हमारे साथ, हममें जी रहा है या हम खुद अतीत के साथ, परंपराओं में जीते हैं। इसी सवाल पर निर्भर करता है कि मनुष्य के पास 'हस्तक्षेप' करने की ताकत, वह बौद्धिक हो या राजनीतिक, है या नहीं। हम कई बार मनुष्य को गौरव देने की सोच रखते हुए भी अनजाने उससे उसका गौरव छीन लेते हैं—मनुष्य का गौरव 'हस्तक्षेप' करने की उसकी अमर आकांक्षा में है।

यदि इतिहास में जीना दासता है—आत्मनिर्वासन है, अतीत की स्मृति में जीना इससे मुक्ति है? भारत में कौन नहीं जानता कि इस अतीत में सीता वनवास है, नंगी की गयी द्रौपदी है, मनुस्मृति के पंजे हैं, देवताओं की आपसी लड़ाइयाँ हैं, जैन मंदिर के ध्वंसावशेष हैं, हिमालय में ठिठुरती आध्यात्मिक संपूर्णता है, तंत्र-मंत्र-बलि-चमत्कार सब कुछ है। यहाँ उर्वशी-रंभा हैं, युद्ध हैं और अकाल हैं। अतीत करोड़ों लोगों के लिए एक ऐसा यातनागृह है, जहाँ से लाखों लोग भाग कर ईसाई या बौद्ध हो गए हैं। इतिहास में यातनागृह हैं तो मुक्ति-द्वार भी हैं। इतिहास में ही मुक्तिद्वार होते हैं। अतीत में नहीं। इसलिए ऐसे समाज में जब सब कुछ राजनीतिक रास्ते से याद कराया जा रहा है, देवी-देवताओं का पड़ोस असुरक्षित है और परंपरा में बाजार बैठ गया है, महज अतीत की स्मृति में जीना आत्मध्वंस कहा जाएगा।

खासकर जब आधुनिक भारतीय समाज के सेक्यूलर चरित्र और जनतंत्र पर खतरे बढ़े हों, निर्मल वर्मा अतीत-सम्मोहन के आवेश में कहते हैं, ''धर्मनिरपेक्षता का सिद्धान्त प्रगति और विकास की छलनाओं के साथ जी रहा है। ...भारतीय चरित्र के लिए धर्मनिरपेक्षता या सेक्यूलरिज्म असहज और आरोपित है।'' निर्मल वर्मा के साहित्य में प्रचुर मानवीय तत्त्वों को देखते हुए कहा जा सकता है कि 'सेक्यूलरिज्म' को नहीं मानते हुए भी वे संप्रदायवादी नहीं हैं। उनका विश्वास मनुष्यत्व में है, वे धर्म की तरफ परवर्ती काल में आकर्षित हुए, पर उन्होंने इसके राजनीतिकरण का विरोध किया। उनकी सारी चिंता सभ्यता के अँधेरे में फँसे आत्म-उन्मूलित मनुष्य को लेकर है। इसके लिए वे सही वजहों में न जाकर व्यर्थ ही इतिहास, समाज और विचारधारा पर निशाने साधते हैं, जबकि ये सब खुद पूँजीवाद की तोड़फोड़ के इलाके बने हुए हैं। इतिहास का अंत नए संगठित पूँजीवाद की परियोजना है। इतिहास खुद एक 'विक्टिम' है। उससे शत्रुता हो भी तो इस समय जरूरत उसके पास आ खड़े

होने की है। समाज और विचारधारा, सामाजिक रिश्ते और मूल्य–इन सबका भूमंडलीकरण उजाड़ रहा है। अतीत में कितनी बार पहले भी सेंध लग चुकी है। अतीत में जो कुछ संपूर्णतावादी, ईश्वरीय और बहुमूल्य है, उसका इतिहास के बाद वही हश्र होगा जो धर्म का राजनीतिक और बाजारवाद के द्वारा फिलवक्त हो रहा है। अतीत का जीवंत और ईश्वरीय अगर कभी बचेगा तो वह इतिहास और सेक्यूलर समाज में ही बचेगा।

निर्मल वर्मा की महत्ता इसमें है कि उन्होंने पूँजीवादी सभ्यता के अँधेरे इलाके में झाँकने का साहस दिखाया, इसमें निरंतर अकेले और आत्महीन होते जा रहे मनुष्य के दर्द को पहचाना। यह ज्यादा महत्त्वपूर्ण नहीं है कि उनके साहित्य में राजनीतिक चेतना नहीं है। कहने की जरूरत यह है कि व्यक्ति और कला के स्तर से उन्होंने आधुनिक जीवन को जैसा देखा, उसमें निःसंदेह एक गहरी मानवीय अंतर्दृष्टि यहाँ तक कि उनके ईश्वर में भी बहुत कुछ मानवीय है। उनका साहित्य मनुष्य का ही आधुनिक आत्मक्रंदन है।

आत्मनिर्वासित मनुष्यता

ज्योतिष जोशी

''कैसी विचित्र बात है, सुखी दिनों में हमें अनिष्ट की छाया सबसे साफ दिखाई देती है, जैसे विश्वास न हो कि हम सुख के लिए बने हैं। हम उसे छूते भी डरते हैं कि कहीं हमारे स्पर्श से वह मैला न हो जाए और इस डर से उसे खो भी देते हैं, जो विधाता ने हमारे हिस्से के लिए रखा था।''

—अंतिम अरण्य

''अकेले रहने की एक तसल्ली है कि हमारे पास सिवा अपने के कुछ नहीं है, और मैं अपने से सिवा लिखने के कुछ भी नहीं कर सकता।''

—धुंध से उठती धुन

''किंतु इससे बड़ी त्रासदी यह है कि जब मनुष्य अपना घर छोड़े बिना निर्वासित हो जाता है, अपने ही घर में एक शरणार्थी की तरह रहने के लिए अभिशप्त हो जाता है। फ्रांस की सबसे मौलिक अंतर्दृष्टि संपन्न चिंतक सिमोन वेल कहा करती थीं कि आधुनिक जीवन की सबसे भयानक, असहनीय और अक्षम्य देन 'आत्म-उन्मूलन' का बोध है। यह एक ऐसा वेस्टलैंड, आंतरिक मरुस्थल है, जहाँ मनुष्य के समस्त संरक्षण—ईश्वर, अतीत, परंपरा, प्रकृति—जो एक समय उसके आत्म को गठित और रूपायित करते थे, उससे छूटते जाते हैं। वह स्वयं अपने आत्म से निर्वासित हो जाता है, जो आत्म-उन्मूलन की चरमावस्था है।''

—आदि, अंत और आरंभ

''हम एक ऐसी सभ्यता में रहते हैं, जिसने सत्य को खोजने के सब रास्तों को खोल दिया है, किंतु उसे पाने की समस्त संभावनाओं को नष्ट कर दिया है।''

—धुंध से उठती धुन

उपर्युक्त उद्धरणों से निर्मल वर्मा के लेखन की मूल चिंताओं से परिचित हुआ जा सकता है और उनके मनुष्यों की व्याख्या की जा सकती है।

निर्मल वर्मा हिंदी के शिखर कथाकारों में थे बल्कि उन्हें अपने समय का श्रेष्ठतम कथाकार भी कहा जा सकता है। इस संदर्भ में यह तथ्य अवश्य याद रखा जाना चाहिए कि निर्मल का पाठक समुदाय हिंदी से बाहर भी रहा है—वह भारतीय भाषाओं का पाठक समुदाय रहा है और भारत के बाहर विदेश में भी अंग्रेजी, फ्रेंच, इतालवी, स्पेनिश, चेक और रूसी भाषाओं के पाठक निर्मल की रचनाओं के मुरीद रहे हैं। इस मायने में पहले निर्मल एक श्रेष्ठ भारतीय लेखक होते हैं फिर अपनी एक अंतर्राष्ट्रीय हैसियत भी बनाते हैं। निर्मल अपने समय में किसी भी अन्य हिंदी लेखक से तुलनीय नहीं हैं; एक स्तर पर किसी भी अन्य भारतीय भाषा के किसी अन्य मूर्धन्य लेखक से भी नहीं—अपने में वे नायाब हैं इसलिए निर्मल हैं। इसका आशय यह कदापि नहीं है कि निर्मल के लेखन की कोई परंपरा हिंदी में या भारतीय भाषाओं में उपलब्ध ही नहीं रही है, रही है और है भी; पर निर्मल उसे नई ऊँचाइयों पर ले जाते हैं। उसे नई सोच में विन्यस्त करते हैं, उसे नई भाषा का संस्कार देते हैं और उसे साहित्येतर अनुशासनों की समझ से भी जोड़ते हैं। हिंदी में ऐसे गद्यकार इक्के-दुक्के ही हुए हैं, और हुए भी तो अलग दृष्टि, बोध और विन्यास के कारण सबके निशाने पर रहे—जैनेन्द्र कुमार, सच्चिदानंद वात्स्यायन अज्ञेय और फणीश्वरनाथ रेणु ही निर्मल की परंपरा के न केवल गद्यकार हैं वरन् दृष्टि के प्रस्तावक भी हैं; यह अलग बात है कि निर्मल ने उनसे अलग मूर्धन्य छवि बनायी, पर जब भी एक परंपरा की बात होगी तो यह त्रयी निर्मल के महत्त्व, विकास और वर्तमान को सूचित करने में अवश्य याद आएगी।

निर्मल एक अप्रतिम कथाकार रहे। कहानियों और उपन्यासों में हमें जो निर्मल छवि देखने को मिलती है, वह इस स्तर पर अनूठी है कि उसमें भाव, समभाव और विलगाव की भूमिका है। जीवन इनमें केवल वर्तमान का नहीं है, भूत और भविष्य का भी है। निर्मल के चरित्र उनकी रचनाओं की भीतर और बाहर के द्वैत को जिस तरह साधते और उससे जूझते हैं, वैसा हम अपने भीतर महसूस करते हैं। कुछ आलोचक उनके चरित्रों को 'असामान्य' नहीं 'सामान्य' मानते हैं और उनकी विलक्षणता उनके अप्रतिम अनुभवों में देखते हैं। मैं उनकी रचनाओं में चरित्रों के बजाय स्वयं उन्हीं की बात करना चाहूँगा जिस पर वे लगातार विमर्श करते रहे हैं। स्मृति, जीवन, अकेलापन, मृत्यु, स्वप्न-देह, स्वप्न, अतीत, परंपरा, आत्म-निर्वासन जैसे पद और प्रत्यय उनकी रचनाओं में अनायास ही नहीं आते, वे इस पर गहरा चिंतन करते हैं, अपने को लगातार मथते हैं तथा इस मायने में वे अपनी विलक्षण दार्शनिकता से सबको चकित ही नहीं करते, समृद्ध भी करते हैं। निर्मल एक स्थल पर प्रसिद्ध दार्शनिक विटगेंशटाइन को उद्धृत करते हैं जो कहते हैं—

"हमारा जीवन एक स्वप्न की तरह है। किंतु बेहतर क्षणों में हम इतना भर जाग जाते हैं कि जान सकें कि यह स्वप्न है। मैं अपने को नहीं जगा सकता। मैं भरसक कोशिश करता हूँ, मेरी स्वप्न-देह हिलती है, लेकिन असली देह कोई हरकत नहीं करती।"

निर्मल के रचना-संसार को यथार्थ और आदर्श के आईने में देखना दरअसल अपने को भुलावे में रखना है, क्योंकि यह संसार हमारी स्मृति, परंपरा, स्वप्न और संसृति से निर्मित है। इस कथा-संसार को पारंपरिक पाठ-विधियों से जानना मुश्किल है जैसे हम किताबी सूत्रों और पद्धतियों से अपने को नहीं जान पाते। तो आखिर निर्मल की रचनाओं का सूत्र क्या है?

यह सूत्र है, अपने को इतना जान लेना कि व्यक्ति को अपने से बाहर जा पड़ने की त्रासदी न झेलना पड़े। यानी अपने को संपूर्णता में विन्यस्त करने की कथाविधि। आप अब उनके चिंतन को मन पर लाएँ, उनके यात्रावृत्तों के स्वगतों पर विचार करें या देशकाल और वैश्विक प्रश्नों पर उनकी चिंताओं को समझने की चेष्टा करें तो पाएँगे कि निर्मल अपनी ओर से आज सब पर प्रभावी पश्चिमी वैश्विक संस्कृति का निषेध करते हैं। और 'आत्म की खोज' के सहारे उसका कारगर विकल्प प्रस्तुत करते हैं। मेरे इन निष्कर्षों का यह आशय कदापि नहीं है कि उनके रचनाकार पर एक बौद्धिक की छाया है। नहीं, ऐसा नहीं है। वस्तुतः सच यह है कि निर्मल के चरित्र अपनी प्रदत्त स्थितियों में अपनी ही खोज का अनुष्ठान करते हैं, उन व्यामोहों से बाहर आने का पुरजोर प्रयत्न करते हैं जिनमें उन्हें जीने को विवश मान लिया गया है। *परिंदे* से लेकर *धागे, कव्वे और काला पानी, पिछली गर्मियों में, लंदन की एक रात, जलती झाड़ी, दो घर, एक दिन का मेहमान, सूखा, मायादर्पण, पराये शहर में, बुखार, खोज, जाले, धूप का एक टुकड़ा, सुबह की सैर, किसी अलग रौशनी में* जैसी रचनाओं में निर्मल के चरित्र अपने समय का प्रतिरोध करते हुए जिस भाव को अपने भीतर के सत्य में विन्यस्त करते हैं, वह भाव देखने भर से चाहे यथार्थ का भ्रम पैदा करता हो, वस्तुतः यथार्थ वह है नहीं, एक अनवरत अपने को पाने की त्रासद प्रक्रिया है जो कदाचित् हमने अपने को खोकर जाना है।

वे दिन, लाल टीन की छत, एक चिथड़ा सुख, रात का रिपोर्टर और *अंतिम अरण्य* में भी वे जिस अंतःसत्य को उद्घाटित करने का प्रयास करते हैं, वे प्रचलित कथाधारा के सत्यान्वेषण से मेल नहीं खाते। कह सकते हैं कि निर्मल का यही वैशिष्ट्य उन्हें अप्रतिम बनाता है और कदाचित् विवादास्पद भी; क्योंकि हमारी आलोचना को ऐसी रचनाशीलता से टकराने का कोई अभ्यास ही नहीं है। निर्मल के अधिकतर चरित्र 'स्व' के क्षण की उपज हैं। अपने को खोकर जीने से इनकार करते, पर अपनी संपूर्णता को पाने की निरंतर संघर्षशीलता उन्हें विराट् में उतार देती है। यह अपने समय की 'सभ्यता समीक्षा' है, व्यापक 'सांस्कृतिक-विमर्श' है और भोगवादी समय

से बाहर जाकर अपने होने की सार्थकता की खोज का अनथक उद्यम है। निर्मल की भाषा इस उद्यम का एक बड़ा अस्त्र है जो पाठक की मनस्विता की परीक्षा लेती है, उसके सामर्थ्य की, उसके धैर्य की और कदाचित् उसके विवेक की भी। निर्मल कहते हैं—

"कितने दुःख की बात है कि जब हम अकेले रहते हैं तो हम उस मौके को खो देते हैं जब हम तटस्थ होकर अपने छोटे-से-छोटे अनुभवों और सेंसेशनों को दर्ज कर सकते थे—आखिर यही एक मुजावजा है जो अकेलापन हमें दे सकता है।"

—*धुंध से उठती धुन*

निर्मल के यहाँ अकेलापन कोई नियति नहीं है बल्कि वह कई मायनों में एक नेमत है। नेमत; जैसा कि ज्ञात है, बिरले ही मनुष्य को प्राप्त होती है। निर्मल की रचनाएँ जिस 'आत्म' को प्रतिष्ठित करना चाहती हैं उसमें 'अकेलेपन' की अनिवार्यता लक्षित होती है। लेकिन ध्यान देने की बात यह है कि निर्मल का इच्छित 'अकेलापन' अपने से निर्वासन नहीं, वरन् अपने 'आत्म' को पाने की सतत साधना करने का 'एकांत' है जिसमें व्यक्ति अपनी पूर्णता के साथ उपस्थित होता है। आत्मचिंतन में 'स्व' को प्राप्त करने की साधना ही व्यक्ति को पूर्ण बना सकती है और वैश्विक भोगवादिता का सार्थक विकल्प बन सकती है; इसमें निर्मल को कोई संदेह नहीं है।

निर्मल के लेखन से, उनके व्यक्तित्व और सोच से उनके चरित्रों को अलग करना कई बार मुश्किल में डालता है। अपनी पीड़ा के दंश को भोगते चरित्र जिस तरह अपने से पराये दिखाई देते हैं और जिस तरह अपने 'आत्म' के निर्वासन का दुःख उठाते हैं, वे वस्तुतः निर्मल की लेखकीय प्रविधि तो है ही, उनकी व्यापक मानवीय चिंता से प्रेरित भी है। लगातार अपने से चरित्रों को जूझना, अपने होने के अर्थ की खोज करना, सबसे विमुख रहते हुए भी जीवन को भरपूर जी लेने की कोशिश करना और उदास, हताश और अवसाद से ग्रस्त होने के बावजूद जीवन में आस्थावान होना—यह निर्मल के साहित्य में उनके चरित्रों की विशिष्टता है। निर्मल की भाषा चरित्रों की सोच और एक तरह से उनकी चेतना को प्रतिबिंबित करती है। स्वगत, स्मृति, आत्मचिंतन, मौन, विक्षोभ और आत्मदर्शन को रूपायित करती उनकी भाषा विलक्षण प्रभावों की सृष्टि करती है। *अंतिम अरण्य* का वाचक कहता है—

"उन दिनों मुझे अजीब-सी बात पता चली, कोई अनखोजा-सा सत्य, सत्य भी पूरा नहीं, एक अधूरा-सा आभास, जो हमारे भीतर गाँठ की तरह मौजूद रहता है, लेकिन खुलता दूसरों की छुअन से है, यह छुअन ही अनुभव है जो आविष्कार-सा जान पड़ता है, आविष्कार बड़ा शब्द है, लेकिन खुलता वह एक रहस्य की तरह ही है।"

यह रहस्य, आविष्कार, अनखोजा-सा सत्य, जो दूसरों की छुअन से खुलता

है, निर्मल के साहित्य का एक बड़ा सत्य है जो कदाचित् हमारे जीवन के भी कुछ अत्यंत मार्मिक क्षणों का खुलासा करता है। जीवन को जो लोग पहेली कहते हैं, अपने आप में एक रहस्य या आश्चर्य भी कहते हैं, ये इस सत्य का आभास करते रहे हैं कि नितांत भौतिकता से जीवन के कुछ हिस्से का संबंध भले जुड़ता हो, अपने समूचेपन में वह रहस्य की ही तरह है। सब कुछ जैसे खुला हुआ, पर बन्द इतना कि कोई जान भी लगा दे तो न खोल सके। निर्मल व्यक्ति-जीवन के अंतर से रहस्य को भेदकर उसे निर्भ्रांत करते हैं, उसे इस तरह आलोकित करते हैं कि वह अपने 'आत्म' के साथ प्रकाशित हो उठे। यह व्यक्ति के 'एकांत' और उसके भरेपूरे 'अकेलेपन' के वैभव का साक्षात्कार है जो व्यक्ति को समष्टि और निजता को सार्वजनिकता में रूपांतरित करता है। इस चिंतन से निर्मित व्यक्ति जितना 'प्रेम' के लिए जीता है, उतना ही वह 'मृत्यु' की प्रतीक्षा में रहता है। प्रेम जीवन का भावसत्य है, पर मृत्यु भी कोई अपरिचित-सी यात्रा नहीं, बल्कि जीवन का एक सोपान है जहाँ से पुनः जीवन का एक चरण पूरा होकर एक नयी शुरुआत करता है—"इससे बड़ा कोई धोखा नहीं, कोई भी सिरा पकड़ो, वह आगे किसी और से बँधा होता है और तो और—आदमी जब पैदा होता है, तो भी वह कोई शुरुआत नहीं है। पता नहीं अपने साथ कितने सारे पुराने किए-गुजरे की पोटली साथ ले आता है।"

जीवन को मृत्यु में और मृत्यु में जीवन को देखना बहुत-से लोगों को अप्रत्याशित-सा लगता है और किंचित् इसमें वे जीवन से पलायन या जीवन के प्रति उदासीनता भी खोज लेते हैं; पर हमें यह लगता है कि निर्मल जैसे लेखक के लिए यह जीवन को अनवरत प्रक्रिया में समझने की एक बड़ी युक्ति और कदाचित् एक दर्शन भी है। जीवन में 'प्रेम' की निरंतरता और 'मृत्यु' में जीवन की क्रमिकता को खोजते निर्मल मनुष्य की आकांक्षाओं को जिस संजीदगी से अभिव्यक्त करते हैं, वह विलक्षण है। ध्यान देने की बात यह है कि निर्मल की रचनाओं में प्रेम और मृत्यु एक-दूसरे के समतुल्य, समानधर्मा हैं। इसे अभिधा में समझना निर्मल की रचनाओं और स्वयं निर्मल के साथ अन्याय करना है। वस्तुतः निर्मल चेतना के स्तर पर प्रेम और मृत्यु को विन्यस्त करते हैं। उनके चरित्र इन स्थितियों में एक समानांतर दुनिया बनाते हैं जिसमें यथार्थ और आदर्श का नहीं, चेतना में पूर्णतः उपस्थिति का रूपक सामने आता है। यह चेतना ही चरित्रों के 'आत्म' का विस्तार करती है और उसके भीतर मनुष्य के सार्थक बोध को जाग्रत करती है। कदाचित् इसी कारण कहा जाता है कि निर्मल की रचनाओं में 'प्रेम' और 'मृत्यु' विषय के रूप में नहीं हैं, पर वे उनके केंद्रीय तत्त्व हैं जिस पर विमर्श के बिना न तो चरित्रों का निस्तार होता है न उनके होने के बोध की व्याख्या हो पाती है।

एक लेखक-चिंतक के रूप में निर्मल की चिंताओं का एक बड़ा परिप्रेक्ष्य मनुष्य के आत्मबोध का उपसरण है। अपने से परे जाकर ही हम भौतिकता से आक्रांत

होते हैं। अपनी स्मृति, चेतना और अंतर की आकांक्षा को गँवाकर ही हम समृद्ध होते जाते हैं, पर उसी अनुपात में अपने 'आत्म' को खोते जाते हैं और अंततः पाते हैं कि अंतर की दरिद्रता ही हमारे हाथ आ पायी है। निर्मल को जब इस विराट् मानवीय त्रासदी के विमर्शकार के रूप में देखा जाता है तब समझ में आता है कि वे हमारे समय के कितने बड़े लेखक और चिंतक हैं। उनके लेखन में विराट् सभ्यता-विमर्श है जिसमें समाज का यथार्थ न देखकर, उसमें समाज-निरपेक्षता मानना और कलावादी उद्यम देखना वस्तुतः निर्मल को न समझना है और उनकी रचनाओं के साथ अन्याय करना है।

अपने अभियान में शायद निर्मल अपने समय में पूरे देश में अकेले ऐसे लेखक रहे जिसने स्वतंत्रता प्राप्ति के बाद की समग्र भारतीय अंतर्वृत्तियों की परीक्षा की और एक तरह से 'निर्वासित भारतीय आत्म' की खोज का व्यापक उपक्रम किया। यही कारण है कि कुछ आलोचकों को उनकी रचनाएँ 'उपनिवेशोत्तर भारत के यथार्थ की खोज' लगती हैं। यह अकारण नहीं है कि निर्मल जयप्रकाश नारायण के प्रति अगाध आस्था रखते हैं। जयप्रकाश नारायण ने आजादी के बाद खो चुके भारतीय आदर्शों और जनतांत्रिक मूल्यों की स्थापना का संघर्ष किया, देश के आंतरिक और भौतिक विकास के लिए 'संपूर्ण क्रांति' का नारा दिया। यह अलग बात है कि उनका नारा बहुत कारगर सिद्ध नहीं हुआ। ठीक उसी तरह निर्मल ने अपनी रचनाओं और चिंताओं में भौतिक समृद्धि के बरक्स छीजती चली जा रही भारतीयता और निरंतर संकुचित होते जा रहे 'आत्म' की बड़ी त्रासदी को देखा और इसे अपने समय की सबसे बड़ी समस्या के रूप में सफलतापूर्वक उठाया। निर्मल की भाषा पर मुग्ध होने वाले और उनके दृश्यबिंबों की चमक पर न्योछावर होने वाले लोग जब उनके इन प्रश्नों पर नहीं टिकते और उनसे 'यथार्थ' की माँग करने लगते हैं तो बड़ी कोफ्त होती है। आखिर हम सभी लेखकों से एक ही तरह की अपेक्षा क्यों करना चाहते हैं? क्यों जैनेंद्र, अज्ञेय और निर्मल को प्रेमचंद ही होना चाहिए? क्यों प्रसाद, पंत, महादेवी को निराला ही होना चाहिए? इस 'क्यों' का कोई सुस्पष्ट उत्तर नहीं है, पर यह अवश्य कह सकते हैं कि एक भाषा में अनेक प्रवृत्तियों के लेखक होते हैं जो मिलकर एक पूरी परंपरा बनाते हैं। प्रेमचंद की ही परंपरा जैनेंद्र, अज्ञेय, निर्मल के बिना अधूरी लगती है; क्योंकि जीवन केवल उतना ही नहीं है जो प्रेमचंद के यहाँ है। जीवन बड़ा विस्तृत है, वह एक अकेले के थामे नहीं थमता। जिस तरह तुलसी केवल एक परंपरा नहीं बना पाते; उसमें कबीर, मीरा, सूर और विद्यापति का भी उतना ही मतलब है; उसी तरह एक तॉल्सतॉय की भी परंपरा नहीं बनती—चेखव और दोस्तोएवस्की भी उसमें आवश्यक हो जाते हैं। ठीक इसी तरह केवल कालिदास की भी महत्ता शूद्रक, भास और भवभूति के बिना नहीं बन पाती।

निर्मल वस्तुतः इसी संकुचित बोध और निर्वासित 'आत्म' के महान् विमर्शकार

थे जिन्होंने कभी अपनी ओर से ऐसी किसी प्रतिक्रिया का कोई उत्तर नहीं दिया जिसमें उन्हें समाज निरपेक्ष लेखक तक कहा गया। ऐसे एकायामी समाज में इसी तरह की प्रवृत्तियों का बाहुल्य रहता आया है जिसमें हम सहिष्णु नहीं रह पाते, दूसरी किसी दृष्टि का सम्मान हमसे करते नहीं बनता, हम अपने ही किए-धरे को महान् मानते हैं। और दूसरे की उपेक्षा करते हैं। यह बीसवीं शताब्दी की भौतिक समृद्धि के समानांतर पैदा हुई सबसे बड़ी समस्या है जिसके विरुद्ध दुनिया के प्रायः सभी महत्त्वपूर्ण विचारकों, लेखकों ने संघर्ष किया है। यह इस सभ्यता की ही त्रासदी है जिसमें दया, माया, करुणा, प्रेम और श्रद्धा नहीं है। मनुष्य निरंतर अपने से निर्वासित यंत्र बनने पर विवश है। भारतीयता सिर्फ प्रतिक्रिया फैलाकर लोगों को बाँटने के ही काम की रह गयी है; ऐसे में निर्मल का लेखन और चिंतन मनुष्य को संपूर्ण मनुष्य बनाने और इस देश की खोई 'आत्मा' के पुनर्वास का भगीरथ उद्यम है। कहना न होगा कि जिन लोगों को यह बात समझ में नहीं आती, वे स्वयं अपने को नहीं समझना चाहते, भला वे निर्मल जैसे विराट् लेखक को क्या समझेंगे।

वाकई निर्मल

जीवन सिंह ठाकुर

निर्मल वर्मा का निधन ऐसा बिछोह है जिसमें किसी के भी लौटने का शब्द नहीं है। लेखक हो या कलाकार चाहे वह कितना ही खुद का हो लेकिन वह पाठक का अपना होता है। अजीब रिश्ता होता है 'खुद' और 'अपना' दोनों बड़े ही करीबी शब्द हैं। लेकिन इसमें 'अपना' लेखक के 'खुद' का नहीं होता। शायद लेखक से पाठक का उसके जानने वाले का यही रिश्ता होता होगा। एक ऐसी रिश्तेदारी जिसमें दोनों विरासत से, भाषा से, इतिहास से, सामाजिक संदर्भों से अपने गहरे अंतर्मन से उस जगत से जो भीतर है बाहर है, उससे जुड़ता है और जुड़कर न आवाज करता है न कोई शोर, दूर जंगल में पेड़ पर लगी 'शहद के छत्ते' से टकपती शहद की मानिंद टप्प-टप-टप्प अपनी मिठास से अनुभूति के गहरे रचाव में रिश्ता 'बस' जाता है। यही बसाहट उस लेखक के रचना-संसार की खूबसूरत बस्ती होती है। इस बस्ती में कोई अजाना, कोई अकेला, कोई निःसंग नहीं होता। निर्मल वर्मा एक खामोश तबीयत के रचनाकार रहे हैं। उन्हें कभी अपने को आगे बढ़कर अपने वजूद को सिद्ध करने की जरूरत नहीं पड़ी। वे किसी खेमे में तम्बू ढूँढ़ते नजर नहीं आए, वे उनकी रचनाएँ स्वयं अपना कथन थीं जो सभी के साथ थीं। खेमों की सूलियों पर चढ़ी रचनाओं को उनके पात्रों को निर्मल वर्मा 'फिल्ड हॉस्पीटल' थे। हम आप या कोई भी उनसे या रचनाओं से सहमत या असहमत हो सकता है–यदि हमारे आपके पास खेमों के हथियार थे तो उन्हें कोंचने से चूके भी नहीं बावजूद उनकी स्वीकार्यता बनी रही–कहीं बहुत अंदर तक, साहित्य के फैलाव में वे बाढ़ का फैलाव नहीं थे उजाड़ का फैलाव नहीं 'सिंचाई' का फैलाव थे। *वे दिन* उपन्यास की खामोशी और सन्नाटा निस्तेज सन्नाटा नहीं है वह पूरी की पूरी दुनिया का अपना निजीपन है। *एक चिथड़ा सुख* में उपन्यासकार लिखता है "ऐसे लोग अपने से बहुत नफरत करते हैं, इसलिए वे अपने को छोड़ देते हैं। वे कुछ और बन जाते हैं...।" (पृष्ठ 99)

"अब मनुष्य को ये महसूस होने लगा कि वो सभ्यताओं में तो रहता है, समाज में भी रहता है, समाज का भी अंग है, शहर में भी रहता है, भीड़ में भी रहता है, लेकिन क्या कहीं वो अपने निर्णयों के लिए स्वयं उत्तरदायी है, स्वयं जवाबदेह है और उसमें वो बिल्कुल अकेला है।" ('संवाद और हस्तक्षेप', पृष्ठ 17) निर्मल वर्मा की चिंताएँ व्यक्ति के निजीपन के साथ उस विशाल फलक की रही हैं जिसमें इंसान 'स्वयं' होकर व्यापक बनता है। "वैयक्तिकरण, लोकतंत्र चेतना और सेक्युलराइजेशन जिसे मैं धर्मनिरपेक्षता नहीं कहूँगा क्योंकि धर्म से आशय बिल्कुल अलग है ये तीन महान परिवर्तन हमें उन्नीसवीं शताब्दी और बीसवीं शताब्दी के समस्त महान उपन्यासकारों के औपन्यासिक और कलात्मक चिंताओं के केंद्र में दिखाई देते हैं।" ('संवाद और हस्तक्षेप', पृष्ठ 18–पावस व्याख्यानमाला–सन् 2000, भोपाल) धर्मनिरपेक्षता तथा संस्कृति को लेकर उन्होंने काफी गहन चिंतन मनन किया था–इस चिंतन ने आज के हालातों पर गहरे सवाल खड़े किए थे काश उनके जीते जी उस पर रचनात्मक आलोच्य दृष्टि डाली जाती तो 'सामाजिक इंजीनियरिंग' में हमें उच्च स्तरीय 'सिमेंट' मिलती। निर्मल जी की 'सिमेंट' है वो अपने होश ओ हवास में उपस्थित है। निर्मल वर्मा हमारे बीच नहीं हैं–"भागते हुए लगा जैसे आने वाली उम्र में आगे इसी तरह भागते रहेंगे। लेकिन आज वह खेल के मैदान में सहसा रुक गए थे। बरसों बाद वैसी आवाज फिर सुनाई दी थी। इस बार सचमुच उन्होंने जब मुड़कर देखा था, तो वहाँ कोई नहीं था। बच्चे अपने घरों की तरफ चले गए। वहाँ सारा मैदान खाली पड़ा था।" (ज्ञानोदय के अगस्त, 2005 में प्रकाशित *अब कुछ नहीं* कहानी से, पृष्ठ 20) वाकई निर्मल वर्मा हमारे बीच नहीं हैं लेकिन क्या ये कह सकते हैं कि वाकई वे नहीं रहे?

बिछोह के क्षण हमसे रूबरू हैं। इस बिछोह में निर्मल वर्मा की वापसी संभव नहीं है। लेकिन बतौर इंसान, बतौर पाठक, लेखन से वास्ता रखने वाली विरासत का अदना-सा हिस्सा अपने में पाता हूँ...ऐसा रिश्ता–ऐसा रिश्तेदार चला गया जो हमारे पक्ष-विपक्ष के बावजूद 'स्वीकार' था।

इस संदर्भ में मीडिया के बारे में क्या कहें–मीडिया चाहे इलेक्ट्रॉनिक मीडिया हो या प्रिंट मीडिया अंततः वह लेखन और साहित्य तथा पत्रकारिता की ही विधा है। उसकी चिंता अब न साहित्य है न इंसानी रिश्ते, वे बाजार के हैं शेष सब उपभोक्ता। कुछ समय हुआ तमिल लेखक डी. जयकांतन को दिए गए 'ज्ञानपीठ सम्मान' के समाचार, चित्र के लिए न चैनलों पर जगह थी न अखबारों में–क्योंकि जयकान्तन का पचास वर्षीय साहित्यिक अवदान–बाजार में ग्राहक नहीं है–उत्पादन का विज्ञापन नहीं है। जयकांतन का क्रियाकलाप विरासत, समाज, इनसान है, ये सब अब पूँजी, बाजार, अर्थशास्त्र से बाहर है अतः गैर लाभ की चीज है 'लाभ ही शुभ' शेष अशुभ? भला हो एक-दो चैनलों का जिसमें एक-दो साहित्य प्रेमी लोग गलती से हैं इसलिए

निर्मल वर्मा जी का समाचार मिल गया। वरना निर्मल वर्मा के दिवंगत होने से अब किसे फर्क पड़ता? अखबारों से साहित्य, कला के पृष्ठ गायब हो गए हैं। वहाँ किसी हीरोइन के ठेठ पारिवारिक, आर्थिक झगड़े पर घंटों, दिनों, हफ्तों, महीनों तक चर्चाएँ हैं, चित्र हैं, घोषणाएँ हैं, यह चैनलों पर इस तरह छाया है गोया विश्व की सबसे बड़ी त्रासदी हो, महान समाचार हो।

क्या कहें वाकई निर्मल वर्मा,
क्या कहूँ क्या लिखूँ आपको याद कर रहा हूँ—याद रहेंगे...हमेशा,
मेरी श्रद्धांजलि...

आने वाली पीढ़ी के लिए

कमल कुमार

निर्मल जी अपने बड़े लेखक होने से सामने वाले को आतंकित नहीं करते थे। उनमें एक खामोश-सी सरलता थी। आई.आई.सी. में लाइब्रेरी या लॉज के पास अक्सर मिल जाते थे, सोचते हुए से अकेले बैठे हुए। अपने से संवाद करते हुए। एक समझदार पाठक की तरह ऐसे में उन्हें डिस्टर्ब करना ठीक नहीं, सोचकर नहीं भी मिलती थी। हमेशा वेल्ड्रेस्ड निर्मल जी आमना-सामना होने पर बढ़कर अभिवादन स्वीकारते थे। एक दिन यूँ ही, आई.आई.सी. के लॉज में बाहर बैठे थे। उन्होंने चैक की कमीज पहनी थी। पता नहीं कैसे अनायास मैंने कंप्लीमेंट दिया था तो वह अपनी निर्मल वर्मा की मुद्रा में झेंप से गए थे। टुकड़ों-टुकड़ों में उनके और मेरे बीच एक लंबा परिचय समय रहा है। जहाँ मैंने उन्हें एक व्यक्ति, लेखक और विचारक के रूप में जाना। निर्मल जी को *कव्वे और काला पानी* पर साहित्य अकादमी का पुरस्कार मिला था। मुझे दूरदर्शन पर 'पत्रिका' कार्यक्रम के लिए उन्हें इंटरव्यू करना था। मुझे लगा था कैमरे के सामने जाने से पहले उनसे अनौपचारिक रूप से मिलना जरूरी है। उनसे मिली तो यह धारणा दृढ़ हुई थी कि निर्मल जी भी अज्ञेय की ही तरह गंभीर चिंतक और विचारशील व्यक्ति हैं। साथ ही यह भी समझ गयी थी कि यह व्यक्ति 'हाईली अलर्ट' है और इसमें 'प्रजेंस ऑफ माइंड' भी उतनी ही है। पूछे गए सवाल का सीधा और सारगर्भित उत्तर देता है। इन्हें इंटरव्यू करने के लिए एक विशेष भीतरी अनुशासन की जरूरत पड़ेगी। रेडियो के लिए आकाशवाणी के 'साहित्यिकी' कार्यक्रम में उनका एक घंटे का साक्षात्कार लेना था मुझे। इस कार्यक्रम में श्रोताओं की उपस्थिति भी रहती थी। दोनों ही कार्यक्रमों में निर्मल जी से बहुत सवाल पूछे थे—उनके साहित्य को लेकर, उनके व्यक्तित्व के बारे में और साहित्यिक विवादों पर। उन्होंने दो टूक जबाव दिए थे।

निर्मल जी चिंतक, विचारक और कथाशिल्पी थे। उन्होंने गद्य की बहुत-सी

विधाओं में लिखा। कहानी, उपन्यास, यात्रा-वृत्तांत, डायरी, संस्मरण, निबंध इत्यादि सभी में उनका लेखक लीक से हटकर था। उनका कथा-साहित्य और उनके पात्र आपसी रिश्तों की कहानियाँ कहते हैं। उनमें रिश्तों के भीतर की नमी सूख जाने का दर्द है। उससे उपजी उदासी है। स्वार्थी उदासीनता जो अपनों के भीतर पनप रही है उसे वह पाप कहते हैं। निर्मल जी की व्यक्तिवादी चेतना निर्वासित चेतना नहीं थी। उसमें समाज की समाविष्टि भी थी। निर्मल जी ने अपने लंबे प्रवासकाल में बौद्धिकता और आधुनिकता को अपने भीतर आत्मसात किया था। इसलिए इसके पक्ष और प्रतिपक्ष दोनों के प्रति उनकी दृष्टि साफ थी। व्यक्ति और समाज के बीच द्वंद्व और अंतरालों के प्रश्नों को उन्होंने अपने निबंधों में उठाया है। उनकी लेखकीय चेतना में सामाजिक संघर्ष का नाद तो था ही। पश्चिम प्रवास में भी पश्चिम उन पर कभी हावी नहीं हुआ बल्कि और अधिक भारतीय जीवनदर्शन को समझ सके। *धुंध से उठती धुन* के निबंधों में उन्होंने धर्म, संस्कृति, भारतीयता, सांप्रदायिकता जैसे विषयों पर गहन चिंतन-मनन किया और अपने पारदर्शी निष्कर्ष भी दिए। भारतीय संस्कृति को समझना हो तो उसकी गहनता में ही समझा जा सकता है। भारत की सांस्कृतिक अस्मिता, सामूहिक सांस्कृतिक गंध के भीतर से दृश्यमान होती है। भारतीय सभ्यता और संस्कृति में जीवन की लय है एक समग्रता का भाव है जो उसे अखंड बनाता है। भारतीयता बोध जीवन से रचा-पचा है। उसे खंडित करके धर्म, राजनीति, राष्ट्रीयता और टुकड़ों में बाँटकर नहीं देखा जा सकता। यह एक तरह का समग्रताबोध है। धार्मिक बोध को निर्मल जी ने सांस्कृतिक परंपरा की धरोहर कहा। धर्मनिरपेक्षता को वह पश्चिम की झूठी नकल मानते हैं। धर्म परिवेश की पवित्रता है। हमारे धार्मिक संस्कार ही हमारे सृजनात्मक साहित्य के मूल में होते हैं परंतु धर्म को 'रिलिजन' के अर्थ में नहीं समझ सकते। धार्मिक होना सांप्रदायिक होना नहीं है। यह हमारे जीवन में जातीय स्मृति का प्रतिभागी है। इस तरह निर्मल जी ने भारतीय संस्कृति को वैश्विक स्तर पर पश्चिम के प्रतिरोध में समझा। इतिहास के परिप्रेक्ष्य में जाना इसलिए उनके निबंधों में भारतीय संस्कृति की आत्म-सजग स्वीकृति है। कला और साहित्य के सरोकारों के संदर्भ में, लेखक के धर्म और दायित्व के संदर्भ में तथा उसके स्वप्न और स्वतंत्रता के संदर्भ में अपना विमर्श प्रस्तुत किया। इसी समग्र दृष्टि के कारण निर्मल जी पर उनके अपनों ने अपनी एकतरफा सोच के कारण गोलीबारी की। परंतु निर्मल जी रचनाकार की स्वतंत्रता के पक्षधर थे। इसलिए उन्होंने अपनी स्वायत्तता और स्वतंत्रता को बनाए रखा। अपनों की उपेक्षा और आलोचना को सहा। शुरू में निर्मल जी मार्क्सवादी थे। मार्क्सवादी चिंतन ने उन्हें भारत में छुआछूत, जातिभेद के कारण असमानताओं से उपजे शोषण की ओर प्रेरित किया। बाद में उन्हें मार्क्सवाद अपूर्ण लगा। आर्थिक कारण ही जीवन में प्रमुख नहीं हो सकते। साथ ही कोई एक विचारधारा संपूर्ण नहीं हो सकती। एकमत में फँसकर लेखक का यथार्थ सीमित हो

जाता है। मतवाद लेखक के स्वाधीन चिंतन पर प्रहार करता है। उसे प्रचारक बना देता है। जीवन सत्य की अनेक पर्तें हैं। जीवन यथार्थ के अनेक पहलू हैं उन्हें मतवाद के जरिए परिभाषित नहीं किया जा सकता। इसलिए उन्होंने लिखा कि उन्हें लंदन में अच्छा लगा, पात्र नहीं। क्योंकि उनकी दृष्टि में रचनाकार और व्यक्ति की प्राइवेसी और स्वतंत्रता का महत्त्व था। यूरोप के अस्तित्ववाद ने भी उन्हें दृष्टि दी। उनके आत्मबोध को जगाया। उनके निबंधों में जातीय अस्तित्व, दर्शन, धर्म, सभ्यताओं का संतुलित संवाद और अपने समय की चिंताओं का वस्तुपरक विवेचन है। निर्मल जी के लिए सृजन एक तलाश है। अपने समय से जुड़े सवालों पर वह एक जागरूक दृष्टि से विचार करते हैं। जहाँ पूर्व और पश्चिम का अलगाव नहीं रहता। निर्मल जी यदि गाँधी, विवेकानंद, महर्षि रमण, लोहिया, जयप्रकाश नारायण पर विचार करते हैं तो रिल्के, सार्त्र, कामू, हाइडेगर पर भी सोचते हैं। पश्चिमी दर्शन ने एक फिल्टर का काम किया जिससे उन्होंने वामपंथी विचार की संकीर्णता को ही नहीं उसके मानवतावाद की छलना को भी पहचाना। शब्द और स्मृति, कला का जोखिम, ढलान से उतरते हुए, इतिहास, स्मृति और आकांक्षा, शताब्दी के ढलते वर्षों में साहित्य का आत्मसत्य निबंध देखे जा सकते हैं। इनमें रचनाकार चिंतक का वैयक्तिक स्वातंत्र्य है जो न पूर्वाग्रहों से ग्रस्त है और न पश्चिम से त्रस्त। उनके चिंतन में एक तरफ जहाँ सामाजिक-सांस्कृतिक बोध है वहाँ जीवन के शाश्वत प्रश्नों की अकुलाहट भी है।

एक पाठक के रूप में मैं निर्मल जी की भाषा से सदा आक्रांत रही। उनकी रचनाओं में प्रवेश करना एक रहस्यमय संसार में प्रवेश जैसा था। एक उदास साँझ-सी उतरती लगती और धुंध-सी छा जाती। मैंने उनसे पूछा था—आपने कविता नहीं लिखी? उन्होंने कहा था शुरू में लिखी थीं। लेकिन आप अपने गद्य में भी कविता ही तो करते हैं। आपका सारा लेखन एक लंबी कविता जैसा लगता है। निर्मल जी की भाषा ठंडी है बिना किसी उत्तेजना के धीमी गति में कविता में लिखा गद्य है। परंतु उसमें एक परोक्षता है बारिश की बूँदों की तरह धीरे-धीरे पाठक के अंतस में सीपती है। उनकी एक निजी दुनिया भी है जो उनके साथ रहकर उनके रचनात्मक संवेदनों को प्रभावित करती है। इस दुनिया में उनके दोस्त, घर, संगीत, किताबें, कविता, यात्राओं की स्मृतियाँ, बेरोजगारी के दिनों की फाकामस्ती सभी कुछ है। आप क्या लेखक ही बनना चाहते थे? पूछा था तो हँसे थे और कहा था—लेखक के अलावा मैं बहुत कुछ होने की सोचता था, जैसे टीचर, पुस्तकालय में लाइब्रेरियन और जहाज का कप्तान भी। लेकिन ऐसा कुछ नहीं हुआ। जीविका के लिए मैंने प्राइवेट कोचिंग सेंटर में पढ़ाया, चेकोस्लोवाकिया में अनुवाद किए लेकिन मूलतः मैं एक लेखक ही था। एक निश्छल-सी मुस्कान के साथ उन्होंने कहा था। निर्मल जी ने 'वेलनटाइन डे' मेरी कहानियों की पुस्तक पर अपने विचार व्यक्त किए थे। *उद्यण* कहानी प्रकाशित

हुई तो पूछा था, अस्पताल की इतनी सूक्ष्म और विस्तृत जानकारी तुम्हें कहाँ से मिली?

'माँ थी अस्पताल में उनकी देखभाल के लिए रहना होता था।' 'अच्छा।' उस अच्छा में एक उच्छ्वसित संवेदना थी। तब वह वेस्टर्न एक्सटेंशन एरिया में थे, करोलबाग में। वे अस्वस्थ थे। उन्हें देखने उनके घर गई थी। गगन गिल भी थीं। निर्मल जी इतने अच्छे दोस्त भी थे, यही नहीं सोचा था। गगन गिल में पंजाब की गर्माहट भरा आतिथ्य का भाव था। निर्मल जी अपने पीछे आने वाली पीढ़ी के लिए हरियाली के बीज रोपते जाते थे ताकि उस रास्ते पर छाया बनी रहे। यह बड़ा दुर्लभ भाव है जो अब समाप्त हो रहा है।

पिछले दिनों वे बहुत अस्वस्थ रहे। बहुत बार मन चाहा कि देख आऊँ पर संकोच बना रहा। ऐसी स्थिति में मिलने आने वाले कितनी असुविधा उत्पन्न करते हैं यह जानती हूँ। कई बार घर पर फोन किया यह सोचकर कि घर आ जाएँ तो एक बार जाकर मिल लूँगी। लेकिन फोन नहीं मिला। इस दौरान वह कई बार अस्पताल में भर्ती हुए। कई बार घर आए। एक दिन फोन मिलाया तो निर्मल जी ने ही उठाया। मैंने हिचकिचाहट के साथ कहा था, आपसे मिलना चाहती हूँ। क्या मैं आपके घर आ जाऊँ थोड़ी देर के लिए। 'आ जाओ' संक्षिप्त-सा उत्तर था।

यह उनसे पहली अनौपचारिक भेंट थी। शंकर मार्केट के बस स्टॉप पर खड़े थे। मेरे साथ गुलमोहर पार्क तक आए थे। रास्ते भर वह मेरी जिज्ञासाओं के साथ रहे। छोटी-छोटी सहज बातचीत के बीच एक बड़े ही निर्मल भाव से। मेरे घर, बच्चों और मेरी नौकरी को लेकर एक आत्मीय-सा संवाद बना था। इतना सब एक साथ करने और मेरे लेखन में निरंतर बने रहने पर उन्होंने खुशी जाहिर की थी जिसमें एक शाबाशी का भाव भी था। मैंने कहा था मैं अंदर छोड़ दूँगी उन्होंने नहीं माना था। मुख्य सड़क पर ही उतर गए थे, इतना घूमकर जाना पड़ेगा। मैं यहाँ बीच से निकल जाऊँगा। यह उनकी संवेदनशीलता ही थी। मेरा कविता संग्रह *सूर्य देता है मंत्र* प्रकाशित हुआ था। उसे कूरियर से गगन और निर्मल जी के नाम से भेज रही थी। पुस्तक को लिफाफे से निकाल लिया कि खुद ही जाऊँगी तो अपने हाथ से उन्हें दूँगी। ऐसे ही लगभग महीना निकल गया और मैं जा ही नहीं सकी। ...तभी समाचार-पत्र में खबर पढ़ी तो एक धक्का-सा लगा। मैं क्यों नहीं गई? यह उनसे मेरा आखिरी संवाद था।

मेरे रचनाकार को अज्ञेय और निर्मल जी दोनों ने सम्मोहित किया और मेरी संवेदना को समृद्ध भी। अज्ञेय की तरह वह भी अपने मौन में अद्वितीय थे। पर उनमें एक आत्मीय गर्माहट भी थी जो सहज रूप से भेंटती भी थी। उनका मौन उनके साहित्य में मुखर होता रहेगा और उनकी आत्मीय गर्माहट आने वाली पीढ़ियों को आश्वस्त करती रहेगी।

फूल मरे पर मरे न बासू

सत्यप्रकाश मिश्र

ऐसे रचनाकार कम हैं जिनकी रचनाओं में हिंदी भाषा की जीनियस अभिव्यक्ति होती है। निर्मल वर्मा उन्हीं में से थे। एक अर्थ में निर्मल भाषा को कमाकर उसे ही उपादान और निमित्त दोनों बना देने वाले रचनाकार थे। यही कारण है कि एक गहन सांकेतिकता और आत्मस्थ चिंतनशीलता किसी बाह्य मूल्य के लिए नहीं, बल्कि रचनागत मूल्य की निर्मिति के लिए उनकी कहानियों और निबंधों में रक्त प्रवाह की तरह है। ऐसे रचनाकार की मृत्यु संबंधों के कारण तो मुझे विचलित करती ही है, हिंदी समाज के सदस्य के रूप में और भी तकलीफ देती है। निर्मल जी से सन् 1972 में पहली बार परिचय हुआ जब मुझे उनके साथ रिक्शे में नरेश मेहता के घर जाने का अवसर मिला। रास्ते में 'परिमल' और इलाहाबाद के साहित्यिक वातावरण के बारे में चर्चा होती रही। इसके बाद संपर्क प्रायः बना रहा। *दिनमान* के लिए कुंभ की रिपोर्टिंग के सिलसिले में जब वे इलाहाबाद आए, लक्ष्मीकांत वर्मा और मैं, उन्हें कुंभ के जीवंत अनुभव के लिए प्रसिद्ध संत सच्चा बाबा के कुंभ स्थित आश्रम में ले गए। वहाँ उन्हें कुटी दी गयी। खाने के लिए विशिष्ट अतिथि के रूप में देशी घी मिला भरपूर गरिष्ठ खाना दिया। वे अस्वथ हो गए। सुबह उनकी खोज में जब लक्ष्मीकांत जी गए तो वे अस्वस्थ थे। उन्हें लाकर सिविल लाइंस के यात्री निवास में ठहराया गया। वे वहाँ से ही मेले में आते थे। इसी मेले की एक रपट है 'सुलगती टहनी'—फिक्शन और रपट दोनों। मेले के इस साथ में निर्मल के संकोची और शीलवान् व्यक्तित्व का निकट से अनुभव हुआ। मितभाषी निर्मल जी बातचीत से कम मुस्कराहट, हँसी और 'अच्छा' से अधिक बात करते थे। उनकी हँसी कभी तो निश्छल, सहज, भोली अभिव्यक्ति लगती थी और कभी 'लीला'। सामने वाले को अपनी इस रहस्यमय मुस्कराहट और खिलखिलाहट भरी हँसी से सम्मोहित भी करते थे। उनकी बातचीत और कृति में भाषिक संरचना मुझे एक ही प्रकार की लगती है।

लगभग 53 वर्षों के लेखन में निर्मल वर्मा ने हिंदी साहित्य को क्या दिया और हिंदी के एक लेखक के रूप में भारतीय साहित्य को क्या दिया? यह गहरे विवेचन का विषय है। निर्मल ने प्रदत्त साहित्य समयों और संस्कृति समयों से अलग हटकर अपनी स्मृति के माध्यम से उसके भीतर ही तत्वतः मैं और हमको स्वीकार करते हुए स्मृति और आकांक्षा के गर्म संधि की खोज की है। इस संधि बिंदु पर केंद्रित होने के कारण बाहरी और भीतरी दुनिया एक-दूसरे के सामने रखे हुए दर्पण की तरह एक-दूसरे को प्रतिच्छायित करती है। यह स्थिति रचना को कलाकृति में बदल देती है। वे इस समय एकमात्र ऐसे गद्यकार हैं जिनकी भाषा ही रचना है। उनकी कहानियों में चरित्र, देश और काल सभी मिलकर एक ऐसा लोक रचते हैं जिसके धरातल या केंद्र का पता ही नहीं चलता है। डॉ. नामवर सिंह ने उनके पहले कहानी संग्रह को नयी कहानी का पहला संग्रह मानते हुए लिखा है कि इन कहानियों को पढ़ते समय एक नए गद्य से परिचय होता है। अपने प्रयोजन के लिए बनाया हुआ लेखक का अपना गद्य। संभवतः कहानी का गद्य इतना संवेदनशील तो पहले कभी नहीं था। या तो भावोच्छ्वसित गद्यकाव्य का या नितांत कामकाजी। *परिंदे* को देखकर लगता है कि भाषा के क्षेत्र में जो काम इतने दिनों में प्रयोगशील कविता भी न कर सकी उसे अंततः कहानी के गद्य ने कर दिखाया—कहानी : नई कहानी। उनके कला जगत में घुसने का विकल्प तो पाठक के पास रहता है निकलने का नहीं। और निकलने पर न तो वह वही रहता है जैसा रचना में प्रवेश करते समय था और न यह टेक्स्ट ही वही रहती है जो उसके निकलने के पूर्व थी। निर्मल वर्मा की कहानियों, उपन्यासों और निबंधों में प्रवेश करने वाले पाठक की स्थिति युधिष्ठिर के यज्ञ में आए धर्म रूप उस नेवले की होती है जो अर्द्ध स्वर्णकाय लिए यज्ञ प्रति यज्ञ इसलिए भटकता रहता है कि पूरी काया ही कंचन की हो जाय। उनकी रचनाओं में प्रगीतात्मक महाकाव्यात्मकता मिलती है जो अजीब प्रकार का पैराडाक्स पैदा करती है। भारतीय दर्शन और साहित्य में अनुभवेकगम्यता या संवेदनात्मक ज्ञान को अभिव्यक्त करने की यह एक अद्भुत परंपरा रही है।

निर्मल वर्मा ऐसे रचनाकार हैं जिनकी चिंता संस्कृति, कला, स्वतंत्रता, इतिहास और स्मृति तथा सच और आदि के प्रश्नों में परंपरागत दृष्टि से नितांत भिन्न है। प्रकृति और स्वयं मनुष्य-से-मनुष्य के दोहरे पतन को आज के मनुष्य अलगाव संकट का कारण मानते हैं और यह भी मानते हैं कि उसकी शंकाओं और संकटों का उत्तर भी उस स्मृति में लौटे बगैर नहीं हो सकता जो अनेक संस्कृतियों और सभ्यताओं के मरने के बाद भी मनुष्य की स्मृति में विद्यमान है। उनके अनुसार कलाकृति या रचना बगैर स्मृति में लौटे नहीं हो सकती। यह लौटना काल यथार्थ भाषा और विवेक के इतिहास के चौखटे वाली दृष्टि के निर्णय पर आधारित है। काल की चिरंतनता उनके अनुसार कला की अनिवार्यता है। हर कलाकृति या रचना एक अर्थ में जिज्ञासा शांत नहीं करती है बढ़ाती है। कला का सत्य सिर्फ एक संभावना है मनुष्य के पशुवत

अस्तित्व और उसके अपरिभाषित मानवीयता के बीच एक शाश्वत प्रश्न जबकि बाकी सब धर्म संस्कृतियों और विचारधाराएँ उसके मनुष्यत्व को स्वीकार करके चलती हैं जिसमें संदेह और शक की कोई गुंजाइश नहीं। इसलिए जब कला को संस्कृति का अंग माना जाता है तो सिर्फ इस अर्थ में कि संस्कृति ने अपने बने बनाए उत्तरों की व्यवस्था के बीच इतनी खाली जगह छोड़ दी है जहाँ उन प्रश्नों और शंकाओं को भी समाया जा सके जो हर महत्त्वपूर्ण कलाकृति अपने समय में जीवन की अर्थवत्ता के बारे में उठाती है। कला के सत्य इसी अर्थ में सार्वभौम और शाश्वत होते हैं, क्योंकि वे मनुष्य के बारे में किसी अंतिम और अखंडनीय अवधारणा पर आधारित नहीं होते हैं। हर संस्कृति के आत्मबिंब इन्हीं अवधारणाओं को लेकर बनते हैं जबकि कलाकृति का सत्य बार-बार इन आत्मबिंबों की माया और छलना को भेदता है। (*इतिहास स्मृति आकांक्षा*)

निर्मल वर्मा के अनेक निबंधों और रचनाओं में मनुष्य की चिंता गहरे अर्थ में वर्तमान से जुड़कर अनेकमुखी और वैश्विक हो जाती है। उनकी रचनाओं में इसी अर्थ में महाकाव्यात्मक प्रश्न और शंकाएँ भी मिलती हैं और आत्मवाची अनुभूतियों का कंपित प्रकाश भी, जिसे एक प्रकार की प्रगीतात्मक सघनता कह सकते हैं। भावना और चिंतनशीलता का यह उलझाव, बहुत ही कम रचनाकारों में पाया जाता है। मनुष्य को अपनी रचनाओं में उसके पुण्य और पाप, आत्मबिंब और पाप, आत्मबिंब और आत्मछलनाओं, संपूर्णता की कामना और कमियों की निरंतर प्रतीति आदि के संदर्भ में कालबद्ध दृष्टि से ही नहीं बल्कि निरवधि काल की दृष्टि से देखते हैं। हिंदी में इस समय ऐसा कोई लेखक नहीं जो मनुष्य को ब्रह्मांड के अपरिमित विस्तार में देखता हो। उनकी कहानियों में इसीलिए काल से स्थगित काल और अकाल की प्रतीति मिलती है—कुछ उद्धरणों से शायद बात स्पष्ट हो जायगी।

लगता है, वह टब के पानी में अपनी नंगी देह पसोर लेटी है बीच में कुछ भी नहीं है, कोई घटना नहीं घटी है। जो बीता है, जो कुछ भी घटा बढ़ा है, वह सब पानी के ऊपर है। (*मायादर्पण*)

उनकी रचनाओं को पढ़ते समय हम रचना के समय में होते हैं। *परिंदे, जलती झाड़ी, कव्वे और काला पानी, अँधेरे में, एक रात का मेहमान* आदि कहानियाँ और *वे दिन, लाल टीन की छत*, तथा *एक चिथड़ा सुख* और *रात का रिपोर्टर* में पाठक की यात्रा तो शुरू होती है विद्यमान काल से और रचना में धीरे-धीरे वह पहुँच जाता है जहाँ एक स्तर पर रचना और पाठक दोनों की प्रतीतियाँ विलयित हो जाती हैं और रह जाता है रचना का चरम सुख जिसे रोलाबार्थ ने 'प्लेजर ऑफ टेक्स्ट' कहा है। प्रसिद्ध दार्शनिक रामचंद्र गाँधी ने *कव्वे और काला पानी* के बारे में जो कहा है वह उनकी सभी रचनाओं पर लागू होता है कि "पिछले कुछ वर्षों से मैं उन प्रतीकों की खोज में हूँ जो इस शताब्दी के सत्य को पकड़ते हों और इस शताब्दी से आगे

जहाँ जाना है वहाँ तक एक प्रकार का पुल बाँधते हैं। मुझे लगता है यह कहानी ऐसे प्रतीक हमें प्रदान करती है" (पूर्वग्रह 97)। लेकिन इस सुख में अंततः संशय का एक तीर बिंधा रहता है जो पाठक या श्रोता को बार-बार अनेक पाठों की ओर भटकाता है—जो उनकी रचनाओं का दूसरा गुण है। *रात का रिपोर्टर* इस अर्थ में नवीन है कि शैली की दृष्टि से बहुकेंद्रीय लगता हुआ भी यह मूलतः एक केंद्रीय रचना है परंतु इसका कथ्य व्यापक मानवता के उस प्रश्न से जुड़ा है जो विचारधाराओं, मर्यादाओं और कानून व्यवस्था के नाम पर आपात्काल के रूप में किसी समाज पर नैतिक और औचित्यपरक बनाकर लादे जाते हैं। उनके क्या परिणाम होते हैं और किस प्रकार वे पूरे समाज को यातनागृह या अस्पताल से बदतर बना देते हैं कि न वह वर्तमान में लौट पाता है और न अतीत में शाश्वत रह सकता है। इस अर्थ में प्रेम, स्वतंत्रता, प्रकृति, सामाजिक संबंध, वास्तविकता बोध, सुख-दुःख, भाव-आतंक, सामान्य-असामान्य, गृहस्थ-संन्यासी, राग-विराग आदि नए अर्थों से दीप्त होकर अपनी चमक से जहाँ अपनी अर्थवत्ता को अत्यधिक प्रकाश के कारण अस्पष्ट बनाते हैं वहीं अँधेरे में छिपे अज्ञात रहस्यों और गतिविधियों के दबे-ढके-मुने रूपों, ढूहों और अवशेषों को उजागर भी करते हैं। वे नैतिक-अनैतिक, पाप-पुण्य, धर्म-अधर्म के प्रश्नों को नए सिर से उकसाते हैं और मनुष्य की नीयत और व्यवहार से उत्पन्न द्वंद्व और तनाव को अधिक गहरा बनाते हैं इसलिए छोटा होते हुए भी यह उपन्यास अत्यंत महत्त्वपूर्ण है क्योंकि यह शताब्दी के सत्य को ही नहीं उसके बाद की संभावना को भी संकेतित करता है। स्थिति विशेष से उत्पन्न संकट और बेगानेपन को इतनी अधिक गहराई से व्यक्त करने के बावजूद प्रेम, शेष लोगों से जुड़ने की कामना, यातना में रहकर दूसरों की यातना और कष्ट को समझने की अंतर्दृष्टि इस उपन्यास को ऋणात्मक और धनात्मक दोनों रूप में मूल्योन्मुखी बनाती है। इसीलिए *रात का रिपोर्टर* समग्रता में उपन्यास के विकास की दृष्टि से भी महत्त्वपूर्ण उपन्यास है। विसंगतियों का आश्चर्यजनक विन्यास इसे बड़ा उपन्यास बनाता है। इसमें अघोषित और अघोष्य सच्चाई इस चतुराई से पेबस्त है कि जितना ही ध्यान से हम इसे पढ़ते हैं उतना ही अधिक प्रश्नों के उत्तर असंभव से प्रतीत होते हैं। स्थिति के कारण उत्पन्न परिस्थिति अंततः मानव नियति के अभिशप्त पहलू की ओर ही संकेत करती है जो उसके निषिद्ध फल चखने के कारण है। इस अर्थ में वह रिपोर्टर की रात नहीं बल्कि *रात का रिपोर्टर* है।

इन्हीं गहरी संवेदनात्मक उधेड़बुनों के कारण हिंदी कथा-साहित्य में मानव अस्तित्व की चुनौतीपूर्ण स्थितियों और संभावनाओं को संकेतित करने वाले वे ऐसे रचनाकार हैं जिनमें भाषामात्र की जीनियस हिंदी के माध्यम से पल छिन अवतार लेती लगती है। प्रसाद, निराला, अज्ञेय और शमशेर की सृजनात्मक चिंताओं को उनके समग्र कृतित्व में एक साथ देखा जा सकता है।

अप्रतिम शैलीकार

नीलाभ

हालाँकि बहुत से साहित्यकारों से मेरी जान-पहचान उनकी रचनाओं से परिचित होने के पहले हुई, मगर निर्मल जी उनमें से नहीं थे। निर्मल जी से मेरी पहली मुलाकात उनकी कहानियों, उनके पहले उपन्यास *वे दिन* और *चीड़ों पर चाँदनी* के लेखों से परिचित होने के बाद हुई। इसका एक कारण तो यह था कि निर्मल जी का इलाहाबाद आना बहुत कम हुआ, दूसरी वजह यह थी कि वे एक लंबा अरसा विदेश में रहे। विदेश से वापसी के बाद भी, जब वे बाकायदा दिल्ली में रहने लगे, तब भी वे उन लेखकों में से नहीं थे, जिनसे दिल्ली जाने पर मेरी अक्सर मुलाकात होती थी। यानी हम दोनों के 'दायरे' अलग-अलग थे। जहाँ तक मुझे याद पड़ता है, गालिबन सन् 70 या 71 की बात है, मैं दिल्ली गया हुआ था, जब एक दिन अपने मित्र पंकज सिंह और मुजफ्फरपुर से आए हुए कवि राजेंद्र प्रसाद सिंह के साथ चाँदनी चौक में घूमते हुए अचानक निर्मल जी से मिलने का कार्यक्रम बन गया था। निर्मल जी तब तक *लवर्स, परिंदे* और *लंदन की एक रात* सरीखी चर्चित कहानियाँ और *वे दिन* जैसा उपन्यास लिख चुके थे, लंबे विदेश प्रवास के बाद हिंदुस्तान लौट आए थे, चेकोस्लोवाकिया में रूसी हस्तक्षेप के विरोध में कम्यूनिस्ट पार्टी का संग-साथ छोड़ चुके थे, अपनी पहली पत्नी से अलग हो चुके थे और 14-वेस्टर्न एक्सटेंशन एरिया के मकान की सबसे ऊपरी मंजिल पर, जो शायद वैसी ही बड़ी बरसाती थी जैसी उन दिनों दिल्ली के आम दुमंजिला मकानों के ऊपर पायी जाती थी, तनो-तन्हा रहते थे। मकान शायद उनके भाई का था और एक लंबे अर्से तक निर्मल जी का पता रहा। निर्मल जी से न मिल पाने का एक कारण तो यह था कि वे एक बहुत सीमित और चुने हुए दायरे में रहते थे, स्वभाव से बहुत खुले और आगे बढ़कर मिलने वालों में से नहीं थे। मगर एक कारण शायद यह भी था कि चेकोस्लोवाकिया के प्रश्न पर उनका रुख और रवैया कुछ ऐसा था, जिनसे उनके दक्षिण पंथी होने की गंध

आती थी, इसलिए उनकी रचनाओं का प्रशंसक होने के बावजूद कभी आगे बढ़कर निर्मल जी से निकटता कायम करने की इच्छा मन में नहीं जागी। अगर राजेंद्र प्रसाद सिंह की पहलकदमी न होती तो शायद निर्मल जी से वह मुलाकात और टल जाती।

खैर, निर्मल जी बड़ी शाइस्तगी से मिले, जो बाद में पता चला कि हस्बमामूल थी, और हम लोग दो-तीन घंटे तक उनसे गप-शप करते रहे। राजेंद्र प्रसाद सिंह तो हमेशा की तरह साहित्य के 'मारे हुओं' में थे, सो वे अत्यंत गंभीरता से निर्मल जी के साथ 'वार्तालाप' करते रहे। मेरे लिए यह अपनी ही बिरादरी के एक और निस्बतन अनोखे, शख्स को जानने का अवसर था। क्या कुछ कहा-सुना गया, यह तो आज लगभग पैंतीस बरस बीत जाने पर याद नहीं, अलबत्ता कुछ छवियाँ जरूर स्मृति में अंकित रही आयी हैं। पहली तो यह कि निर्मल जी किंचित सानुनासिक स्वर में बहुत धीमे और बहुत आहिस्ता बात करते थे। यूँ वे बातें कम करते थे, सुनते ज्यादा थे। हँसते समय वे एक हाथ से मुँह ढँक लेते थे। शायद इसलिए कि उनके सामने के दाँत ऊबड़-खाबड़ थे और उन पर अधिक सिगरेट पीने से निकोटीन की एक गहरी परत चढ़ी हुई थी। निर्मल जी की सुंदर, सौम्य मुखाकृति के साथ उनकी दंतावली मेल नहीं खाती थी और शायद निर्मल जी को इसका एहसास भी था।

उस पहली मुलाकात की दूसरी बात, जिसने मेरा ध्यान खींचा था, वह उनके कमरे की सादगी थी। अर्से तक विदेश में रहने का कोई चिह्न वहाँ दिखायी नहीं देता था। मुझे याद है, हम लोग नीचे चटाई पर ही बैठे थे। कमरे में किताबें ज्यादा नहीं थीं, मगर जो थीं वे नफासत से सजी हुई थीं। दिलचस्प बात यह थी कि कथाकार होने के बावजूद निर्मल जी के यहाँ ज्यादा तादाद कविता पुस्तकों की थी। इसके बारे में मैंने उनसे पूछा भी था और उन्होंने उसी नरम लहजे में बताया था कि उन्हें कविताएँ पढ़ना पसंद है। एक आखिरी बात, जो उस मुलाकात की याद रही है, पत्र-पत्रिकाओं का वह ढेर है, जो उनके कमरे के बाहर एक ओर को खुले में धूप-हवा बारिश झेलते पड़ा था। शायद रद्दी में बिकने के लिए कबाड़ी के इंतजार में। पत्र-पत्रिकाएँ एक-दूसरे के ऊपर बेतरतीबी से फिंकी हुई थीं, इसलिए यह भी गुमान होता था कि वे कबाड़ी नहीं, कूड़े में फेंके जाने का इंतजार कर रही हैं। सारी सादगी और नफासत के बावजूद कमरे में एक विचित्र सी वीतरागता और उदासी थी, जैसी अमूमन तपस्वियों के कमरों में झलकती है। निःसंग, रुक्ष और निर्लिप्त।

इस पहली मुलाकात के बाद फिर अर्से तक निर्मल जी से मिलना नहीं हुआ। मैं खुद चार वर्ष बी.बी.सी. में रहा। एक हल्की-सी भेंट वहीं लंदन में बी.बी.सी. के स्टूडियो में हुई जब निर्मल जी इंटरव्यू रिकार्ड कराने आए। उसके बाद मेरे लौट आने पर दिल्ली में यदा-कदा किसी साहित्यिक आयोजन में भेंट हो जाती। यह निर्मल जी की खूबी थी कि वे उसी स्नेह से मिलते और यह एहसास कभी न कराते कि हम इतने अर्से बाद मिल रहे हैं। उनकी रचनाएँ मैं उसी तरह पढ़ता रहा, जैसे पहले

पढ़ता था। *वे दिन* के बाद निर्मल जी का केवल एक उपन्यास–*रात का रिपोर्टर*–मैं पूरा पढ़ पाया, बाकी मुझसे चले नहीं। लेकिन उनकी कहानियाँ और लेखों की बात भिन्न थी। निर्मल जी दरअसल एक शैलीकार थे और उनका गद्य उनकी सधी हुई हुनरमंदी का नमूना *लंदन की एक रात* और विदेशी पृष्ठभूमि को लेकर लिखी गयी कुछ रचनाओं को छोड़ दें तो निर्मल जी की ज्यादातर कहानियों में आर्थिक तनावों से किंचित मुक्त शहरी मध्यवर्ग के लोगों के आपसी संबंधों का, संबंध-विच्छेदों का, तनावों और लगावों का चित्रण है। निर्मल जी अपनी कहानियों में वातावरण निर्मित करने में माहिर थे और भाषा का लगभग उसी तरह इस्तेमाल करते थे जैसे एक सितार या सरोदवादक आरोह-अवरोह, द्रुत-विलंबित का इस्तेमाल करता है, अकारण नहीं कि जहाँ एक ओर निर्मल जी को तॉल्सतॉय पसंद थे, वहीं दूसरी ओर रेणु, जैसा कि उन्होंने साहित्य अकादेमी में अपनी प्रिय पुस्तकों का उल्लेख करते हुए बताया था। *रात का रिपोर्टर* में भी वातावरण निर्माण की यही खूबी थी जो आपात्काल के दहशत-भरे माहौल को मूर्त कर देती है। यह ठीक है कि बाहर की दुनिया में चल रहे व्यापक संघर्षों की कोई छवि उनकी कहानियों में नहीं है। वह सांकेतिकता से काम लेते हैं और जिस दायरे तक खुद को सीमित रखते हैं, उसे पूरी खूबी से चित्रित करते हैं। चाहे वे *बीच बहस में* जैसी कहानी में पिता-पुत्र संबंध हों या *सूखा* जैसी कहानी में स्त्री-पुरुष संबंध। उनकी अंतिम कहानी में भी जिसका पाठ उन्होंने इलाहाबाद संग्रहालय में किया था बँटवारे की विराट घटना पृष्ठभूमि में किसी आसन्न विपत्ति की तरह, क्षितिज पर डोलते मेघ-मंडल की तरह मँडराती रहती है और फलक पर उन लोगों के आपसी संबंधों के चित्र एक के बाद एक उभरते चले आते हैं, जिन्हें बँटवारा एक-दूसरे से जुदा कर देने वाला है।

निर्मल जी के लेखों की बात बिल्कुल अलग है। वहाँ एक भिन्न प्रकार की चिंतनशीलता है, भले ही आप निर्मल जी के विचारों से सहमत हों या असहमत। इसमें कोई शक नहीं है कि पूरब और पश्चिम की टकराहट से जो समाज हमारे यहाँ बन रहा है, जो अपनी जड़ों और परंपरा की पहचान भूलता जा रहा है, उसे लेकर निर्मल जी की चिंताएँ स्वाभाविक भी हैं और उचित भी। मगर जब वे इन चिंताओं को प्रकट करते हुए अनायास मार्क्सवादियों को बुरा-भला कहने लगते हैं। तब जरूर लगता है कि चिंताएँ और सरोकार भले ही निर्मल जी के उपयुक्त और सही हों, रोग का निदान चाहे अचूक हो, पर उसका उपचार दोषपूर्ण है। शायद इसके पीछे निर्मल जी की इतिहास-दृष्टि का हाथ है, तॉल्सतॉय को पसंद करने के बावजूद निर्मल जी वैसी इतिहास-दृष्टि नहीं विकसित कर पाए। यही वजह है कि 1976 के कुंभ के रिपोर्ताजों के बाद निर्मल जी के लेख और टिप्पणियाँ, साक्षात्कार और व्याख्यान उत्तरोत्तर बढ़ते हुए विवादों को जन्म देते रहे। उन्हें दक्षिणपंथी तो तभी से कहा जाने लगा था, जब उन्होंने चेकोस्लोवाकिया के प्रश्न पर कम्युनिस्ट पार्टी से नाता तोड़ा

था, बाद में उन्हें हिंदुत्ववादी, पुरातनपंथी, भाजपाई आदि भी कहा गया। मुझे लगता है कि जनता के संघर्षों में शिरकत न करने की बात तो कुछ हद तक सही हो सकती है, या यह भी कि उनकी रचनाओं में हिंदुस्तान की जनता के बृहत्तर संघर्षों की छवियाँ नहीं मिलतीं, लेकिन बाकी आरोप उस अतार्किक विरोध के चलते ही निर्मल जी पर लगाए गए हैं, जो अपनी टेक पर कायम रहने वाले साहित्यकारों के खिलाफ हिंदी जगत में एक प्रवृत्ति के रूप में दिखायी देता है। मुझे लगता है कि निर्मल जी का संकट और इस नाते उनकी चिंता भी पश्चिम और पूरब, आधुनिकता और परंपरा की देहरी पर खड़े व्यक्ति का संकट और चिंता है। पश्चिमी जीवन प्रणाली और उससे उपजे विचार उसे मानसिक तौर पर सतृष्ण छोड़ जाते हैं, मगर परंपरा से या तो उसका जुड़ाव बेहद झीना हो चुका होता है या फिर वह नयी और बदलती हुई परिस्थितियों में उसे वह संसाधन नहीं उपलब्ध करा पाती जिससे वह जीवन को सार्थक बना सके। यह दुचित्तापन शायद बीसवीं सदी के अधिकांश मध्यवर्गीय हिंदी साहित्यकारों की नियति है। आधुनिकता अक्सर परंपरा की अगली कड़ी में न आकर उससे टकराव का रिश्ता ही बनाती रही है और भारतीय समाज में एक अजीब-सा दुचित्तापन पैदा करती रही है। निर्मल जी का यह निदान तो सही था कि अग्रगामी होने का मतलब यह कतई नहीं है कि पिछले तीन-चार हजार वर्षों के वैचारिक और दार्शनिक सरमाए को सिरे से खारिज कर दिया जाय और यह भी कि परंपरा में निखार तभी संभव है जब उसे शव की तरह ढोने की बजाय निरंतर नवीन होती प्रक्रिया के रूप में ग्रहण किया जाय। एक जीवंत, जैविक तत्त्व की तरह। लेकिन यह कैसे किया जा सकता है, इसके बारे में निर्मल जी के लेखों और टिप्पणियों से कोई मदद नहीं मिलती क्योंकि मार्क्सवाद को वे पहले ही खारिज कर आए थे। जो भी हो, निर्मल जी ने अपने ऊपर लगे आरोपों का कभी उत्तर नहीं दिया। हिंदी के साहित्यिक विवादों से भी वे दूर ही रहे, जैसा कि उन्होंने उस इंटरव्यू में स्पष्ट किया था, जो मैंने महात्मा गाँधी अंतरराष्ट्रीय हिंदी विश्वविद्यालय की एक शोध परियोजना के सिलसिले में उनसे लगभग चार साल पहले लिया था।

निर्मल जी से दोबारा और पहले की बनिस्बत कुछ गहरे जुड़ने का अवसर उपलब्ध कराने में इस इंटरव्यू की भी एक भूमिका थी। इस शोध परियोजना के सिलसिले में मुझे काफी अरसा दिल्ली में रहना पड़ा और हालाँकि न तो हिंदी का साहित्यिक माहौल पहले जैसा रह गया था, न दिल्ली की फिजा, जिसका चित्रण निर्मल जी की बहुत-सी कहानियों में एक नॉस्टेल्जिया के तहत किया गया है, तो भी उनसे पहले सरीखा अपरिचय नहीं रहा। निर्मल जी से आखिरी मुलाकात इलाहाबाद में हुई थी, जब वे इलाहाबाद संग्रहालय के आमंत्रण पर कहानी-पाठ के लिए आए थे और एक शाम गगन के साथ मेरे घर पर उन्होंने गुजारी थी। दूधनाथ और सत्यप्रकाश भी उस अवसर पर मौजूद थे और निर्मल जी बड़े खुले और गर्मजोशी-भरे अंदाज में बातें करते रहे थे। चलते हुए उन्होंने मुझसे अश्क जी के उपन्यास *गिरती दीवारें*

की एक प्रति भेजने को कहा था क्योंकि पुराने शिमला के ब्योरेवार चित्रण के कारण वह उन्हें पसंद था। मैंने उन्हें बताया था कि पुस्तक का संशोधित संस्करण प्रेस में है, पर मैं उन्हें पिछला संस्करण भिजवा दूँगा। पुस्तक मिलने पर निर्मल जी का एक आहत पत्र मुझे मिला था कि अश्क जी की इस महत्त्वपूर्ण कृति को हमने इतने खराब ढंग से छापा है। मैंने उन्हें लिखा था कि नए संस्करण से उनकी सारी शिकायतें दूर हो जाएँगी, मगर जब तक वह नहीं आता, मैं उन्हें उपन्यास के पहले संस्करण की एक प्रति भेज रहा हूँ जो कि ठीक-ठाक, साज-सज्जा के साथ प्रकाशित हुआ है।

निर्मल जी से फिर मिलने का मौका नहीं मिला। बीच-बीच में उनकी खोज-खबर जरूर मिलती रही। कुछ महीने पहले जब पता चला कि वे अस्वस्थ हैं और अस्पताल में भरती हैं तो यह अनुमान नहीं था कि दमे का उनका पुराना रोग जानलेवा सिद्ध होगा।

आज निर्मल जी के गुजर जाने के बाद मुझे लगता है कि सारे पूर्वाग्रहों से मुक्त होकर उनके साहित्य के एक पुनर्मूल्यांकन की जरूरत है ताकि बहुत कुछ जो इन पूर्वाग्रहों के कारण अनदेखा रह गया है, वह सामने आ सके। निर्मल जी एक अप्रतिम शैलीकार थे और उनके विचारों, विश्वासों, मतों, मान्यताओं से असहमत होने के बाद उनके साहित्य में बहुत कुछ ऐसा है, जिससे सीखा जा सकता है और प्रेरित भी हुआ जा सकता है।

ज़िंदगी ने जिया तुझे जी भर

आशुतोष मिश्र

"हमें समय के गुजरने के साथ-साथ अपने लगावों और वासनाओं को उसी तरह छोड़ते चलना चाहिए, जैसे साँप अपनी केंचुल छोड़ता है...और पेड़ अपने पत्तों और फलों का बोझ...। जहाँ पहले प्रेम की पीड़ा वास करती थी, वहाँ सिर्फ खाली गुफा होनी चाहिए, जिसे समय आने पर संन्यासी और जानवर दोनों छोड़कर चले जाते है। बूढ़ा होना...क्या यह धीरे-धीरे अपने को खाली करने की प्रक्रिया नहीं है? अगर नहीं है तो होनी चाहिए...ताकि मृत्यु के बाद जो लोग तुम्हारी देह को लकड़ियों पर रखें, उन्हें कोई भार महसूस न हो और अग्नि को भी तुम पर ज्यादा समय न गँवाना पड़े क्योंकि तुमने अपने जीवनकाल में ही अपने भीतर वह सब जला दिया है, जो लकड़ियों पर बोझ बन सकता था...।" निर्मल वर्मा के डायरी का यह अंश उन्हें उस समूची भारतीय परिपाटी से जोड़ता है जिसमें 'निवृत्ति' को सबसे महत्त्वपूर्ण माना गया है। यह निवृत्ति कहीं से भी भागना नहीं है, बल्कि यह जिंदगी से लगकर, जिंदगी को जीकर, पूरे आश्वासन के साथ छोड़ना है। 'निवृत्ति' के इसी रास्ते पर व्यक्ति बढ़ना शुरू करता है, तो वहीं से खुद जिंदगी उसको जीना शुरू करती है। निर्मल वर्मा इसी रास्ते पर बढ़ रहे थे। निर्मल वर्मा और उनकी जिंदगी इसी रास्ते पर एक-दूसरे को जी भर के जी रहे थे। इसी प्रक्रिया में निर्मल वर्मा को वह भरोसा मिलता है जिसमें निर्मल वर्मा कहते हैं कि, "हर रोज कोई मेरे भीतर कहता है, तुम मृत हो। यही एक आवाज है, जो मुझे विश्वास दिलाती है कि मैं अब भी जीवित हूँ।"

इसी भरोसे के साथ जी रहे थे निर्मल वर्मा। लिख रहे थे निर्मल वर्मा। उनका सारा लिखना, उनका जीना ही है। जितना लंबा जीना उतना लंबा लिखना नहीं, जितना लंबा और गहरा लिखना उतना ही अर्थपूर्ण जीना, निर्मल वर्मा होने का मतलब है। उनके सारे उपन्यास, कहानी, यात्रा-संस्मरण, निबंध आदि इसी 'जीने की प्रक्रिया' है।

निर्मल वर्मा के कथा-लोक मसलन उपन्यास-कहानियों पर अधिक चर्चा होती

रहती है, जो जरूरी भी है किंतु उनके निबंध उनके विचार-सूत्रों को बहुत बेबाकी से प्रस्तुत करते हैं। वैसे भी निर्मल वर्मा जैसे रचनाकार के लेखन को अलग-अलग कर देखने की सुविधा भी बहुत नहीं है क्योंकि उनकी सारी रचनाएँ एक-दूसरे की विस्तार और व्याख्या है। देखा जाय तो अक्सर रचनाकारों का निबंध लेखन बहुधा हाशिए का होता है, लेकिन निर्मल वर्मा जैसे लेखक के निबंध उनके कथा-संसार के बीचोंबीच में रहते हैं, निर्मल वर्मा स्वीकार करते हैं कि "एक ही तर्क को दो तरफ से देखने की कोशिश है" और 'इसीलिए' वे लिखते हैं, "मैं अपने निबंधों और कहानियों में कोई फाँक नहीं देखता। दोनों की तृष्णाएँ भले ही अलग-अलग हों, शब्दों के जिस जलाशय से वे अपनी प्यास बुझाते हैं, वह एक ही है। निबंध मेरी कहानियों के हाशिए पर नहीं, उसके भीतर के रिक्त स्थानों को भरते हैं जहाँ मेरी तृष्णाएँ सोती हैं।"

रचनाकार निर्मल वर्मा और चिंतक निर्मल वर्मा मिलकर एक विराट समग्र मानस का निर्माण करते हैं, जिसका पर्याप्त सम्मान और मूल्यांकन भावी हिंदी-पीढ़ी के लिए पथ का निर्माण करेगा। उनके निबंध सर्जनात्मकता, सामाजिकता, जातीय अस्मिता, धर्म-दर्शन और सभ्यताओं का बेजोड़, संतुलित और एकांतिक संवाद हैं। निर्मल वर्मा के लेखन में भारतीय अस्मिता के नैरंतर्य का और मनुष्यत्व की पहचान लगी रहती है। निर्मल वर्मा मानते हैं कि उनके लिए निबंध लिखना चिंताओं को सुलझाना नहीं, जितना कि बदलते हुए परिप्रेक्ष्य में उनका नए सिरे से सामना करना है, वस्तुतः चिंताओं और समस्याओं को समझना और उनके नए सिरे से सामना करने की क्षमता का निर्माण करना अपने आप में एक ऐसा सुलझाव और समाधान भी है, जिसमें मार्ग का दर्शन होता है और दिशा का संकेत मिलता है।

निर्मल वर्मा के निबंधों को लेकर लक्ष्मीमल्ल सिंघवी ठीक निष्कर्षों पर पहुँचते हैं कि, "निर्मल वर्मा के निबंधों में समय के साथ एक सघन अंतरंग संवाद है, एक प्रहार-पीड़ित सभ्यता का चोट खाया हुआ आहत मन है, उस मन का संकट है, चिंताओं के पहाड़ हैं, जातीय स्मृतियों के निर्झर हैं, एक उमंग भी है और जिजीविषा भी।" वस्तुतः उनके निबंध वस्तुपरक भी हैं, समय सापेक्ष भी हैं, पुरातात्विक भी हैं, समकालीन भी हैं और मूलतः तथ्यपरक और तत्वनिष्ठ भी हैं। जो स्वर, जो पीड़ा जितना एकांत उनके कथा-साहित्य में है वही उनके चिंतन में भी है। उनके सृजन के परिवेश में एक गहरी अस्तित्ववादिता है, चेतन और अवचेतन का मिलन-बिंदु है। यथार्थ की अनुभूति में तथा अनुभूति की स्मृति में और स्मृति का सृजन में परिणति है। निर्मल वर्मा ने अपने रचनात्मक लेखन में आधुनिकता, उत्तर-आधुनिकता से उत्पन्न प्रश्नाकुलताओं को अपने चिंतन और चिंता का केंद्रीय विषय बनाया। निर्मल वर्मा ने अपने समय की छलनाओं, विडंबनाओं, विसंगतियों से उलझने का संकल्प कभी कम नहीं होने दिया। अपने समय के प्रश्न निर्मल वर्मा को बेचैन रखते हैं, उन जागरूक बौद्धिकों

की तरह जो आधुनिक बोध को समझने की ख्वाहिश रखते हैं। यह ऐसा ही है तभी तो निर्मल वर्मा की चेतना के भीतर से रिल्के, प्रूस्त, सार्त्र, हाइडेगर, कामू सभी के स्वर बजते रहते हैं। पश्चिम का चिंतन निर्मल वर्मा की भारतीयता को डुबोता नहीं, बल्कि प्रवाह देता है और वे उसे विवेकानंद, अरविंद, गाँधी, लोहिया, जयप्रकाश नारायण के वैचारिक-पूँजी में एक नया परिप्रेक्ष्य सृजित करते हैं। निर्मल वर्मा के चिंतन में नैतिकता, धर्म, धर्मनिरपेक्षता, संस्कृति, परंपरा, साहित्य, इतिहास आदि है। इन सभी में दार्शनिक की समझ और तार्किकता भी है, किंतु वे दार्शनिक नहीं हैं, रचनाकार हैं–चिंतन का भाव योगी। उन्हें यह भाव उनके परिवेश से मिला। पहाड़ का बचपन, बचपन में घर का माहौल, रामायण-गीता का घरेलू संस्कार, गीता प्रेस की 'कल्याण' पत्रिका और तमाम लोक-परंपराओं से प्राप्त मिथक-आख्यानों से मिला। किंतु इस भाव से लिखने की प्रेरणा और स्रोत कैसे और कब मिला इस संबंध में निर्मल वर्मा कहते हैं कि, "कितना मुश्किल है अपने लिखने के स्रोतों को ढूँढ़ पाना...दीवार की खोखल में पीपल का पत्ता उड़ता हुआ बैठ जाता है और किसी को पता भी नहीं चलता...कहाँ से हवा आई थी, ईंटों की किस दरार में एक बीज उड़ता हुआ दुबक आया था, मिट्टी और गारे के भीतर एक हल्की-सी सिहरन उठी थी–और महीनों बाद घरवाले देखते हैं जहाँ टूटी दीवार थी, वहाँ एक पौधा लहरा रहा है...किताबें, यात्राएँ, चेहरे, बीते हुए लोग और शहर, बचपन के दोस्त और टीचर... क्या कोई एक काँटा है जिसे पकड़कर कह सकूँ...इसकी चुभन और टीस ने मेरे भीतर सोए कहानीकार को पहली बार जगाया था।" जैसे कोई एक सूत्र नहीं है निर्मल वर्मा के लिखने का ठीक वैसे ही किसी एक सूत्र के आधार पर उनका मूल्यांकन भी संभव नहीं है। उनका लेखन हजार सूत्रों और हजार संभावनाओं का लेखन है।

हजार सूत्रों और हजार संभावनाओं के बीच निर्मल वर्मा के लेखन का आंतरिक सूत्र 'अकेलेपन से मुक्ति' ही कहा जा सकता है। इस बात पर आश्चर्य व्यक्त किया जाता है कि अपने लेखकीय जीवन के आरंभ में न केवल दार्शनिक विश्वास के रूप में बल्कि साम्यवादी पार्टी के एक सक्रिय सदस्य की तरह मार्क्सवाद में आस्था व्यक्त करने वाला कोई लेखक अंततः 'धर्म' और 'संस्कृति' को इतना महत्त्व क्यों देने लगा? इसका कारण संभव है कि यही हो कि साम्यवाद के प्रति निर्मल वर्मा की आस्था की पृष्ठभूमि में वस्तुतः अकेलेपन से मुक्ति की यह कामना ही सक्रिय रही हो क्योंकि साम्यवाद एक ऐसा स्वप्न रहा है जो अपने 'स्व' से मनुष्य को बाहर निकालता और उसे सामूहिक मुक्ति की प्रेरणा देता है। लेकिन इसमें व्यक्ति का लोप नहीं होता बल्कि समूह से जुड़कर वह अपने वास्तविक 'स्व' की उपलब्धि करता है। निर्मल वर्मा को शायद 'कम्युनिस्ट मेनिफेस्टो' में मार्क्स के इस निष्कर्ष ने निश्चय ही प्रेरित किया होगा कि 'प्रत्येक की मुक्ति सबकी मुक्ति की अनिवार्य शर्त है।'

इसलिए यह स्वाभाविक ही है कि साम्यवादी राजनीति द्वारा किए गए दमन

और उत्पीड़न ने निर्मल वर्मा के स्वप्न को खंडित किया–मनुष्य के अकेलेपन से उसकी मुक्ति के स्वप्न को क्योंकि यहाँ मुक्ति नहीं बल्कि मानसिक और व्यावहारिक दासता के नए रूप थे। फिर जब सोवियत सरकार ने चेकोस्लोवाकिया की वामपंथी सरकार को तहस-नहस किया तो उनकी आस्था लगभग भंग हो गयी। निर्मल वर्मा का चिंतक-मानस यह कभी सोचा भी न था कि एक बड़ा कम्युनिस्ट देश एक छोटे कम्युनिस्ट देश को इतनी बर्बरता से ध्वस्त कर सकता है। उन्हें वामपंथी मानववाद एक छलावा लगने लगा। इसी की परिणति है उनका निबंध *मानववाद : कुछ आत्म-छलनाएँ*। 'चेक त्रासदी की एक भूली-बिसरी याद' में वे कहते हैं कि "चेकोस्लोवाकिया पर सोवियत संघ का बर्बर आक्रमण समाजवाद के इतिहास में सबसे काला और शर्मनाक पन्ना है। जब तक चेक धरती पर एक भी रूसी सिपाही मौजूद रहेगा, उस हर व्यक्ति का सिर शर्म और लांछना में झुका रहेगा, जिसने अपनी मानवीय-प्रेरणा टॉल्सतॉय या चेखव या गोर्की से प्राप्त की थी।" स्वाभाविक था कि निर्मल अकेलेपन से मुक्ति के अपने स्वप्न को चरितार्थ करने के लिए दूसरी दिशाओं का अन्वेषण करते। अक्सर सामूहिकता के स्वप्न भंग होने से हताश मानसिकता एक अंध व्यक्तिवाद का शिकार हो जाती है। लेकिन निर्मल वर्मा का रास्ता इस व्यक्तिवाद का रास्ता नहीं है। साम्यवादी स्वप्न भंग होने पर 'संपूर्ण की ओर अग्रसरता' की प्रक्रिया में निर्मल वर्मा 'धर्म' और 'स्मृति' की राहों पर आते हैं। निर्मल वर्मा के लिए–जैसे कि गाँधीजी के लिए भी–'धर्म' कोई पूजा-पद्धति मात्र नहीं है। निर्मल वर्मा के ही शब्दों में वह 'समग्र' परिवेश की पवित्रता का और 'संलग्नता' का सर्वव्यापी बोध है; अक्सर जिसे उत्तर-निर्मल की भारत-व्याकुलता कहा जाता है, वह दरअसल, संलग्नता के इस सर्वव्यापी-बोध को भारतीय संस्कृति और स्मृति में पहचानना है। 'स्मृति' निर्मल वर्मा के यहाँ कोई वैयक्तिक स्मृति नहीं बल्कि 'संपूर्ण' का वह बोध है जिसमें से गुजरने पर ही अनुभव रचना का रूप धरते हैं।

मनुष्यता की आवाज के रूप में निर्मल वर्मा के निबंध उसके संपूर्ण परिप्रेक्ष्य को अभिव्यक्त करते हैं। निबंधों का आस्वाद भिन्न-भिन्न भी है और अपने समूचेपन में एक भी है। *भारत और योरोप : प्रतिश्रुति के क्षेत्र*, जैसी निबंधों की उनकी पुस्तक अपने ढंग की एक धारदार रचना है। इससे पूर्व *शब्द और स्मृति, कला का जोखिम, ढलान से उतरते हुए*, किताबें आ चुकी थीं। बाद के दिनों में *इतिहास, स्मृति और आकांक्षा, शताब्दी के ढलते वर्षों में* तथा *साहित्य का आत्म-सत्य* नामक किताबें आयीं। इन निबंधों में निर्मल वर्मा ने नई चिंतन-भाषा का विकास किया है और भारत के उत्तर-औपनिवेशक समाज के लिए मौलिक प्रश्न और चिंताओं को व्यक्त किया है। इन निबंधों का चिंतन बौद्धिकों, रचनाकारों, सामान्य पाठकों को भारतीय चिंतन-परंपराओं और पश्चिमी चुनौतियों के द्वंद्व की नई समझ देता है। निर्मल वर्मा जिन अवधारणाओं के साथ हमेशा बातचीत करते रहते हैं, वे हैं–इतिहास, स्मृति और संस्कृति। यहाँ

स्मृति परंपरा का प्रत्यय भी है और इतिहास बोध की समझ भी। भारत के उत्तर-औपनिवेशिक समाज का नैतिक-सांस्कृतिक विघटन मनुष्य की बदलती अवधारणा और संस्कृति का बहुलार्थक सत्य उनके रचनात्मक चिंतन को नया अर्थ-संदर्भ देते हैं। यहाँ यह भी गौरतलब है कि वे 'इतिहास' और 'स्मृति' को एक नहीं मानते, उनका विश्लेषण यह विश्वास जगाता है कि हम इतिहास के उपनिवेश नहीं, वह मुक्त चेतना है, जो संपूर्ण का—भारतीय शब्दावली में कहें तो 'ऋत' का अंश होने में ही अपनी मुक्ति की अनुभूति करती है। इसलिए निर्मल वर्मा के लिए महत्त्वपूर्ण प्रश्न अनुभव का नहीं स्मृति का है। अनुभव इतिहास संभव है और स्मृति 'संस्कृति संभवा'। वैसे भी इतिहास का अर्थ भी निर्मल वर्मा के यहाँ एक जीवंत प्रक्रिया के रूप में है। जब उसका जन्म होता है और लोग बाग उसके साक्षी बनते हैं। निर्मल वर्मा कहते हैं कि "इतिहास को हम किताबों में पढ़ते हैं किंतु स्वयं इतिहास को जन्म लेते हुए कितने लोग देख पाते हैं? यह जन्म बाहर सड़कों पर होता है—जब हजारों लोग भय और आतंक से मुक्त होकर बाहर निकल पड़ते हैं, और अचानक महसूस होता है कि ये लोग राजनीतिज्ञों के खिलौने नहीं, स्वयं अपनी नियति के निर्माता हैं।" जाहिर है कि निर्मल वर्मा के यहाँ इतिहास की समझ अपनी नियति के निर्माताओं के प्रयास से बनती है। इसी तरह निर्मल वर्मा 'संस्कृति' को मनुष्य की आत्म-रचना मानते हैं जिसका जन्म पृथ्वी को मानवीय कृति में रूपांतरित करने की प्रक्रिया में होता है। साथ ही निर्मल वर्मा कहते हैं कि, "हर संस्कृति की विशिष्टता जहाँ उसके पार्थक्य में निहित होती है, वहाँ उसकी सार्वभौमिकता उसके सादृश्य में वास करती है। किसी संस्कृति की बनावट में ये दोनों प्रवृत्तियाँ क्रियाशील रहती हैं, एक-दूसरे की विरोधी नहीं, पूरक बनकर आती हैं, दोनों के नाजुक संतुलन में ही मनुष्य एक अविभाज्य सत्ता के रूप में अपने को धरती पर जीने का अधिकारी पाता है।" इस तरह निर्मल वर्मा संस्कृति के पार्थक्य और सार्वभौमिकता के संतुलन में ही मनुष्य जाति का भविष्य सुरक्षित देखते हैं। इसी संदर्भ में हम रेमंड विलियम के 'की वर्ड्स' की 'संस्कृति' की परिभाषा को भी देख सकते हैं। जिसमें रेमंड ने कल्चर को अंग्रेजी के दो-तीन मुश्किल शब्दों में से एक कहा है। वे संस्कृति के चार अर्थ बताते हैं। जिसमें से एक है 'द होल वे ऑफ लाइफ'। समग्रता में देखें तो निर्मल वर्मा के लिए संस्कृति का अर्थ 'द होल वे ऑफ लाइफ' ही है। जिसमें जिया भी जाता है और जीने भी दिया जाता है।

निर्मल वर्मा कथा लिखें या निबंध, वे भाषा में विचार का विन्यास करते हैं, वे हमारे/अपने समूचे सांस्कृतिक अवरोधों के साथ योरप से भिड़ते हैं, भारतीयपन के सांस्कृतिक विखंडन और विद्रूपन के पीछे उपनिवेशवाद के भौतिक अर्थवादी अपकारक उपकरणों की पहचान करते हैं, उन्हें उत्तरदायी ठहराते हैं। निर्मल वर्मा जिस सांस्कृतिक धरातल पर भारतीय मनीषा का आत्म चिंतन करते हैं, उसमें उन्हें

लगता है जैसे योरप हमें 'असमावेशी अन्यता' के साथ हमारे अपने समावेशी आंतरिक तंत्र से काटकर रख दिया हो, वे यह भी मानते थे कि गैर-यूरोपीय समाजों और संस्कृतियों में हिंसात्मक शक्तिधारा के रूप में यूरोप ने हस्तक्षेप किया था क्योंकि यूरोप स्वयं सांस्कृतिक रूप से आत्म खंडित और अहंग्रस्त चेतना से बौद्धिक-आध्यात्मिक मर्यादाओं की अवहेलना कर रहा था। निर्मल वर्मा के चिंतन का मूलाधार यह विचार है कि भाषाई भिन्नता के बावजूद धार्मिक और आध्यात्मिक क्षेत्र में संपूर्ण भारतीयता अपनी सर्जनात्मक गरिमा के साथ मौजूद रही है। उत्तर भारत के लोग मराठी-गुजराती भाषाओं को जाने बगैर भी तुकाराम और नरसी मेहता को उसी तरह अपनाए जिस तरह मराठी और गुजराती भाषा-भाषी। भक्ति आंदोलन में समूचा भारत नरसी मेहता, कबीर, मीरा, सूर, जायसी, तुलसी के स्वर में बोल उठा था। यह धार्मिक बोध हमारी सांस्कृतिक परंपरा की अनमोल धरोहर रहा है। निर्मल वर्मा का चिंतन यह है कि आज हम देश की स्वतंत्रता को धर्मनिरपेक्षता या सेक्युलरिज्म से जोड़कर देखने के इतने आदी हो गए हैं कि हम भूल जाते हैं कि हमारे पौराणिक और धार्मिक संस्कार हमारे सृजनात्मक साहित्य और महाकाव्यों का अमर स्रोत रहे हैं। यदि वास्तव में हम अपनी परंपरा से इतना विरोध रखते हैं तो हममें इतना साहस होना चाहिए कि हम अपने समूचे अतीत के बोझ को उठाकर फेंक सकें। हम ऐसा नहीं कर पाते क्योंकि आधुनिकता से वशीभूत होकर अपने अतीत और परंपरा के प्रति अज्ञानी रहना पसंद करते हैं। हमारा परंपरा और धर्म का विरोध हमारे अज्ञान से ही उत्पन्न होता है। देखा जाय तो ऐतिहासिक रूप से धर्म की दो अवधारणाएँ उपस्थित रही हैं, एक वह जो मनुष्य और संस्कृति के संबंध को पवित्र मानती है और वह स्वीकार करती है कि मनुष्य सृजन चेतना का संवाहक है इससे यह निष्कर्ष निकलता है कि वह सृष्टि के केंद्र में है। भारतीय सभ्यता महानतम स्तर पर पवित्रता के इस सार्वभौमिक बोध से अनुप्राणित होती रहेगी। इसके विपरीत धर्म की दूसरी अवधारणा भी है जो अपनी वैधता किसी मसीहा की वाणी या किसी विशिष्ट पुस्तक वचनों से प्राप्त करती है। वह एक ऐसी वैधता के लिए होती है, जिस पर न संदेह प्रकट किया जा सकता है और न जिसे चुनौती दी जा सकती है। धर्म की यह धारणा अपने इर्द-गिर्द सार्वभौमिक सत्य का दायरा खींच लेती है। निर्मल वर्मा का मानना है कि पिछले 50 वर्षों में धर्मनिरपेक्षता या सेक्यूलरिज्म का संबंध धर्म की इस दूसरी अवधारणा से संबंधित था। उस अवधारणा से नहीं जो भारतीय सभ्यता के केंद्र में थी। आगे निर्मल वर्मा अफसोस प्रकट करते हैं कि स्वतंत्रता के बाद हमारे सत्ता गुरु शासकों ने भारतीय जनमानस को एक ऐसे धर्म से निरपेक्ष होने के लिए बाध्य किया जिसका उनसे कोई लेना-देना नहीं था और इस प्रक्रिया में उन्हें एक ऐसे सेक्यूलर समाज व्यवस्था में रहने के लिए विवश किया जहाँ स्वयं उनकी धार्मिक आस्थाएँ एक हाशिए की चीज बनकर रह गईं। इस अर्थ में धर्मनिरपेक्षता एक भारतीय के लिए आत्म-निर्वासन

की अवस्था बनकर रह गई। गाँधीजी ने 'हिंद स्वराज्य' में औद्योगिक सभ्यता के विकल्प में एक ऐसे समाज की परिकल्पना की थी जहाँ स्वराज्य और स्वधर्म के बीच कोई अंतर्विरोध नहीं रहता। स्वराज्य वे तत्त्व हैं जिनमें मनुष्य सिर्फ राजनीतिक या आर्थिक प्राणी न रहकर एक संपूर्ण मनुष्य की हैसियत से भाग लेता है। निर्मल वर्मा यहाँ स्वीकार करते हैं कि स्वतंत्रता के बाद हमने जिस तथाकथित धर्म-निरपेक्ष समाज का निर्माण किया उसमें इस संपूर्ण मनुष्य के लिए कोई स्थान नहीं। ऊपरी चिंतन में हम भारतीय हैं, भीतर के (अंडरग्राउंड) अँधेरे में हम हिंदू, मुस्लिम और सिक्ख हैं...समय-समय पर होने वाले सांप्रदायिक दंगे हमें उस अँधेरे की झलक दिखाते हैं जहाँ एक सेक्यूलर समाज ने धर्म को फेंक दिया है। देखा जाय तो आजादी के बाद भारतीयों को यह सुंदर छलावा दिया जाता रहा है कि अपने जीवन से धर्म को निष्कासित करने पर ही वे विकास के रास्ते पर बढ़ सकते हैं। निर्मल वर्मा की इस संबंध में दो टूक राय है कि ''धर्म तो कैसा धर्म, किस धर्म के प्रति निरपेक्षता? जब तक हम इस प्रश्न का उत्तर नहीं दे पाएँगे तब तक हम धर्म को सांप्रदायिकता से अलग नहीं पर पाएँगे।'' सीधी-सी बात है कि हिंदुस्तान में धार्मिक परंपरा का बोध जो लोगों के जीवन में समरस है, रचा-बसा है, उसे हमें दिया जाता है। धर्म के सच्चे स्वरूप (जो निर्मल वर्मा के लिए समग्र परिवेश की पवित्रता और संलग्नता का सर्वव्यापी बोध है) के बिना संपूर्ण मनुष्य की अवधारणा संदिग्ध रहती है, और संदिग्ध मनुष्य कुछ भी निबाह नहीं सकता, न धर्म और न धर्मनिरपेक्षता। इन्हीं सूत्रों के आधार पर जब निर्मल वर्मा यहाँ तक पहुँचते हैं कि पश्चिम की झूठी नकल है धर्मनिरपेक्षतावादी दृष्टि। इस दृष्टि ने भारतीय राजनीति, समाज, साहित्य, धर्म, संस्कृति, दर्शन, इतिहास, तीर्थ-चिंतन का सत्यानाश किया है। निर्मल वर्मा के इस चिंतन से तमाम 'प्रगतिशील' बौखला जाते हैं और उसी की प्रतिक्रिया में उनके चिंतन को 'बाबावादी' और 'हिंदुत्ववादी' कहते हैं। इसी क्रम में निर्मल वर्मा के संस्कृति और राष्ट्रवाद संबंधी अवधारणाओं पर भी प्रश्न उठाए जाते हैं। उनमें एक महत्त्वपूर्ण है निर्मल वर्मा की 'सांस्कृतिक राष्ट्रवाद' संबंधी धारणा। संस्कृति विमर्श की इस प्रक्रिया में सांस्कृतिक राष्ट्रवाद बड़ा ही क्रांतिकारी मुद्दा है। राष्ट्र-निर्माण के उपादानों में 'संस्कृति' एक महत्त्वपूर्ण पक्ष है। लेकिन जब 'राष्ट्रवादी संस्कृति' की बात न कर 'सांस्कृतिक राष्ट्रवाद' की बात की जाती है तो उसके लाभ-हानि स्पष्टतया दिखने लगते हैं। इस अवधारणा को निर्मल वर्मा के चिंतन में भी देखा जा सकता है। वस्तुतः निर्मल वर्मा एक उत्तर-उपनिवेशवादी लेखक और चिंतक हैं। आवश्यक नहीं निर्मल वर्मा इस प्रकार के साधारणीकरण को स्वीकार करें। किंतु इतिहास का अपना तकाजा है। इतिहास के क्रम में हम सभी अपने-अपने ढंग से कम या अधिक मात्रा में उत्तर-उपनिवेशवादी हैं।

उत्तर-उपनिवेशवाद को एक सांस्कृतिक उन्नयन के सिद्धान्त के रूप में एडवर्ड

सईद 'ओरियंटलिज्म' में सामने लाए। सईद ने इस बात को स्पष्ट किया कि किस प्रकार पूर्व को एक 'विचित्र और राक्षसी' नरक की तरह पेश करते हुए साम्राज्यवादी पश्चिम ने पूर्व को सभ्य बनाने की अपनी ऐतिहासिक भूमिका तैयार की थी। यहाँ हम 'ओरियंटलिज्म' की गहराई में नहीं जाएँगे। इसका इसी आलेख में पहले परिचयात्मक जिक्र किया जा चुका है। सो यहाँ हम सिर्फ–'उत्तर-उपनिवेशवाद' के अवधारणात्मक अर्थों पर ही अपना ध्यान केंद्रित कर रहे हैं। इसी क्रम में फ्रेडरिक जेमसन को देख सकते हैं, जो उत्तर-उपनिवेशवाद को पूर्व-पश्चिम के बृहद संदर्भों से निकालकर तीसरी दुनिया के राष्ट्रवाद से जोड़ते हैं। जेमसन का मानना है कि तीसरी दुनिया की प्रत्येक कृति मूलतः राष्ट्र का रूपक है। पश्चिम के सांस्कृतिक आधिपत्य को चुनौती देता और साथ में पारंपरिक समृद्धता को रेखांकित करता तीसरी दुनिया के साहित्य की मूल प्रेरणा है। एजाज अहमद विशुद्ध मार्क्सवादी दृष्टिकोण अपनाते हुए उत्तर-उपनिवेशवाद को पूँजीवाद का प्रतिफलन मानते हैं। जिसका उत्तर राष्ट्रवाद में न होकर 'समाजवाद' में निहित है। गायत्री स्वीपाक उत्तर-उपनिवेशवाद को हाशिए पर रह रहे लोगों का मुक्ति अभियान मानती हैं। उनका मानना है कि राष्ट्र को सांस्कृतिक उत्थान की इकाई मानना भ्रामक है, क्योंकि राष्ट्र मूलतः एक साम्राज्यवादी कल्पना है। दलितों, स्त्रियों, आदिवासियों आदि का सामाजिक-सांस्कृतिक उत्थान ही सच्चा उत्तर-उपनिवेशवाद है, चाहे इस प्रकार की मुहिम में 'राष्ट्र' की अपनी प्रभुसत्ता ही डगमगा क्यों न जाए।

निर्मल वर्मा के *आदि अंत और आरंभ* पुस्तक के निबंध में संस्कृति, सभ्यता, स्वतंत्रता, राष्ट्रवाद आदि विषयों पर उनके विचार निश्चित रूप से उनको उत्तर-उपनिवेशवादी चिंतकों की कतार में खड़ा करते हैं। लेकिन यहाँ यह भी समझ लेना चाहिए कि उत्तर-उपनिवेशवाद की कुछेक अवधारणाओं को निर्मल वर्मा पूरी तरह खारिज कर देते हैं। इसमें एक है 'मार्क्सवाद'। जो संभवतः उत्तर-उपनिवेशवाद का सबसे प्रबल वैचारिक आधार रहा है। छात्र जीवन से ही मार्क्सवाद के प्रति जो आस्था रही वह धीरे-धीरे छीजती रही। रूस के विघटन के बाद तो यह पूरी तरह से खंडित ही हो गयी। निर्मल वर्मा चुटकी लेते हैं, "मार्क्स ने कभी कम्युनिज्म को यूरोप का प्रेत कहा था, तब कौन सोचता था कि एक दिन स्वयं कम्युनिज्म के लिए इतिहास एक प्रेत बन जाएगा।" 1917 में सोवियत क्रांति में जिस नए मनुष्य का सूत्रपात्र किया गया था, उसकी मृत्यु रूस के विघटन के साथ ही हो गयी। निर्मल वर्मा कहते हैं, "बीसवीं सदी के आरंभ की घोषणा जिस 'नए मनुष्य' के जन्मदिन पर की गयी थी–वह उस शती का अंत देखने के लिए बचा नहीं रह सका।"

निर्मल वर्मा तथाकथित धर्म-निरपेक्ष, वस्तुपरक बौद्धिक कार्य-कलाप को उत्तर-औपनिवेशक सांस्कृतिक आत्मान्वेषण का सबसे बड़ा अवरोधक मानते हैं। उनके अनुसार जो बुद्धिजीवी जीवन के 'परम और शाश्वत' मूल्यों को अनदेखा कर एक

वस्तुपरक विश्लेषण करते हैं, ''वे चेतना के संवाहक न होकर, बुद्धि के रखैल बनकर रह जाते हैं।'' साथ ही 'नैतिक सनकीपन' को भी निर्मल वर्मा पूरी तरह से अस्वीकार करते हैं। अब इसका अर्थ यह नहीं है कि निर्मल वर्मा के लिए 'उत्तर-उपनिवेशवाद' एक सपाट नैतिक आग्रह है। मोटे तौर पर 'सांस्कृतिक राष्ट्रवाद' ही निर्मल वर्मा के उत्तर-उपनिवेशवाद का सबसे प्रबल वैचारिक आधार जान पड़ता है। उनके सांस्कृतिक राष्ट्रवाद के तहत 'राष्ट्र' केवल एक राजनीतिक इकाई या एक भौगोलिक सत्ता या केवल शक्ति का संगठन या फिर व्यापारिक ढाँचा ही नहीं है। या राष्ट्र एक देश न होकर एक दर्शन है। एक सनातन धर्म जिसका आदि व अंत ऐतिहासिक न होकर आध्यात्मिक है। आध्यात्मिक उद्भव, अविच्छिन्न पारंपरिक निरंतरता संस्कृति और विभिन्न समुदायों के बीच सामंजस्य सांस्कृतिक राष्ट्रवाद के सबसे प्रमुख तत्त्व हैं। मेरे लिए भारतीय होने का अर्थ, निबंध में सांस्कृतिक राष्ट्रवाद का स्वर मुखरित होता है। भारत को वे आधुनिक राज्य सत्ता नेशनस्टेट मानने से साफ इनकार कर देते हैं। उनके लिए भारत एक 'अनमोल अंतर्दृष्टि' है। 'आत्म' और 'अन्य' के बीच के भेद को पाटने वाला एक 'उदात्त विचार' है। 'राष्ट्रवाद' को उत्तर-उपनिवेशवाद का केंद्रीय आधार फ्रेडरिक जेमसन भी मानते हैं, लेकिन निर्मल वर्मा का उत्तर-उपनिवेशवादी राष्ट्रवाद उनसे कई अर्थों में अलग है। समानताओं में दोनों ही व्यक्तिगत जीवन को एक बृहद राष्ट्रीय रूपक का आलंबन मानते हैं। निर्मल वर्मा के लिए भारतीय राष्ट्रवाद कोई राजनीतिक नारा नहीं है, वह एक सांस्कृतिक अस्मिता का आईना है। दूसरा भारतीयों का अपना स्वतंत्र इतिहास और समाजशास्त्र है जो पश्चिम से पहले विकसित हो चुका था। 'सांस्कृतिक राष्ट्रवाद' के सभी आग्रहों के बावजूद निर्मल वर्मा पूर्व-पश्चिम या तीसरी दुनिया और पहली दुनिया के राष्ट्रवाद जैसे किसी भी राजनीतिक विभाजन को साहित्य और कला के क्षेत्र में निष्कासित कर देते हैं। 'कला की स्वायत्तता' की बात पर वे बार-बार दोहराते हैं। उनके अनुसार 'कला का सत्य' इतिहास के स्वरों से नहीं बँधा होता है, न ही वह सामाजिक परिवर्तनों द्वारा परिभाषित किया जा सकता है। निष्कर्षतः कहें तो निर्मल वर्मा के उत्तर-उपनिवेशवादी चिंतन के तीन आयाम हैं : पहला—भारत की एक स्वायत्त सांस्कृतिक राष्ट्र के रूप में कल्पना, दूसरा—पश्चिम की एक-दूसरे पक्ष की कल्पना जो अधिक मानवीय और उद्भ्रान्त है, तीसरा—साहित्य और कला का राजनीतिक, ऐतिहासिक यथार्थ से निरपेक्ष हो जाना।

वैसे उत्तर-उपनिवेशवाद का वैचारिक आधार 'सांस्कृतिक राष्ट्रवाद' को मानना निर्विवाद नहीं है। फ्रेंज फैनों का कहना है कि ''तीसरी दुनिया के संदर्भ में राष्ट्रवाद की दुहाई एक प्रकार से पुरातन पिछड़ेपन की पुनः एक कार्यवाही है। यह पीछे जाने की एक ऐसी प्रक्रिया है जिसमें जातीय अस्मिता को राष्ट्रीय अस्मिता बनाने का आग्रह रहता है, निर्मल वर्मा अपने निबंधों में जातीय अस्मिता की रक्षा की बात तो करते हैं। पर उसे राष्ट्रीय अस्मिता की तरह कहीं भी पेश नहीं करते। उनके पूरे चिंतन

में पश्चिम के प्रति जो थोड़ा-सा लचीला रवैया रहा है उसमें उनके 'सांस्कृतिक राष्ट्रवाद' का स्थिर रूप नहीं रह पाता है। 'सांस्कृतिक राष्ट्रवाद' का जितना कुछ सूत्र हमें उनके चिंतन से मिलता है वह कहीं से भी उत्तर-उपनिवेशवाद के 'सांस्कृतिक राष्ट्रवाद' के सिद्धांत पर पूरी तरह फिट नहीं बैठता। ऐसे में लगभग 'वादरायण संबंध' बनाते हुए उन्हें भाजपा के 'सांस्कृतिक राष्ट्रवाद' का समर्थक घोषित करना एक तरह से 'बौद्धिक जल्दबाजी' है।

निर्मल वर्मा संपूर्ण चिंतन के संपूर्ण लेखक हैं। भारतीय साहित्य संदर्भों के अलावा पश्चिमी साहित्य चिंतन/सिद्धांतों को उन्होंने गहराई से जाना समझा था। उनके निबंधों में रूपवाद, सास्यूर का संरचनावाद, देरिदा, फ्यूकोयामा, मिशेलफूको, एडवर्ड सईद, नवमार्क्सवाद, नवफ्रॉयडवाद, स्त्री-विमर्श आदि सिद्धांत अपने अर्थ खोजते हैं। इन सबके बावजूद भारतीयता उनकी स्मृति में है। जिसको वे संपूर्णता के साथ अभिव्यक्ति करना चाहते हैं, उससे कम उनको कुछ नहीं चाहिए। निर्मल स्वीकारते हैं कि "मेरे लिए 'देश प्रेम' एक ऐसी ही घटना है। मेरे जीवन में यह घटना कब घटी कहना असंभव है, किंतु एक बार जन्म लेने के बाद वह एक बेल की तरह फैलती गई। हमारे समस्त पूर्व जन्मों का पवित्र-स्थल, जहाँ कभी हमारे पूर्वज और पुरखे रहते आए थे। यदि हर भावना एक घटना है, तो 'देशप्रेम' एक चिरंतन घटना है, हर पीढ़ी की आत्मा में नए सिरे से घटती हुई।" इसी घटना का विस्तार है उनका संपूर्ण लेखन और चिंतन। इतने समृद्ध सृजनात्मक जीवन के साथ निर्मल वर्मा अपने आप से पूछते हैं कि "इतनी लंबी जिंदगी ने मुझे क्या सिखाया—तो लगता है, कि मैंने अपना जीवन अभी शुरू ही नहीं किया...मैं उन लोगों में हूँ, जो मृत्यु के क्षण तक अपने जन्म की प्रतीक्षा करते रहते हैं।"

आज हिंदी साहित्य का सामान्य पाठक भी हिंदी साहित्येतिहास के उस पूरे युग को जिसमें निर्मल वर्मा अपने लेखन-चिंतन के साथ उपस्थित रहे, 'निर्मल वर्मा युग' के रूप में जाने समझे पढ़े जाने की प्रतीक्षा कर रहा है। संभव है इसी रूप में एक और जन्म हो निर्मल वर्मा का।

अस्मिता की चिंता और चिंतन

लक्ष्मीमल्ल सिंघवी

निर्मल वर्मा के साहित्यकार व्यक्तित्व की अनोखी गरिमा थी, अनूठा था उनका मौन, अद्वितीय थी उनकी अभिव्यक्ति। आधुनिक हिंदी लेखन में उनका अद्वितीय स्थान है और रहेगा। 'साहित्य अमृत' परिवार की ओर से उनकी स्मृति को श्रद्धांजलि अर्पित करने में मुझे एक निजी कष्ट की अनुभूति होती है। मिलना उनसे बहुत नहीं हो पाता था, वात्स्यायनजी और इलाजी के चले जाने के बाद तो और भी कम; किंतु आत्मीयता की आश्वस्ति बरसों से और बराबर बनी रही। निर्मल वर्मा के लेखन से परिचय बहुत पहले का था; किंतु उनसे निजी परिचय अविस्मरणीय अग्रज अज्ञेय जी के कारण और माध्यम से हुआ। अज्ञेय जी का मित्रभाव एवं सखाभाव अद्वितीय था। इसका दायरा वे सयत्न सीमित रखते थे। वह दायरा एक सम्मोहित परस्परता में अनुबंधित गोष्ठी की तरह था, किंतु इस दायरे में और उस दायरे के बाहर कोई दलबंदी या दुराव कभी नहीं रहा। वात्स्यायनजी एवं वत्सल निधि के कारण निर्मल जी से एक निकट सा रिश्ता रहा—बहुत कुछ अबोला, बहुत कुछ मन-ही-मन में। निर्मल जी के व्यक्तित्व और लेखन में अज्ञेय से बहुत कुछ मिलता-जुलता सोच, वैयक्तिक स्वातंत्र्य और मितभाषी मुसकराता हुआ संवाद था। मौन का रेखाचित्र तो नहीं बनाया जा सकता : प्रत्येक व्यक्ति के मौन की अपनी-अपनी मुद्रा होती है, अपना-अपना लहजा होता है, अपनी-अपनी शैली होती है, अपना-अपना परिमाण और अनुपात होता है। इसलिए अज्ञेय जी के अद्‍भुत, अनिर्वचनीय मौन और निर्मल के विलक्षण सस्मित एवं संवाद—तत्पर मौन की तुलना कठिन है। किंतु दोनों का मौन मुझे बहुत सम्मोहक लगता रहा। दोनों का सुरुचिपूर्ण लेखन हिंदी भाषा और साहित्य के सुधी पाठकों और मर्मज्ञों को मुग्ध करता रहा। आज जब अज्ञेय जी नहीं रहे और निर्मल भी चले गए, दोनों की स्मृतियाँ एक साथ मेरे मानस-पटल पर लहराती और गहराती हैं।

वत्सल निधि द्वारा आयोजित एक सेमिनार में अज्ञेय जी, श्री रिनपोचे और निर्मल के साथ एक सहज निष्प्रयोजन चौपाल की याद आती है; उनकी जिज्ञासाएँ, उनकी सुस्पष्ट, सटीक, तर्कशील टिप्पणियाँ याद आती हैं। इस चौपाल में तिब्बती बौद्ध परंपराओं की बात चलती है। मैं उन दिनों थंका चित्रों और प्रतिमाओं की परंपरा का स्वाध्याय कर रहा था और मुझे बहुत अच्छा लगा कि इस नितांत निभृत विषय पर रिनपोचे जी मेरे प्रश्नों का उत्तर दे रहे थे, यायावर अज्ञेय जी अपने कुछ संस्मरण सुना रहे थे, सूक्ष्मदर्शी निर्मल अत्यंत प्रासंगिक प्रश्न पूछ रहे थे।

निबंधकार के रूप में और सर्जक कथाकार के रूप में निर्मल मुझे एक ऐसे विलक्षण व्यक्ति लगे, जिनकी विद्वत्ता उनके पांडित्य से अवरुद्ध नहीं थी, जिनकी जिज्ञासा में एक मुक्त मेधा और विपुल सदाशयी एवं संवादी सामर्थ्य थी।

निर्मल वर्मा की कई उल्लेखनीय पुस्तकों में एक प्रमुख पुस्तक थी *भारत और यूरोप* जिसे मैंने अपने राजनयिक प्रवास के दिनों में भारत से विशेषतया मँगाकर पढ़ा। यद्यपि यह पुस्तक निर्मल जी के निबंधों के संकलन का प्रतिफल थी, उसमें एकसूत्रता का तारतम्य वैसा ही था जो कि एक विषय को लेकर लिखी गई पुस्तक में होता है। निर्मल जी की दृष्टि कहीं भी उधार ली हुई नहीं लगी। उनकी प्रश्नाकुलता एवं विचारशील अवधारणाएँ गहरे अध्ययन और नीर-क्षीर विवेक पर आधारित प्रतीत हुईं। बरसों से तो इस विषय पर मेरी अपनी उत्कट प्रश्नाकुलता थी, क्योंकि प्राची की संस्कृति में गहरे उतरकर भी प्रतीति को कभी नकारा नहीं जा सकता, बल्कि वैश्विक स्तर पर और इतिहास के परिप्रेक्ष्य में उसे समझने के प्रयत्न में अनुबंधित होने का एक समकालीन औचित्य। निर्मल प्राची की जड़ों तक पहुँचे और पूरे आत्मविश्वास के साथ पश्चिम के साथ संवाद करने में सक्षम और समर्थ सिद्ध हुए। सांस्कृतिक अस्मिता को समझने और व्याख्यायित करने में निर्मल जी का स्थान हमारे उन मनीषियों के साथ है, जिन्होंने पश्चिम को समझा, स्वीकार किया, अन्य की अन्यता को विसर्जित किया और अपने के अपनेपन को संपुष्ट, संवर्धित और सुसज्जित किया। वे बरसों तक यूरोप में रहे, किंतु आत्मनिर्वासन की प्रतीति से पराजित न होकर आत्मबोध में स्थिर और स्थित रहे। चिंतनशील निर्मल वर्मा और कलाकार, साहित्यकार निर्मल वर्मा मिलकर एक ऐसी विराट् सूक्ष्मदर्शी और समदर्शी स्वस्थ, आत्मस्थ चिंतन-विश्लेषण परंपरा विकसित छोड़ गए हैं, जिनकी पर्याप्त प्रशस्ति और समुचित मूल्यांकन हमारे समय की और हमारी परंपरा की माँग है। मुझे विशेषतः उनके निबंधों में सर्जनात्मकता, सामाजिकता, जातीय अस्तित्व, दर्शन और सभ्यताओं का संतुलित संवाद हमारे समकालीन साहित्यिक और चिंतनपरक तथा विश्लेषणात्मक कृतित्व की एक श्रेष्ठ उपलब्धि प्रतीत होती है। प्रतिश्रुति और प्रतिस्मृति के पारखी निर्मल वर्मा के भारतीय चिंतन तथा फलक की सुषमा और उसके सौष्ठव को मैं बेजोड़ मानता हूँ।

इसी प्रशस्त कृतित्व के लिए ज्ञानपीठ के 'मूर्तिदेवी पुरस्कार' द्वारा निर्मल वर्मा की प्रशस्ति की गई। तदनंतर सन् 2000 के मुख्य 'ज्ञानपीठ पुरस्कार' द्वारा निर्मल जी को समलंकृत करने का अध्यक्षीय सौभाग्य पुनः मुझे प्राप्त हुआ। *भारत और यूरोप* में निर्मल वर्मा ने न केवल भारत और यूरोप को लेकर प्रतिश्रुति के क्षेत्रों की खोज की, बल्कि संस्कृति को आत्मसजग अस्मिता के रूप में आत्मबिंबों के माध्यम से कला और साहित्य के सरोकारों को लेकर भारतीय जीवन की निराशाओं के बारे में दोनों हाथ उठाकर (दीर्घबाहु विरोम्येश) बहुत कुछ कहते हुए, मानववाद की आत्मछलनाओं को रेखांकित करते हुए भारतीय लेखक के स्वप्न, स्वातंत्र्य, स्वधर्म और दायित्व पर एक अद्भुत अविस्मरणीय विमर्श हिंदी के पाठकों और भारतीय चिंतकों को न्यासधारी बनाकर भारत को समर्पित किया।

निर्मल वर्मा उदार और प्रशस्त परंपरागत भारतीय सभ्यता-बोध के लिए सदैव याद किए जाएँगे। निर्मल वर्मा की इस प्रस्थापना में कितनी सघन और गंभीर सच्चाई है कि यदि भारत का सभ्यता-बोध इतिहास के असंख्य और असह्य प्रहारों के बावजूद जीवित रहा तो इसलिए कि भारत के दर्शन-सूत्र केवल पोथियों के भीतर नहीं, बल्कि भारतीय जीवन की जातीय स्मृति के नैरंतर्य में सतत प्रवहमान हैं। कितनी सार्थक है उनकी यह मान्यता कि भारतीय सभ्यता-बोध, कोई बीती हुई याद न होकर आज भी मेहँदी की तरह हर भारतीय की जीवन-प्रणाली के कार्य-अनुष्ठानों में रची-बसी है। वे कहते हैं कि "एक भारतीय का सभ्यता-बोध इसे एक ऐसी समग्रता देता है, जो धर्म-संप्रदाय, राजनीति और राष्ट्रीयता के लेवलों में परिभापित नहीं हो पाती, न ही इसकी अस्मिता उन सेक्यूलर चौखटों में फिट हो सकती है, जो आज के सत्तारूढ़ वर्ग ने पश्चिम की राज्य-व्यवस्थाओं से उधार लेकर अपने समाज पर आरोपित करनी चाही है।" व्यक्तिशः मुझे लगता है कि आज जो लोग बिना जाने-बूझे-समझे सेक्यूलर शब्द का एक मंत्र या नारे की तरह कर्णभेदी कीर्तन करते हैं, अतीत को विस्मरणीय-व्यतीत मानते हैं, अपने आपको गर्व से नेहरूवादी कहते हैं, इंदिरा गाँधी एवं राजीव गाँधी के अर्चक एवं अनुयायी कहते हैं, उनमें से अधिकांश लोग अस्मिता के स्रोतों और संदर्भों से अनजान और अपरिचित हैं। उनके चलते भारत को विस्मृत एवं तिरस्कृत सांस्कृतिक विपन्नता को निमंत्रण देना चाहिए और 'सच्चे सेक्यूलर' भारत निर्माण के लिए इस विपन्नता को सहर्ष स्वीकार करना चाहिए। प्राची और प्राचीन दोनों को भुलाकर 'विजेता पश्चिम' के समक्ष हथियार डाल देने चाहिए, जबकि संवाद, समन्वय की अगणित संभावनाएँ हमारे समक्ष हैं। निर्मल वर्मा ने 'संस्कृति' शब्द की बजाय 'सभ्यता-बोध' और 'अस्मिता' को ज्यादा पसंद किया, क्योंकि उन शब्दों में अंतर्निहित 'समग्रता-बोध' में एक व्यापक सर्वग्राही संपूर्णता द्वारा ही एक जाति, एक सभ्यता अपने आपको समझने में समर्थ हो सकती है। उनके लेखन के प्रकाश में वे प्रस्थापनाएँ स्पष्ट होती हैं, जिनके बिना सभ्यता-बोध और अस्मिता संभव नहीं प्रतीत होती।

निर्मल वर्मा ने अपनी, मेरी और हमसे पूर्ववर्ती पीढ़ियों की एक आधारभूत विडंबना का उल्लेख करते हुए लिखा कि हमारा बुद्धिजीवी वर्ग यूरोपीय ऐतिहासिक चेतना से आक्रांत होने के बावजूद भारतीय अतीत का भी उपासक था—एक साथ सुदूर यूरोप में भविष्य का आदर्श और सुदूर अतीत में भारत का आदर्श! 'अज्ञेय की स्मृति में' लिखते हुए निर्मल वर्मा ने अज्ञेय के 'स्वाधीनता-बोध' का मार्मिक उल्लेख किया है, जो मेरी राय में 'अस्मिता-बोध' का आधार है।

यदि निर्मल आज सदेह जीवित होते तो उनको जातीय स्मृति और विस्मृति के संदर्भ में साहित्यकार के दायित्व पर और अधिक विस्तृत चर्चा करने के लिए अनुरोध करता; क्योंकि मेरा निश्चित मत है कि भारत की जातीय अस्मिता की जड़ों का उन्मूलन करने के आज कई अनियोजित संयोग और सुनियोजित षड्यंत्रों के बीच समकालीन संकटग्रस्त चौराहे पर खड़े होकर भी दिग्भ्रांत भारतीय अस्मिता के लिए जातीय स्मृतियों को समझना एक सर्वोपरि आवश्यकता है, जो लकीर के फकीर पुरातनपंथी और पराजित और आक्रांत मानसिकता के तथाकथित आधुनिक भारतीय, पूरा करने में असमर्थ हैं। तथापि मेरा विश्वास है—न दैन्यं न पलायनम्। जातीय स्मृतियों और अस्मिता को खोने के संकट को लेकर स्मृति व अस्मिता को खोने के भय और आतंक को लेकर मेरे और निर्मल जी की सोच में एक गहरा और सहज सामीप्य था, जो मुझे एक आश्वस्ति देता रहा।

निर्मल वर्मा के लेखन में भारतीय अस्मिता के नैरंतर्य का और मनुष्यत्व का साक्षात्कार मिलता है एवं परंपरा-बोध का भारतीय संदर्भ मिलता है। यद्यपि स्वयं निर्मल वर्मा ने कहा है कि उनके लिए निबंध लिखना चिंताओं को सुलझाना नहीं, जितना कि बदलते हुए परिप्रेक्ष्य में उनका नए सिरे से सामना करना है, वस्तुतः चिंताओं और समस्याओं को समझना और उनके नए सिरे से सामना करने की क्षमता का निर्माण करना अपने आप में एक ऐसी सुलझन और समाधान भी है, जिसमें मार्ग का दर्शन होता है और दिशा का संकेत मिलता है।

निर्मल वर्मा के निबंधों में समय के साथ एक सघन अंतरंग संवाद है, एक प्रहार-पीड़ित सभ्यता का चोट खाया हुआ आहत मन है, उस मन का संकट है, चिंताओं के पहाड़ हैं, जातीय स्मृतियों के निर्झर हैं, एक उमंग भी है और जिजीविषा भी। उनके निबंध वस्तुपरक भी हैं, समय सापेक्ष भी हैं, पुरातात्त्विक भी हैं, समकालीन भी हैं और मूलतः तथ्यपरक और तत्त्वनिष्ठ भी हैं। वही छटा, वही स्वर, वही पीड़ा, वही चिंताएँ सर्जनात्मक कायाकल्प द्वारा निर्मल वर्मा के कथा-साहित्य में भी हैं, 'तीन एकांत' में भी हैं। उनके सृजन के परिवेश में एक गहरी आस्तिक अस्तित्ववादिता है, चेतना और अवचेतना का एक संगम है, यथार्थ की अनुभूति में तथा अनुभूति की स्मृति में और स्मृति का सृजन में कायाकल्प है। जहाँ सृजन में उनका कलात्मक कृतित्व स्पंदित होता है—वहाँ रवींद्रनाथ ठाकुर भी हैं, अज्ञेय भी हैं, रिल्के और काफ्का

भी हैं; पुश्किन और चेखव भी हैं; प्रेमचंद और जैनेंद्र भी हैं, किंतु साथ ही एक समकालीन विश्व-यात्री की विराट्-दृष्टि और समझ भी है। उनका सृजन एक अनवरत तलाश है, जिसे काफ्का ने जिंदगी का गौरव कहा था, जो निर्मल के कलात्मक कृतित्व पर ही नहीं बल्कि चिंतनशील निबंध साहित्य पर भी पूरी तरह लागू होता है। काफ्का की डायरी से लिया हुआ एक उद्धरण निर्मल वर्मा के सृजन संसार की एक कुंजी है, उनके आत्मसत्य का निकष है, जिसमें निर्मल वर्मा सही नाम, सही शब्द, सही तलाश एवं सही अर्थ को आमंत्रित करते हैं।

एक चिंतक और रचनाकार की भूमिका में निर्मल वर्मा ने भारतीय होने का अर्थ गहराई से समझा था, अस्मिता की अंतर्वेदना को महसूस किया था, आदि, अंत और आरंभ की प्रक्रियाओं एवं संभावनाओं को व्याख्यायित किया और जीवन भर हँसते-मुस्कराते, मौन रहते हुए और मुखर होकर कला का भारी-भरकम जोखिम उठाया था; किंतु उनका साहित्यिक अवदान कभी बोझिल नहीं हुआ, बरसों तक हमारी स्मृतियों से वह न ओझल होगा, न धूमिल।

अज्ञेय जी, अमृता जी और निर्मल में एक अदृश्य अंतःसलिला थी, जिसका संस्पर्श मेरे मन में, हिंदी साहित्य के मानस-संसार में सचमुच मेहँदी की तरह रचा-बसा है, जिसका रंग यादों में अधिक लाल और मुखर हो उठता है।

मोहभंग के बाद

रवीन्द्र कालिया

निर्मल वर्मा हिंदी कथा-साहित्य के आकांश में धूमकेतु की तरह उभरे थे। उन्होंने उस दौर में लिखना शुरू किया था जब नयी कहानी आंदोलन शीर्ष पर था और नई कहानी आंदोलन की त्रयी—मोहन राकेश, कमलेश्वर और राजेंद्र यादव की तूती बोलती थी। तत्कालीन तमाम साहित्यिक और व्यावसायिक पत्रिकाएँ इसी त्रयी के नियंत्रण में थीं। मोहन राकेश *सारिका* के संपादक हो गए, कमलेश्वर *नयी कहानियाँ* के। *ज्ञानोदय* राजेन्द्र यादव के प्रभाव क्षेत्र में था। निर्मल वर्मा मिथ्या प्रचार की दौड़ से सदैव दूर रहे, किसी पत्रिका का नियमित संपादन भी उन्होंने नहीं किया। यद्यपि उन्हें नयी कहानी का ही कथाकार माना जाता रहा है मगर उन्होंने ही सबसे पहले नयी कहानी आंदोलन के समक्ष चुनौती खड़ी की थी। उन्होंने जिस भाषा का इस्तेमाल किया, वह हिंदी के लिए नितांत नया प्रयोग था। *परिंदे* कहानी संग्रह प्रकाशित होते ही भाषा, कथ्य, संवेदना और शैली के स्तर पर हिंदी कहानी में जैसे एक नए वातावरण की निर्मिति हो गयी। अपने समय के विख्यात समीक्षक डॉ. नामवर सिंह ने निर्मल की कहानियाँ का विशद विश्लेषण प्रस्तुत किया और वह इस निष्कर्ष पर पहुँचे कि उनकी कहानियाँ हिंदी कहानी की एक नई शुरुआत हैं। वास्तव में, निर्मल ने भाषा, कथ्य और संवेदना के स्तर पर हिंदी गद्य में काफी तोड़-फोड़ की थी। पुराने घिसे-पिटे शब्दों को अपनी शब्दावली से निकाल बाहर फेंका था। उन्होंने भाषा को एक नया संस्कार ही नहीं दिया उसे जड़ता से मुक्त किया। एक नया संगीत दिया जैसा चीड़ के बनों में सुनायी पड़ता है। उन्होंने हिंदी के लिए नितांत नया सिंटेक्स विकसित किया। उनकी संवेदना अपने समकालीनों से भिन्न थी। उनकी कहानियाँ न अपने को महिमामंडित करती थीं और न अपने गुनाहों की सफाई पेश करती थीं। वह इस दौर के अकेले, निर्कुंठ कथाकार थे। उनके सभी पात्र नौजवान थे, नए जमाने के नौजवान, जो हिंदी कहानी में पहली बार अवतरित हुए थे। शायद यही कारण

है कि उनकी कहानियाँ युवा वर्ग ने कविताओं की तरह कंठस्थ कर ली थीं। फिल्मी संवादों की तरह उनके संवाद युवा वर्ग में लोकप्रिय थे। *पिक्चर पोस्टकार्ड* के संवाद उस दौर के बहुतेरे पाठकों को आज तक याद हैं। यद्यपि उन दिनों हिंदी कहानी राजनीति का अखाड़ा बन चुकी थी, परंतु निर्मल उससे सदैव दूर ही रहे। वह कॉफी हाउस में भी अगर नमूदार होते थे तो कहानी के तथाकथित पठानों से दूर ही रहते—अपने मित्रों श्रीकांत वर्मा, महेंद्र भल्ला, प्रयाग शुक्ल, अशोक सेकसरिया आदि की मंडली के साथ। ये सभी मित्र पढ़ाकू किस्म के अंतर्मुखी लोग थे। किसी भी तरह की खेमेबाजी में उनकी दिलचस्पी न थी। निर्मल हिंदी के पहले कथाकार थे, जिनकी कहानियों में लड़कियों ने पहली बार घर-परिवार की दहलीज लाँघकर बाहर कॉफी हाउस में कदम रखा था। उन्होंने नारी को उसकी स्वाधीनता का पहला एहसास दिलाया था। प्रेम की जो सघनता और जटिलता निर्मल की कहानियों में मिलती है वह अद्वितीय है। उनकी कहानियों के पात्र वैचारिक रूप से सजग और सक्रिय रहते थे, मगर उनमें बाह्य सक्रियता की न्यूनता थी। शब्दों की मितव्ययिता के वह अनोखे शिल्पी थे। विश्वविद्यालयों के गलियारों में लड़के निर्मल वर्मा द्वारा पैदा की गयी इस खुशफहमी के साथ टहलते थे कि 'इन द बैक लेन ऑफ द सिटी, देयर इज ए गर्ल हू लव्ज मी।'

निर्मल की कथा यात्रा मार्क्सवाद से शुरू हुई थी। वे कम्युनिस्ट पार्टी के कार्ड होल्डर थे। यह उनके रचनाकर्म का एक अंतर्विरोध ही कहा जाएगा कि उनकी उस दौर की कहानियों से कभी नहीं लगा कि ये कहानियाँ किसी मार्क्सवादी की रचनाएँ हैं। वर्ग संघर्ष, शोषण, द्वंद्वात्मक भौतिकवाद से वे कोसों दूर थे। 1968 में चेकोस्लोवाकिया पर रूस के आक्रमण ने मार्क्सवाद से उनका मोहभंग करा दिया, जो सहज संभाव्य था। उन दिनों वे प्राग में ही थे। चेकोस्लोवाकिया प्रवास के दौरान लिखा उनका उपन्यास *वे दिन* युवा वर्ग में बहुत लोकप्रिय हुआ था। आखिर पहुँची वहीं पर राख जहाँ का खमीर था। मार्क्सवाद से मोहभंग के बाद उनका भारतीय धर्म, संस्कृति की ओर लौटना उन्हें हिंदुत्ववाद तक ले गया। उनका तमाम वैचारिक लेखन और उनकी अंतिम रचनाएँ पढ़कर लगता है कि भारतीय दर्शन, समाजशास्त्र और परंपरा के सरोकार उनके चिंतन के केंद्र में रहे। *कव्वे और काला पानी* तथा *अंतिम अरण्य* पढ़कर लगता था कि वे मानवीय अस्तित्व और नियति के बुनियादी प्रश्नों से जूझते हुए कर्मकांड के ब्यौरों और प्रावधानों की राख से किसी सत्य के फूल चुनने का प्रयत्न कर रहे हैं। एक वीरानी, एक रूहानी किस्म का भयावह अकेलापन, जिसकी सृष्टि उन्होंने अपनी इन अंतिम रचनाओं में की है, वह दिल दहलाने वाली है। लगता है, वे अपने अकेलेपन से ही नहीं जूझ रहे थे, बल्कि परोक्ष रूप से जीते-जी खुद ही अपना तर्पण कर रहे थे।

खंखर भए पलास

कैलाश वाजपेयी

सन् 1950 में चौदह-पंद्रह वर्ष की कच्ची आयु में पहली बार श्मशान तक जाना हुआ था। तब से लेकर अब तक कितनी बार श्मशान में, जिसे पितृभूमि भी कहते हैं, जाना हुआ, कह पाना कठिन होगा, एक बार फिर श्मशान में हूँ। यह देश की राजधानी दिल्ली में, लोदी रोड से लगा श्मशान है। लेखक, कवि, कलाकार, प्रोफेसर और संपादकों से ठसाठस भरा हुआ। सब चेहरे जाने-पहचाने हैं। सब हैं। वे ही नहीं। हैं तो भी कहाँ हैं? सिर्फ एक शव है...यह हिंदी के अन्यतम रचनाकार का शव है। निर्मल वर्मा का शव। चिता अभी जलनी है। मन की भीतरी परत से एकाएक पंक्तियाँ उभरती हैं :

वायुर्निलममृतमथेदं भस्मान्तं शरीरम्।
ॐ क्रतो स्मर कृतं स्मर क्रतो स्मर कृतं स्मर॥

ये पंक्तियाँ कौन किससे कह रहा है—ओ मेरे संकल्पात्मक मन!

रचनाकार निर्मल वर्मा की जिंदगी अन्य हिंदी लेखकों जैसी नहीं थी। अपने देश, अपनी मिट्टी के प्रति संतुलित समझ तब आती है जब चढ़ती हुई उम्र में एक रचनाकार को कई वर्षों तक देश से दूर रहना पड़े। जो रहे हैं वे इस तथ्य से असहमत नहीं होंगे। ऐसा कुछ अपने साथ भी हुआ। इसीलिए जैसे ही चिता जली एकाएक *जलती झाड़ी* की याद आ गई।...पुल के नीचे खेल रहे बच्चे—पत्तों के ढेर जलाकर भागते हुए। सन्नाटे की चादर पर पेड़ों की नंगी शाखाएँ। काँटे में बिना फँसे चारा खाकर नीली गहराई से बाहर नहीं आई मछली। मछली को क्या पता एक कैद होना, फँसना, छटपटाना, बिना डगनडोर वाला भी होता है।

चिता अब पूरे धड़ल्ले से जल रही है साथ-साथ *जलती झाड़ी, कौवे और कालापानी* का नायक। एक अकेलापन बिल्कुल क्वाँरा होता है; जैसे मीलों पसरे पड़े

मरुस्थल को चुनौती सी देती नीली आक्षितिज फैली अनादिता और कोरा अस्तित्व। भीतर-ही-भीतर झरझर गिरता ठंडा झरना–जिसका अपना कोई तट नहीं होता। कैसे-कैसे टूटे थरथराते पनीले बिंब याद आते हैं। कितना निर्मल था निर्मल के भीतर का चितेरा।

पचास मिनट में पचहत्तर वर्ष तक के सभी अनुभव, सारा संसार स्वाहा हो गया। मगर *मानववाद कुछ आत्म छलनाएँ, भारत और यूरोप : प्रतिश्रुति के सोच, इतिहास स्मृति और आकांक्षा, शताब्दी के ढलते वर्षों में* और *साहित्य का आत्मसत्य* तो रहेगा कोई उन्हें भुला नहीं पाएगा। *अंतिम अरण्य* को तो कभी नहीं।

वी गिव बर्थ एस्ट्राइड एग्रेव ऐसा ही कुछ तो शायद कहा करता था बेकेट। हम सब इसे भीतर-भीतर तक जानते हैं। लेकिन मानते नहीं कि अपना होना भी इसी असत्य का हिस्सा है!

इतने तमाम दिन हो गए मगर *अंतिम अरण्य* के इस विलक्षण रचनाकार के दाह का, चुप हाहाकारी दृश्य बार-बार आँखों के बन्द आकाश पर कभी न छँटने वाले मेघ की तरह अभी भी छाया है। ऐसा भी लगता है कि अपनी भी बारी आने ही वाली है। होने ही वाला है फैसला–अब नहीं अब। इसके अलावा होने तो कुछ नहीं वाला है। लगता है आयु बड़ी बेढब बीमारी है। पैदा होते ही पीछे पड़ लेती है। पता नहीं क्यों यह मान लिया गया है कि मृत्यु आती है कोई नहीं मानता कि वह बीजवपन के साथ लिपटी हुई छाया की तरह अंकुरित हो लेती है और उससे भी बड़ी अवगति यह कि धीरे-धीरे घिसती देह तो शायद पहले ही जा चुकी होती है। उसके चले गए होने की गूँज हम नासमझ लोग बड़ी देर बाद सुन पाते हैं। जबकि होना यह चाहिए कि जन्म के ही समय बेझिझक कह यह देना चाहिए कि जैसा कि एक प्रसंग में एलबर्ट स्वाइत्जर ने लिखा है : 'दिस चाइल्ड कैन नेवर रिकवर।'

ठकुरसुहाती के ख़िलाफ़

प्रभाकर श्रोत्रिय

नया ज्ञानोदय का लोकार्पण उन्होंने किया था। उनकी अंतिम कहानी *अब कुछ नहीं* अगस्त 2005 के अंक में छपी थी। उन्होंने फोन कर बताया था "मैंने आपसे किया वादा पूरा कर दिया है" ...मैंने कृतज्ञता जताई, तुरंत एक सहयोगी को भेजकर कहानी मँगवाई थी। और अब 26 अक्तूबर के अखबार में देखता हूँ–'अब कुछ नहीं'...

अपनी डायरी के पृष्ठ पर कभी उन्होंने लिखा था–"बूढ़ा होना क्या धीरे-धीरे अपने को खाली करने की प्रक्रिया नहीं है? अगर नहीं है तो होनी चाहिए, ताकि मृत्यु के बाद जो लोग तुम्हारी देह को लकड़ियों पर रखें, उन्हें कोई भार महसूस न हो और अग्नि को भी तुम पर ज्यादा समय न गँवाना पड़े, क्योंकि तुमने जीवन काल में ही अपने भीतर वह सब कुछ जला दिया है, जो लकड़ियों पर बोझ बन सकता था।" कंधा देते भी महसूस किया जा सकता था कि डायरी के ये शब्द कंधे पर उठाए जा रहे हैं–देह पर रखे फूल भी उनके फूल से शरीर पर कुछ ज्यादा ही बोझ डाल रहे थे।

इसी सितंबर की कोई घरेलू शाम थी। ...नाक में साँस की ट्यूब लगे-लगे ही बैठे कोई घंटाभर धीमे-से बात करते निर्मल के ओठों पर एक सादा-सी प्रेमिल मुस्कान थी। गगन जी भी अपनी सहज स्मितचिंता में बतियाती, थोड़ी मुखर, जैसे उस धीमेपन की प्रतिपूर्ति करती। उस शील, सौजन्य से यह मेरी अंतिम मुलाकात थी। इसके पहले इधर सभाओं में और फिर एक डेढ़ साल के भीतर दो बार अस्पताल में उन्हें अशक्त देखा था। तब क्या मालूम था कि डायरी में लिखे शब्दों को वे देह पर लिख रहे हैं और चुपचाप अपने को हल्का कर रहे हैं।

यों तो अर्से से फेफड़े उनकी साँस से काँपते थे, लेकिन गत एक-डेढ़ साल तो बड़े संकट में बीता। इसी बीच घर से अस्पताल वे ऐसे आते-जाते रहे जैसे कोई एक बरामदे से दूसरे बरामदे में आता हो। पीड़ा पहले घनीभूत हुई, फिर उसने प्राण के साथ देह छोड़ दी।

मृत्यु के क्षण भी बड़े ही व्यंजक और मसखरे होते हैं। जीतेजी लोगों ने उन्हें हिंदुत्ववादी, प्रतिक्रियावादी, दक्षिणपंथी और जाने क्या-क्या कहा। सम्मान और महत्त्व के अवसरों से उन्हें वंचित किया। लेकिन श्मशान में जितने धर्मों, जातियों, विचारों के लोग इकट्ठा थे, वैसा वैविध्य तो उनकी चिताओं के पास भी नहीं देखा जाता जो अपने को इनसे उल्टा दिखाते हैं। मृत्यु ने निर्मल जी के उस विराट् सत्य को दिखा दिया था जहाँ क्षुद्र जीवन के लंबे हाथों की पहुँच न थी।

निर्मल जी से कई बार मिलना हुआ। हर बार बात करने में वे बेहद शान्त, आत्मीय लगते थे, उनकी बोलती आँखों पर टपकती पलकों की बूँदाबाँदी चलती रहती और बात करने के आपके उत्साह को सींचती-सी एक लय बनाती। यह ऐसा बोध है जो आपके व्यक्तित्व को दबाता नहीं, न छोटा करता है। लेकिन शील में अगर कोमलता होती है तो दृढ़ता भी, यह निर्मल में अव्यक्त व्यक्त होता था—व्यक्ति के स्तर पर भी और विचारों के स्तर पर भी। क्योंकि ऐसा न होता तो उनसे लोगों को जूझना क्यों जरूरी लगता। जिस भाषा शैली में लोगों ने निर्मल पर तीर छोड़े हैं वे उनकी बेहद समर्थ, सतर्क और कठिन रचना-देह से टकराकर अक्सर छिन्न-भिन्न हुए हैं।

भाषण देते वक्त उनमें भावना का संचार देखा जा सकता था। पहले उनकी आँखें बोलतीं एक अजब निरीह सूने फैलाव में; फिर उनका मुँह उनकी मुद्रा बोलती जैसे उन्हें कोई भीतर का युद्ध करना हो। तब कहीं उनकी कंठनलिका (वोकल कॉड) में हलचल होती। ये क्रियाएँ एक-दूसरे के तुरंत बाद सिर्फ बारीकी से देखने पर ही दिख सकती थीं। निर्मल हर सभा में तैयारी से जाते, वे बराबर महसूस करते होंगे कि औपचारिकता उनके लिए नहीं बनी और वे एक उत्तरदायी भाषा के उत्तरदायी लेखक हैं। उन्हें अपनी ओर से अपना अर्जित कुछ कहना है, कुछ प्रतिपादित करना है। अक्सर पढ़कर बोलते। बहुत संयम से। लेकिन जब कभी वाचिक होते थे तब भी तारतम्य, तार्किकता, विषय की नोक पर खड़ी थरथराहट और बेकली से भरे होते। यह भी इस तरह नहीं कि दिखाई दे, हाँ कोई चाहे तो लक्षित कर सकता था। कभी उन्हें अप्रासंगिक या वाचाल होते अथवा ठकुरसुहाती करते शायद ही किसी ने देखा हो। वे तीखी विमति भी प्रकट करते लेकिन इस तरह जैसे वह उनका 'स्वगत' हो। शायद तभी प्रतिपक्षी भी उनके शब्दों का मान करते और जरूरत लगे तो प्यार करते थे। विचार के क्षेत्र में असल में तो अपने को संप्रेषित करना होता है, दूसरे को आश्वस्त करना होता है, कोई झगड़ना तो होता नहीं। इस सच को एक झगड़ालू समाज के बीच स्थापित कर सकना किसी मौन प्रार्थना की तरह ताकतवर होता है। यह या तो जैनेंद्र में या निर्मल में दिखाई देता था।

दो बार मैंने निर्मल जी को कोलकाता बुलाया था। दोनों वक्त वे बड़ी ही अनौपचारिक शालीनता से आए। अस्वस्थता की वजह से जब वे वायुयान से आए

तो वरिष्ठ नागरिक के किराए पर, जबकि उसी दौर में लेखक बिजनेस क्लास में भी आए। लगता था दिल्ली में एक ऐसा भी वी.आई.पी. है जो सँभालकर पहनने वाले 'इस' चोगे को दूर फेंककर उसकी इज्जत बढ़ा रहा है। खैर यह प्रसंग छोटा लग सकता है, पर है नहीं। एक तो इसलिए कि निर्मल जानते रहे कि संपन्नों की हिंदी-संस्थाएँ भी कमोबेश विपन्न होती हैं, जैसे वे फ्रीलांस थे वैसी ही संस्थाएँ भी होंगी और इन दो गरीबों को एक-दूसरे का दर्द जानना चाहिए। आप देखें, संवेदना कितनी दूर तक जाती है, जिसे शायद निर्मल भाषा के समस्त व्यवहारों में 'नैतिकता' कहते हैं। ये चीजें मनुष्यत्व से जुड़ती हैं और अनिवार्य रूप से एक लेखक का अभ्यंतर रचती या रचाव को दिखाती हैं। खैर निर्मल जी से एक बार हमने कोलकाता में 'पुस्तक केंद्र' का उद्घाटन कराया, वे बेहद खुश थे, जैसे उन्हीं का घर बना हो।

निर्मल की भाषा का एक अंदरूनी मुहावरा है, जो चुपचाप अनुभवांतर और स्थित्यंतर कर देता है। आपके भीतर कहन और शब्दों की धमक महसूस होती है पर आवाज सुनाई नहीं पड़ती। अब देखिए, *अब कुछ नहीं* में गुलेल को प्रतीक बनाकर उम्र के अंतराल को, इतिहास को, संवेग को, साहचर्य को स्मृति में बदलना कितना गहरा और अर्थवान है। भारी उथल-पुथल को बेआवाज रख देना निर्मल की कहानियों और उपन्यासों में हुआ है, पर वहाँ कोई मुर्दगी नहीं है, भीतर का ताप है—बहाता, गलाता और उद्वेलित करता।

'शिल्प शिल्प' उन्हें लेकर खूब कहा जाता है, प्रशंसा में भी, पर उसमें कथ्य को, यथार्थ को खारिज करने की आवाज भी सुनी जा सकती है। कथा-शिल्पी में शिल्प न हो यह कौन कहेगा लेकिन उसमें कोई अतिरिक्त अस्वाभाविक उभार नहीं है यानि शिल्प उनमें दिखता नहीं है। यही तो सच्चा शिल्प है। एक ऐसी आद्यंत लय है जिसमें कथा और प्रयोजन 'कहियत भिन्न न भिन्न' जैसा है। इसीलिए तो निर्मल सच्चे अर्थों में शिल्पी हैं जिसकी हर छेनी की चोट से रूप की कोई कोर उभरती है।

निर्मल वर्मा ने अकेले जो किया वह लेखकों का झुंड भी नहीं कर सकता था। वे उन कुछ लेखकों में हैं जिन्होंने हिंदी भाषा और रचना की क्षमता से पश्चिम को अवगत कराया। अपनी साकार भाषिक उपस्थिति से अनेक भाषाओं के विद्वत् समाज को हिंदी-सोच के उन्नत स्तर की पहचान करायी और हिंदी के प्रति उनके वर्नाक्यूलर भाव को निरंतर चुनौती दी। अपनी शब्दावली को सोच की लय पर साधकर वे एक ऐसा स्वर रचते थे जो पढ़ते हुए भाषा की सहजता का आनंद भी देता है और अनेक सुंदर कुतूहलपूर्ण शब्दों और संरचना प्रयोगों का भी। गद्य भाषा की तार्किक छटा में ऐसा मिठास, ऐसा आत्मीय बोध, और विवेकगत सम्यकता का साक्षात्कार निर्मल में अपूर्व है। कहीं भावुक गलदश्रुता नहीं, न फिजूलखर्ची, जैसे शब्द और शिल्प कथ्य तक पहुँचाने के लिए एक नाव हो। मगर पाठक के लिए वह नाव भर रहीं

होती, एक संस्कार, एक दीक्षा होती है और सबसे बड़ी बात सोचने का एक सलीका होती है।

इस दृष्टि से सर्जना और विचार के स्तर पर निर्मल ने हिंदी को जो दिया है उसका मूल्यांकन पीढ़ियों तक होगा। वे उन लेखकों में हैं जिन्होंने लेखक और पाठक का मानसिक तापमान बढ़ाया और यह भ्रम तोड़ा कि हिंदी के पाठक श्रेष्ठ और गंभीर साहित्य के पाठक नहीं हैं। वे जानते थे कि पाठक को अपने भीतर सम्मानजनक स्थान देना श्रेष्ठ साहित्य की बड़ी प्रेरणा होती है और शायद कसौटी भी।

अपने विचार गद्य में निर्मल ने भारतीय स्मृति, उसके मानस और ऐसे अभ्यंतर को समझने की चेष्टा की जिसमें किसी संप्रदाय की गंध नहीं, कठमुल्लापन की कोई वकालत नहीं, बल्कि एक प्रेरक संस्कृति की निरंतर खोज है, जिसे काल और वहशी आक्रमणों की धुंध ने ढक लिया या क्षत कर दिया है। निर्मल जी का यह संघर्ष ऐसे तमाम आयातकों को खला जो बने-बनाए साँचों के सहारे झुंड बनाते रहे, नकलियाते रहे। ऐसे लोगों ने निर्मल के भीतर विदेश को देखा और उनकी भारतीयता, मनीषा और स्मृति को कुछ उजड्ड ध्वजवाहकों की कोटि में रखने का गुनाह किया। मैं समझता हूँ कि उदात्त और उन्नत विचारों को गलत परिभाषित करना एक समूची भाषा और जनता के प्रति अपराध है और उस पूरे जगत के प्रति जहाँ विचारों को पहुँचना है। विदेश में रहना, वहाँ के प्रश्नों को एक वैश्विकता देना न तो आलोच्य है न अपने देश की चेतना, स्मृति, संस्कार, प्रणाली, जीवनार्थ के अंतरंग सही पक्षों पर बल देना और समझ के लिए इजलास में रखना। आत्महीनता और विचारों के थोक आयात युग में निर्मल ने एक ऐसा प्रतिस्पर्द्धी संतुलन रचा जो एक करणीय और साहस का काम हुआ। निश्चय ही इसके लिए निर्मल ने टकराहटें झेलीं, फिर भी भीतर की आवाज, तर्क और सांस्कृतिक दृष्टि से विचलित न हुए। उन्होंने भारत से पश्चिम की और पश्चिम से भारत की एक बहुत ही समृद्ध सांस्कृतिक मंच पर मुलाकात कराई। उनकी कथा कहानियों में जैसा खुलापन और वैश्विकता है वैसा ही विचारों में भी। लेकिन इसका अर्थ यह नहीं कि उन्होंने देसी मूलगंध, मिट्टी का स्पर्श, मानव-स्वभाव छोड़ा हो, जिससे रचना उपजती है। उनके साथ त्रासदी यह हुई कि देसी सनातनता और उनके विश्व विवेक के संगम को फूहड़ तात्कालिकता से परिभाषित किया गया। विश्वास है कि यह धुंध धीमे-धीमे छँटेगी।

एक बुद्धिजीवी की आशंकाएँ निर्मल में सघन थीं। उन्होंने चेकोस्लोवाकिया और लैटिन अमरीकी देशों में बूटों की धमक, कोड़ों की आवाज और कठघरों में धकेलने के दृश्य देखे-सुने थे। यह आतंक जो उनमें समाया था—वही तो *रात का रिपोर्टर* में एक स्थानीय परिदृश्य में आँका गया था। इस उपन्यास को लेकर बड़ी बहसें हुईं, उनमें कुछ ठीक भी थीं, परंतु किसी ने भी आतंक और भय के उन केंद्रों पर खड़े होकर उसे नहीं देखा जहाँ से निर्मल का अंतर्राष्ट्रीय भय अपने भयों में

बदल रहा था। उनके भीतर सोयी आशंका आपातकाल के खूँखार समय में जाग गई थी और एक पूरे समय और समाज के लिए चिंता से भर गई थी। यह आकस्मिक नहीं कि हमारे समय के कथित दो ध्रुवांतों के दो लेखक मुक्तिबोध और निर्मल अँधेरे के शिल्पी रहे। अँधेरे के भीतर ही शायद उन्हें अपनी-अपनी तरह से शोध करना था, जो वक्त की हवाओं में परत-दर-परत जमा था।

निर्मल वर्मा हिंदी में अपनी काट का एक लंबा इतिहास रहे हैं। एक गद्य लेखक और कथाकार के रूप में हिंदी में स्वाधीन जीवन जीना मुश्किल ही है और इस तरह जीना कि जिसमें न तो कोई माँग हो, न ऐषणा। क्योंकि ये सब चीजें लेखक को कमजोर करती हैं और ऐसे अवसर जुटाती हैं जहाँ उसे अपने आप को प्रत्यर्पित करना पड़ता है। हिंदी जैसी भाषा के अभावग्रस्त लेखक का दुनिया के लेखकीय जीवन की समृद्धि को बहुत पास से देखते हुए भी देसी जीवन जीना अपने आप को कितनी बड़ी चुनौती में डालना था।

निर्मल को खेमों में बाँधने-बाँटने की कोशिश की गई, पर जब देखो वे उसके बाहर आ खड़े होते थे। आज वे अपने आलोचकों को शत्रुविहीन कर गए हैं। जो शायद स्यापा करते होंगे कि हाय, अब हम किससे लड़ेंगे!

कवित्व से शक्ल लेती भाषा

कुँवर नारायण

मैं निर्मल वर्मा के साहित्य और चिंतन के ऐसे कुछ पक्षों पर एक नजर डालना चाहूँगा जो बराबर चर्चा के केंद्र में रहे हैं। उन पर विचार और पुनर्विचार से हमें निर्मल के साहित्य को खासतौर पर और साहित्य के कुछ पक्षों को आमतौर पर सोचने-समझने, और अपने खुद के दृष्टिकोण को जाँचने-परखने में कुछ मदद मिल सकती है।

निर्मल की भाषा केवल कुछ कहने का माध्यम मात्र नहीं है, अपने आप में भी एक संदेश और शिष्टाचार है। इस भाषा में विनम्रता और सौजन्य का सहज सौंदर्य है जो उनके कथन को असरदार बनाता है—कभी-कभी उनके जरा कमजोर कथन को भी। फिर भी उसकी आडंबरहीनता और संयत श्रृंगारिकता हमें आकृष्ट करती है और हम उसके सान्निध्य को पसंद करते हैं। यह भाषा शुष्क तर्क से नहीं भाषा में बसे कवित्व से शक्ल लेती है। दर्शन के क्षेत्र में भी साहित्यिक रुझान के अनेक विचारकों को विशुद्ध तर्क-शास्त्रियों ने उच्चतम जगह नहीं दी है। सार्त्र इसका एक प्रमुख उदाहरण रहे हैं। दूसरी बात, निर्मल की भाषा की 'संस्कृति' मूलतः भारतीय है। वह उस समय भी भारतीय ही रहती है जब वे विदेशों या विदेशी की बात करते हैं। भारतीय साहित्य में आज से नहीं हमेशा से यह समस्या बना रही है कि वह विदेशी प्रभावों को लेकर कितना उदार या अनुदार रहे। उन्हें किस हद तक स्वीकार करे, और किस सीमा के बाद अस्वीकार। भारतीय संस्कारों पर विधिवत अंग्रेजी शिक्षा के प्रभावों ने समस्या को और भी विषम बना दिया। यह समस्या केवल साहित्यकार की ही नहीं औसत शिक्षित वर्ग की है कि अनिवार्य विदेशी प्रभावों के साथ उसके रिश्ते समन्वयात्मक रहते हैं या द्वंद्वात्मक? विदेशी प्रभाव भारतीयता को दबोच लेते हैं, या उनकी वजह से भारतीयता को एक नया आयाम और प्रासंगिकता मिलती है? आमतौर पर विदेशी प्रभावों को लेकर भारतीय दृष्टि घुलमिल गई है, इसीलिए शुद्ध भारतीयता जैसी किसी कट्टर अवधारणा को परिभाषित करना और पचा पाना

मुश्किल हो जाता है। निर्मल में हम देशी-विदेशी संपर्कों के गुण और दोष को उनकी भाषा के बहुत बारीक रेशों में पहचान सकते हैं। भाषा तो कभी-कभी उनके यकीनों से परे जाकर भी अपनी अलग बात करती हुई सी लगती है। हम दूसरों को बिल्कुल अपनी तरह सोच सकते हैं, इससे हम दूसरों की तरह नहीं हो जाते। निर्मल की भाषा कभी-कभी इसकी साक्षी बन जाती है। उनके विचारों के विरुद्ध तक जाकर। आधुनिक और पारंपरिक के बीच समन्वय उनके विचारों की अपेक्षा उनकी भाषा के स्वभाव में बेहतर प्रकट होता है।

साहित्य में 'व्यक्ति' और 'समाज' की आपेक्षिक स्थिति क्या हो यह सवाल भी निर्मल के लेखन को लेकर और यों भी बराबर उठता रहा है। या व्यक्ति या समाज जैसे स्थूल वर्गीकरण रचनात्मक साहित्य के सही मूल्यांकन में बहुत दूर तक हमारा साथ नहीं देते। दोनों एक-दूसरे के पूरक हैं या फिर दोनों ही अर्थहीन...बिना इस तरह सोचे हम किसी भी बड़े साहित्य का पूरा आशय नहीं समझ सकते। अगर व्यक्ति का समाज से और साहित्य का कलाओं से कोई घनिष्ठ रिश्ता है तो हम इस तथ्य को कैसे नजरअंदाज कर सकते हैं कि मनुष्य का जीवन एक संश्लिष्ट जैविक सचाई है न कि अलग-अलग खंडों में विभाजित प्रस्ताव। समाज अलग, व्यक्ति अलग...ऐसा नहीं है। हम उन्हें चाहें भी तो अलग नहीं कर सकते। उसी तरह कला भी हमारे जीवन का हिस्सा है। जीवन में और साहित्य में भी व्यक्ति संबंधी चिंताएँ भी उतनी ही जायज चिंताएँ हैं जितनी समाज के बारे में। हम समाज या व्यक्ति में अमूर्तन नहीं कर सकते। आम आदमी का चित्रण भी बिना किसी खास आम आदमी को केंद्र में रखे सजीव नहीं हो सकेगा। निर्मल की संवेदना निजी के माध्यम से जिस व्यापक मानवता का संस्पर्श कराती है उसका गहरा ताल्लुक व्यक्ति से भी है और समाज से भी। यथार्थ का सरलीकरण करके उसे समझना एक बात है, पर एक साहित्यकार के लिए यथार्थ के केवल ऊपरी नहीं, उसे उसकी अंतःप्रकृति की जटिलताओं, उलझनों, और द्वंद्वों में भी आत्मसात कर पाना रचनात्मक दृष्टि से शायद ज्यादा महत्त्व रखता है। निर्मल अपनी रचनात्मक जरूरतों को प्राथमिकता देते हैं, और उनका लेखन राजनीति से परे जाकर, अपनी शक्ति सीधे गहरी मानवीय संवेदना और साहित्य के श्रेष्ठतम प्रतिमानों से ग्रहण करता है। शायद इसीलिए उनका लिखा एक बड़े पाठक वर्ग को आकृष्ट करता रहा है।

अर्जित स्वातंत्र्य

कमलेश्वर

निर्मल वर्मा की रचना के बारे में बहुत कुछ कहा गया है। मैंने भी काफी कुछ कहा है। निर्मल की रचना में एकांत भी है और अनेकार्थी विश्रांति भी, इसलिए उसमें एक अजीब-सा रहस्यमय सौंदर्य है। यह सौंदर्य समय के सरोकारों से सीधा संपृक्त न भी हो, तो भी वह इसीलिए जरूरी और सुंदर लगता है क्योंकि वह जीवन से विमुख नहीं होने देता।

बीती सदी ने साहित्य को बहुत-सी जिम्मेदारियाँ सौंपी हैं। प्रत्येक रचनाकार उन्हें अपनी मौलिकता के साथ वहन करता है। निर्मल की मौलिकता में उद्दाम नहीं, उदास और खामोश संवेग हैं जो अपनी तरह के सरोकार और सौंदर्य की सृष्टि करते हैं। यह सौंदर्य जीवन की चाहत और इच्छा को जीवित बनाए रखता है, जहाँ मृत्यु की प्रतीक्षा भी जीवित रहने की प्रतीक्षा का पर्याय बन जाती है।

निर्मल ने रचना और जीवन में तात्कालिकता से परहेज किया। यह परहेज प्रतिकूलता का नहीं था, पर यह उनके सांस्कृतिक स्वास्थ्य को नहीं सँभाल पाया। भारतीयता की राजनीतिक तात्कालिकता ने निर्मल को आहत न किया हो, यह मैं व्यक्तिगत तौर पर नहीं मान पाता, पर स्वनिर्मित मौन की सीमाओं का अतिक्रमण शायद उनकी कला के आधारभूत मौन ने नहीं करने दिया। यह गलत हो या सही पर यह स्वातंत्र्य निर्मल वर्मा ने रचनाकार के रूप में अर्जित कर लिया था।

निर्मल वर्मा की भाषा में स्वाभाविक शालीनता और कुलीनता है, वह सजग और आरोपित नहीं है। वे एक सुसभ्य आधुनिक नागरिक लेखक हैं, जिनके शब्दों के साथ-साथ अनुभवजन्य परछाइयाँ भी चलती हैं, शायद इसीलिए उनकी रचना विलक्षण होते हुए भी सामान्य मन की गहराइयों तक पहुँच पाती है।

कैसे याद करें

राजकिशोर

निर्मल वर्मा का देहांत एक ऐसे समय में हुआ, जब हिंदी का गद्य तरह-तरह की दुर्दशाओं का शिकार है। इसका एक कारण यह भी हो सकता है कि आज जो लोग लिख रहे हैं, उनमें से अधिकतर ने शायद निर्मल जी को पढ़ा ही न हो। दरअसल, उन्हें पढ़ना एक रचनात्मक चुनौती भी है। अगर आपकी अपनी रचनात्मकता सूख गई है और आपके बौद्धिक और संवेदनात्मक सरोकार बहुत सीमित हो गए हैं, तो निर्मल जी की रहस्यमय दुनिया में आप प्रवेश नहीं कर सकते। निर्मल जी को न पढ़ने का एक कारण राजनीतिक भी है। वे कम्युनिस्ट व्यवस्थाओं के मुखर आलोचक थे यह बात उन्हें भी नागवार गुजरती थी, जिनके अपने लेखन में समाजवादी मूल्यों की कोई झलक तक नहीं है।

अपने अंतिम वर्षों में निर्मल वर्मा को हिंदी साहित्य के सत्ता-वातावरण ने इस कदर अकेला कर दिया था कि उनकी चर्चा सिर्फ उनकी आलोचना के लिए होती थी—नामवर सिंह जैसी गिनी-चुनी हस्तियों को छोड़कर, जो अब भी निर्मल वर्मा की कहानियों को मूल्यवान मानते हैं और सार्वजनिक रूप से ऐसा कहते भी हैं। इसके बावजूद निर्मल के पाठक-पाठिकाओं का एक बड़ा भरा-पूरा संसार है, जिसे उनकी मृत्यु की खबर से ऐसा लग रहा होगा कि उनके भावनात्मक परिवार का सबसे उजला तारा अचानक गिर पड़ा है।

निर्मल वर्मा को कथाकार या चिंतक के रूप में याद करना किसी जटिल, पर मोहक टेक्सचर को एकायामी बनाकर देखना है। ऐसा इसलिए होता है कि हम विधाओं के सख्त वर्गीकरण के आदी हो चुके हैं। हिंदी के अनेक बड़े लेखकों ने—उदाहरण के लिए, जयशंकर प्रसाद, निराला, मुक्तिबोध और अज्ञेय—विधाओं की खूसट दीवारों को तोड़ा है और अपना एक निर्बंध संसार रचा है, जिसका अपना खास मिजाज है। मजे की बात यह है कि अलग-अलग विधाओं में लिखने के बावजूद

ऊपर उद्धृत सभी लेखकों का एक समग्र और अखंडित व्यक्तित्व है, जिसे उनकी हर रचना में देखा जा सकता है। कोई लेखक अपना ही अपवाद कैसे हो सकता है? प्रसाद की कविताओं, नाटकों और कथा-साहित्य में एक बौद्धिक और भावात्मक निरंतरता और अविच्छिन्नता है। यही बात निराला और मुक्तिबोध की समग्र कविताओं और उपन्यासों के बीच एक ही संवेदना का प्रसार है—कहीं फर्क है, तो वह वातावरण का है।

यह कमतर लेखकों की विशेषता है कि वे कहते कुछ हैं, मानते कुछ और हैं और लिखते कुछ और ही हैं। यह लेखकीय व्यक्तित्व की गहरी फाँकों की दुर्निवार अभिव्यक्ति है। यह कोई संयोग नहीं है कि उपुर्यक्त और उनकी तरह के सभी लेखकों के अपने व्यक्तित्व और उनकी रचनाओं की शक्ल-सूरत में पूरी एकाग्रता है। निर्मल वर्मा इसी क्षीण होती जा रही श्रृंखला की एक अद्‌भुत कड़ी थे। आने वाले समय में निर्मल की पहचान उनके गद्य से होगी जिसका वैभव उनकी कहानियों, उपन्यासों, निबंधों, रिपोर्ताज आदि में हर जगह दिखाई देता है।

यह अचरज की बात है कि वे कविता क्यों नहीं लिखते थे। अचरज की बात इसलिए है कि उनके गद्य में कविता जबर्दस्त ढंग से घुली हुई है, जैसे किसी सुंदर आकृति की त्वचा में उसकी मूलभूत सुंदरता अनुस्यूत रहती है। ऐसा कहा जा सकता है कि उनका समस्त लेखन एक लंबी कविता है, जिसे कोई चुनौती मिलती है तो बाहर से नहीं, अपने भीतर से ही मिलती है। लेकिन कहा यह भी जा सकता है कि उनका सारा लेखन एक लंबी कहानी या लंबा उपन्यास है इनमें निर्मल के गहरे सरोकार एकान्वित और धारावाहिक रूप में प्रकट होते हैं। ऐसी सघन रचनात्मक एकाग्रता के दूसरे उदाहरण हैं मुक्तिबोध जो अपनी रचनाओं में जितना खुलते हैं, उससे कहीं ज्यादा अपने आप में धँसे दिखाई देते हैं।

निर्मल वर्मा के इस अनोखे गद्य की केंद्रीय विशेषता क्या है? बहुत-से नौसिखुआ या अकादमिक किस्म के आलोचक इस संदर्भ में अकेलापन, संत्रास, उदासी, भय आदि का जिक्र कर खुश हो लेते हैं कि उन्होंने निर्मल जी को एकदम नंगा देख लिया है। कहने की जरूरत नहीं कि यह उनका अपना नंगापन है। इसमें कोई संदेह नहीं कि निर्मल की प्रारंभिक रचनाओं से उनके अंतिम वर्षों के लेखन में एक प्रकार का भय, यथार्थ को छूने की दार्शनिक हिचक, दूसरों से अपरिहार्य दूरी, चीजों को उनके वास्तविक नाम से पुकारने की आकुलता, अस्तित्व की गहनतर परतों का अन्वेषण करने की बेचैनी, जो दिख रहा है, उस पर संशय करते हुए जो शायद है, पर नहीं दिख रहा...आदि विशेषताएँ लगातार मौजूद हैं। क्या यह अस्तित्ववाद है? क्या यह कला का खेल है? क्या यह जान-बूझकर एक धुंध रचने की चतुर कोशिश है? अगर निर्मल की रचनाओं में यही सब होता, तो उनका इतना बड़ा पाठक वर्ग कैसे बन

सकता था? कोई लेखक धुंध में जी सकता है या धुंध रच सकता है, पर हजारों पाठक धुंध या कोहरे में कैसे रह सकते हैं?

निर्मल वर्मा में धुंध जरूर है, लेकिन वह अस्पष्टता की नहीं, उस नजारे के सामने चकरा जाने की धुंध है जिसे जीवन कहते हैं। निर्मल वर्मा की इस धुंध को अनुभव करने और समझने के लिए (इसे अनुभव किए बगैर समझना असंभव है) एक बहुत सतर्क दृष्टि चाहिए, जो यथार्थ के उन पहलुओं को देख सके, जिनकी ओर थरथराते पाँवों से ही जाया जा सकता है। उदाहरण के लिए पति-पत्नी के अलगाव को कानूनी दृष्टि से देखा जा सकता है, मनोवैज्ञानिक दृष्टि से देखा जा सकता है। समाजशास्त्री था आर्थिक विश्लेषक की दृष्टि से भी देखा जा सकता है। पर इनसे परे भी कई बड़े यथार्थ हैं, जो अछूते रह जाते हैं। निर्मल वर्मा इसी यथार्थ के कहानीकार हैं। उनका गद्य इसी दशहतनाक धुंध का महाकाव्यीय आख्यान है, जिसे हम में से हर एक अपने आसपास देख सकता है, लेकिन देखने की हिम्मत नहीं होती, क्योंकि वह एक खुले जख्म की तरह है जिस पर उँगली रखना टीस को दर्द में बदलने की कोशिश है। बाहर की बढ़ती हुई तानाशाही के बीच निर्मल भीतर के लेखक हैं।

लेकिन यह भीतर कोई रहस्यमय या अबूझ प्रक्रिया नहीं है, जिसे एक लेखक की उधेड़-बुन करार देकर उससे मुक्त हुआ जा सके। ऐसे लेखक हमेशा अपाठ्य होते हैं। इनका आकर्षण अल्पजीवी होता है, क्योंकि इस लेखन में हाड़-मांस-मज्जा नहीं होती—एक कृत्रिम घटाटोप होता है। निर्मल वर्मा की रचनाओं की दुनिया हम सबके ठोस संसार को ही समझने का एक उत्सुक और विनम्र प्रयास है। अस्तित्व उनके लिए कोई अमूर्त चीज नहीं है, न ही काल्पनिक। वह एक ठोस चीज है, पर उसमें हजारों रंध्र हैं, जिनके माध्यम से उसकी शिनाख्त करने की, हमेशा अधूरी...निर्मल वर्मा की उदासी या संशयों पर इस दर्दनाक वास्तविकता की छाया है। उनकी भाषा में खादी का खुरदुरापन या रेशम की चिकनाई नहीं है। वह फूल की पंखुरियों या मद्धिम वर्षा की बूँदों की तरह मुलायम है। निर्मल खतरनाक से खतरनाक बात को बहुत ही सहज ढंग से अपनी इस कोमल भाषा में कह लेते थे। लेकिन यह भाषा मधुर नहीं है, न ही इसे कलात्मक बनाने की जोड़-तोड़ है। इस उस संवेदना और समझ की ही कोमलता है, जिसका मूल्य उस दौर में और बढ़ जाता है जब शोर और चीख को ही भाषा की एकमात्र ताकत मान लिया गया है।

निर्मल वर्मा के व्यक्तित्व की सबसे बड़ी खूबी शायद यह थी कि वे एक लेखक थे और लेखक की ही तरह जीना चाहते थे। उन्होंने नौकरियाँ कीं। फेलोशिप लीं, लेकिन कभी भी यह सब उनका लक्ष्य नहीं रहा। भारत में अभी ऐसी स्थिति नहीं आई है कि कोई लेखक लिखकर जीविका चला सके। इसकी सजा निर्मल को भी

भुगतनी पड़ी। लेकिन पैसे या पद के लिए उन्होंने कोई समझौता नहीं किया। इसमें उनकी रुचि नहीं थी। वे पूर्णकालिक लेखक थे और लेखन ही उनका एकमात्र सरोकार था। इससे अगर मुफलिसी पैदा होती है, तो निर्मल को यह स्वीकार्य था। शायद इस तरह की मुफलिसी से ही आज के समाज में लेखक की अस्मिता और स्वाभिमान को बचाया जा सकता है।

पिछले दस-पंद्रह वर्षों में निर्मल वर्मा पर जो आरोप लगे हैं, उनकी चर्चा किए बगैर यह स्मरण लेख अधूरा रहेगा। निर्मल की समस्या—और अच्छाई—यह थी कि राजनीति को समझने में उनकी कोई दिलचस्पी नहीं थी। वह समस्या इसलिए थी कि राजनीति को समझे बिना आज सार्थक लेखन हो ही नहीं सकता। यह निर्मल वर्मा की अच्छाई इसलिए थी कि वे छल-कपट की इस दुनिया से बहुत दूर रहे और कुछ मानवीय मूल्यों के आधार पर अपनी आलोचनात्मक दृष्टि का विकास करते रहे। अज्ञेय की तरह निर्मल में भी प्रचुर पश्चिमी प्रभाव देखे जाते हैं। ऐसे लोगों को यह जानकर आश्चर्य होगा कि अज्ञेय की तरह निर्मल भी पश्चिम से लगातार संघर्ष करते रहे। उनका सारा बौद्धिक लेखन इस मुठभेड़ से गहरे स्तर पर प्रभावित है।...पश्चिम से मोहभंग के कारण निर्मल भारतीय धर्म और संस्कृति की ओर इस उत्कटता से मुड़े कि उनके कुछ सुंदर रूपों पर ही उनकी नजर केंद्रित रह गई। वे पश्चिम का यथार्थ देख रहे थे और भारत के आदर्श। इसके अनेक प्रतिकूल परिणाम निर्मल की बौद्धिक सृष्टियों में दिखाई देते हैं।

लेकिन निर्मल वर्मा को उनकी बौद्धिकता के लिए याद नहीं किया जाएगा। उनमें समसामयिक प्रश्नों पर अपनी राय देने की कोई बेचैनी नहीं थी। कहा जा सकता है कि यह उनके सरोकारों की सीमा थी। लेकिन इस सीमा का उपयोग उन पर वार करने के लिए नहीं होना चाहिए। अलबत्ता यह उपयोग उनकी साहित्यिक रचनाओं को समझने में किया जा सकता है। इस दृष्टि से उनके अनेक आलोचकों को निराश होना पड़ा है। कुछ ने तो उन्हें अपना कोप-भाजन भी बनाया। ऐसी अनेक आलोचनाएँ सच्ची हो सकती हैं, लेकिन ये राजनीतिक-सामाजिक आलोचनाएँ हैं, जिनसे मूल और आवश्यक निर्मल वर्मा को समझने में कोई मदद नहीं मिलती। प्रेमचंद की कसौटियों से प्रसाद का मूल्यांकन नहीं हो सकता। आलोचना कोई लाठी नहीं है जिससे रचना की गायों को हाँका जा सके। रचना की विविधताओं से आलोचक को खिसियाना नहीं चाहिए, बल्कि उनके आधार पर अपनी आलोचना को संशोधित और परिवर्धित करना चाहिए। निर्मल वर्मा की जिस खूबी को उनके विरोधी भी स्वीकार करते हैं, वह है उनकी भाषा की जादूगरी।

प्रेमचंद के बाद जिन तीन-चार लेखकों ने हिंदी गद्य को एक नई दिशा दी है, उनमें निर्मल भी एक हैं। लेकिन उनकी इस जादूगरी का राज क्या है? कहा जा सकता

है कि यह राज उनकी संवेदना की बुनावट में है। भाषा का कोई भी नया अंदाज देखिए, तो समझ जाइए कि उसकी पृष्ठभूमि में कुछ ऐसी वास्तविकताएँ हैं जो भाषा के किसी और अंदाज में व्यक्त नहीं हो सकतीं। रेणु का गाँव प्रेमचंद का गाँव नहीं है। इसी तरह, निर्मल जी अज्ञेय का एक और संस्करण नहीं थे। उनकी रचनाओं की अपनी एक स्वायत्त दुनिया है, जिसमें प्रवेश करने के बाद हमें यह अहसास होता है कि तमाम परतंत्रताओं के बीच भी मनुष्य अपनी स्वायत्तता को बचाए रख सकता है।

अजनबी भारतीय

राबर्तो कलासो

मैं उस व्यक्ति के लिखे कुछ शब्दों से शुरू करना चाहता हूँ जो मुझे—और मेरा मानना है, आपमें से बहुत सारे लोगों को—बेहद प्रिय रहा : निर्मल वर्मा। हालाँकि इससे यह दंश कुछ तीखा ही होता है कि वे हमारे बीच अब नहीं हैं। ये शब्द उनके निबंध *मेरे लिए भारतीय होने का अर्थ* से लिए गए हैं और अपने देश के प्रति प्रेम की उस भावना को अभिव्यक्त करते हैं, जिसकी व्याख्या, जिसका वर्णन बेहद कठिन है। इस भावना को निर्मल वर्मा 'आध्यात्मिक' बताते हैं और तत्काल यह जोड़ते हैं, 'किंतु वह कोई अमूर्त भावना नहीं,' और इसके बाद वे कुछ बेहद मार्मिक पंक्तियाँ लिखते हैं :

> "मुझे बचपन का वह क्षण याद आता है, जब मैं माँ के साथ ट्रेन में बैठकर जा रहा था। कहाँ जा रहा था, कुछ याद नहीं, सिर्फ इतना याद है कि मैं सो रहा था, अचानक मुझे धड़धड़ाती-सी आवाज सुनाई दी, हमारी ट्रेन पुल पर से गुजर रही थी। माँ ने जल्दी से मेरे हाथ में कुछ पैसे रखे और मुझसे कहा कि मैं उन्हें नीचे फेंक दूँ। नीचे नदी में। नदी? कहाँ थी वह? मैंने पुल के नीचे झाँका, शाम के डूबते आलोक में एक पीली, डबडबाई-सी रेखा चमक रही थी। पता नहीं, वह कौन-सी नदी थी, गंगा, कावेरी या नर्मदा? मेरी माँ के लिए सब नदियाँ पवित्र थीं।...यह मेरे लिए अपने देश 'भारत' की पहली छवि थी, जो मेरी स्मृति में टँगी रह गई है...वह शाम, वह पुल, पुल के परे रेत के ढूह और वह डूबता सूरज और एक अनाम नदी...कहीं से कहीं की ओर जाती हुई! मुझे लगता है, अपने देश के साथ मेरा प्रेम-प्रसंग यहीं से शुरू हुआ था...उत्पीड़ित, उन्मादपूर्ण, कभी-कभी बेहद निराशापूर्ण, किंतु आज मुझे लगता है कि अन्य प्रेम-प्रसंगों की तुलना में वह कितनी छोटी-सी घटना से शुरू हुआ था, माँ का मुझे सोते में हिलाना, दिल की धड़कन, नदी में फेंका हुआ पैसा... बस इतना ही।"

जब मैंने पहली बार ये पंक्तियाँ पढ़ीं, मुझे बहुत अजीब सा अहसास हुआ। निर्मल जो बता रहे थे, उससे मैं परिचित था, वे एक ऐसी मुद्रा की व्याख्या कर रहे थे जो एक दिन मैंने भी अपनाई होगी। मैंने जरूर किसी भारतीय नदी में कभी एक सिक्का डाला होगा। नन्हे से निर्मल की ही तरह मेरे साथ भी यह तभी हुआ होगा जब मैं आधी नींद में रहा होऊँगा। और निर्मल की ही तरह, उस मुद्रा के परिणाम अब तक, अभी जब मैं आपसे बात कर रहा हूँ, तब भी मेरे साथ हैं।

हालाँकि मेरा बचपन निर्मल के बचपन से बहुत दूर गुजरा। मैं फ्लोरेंस में पैदा हुआ, युद्ध से त्रस्त एक साल, 1941 में और जो पहली नदी मैंने देखी, वह अर्नो थी—एक बेहद पुराने शहर पोर सांता मारिया के धुआंते मलबों से घिरी हुई। लेकिन क्या यह प्रारंभिक विराट दूरी इस मुद्रा के संदर्भ में वाकई किसी महत्त्व की है? निश्चय ही निर्मल के मन में सर्वोपरि वह भारत था जिसमें वे पले-बढ़े, जिसकी स्मृतियों में 'धूल और गर्मियों की रातें' हैं और जहाँ प्यार अटूट ढंग से एक अजेय द्वेष से गुँथा हुआ है, वह 'दमनकारी द्वेष' निर्मल ने कहीं और लिखा है—'जो हर भारतीय शहर पर धूल की एक मोटी परत की तरह छाया हुआ है, और जिसकी वजह से लगता है कि हर शहर 99 डिग्री के धीरे-धीरे खोखला करने वाले बुखार में तप रहा है।' लेकिन भारत वह देश भी है जहाँ कहीं और की तुलना में, जीवन का कोई भी तत्त्व बाकी सबकुछ से काटकर अलग नहीं किया जा सकता। और इसीलिए वर्तमान का हर तत्त्व, भले ही कुछ उलझे और भटके हुए ढंग से 'भारतीय सभ्यता की अनमोल दृष्टि' जो 'अपनी आध्यात्मिकता से प्राप्त हुई थी', से जुड़ा हुआ है—और ये शब्द भी निर्मल के हैं।

मिथकों और परंपरा के इस गुंफन के ही किसी अंश में मैं अवश्य निर्मल से मिला होऊँगा। और हम दोनों ने यह महसूस किया होगा कि किसी भी विचार से पहले, यह गुंफन एक मुद्रा द्वारा ही परिभाषित होता है, बस अर्पण की मुद्रा, तब भी जब अर्पित करने को कुछ न हो, एक बच्चे द्वारा नदी में सिक्का डालने की मुद्रा ठीक वैसी ही है जैसे वैदिक कर्मकांड में किसी पुरोहित द्वारा अर्पण से पहले इन ढाई अक्षरों का उच्चारण : स्वाहा। वैदिक कर्मकांडियों के अनुसार, अगर अर्पित करने को कोई अवयव न भी हो तो भी इन ढाई अक्षरों के उच्चारण मात्र से दान संपूर्ण हो जाता है। इस बिंदु पर सतपथ ब्राह्मण बेबाक है और कहता है, 'स्वाहा ही त्याग है।' तो सारे अंतर, विविधताएँ, उनके परिणाम अंततः हमें इस मूल प्रस्थान की तरफ लाते हैं; कोई विचार, कोई क्रिया अपने-आप में आहुति है या नहीं, किसी अदृष्ट को किए जाने वाले किसी भी प्रकार के अर्पण का कोई अर्थ है या नहीं। जो किसी मुद्रा, किसी विचार से पहले आहुति सुनिश्चित करता है, जो इसका ध्वनि के रूप में संवहन करता है, वह एक आह्वान है : स्वाहा। इन ढाई अक्षरों की उपस्थिति या अनुपस्थिति यह उद्घाटित करती है कि मुद्रा और विचार दो मूल दिशाओं में

किसी एक तरफ प्रस्थान कर चुके हैं। इसीलिए कहा जा सकता है कि 'स्वाहा ही अर्पण है', यह सूक्ष्म आंदोलन ही यह बताने के लिए पर्याप्त है कि कोई उस संसार में प्रवेश कर चुका है जहाँ किसी चीज का अर्पण होना है। क्या अर्पित किया जाना है, और किसे अर्पित किया जाना है, यह उस प्राथमिक आह्वान की मुद्रा की तुलना में एक अर्थ में संयोग मात्र है।

किसी और सभ्यता में आहुति की यह क्रिया इतनी विस्तृत, स्पष्ट और आत्यंतिक नहीं है जितनी वैदिक सभ्यता में है।

जो इसे समझ जाता है, जो इसे अपने व्यवहार में ले आता है, वह इस दिशा में मुड़े बिना रह नहीं सकता। अगर उसमें इस बिंदु पर जाग्रत होने की कामना है तो—जो शायद बेहद महत्त्वपूर्ण भी है और अस्पष्ट भी। इसीलिए यह जरूरी था कि उस असीम गुंफन के उलझे हुए तारों के माध्यम से, जो सारे भारत पर छाया हुआ भी है और इसमें छुपा हुआ भी, जितना संभव हो उतना पीछे जाया जाए। और ये सब मिलकर एक ही शब्द तक ले जाते थे—वेद, यानी ज्ञान। एक-दूसरे से नितांत दूर के स्थानों में और बेहद भिन्न घटनाओं के कारण हम दोनों उस विशेष प्रकार के ज्ञान की ओर आकृष्ट हुए जो इस प्राचीन शब्द में दमकता है।

लेकिन इस मोड़ पर यह भी कहा जाना चाहिए कि ये दूरियाँ काफी घटी हुई थीं। चूँकि बीसवीं सदी में भारत और इटली एक-दूसरे से चाहे जितने भी दूर हों, उनकी दूरी, उस दूरी की तुलना में—जिसे मापा भी नहीं जा सकता—काफी कम है, जो हम दोनों को वैदिक जगत से अलग करती थी। वस्तुतः इसके विपरीत, यूरोप में पैदा हुआ कोई व्यक्ति वैदिक संसार की संपूर्ण और प्रभावी बाह्यता को कहीं ज्यादा बेहतर ढंग से समझ सकता है, जबकि भारत में जन्मा कोई व्यक्ति उससे निकटता के भ्रम में रह सकता है।

मैं नहीं चाहता कि अपनी बात आरोपित करता लगूँ, कुछ ऐसा कहते हुए, जिसका अर्थ बिल्कुल शब्दशः लिया जाना चाहिए; वेद बहुत हद तक एक ऐसा संसार हैं जिसे अब तक खोजा और ठीक से समझा जाना बाकी है। यह उस चीज के पीछे की चिंतन संरचना को पहचानने का प्रश्न है, जिसे कुछ विद्वान अपने कार्य की दुरूहता से हताश हो 'वैदिक धुँधलके' की संज्ञा दे डालते हैं। यह चिंतन संरचना सारगर्भित, स्पष्ट और दुःसाध्य है। और यह आज संरचना किसी ऐसे व्यक्ति के लिए काफी मूल्यवान हो सकती है जो चिंतन की दिशा में कुछ प्रयत्न करता है, सिर्फ इसलिए कि आज की दुनिया में चिंतन और व्यवहार की जो शैली प्रमुख है, यह उससे कतई मेल नहीं खाती, वह शैली जिसे मैं डिजिटल चिंतन कहना चाहूँगा। अगर हम वैदिक जगत को बाहर से, और उसकी संपूर्णता में देखते हैं, तो यह हमें एक दुस्साहसिक चिंतन प्रयोग लगता है, एक ऐसी दिशा में जिसका अनुसरण इतनी आत्यंतिकता में और कहीं नहीं हुआ है। इसका आधार मस्तिष्क का एक तरह का

सर्वसत्तावाद था जिसने ऐसे अनुसंधानों की राह खोली जो पूरी तरह एकांतिक और काफी विशिष्ट हैं।

मैं आपको एक अकेला उदाहरण देता हूँ। सिर्फ वैदिक पाठ ही ऐसे हैं जिनमें ब्राह्मण से शुरू करते हुए और उपनिषदों तक पहुँचते हुए, विचार का मूल संज्ञा नहीं, एक सार्वनामिक सर्वनाम स्व, यानी आत्मन है। इसमें बहुत प्रारंभ से निहित है कि हमारे यहाँ आत्म या स्व को संदर्भ में रखते हुए विचार का चरित्र बनता है। दूसरी ओर, पश्चिम के लिए यह बिल्कुल हाल की खोज रही है। वस्तुतः हाल के ही दशकों में—खासकर गोडेल के सिद्धांत के बाद, जिसकी शुरुआत, 1931 से होती है—वैज्ञानिक शोध के इस नए दौर में आत्म-संदर्भ के इन अंतर्विरोधों पर ध्यान गया है और इन्हें विचार के सर्वाधिक अक्षय स्रोतों के रूप में पहचान मिली है। यहाँ से यह समझना बहुत आसान है कि किसी भी रूप में वैदिक विचारों का उस अस्पष्ट और सुंदर लगने वाली 'स्पिरिचुएलिटी' से कोई लेना-देना नहीं है जिसे अक्सर इनसे भारत में और भारत के बाहर भी, जोड़ा जाता रहा है। दरअसल स्पिरिचुएलिटी शब्द ही वैदिक भाषा का हिस्सा नहीं है और न ही इसका अनुवाद संभव है, हालाँकि जिन चीजों से मन का संसार बनता है, उनको लेकर यह बहुत सख्त और बेलाग है।

मैंने ये उदाहरण दिया है, और भी कई दे सकता था। लेकिन प्रश्न वही है, कैसे हम उन सुदूर संसारों से रिश्ता जोड़ सकते हैं? ध्यान के जरिए, जिसे मैलेब्रां ने 'आत्मा की सहज प्रार्थना' के रूप में परिभाषित किया है। और इस विचार के सख्त नियमों के आगे खुद को समर्पित करके ही, जो खुद तक पहुँचने वाले का कायांतरण कर डालता है, क्योंकि इसका आधार ही यही है कि कोई व्यक्ति जो सोचता है, वही हो जाता है। इस बिंदु पर शिमला में पैदा होना—जो निर्मल हुए—या फ्लोरेंस में जन्म लेना—जहाँ मैं जन्मा—सिर्फ एक संयोग लगता है। हम जहाँ भी हों, हमारी सहज अवस्था उस विश्व से एक तरह की बाह्यता ही होगी जहाँ हम खुद को रहता हुआ पाते हैं, और अपने स्व से भी—वह बाह्यता जो उसी क्षण उस मस्तिष्क की हो जाती है जब यह समझ जाता है कि यह दो तत्त्वों, आत्मन—स्व और अहम्—मैं से बना है। ये कुछ और नहीं, ऋग्वेद के प्रथम मंडल के 164वें मंत्र में वर्णित दो पक्षी हैं, एक पीपल के पेड़ के मीठे फल खाता है और दूसरा इस पर मनन करता है। एक ही ऊँचाई के पेड़ पर, मित्रवत और एक समान बैठे ये दोनों एक-दूसरे को अपने प्रतिरूप की तरह देखते होंगे। और ऐसा ही बहुत सारे—लगभग सभी—लोगों के जीवन में होता है जो कभी इन्हें अलग नहीं कर पाते। लेकिन जब इनका अंतर समझ में आता है, सब कुछ बदल जाता है। हर क्षण दो अनुभवों का वाहक हो जाता है, जो एक-दूसरे से जुड़ सकते हैं, एक-दूसरे को खारिज कर सकते हैं। एक-दूसरे को द्विगुणित कर सकते हैं। जब एक का गुणा दूसरे से होता है, तो $1 \times 1 = 1$ का रहस्यमय समीकरण देख विचारों का झंझावात शुरू हो जाता है।

इसीलिए यह संभव हो सका कि यूरोप के टीसते हुए हृदय, प्राग में कई साल गुजारने के बाद, जहाँ उन्होंने हम यूरोप वालों से पहले कुंदेरा, स्क्वोरेकी, जीरी फ्राइड जैसे लेखकों को जाना और पहचाना, भारत लौटकर निर्मल खुद को इन सटीक, विडंबनापूर्ण और उदास शब्दों में व्यक्त कर सके, 'मैं एक देसी अजनबी हूँ जो लौट आया है। मैं एक अजनबी भारतीय हूँ जो हर जगह संदेह का पात्र है, सबसे ज्यादा अपने ही सामने।' और, जैसा कि सिक्के को लेकर—जो उन्होंने एक बच्चे के रूप में नदी में डाला—निर्मल के शब्दों के साथ हुआ, एक बार फिर मैं उनसे गहरी तादात्मता महसूस कर पाता हूँ। उनके शब्दों में बहुत हल्के हेरफेर के साथ, मैं कह सकता हूँ, "मैं एक अजनबी हूँ, जो कहानियों के एक कारवाँ को उनके जन्मस्थान तक ले जा रहा है। मैं एक अजनबी यूरोपवासी हूँ, जो हर जगह संदिग्ध है—सबसे ज्यादा अपने सामने। और मेरा आग्रह है, मुझे इसी रूप में स्वीकार करें।"

(अनु : प्रियदर्शन)

एक संजीदा करमफ़र्मा

आसिफ़ फ़रुख़ी

मेरे चारों तरफ बदहाली और तकलीफ़ें थीं। पेड़, नदी और पहाड़ कुदरत की मेहरबानियों को प्रकट कर रहे थे। संचार के सारे रास्ते अपने ही में सिमट कर रह गए थे। ज़लज़लों की मार झेलते लोगों की मदद और उन्हें राहत पहुँचाने के काम पर मैं जिस वीराने में तैनात था वहाँ इंटरनेट के राब्ते भी उलझे हुए थे। हालात से बिल्कुल बेखबरी थी। उस रोज़ हालात कुछ बेहतर थे। थोड़ी-सी मेहनत के बाद इंटरनेट की डाक खोलने में मुझे कामयाबी मिल गई। उसमें दिल्ली में रहने वाली शायरा-अदीबा गगन गिल का मेरे नाम एक सतरी-संदेश था। ''इसी 25 अक्तूबर की रात 10.40 बजे मैंने अपना प्यार–निर्मल खो दिया।''

इस खबर ने मुझे अंदर तक हिला दिया। यह अदब का तो जबरदस्त नुकसान था ही, मेरा भी जाती नुकसान था।

राब्तों (संचार-माध्यमों) के जिन बुलबुलों में हम रहते हैं, वे बर्फ़ की नुकीली नोक से फूट जाते हैं। मुझे ऐसा महसूस हुआ जैसे निर्मल मेरे साथ रहकर अभी-अभी यहाँ से गए हैं। मैं *अंतिम अरण्य* का अंग्रेजी तर्जुमा उठा लेता हूँ। पिछले साल जब मैं दिल्ली गया था, तब यह जिल्द उन्होंने मुझे दी थी। किताब देते वक्त उन्होंने मुझसे कहा था कि इसका उर्दू तर्जुमा भी जल्द ही आने वाला है। मैं पहले उर्दू तर्जुमा पढ़ना चाहता था। इसलिए इसे पढ़ा नहीं था। जिस तरह के काम में मैं मसरूफ़ था, उसमें से चंद लमहे चुराकर मैंने इसे पढ़ा। मुझे ऐसा लगा कि जिस माहौल में मैं था वही किताब में बयान हुआ माहौल है। गोया किताब के अंदर और बाहर का माहौल एक जैसा था। एक ऐसा माहौल जिसमें से शायरी का अकेलापन, बेवजूदी और मौत का खौफ उन्होंने बरामद किया था। सोचा, जिंदगी के मामूल पर लौट आने के बाद मैं उन्हें फोन करूँगा। लेकिन...सरहद के इस पार मैं उन्हें पाता भी तो क्या कहता? मुझे कहाँ पता था कि जब मैं यह नाविल पढ़ रहा था वे वक्त

के आस-पास अपने अंतिम अरण्य से सफर की तैयारी कर रहे थे। सच है अदीब अपने कारी (पाठक) से कुछ कदम आगे होता है।

एक कारी के रूप में, उनसे मेरी पहली मुलाकात लखनऊ से निकलने वाले उर्दू के अदबी माहनामे (मासिक) 'किताब' के जरिए हुई। यह शुमारा (अंक) हिंदी कहानी नंबर था। इसमें निर्मल वर्मा की लंबी कहानी *परिंदे* का तर्जुमा शाया हुआ था। यह कहानी खामोश नग्मे, भयावह तन्हाई के अहसास और जब्त के साथ एक तरफा प्यार के सबब दूसरी कहानियों से अलग थी और मुमताज भी। पढ़ने के बाद इसका वैसा ही असर था जैसे किसी जिप्सी धुन को सुनने के बाद उसकी तरंग कानों में गूँजती है। इसके बाद *वे दिन* जो प्राग की तल्ख मीठी मुहब्बत की कहानी थी। फिर हौसलाशिकन *रात का रिपोर्टर*। और कराची में किताबों की दुकानों पर बआसानी मिल सकने वाले *एक चिथड़ा सुख* का पैंगुइन एडीशन और कहानियों का मज्मूआ *कव्वे और काला पानी* वगैरह। इन्हें पढ़कर लगा कि निर्मल वर्मा ऐसे अफ़सानानिगार हैं जिन्हें आँख की पुतली की तरह रखा जाना चाहिए।

जून 1997 में बर्लिन में जब मैं उनसे पहली बार मिला तो अक़ीदत (श्रद्धा) के जज्बे से खुद को मामूर (भरा) पाया। मशहूर अफ़सानानिगार गीता हरिहरन ने हमारा तूआरूफ़ कराया था। हम लोग उन छह हिंदुस्तानी और छह पाकिस्तानी अदीबों में शामिल थे जिन्हें जर्मन अदीबों से तबादला-ए-ख़याल करना था। इस प्रोग्राम का नाम 'साइट्स ऑफ मेमोरीज' था। वो कद्रे शर्मीले कम बोलने वाले ऐसे शख्स थे जिन्हें खुलने में वक्त लगता है। लेकिन प्रोग्रामों के दौरान, पुरतकल्लुफ, शामों, बेतकल्लुफ बातचीत और घूमने-फिरने के दौरान मैंने पाया कि वे आसानी से दोस्त बन सकते हैं। मुकालमे (संवाद) को जानदार बनाने की खातिर मैंने इज्लास को टेप करना चाहा लेकिन उन्हें काग़ज पर उतारने की तौफीक न हुई क्योंकि उसमें हिंदी के कई अल्फ़ाज मेरी गिरफ्त से बाहर थे। मुझे याद है कि वे मंटो के बारे में अच्छी राय रखते थे। हाँ, कुर्रतुलऐन हैदर के बारे में उन्होंने कुछ खास दिलचस्पी नहीं दिखाई। पिछली दफा जब दिल्ली में उनके घर पर मेरी मुलाकात हुई तो उन्होंने बर्लिन की मुलाकात, प्रोग्राम के वाक़यात और मुकालमों का निहायत शौक़ से ज़िक्र किया। वे कुछ उम्र-रशीदा जरूर लग रहे थे लेकिन खुशो-खुर्रम (प्रसन्न-चित्त) लग रहे थे। वही चेहरा और उस पर वही कभी न भुलाए जा सकने वाले तास्सुरात, जो किसी भी कार्टूनिस्ट को पसंद आ सकते थे। बातचीत के दौरान बगैर किसी तफसील के उन्होंने बताया कि वे एक नाविल लिख रहे हैं। मैंने इजाजत चाही तो वे मुझे छोड़ने बाहर तक आए। एक संजीदा करमफ़र्मा की तरह मुस्कराहट उनके होंठों पर थी। यह उनसे मेरी आखिरी मुलाकात थी।

निर्मल वर्मा बगैर किसी शको-शुब्हे के दक्कन एशिया से उभरने वाले बेहतरीन अफ़सानानिगारों में एक थे। वे शिमला में 1929 में पैदा हुए। बड़े कुनबे में उनके

मुसव्विर (चित्रकार) अदीब भाई रामकुमार बैनुलअकवामी (अंतर्राष्ट्रीय) शोहरत के मालिक हैं, उनके अकेलेपन के मुहाफ़िज नजदीकी अकेलेपन के शऊर (चेतना) और अहसास ही ने उनकी तहरीरों (लेखन) को तवानाई (ताकत) दी। लिखना उन्होंने 1950 में शुरू किया। उनके अफ़सानों का पहला मज्मूआ *परिंदे* के नाम से शाया हुआ। हिंदी में नई कहानी की तहरीक (आंदोलन) में इसे नुक्ता-ए-आगाज़ (प्रारंभ) माना गया। ओरियंटल इंस्टीट्यूट प्राग की दावत पर वे चेक अदीबों का हिंदी में तर्जुमा करने के लिए प्राग गए। दस बरसों के करीब प्राग में क़याम रहा। 1968 में, जब रूस ने प्राग में दस्तअंदाज़ी की, वे कुछ दिनों के लिए, छुट्टियाँ बिताने लंदन में थे। वहाँ से वे हिंदुस्तान लौट गए। प्राग के लंबे क़याम से दोनों ही को फ़ायदा हुआ। यूरोप के साथ टिकाऊ रिश्ता उनका अहम मौजू हो गया। यूरोपज़दा बड़े हिंदुस्तानी अदीबों में उनका शुमार होता था। लेकिन अपने एक इंटरव्यू में उन्होंने इन दो तहज़ीबों में तफ़रीक (अंतर) बताते हुए कहा है कि रिश्तों की तीन सिम्तों वक्त, फितरत और ज़ात आत्मन मगरिबी (पाश्चात्य) तहज़ीब ने मुन्फी (नकारात्मक) हमला किया है। उनके लिए आदमी मरकज़ (केंद्र) में है। वक्त माज़ी (अतीत), हाल और मुस्तक़बिल (भविष्य) के हिस्सों में बँटा है। मैक्सम्युलर के लिए भी हिंदुस्तान का माज़ी शानदार है। हाल (वर्तमान) तो माज़ी ही की छाया या वाक़ीयात है। रहा मुस्तक़बिल तो वह इस पर है कि वह कितना यूरोपज़दा हो।

हिंदुस्तान और यूरोप के तहज़ीबी रिश्ते उनके लेखन का बुनियादी सरोकार हैं। इसके बावजूद वे ख़ानगी (घरेलू) वाक़यात से भी ताल्लुक महसूस करते हैं। हिंदुस्तानी रिवायतों (परंपराओं) की अस्ल (जड़) में दिलचस्पी रखने के सबब कुछ लोगों ने उनकी तनक़ीद (आलोचना) की और ऐबजूओं (त्रुटियाँ ढूँढ़ने वालों) ने उन्हें दाएँ बाजू में शामिल करना चाहा। लेकिन निर्मल वर्मा को दाएँ बाजू के लेबल से नफ़रत थी। अपनी तालिमे-इल्मी (विद्यार्थी जीवन) से उन्हें एक ऐसा जज्बाती ऐक्टिविस्ट और आदर्शवादी कहा गया जिसका रिश्ता एक तरफ गाँधी से है तो दूसरी तरफ़ कम्युनिस्ट पार्टी से।

दरअसल वे फ़र्द की आज़ादी (व्यक्ति स्वातंत्र्य) के जबरदस्त हिमायती थे। उन्होंने इंदिरा गाँधी की लगाई इमरजेंसी की मुख़ालफ़त (विरोध) की थी। एक आज़ाद अदीब के तौर पर अपने को बचाए रखने के लिए भी उन्होंने हालात से कड़ा मुकाबला किया था। हिंदुस्तान के मोअज्जिज इनाम ज्ञानपीठ और साहित्य अकादमी का इनाम और उसके बाद फ्रांस का शिवेलिए एजाज हासिल हुआ। बी.बी.सी. ने उनके फन और शख्सियत पर फिल्म दिखाई।

अपनी जिंदगी को अदब की नज्र करने वाले निर्मल वर्मा के पाँच नाविल, आठ अफ़सानवी मज्मूए (कहानी-संग्रह) और अनगिनत मज़ामीन (लेख) उनके अदब का इहाता करते हैं। उनके फन्ने-अफ़सानानिगारी को जदीद हिंदुस्तानी समाजी ढाँचे

की कशमकश को ज़ाहिर करने वाला, मुत्तहिद कुनबे (संयुक्त परिवार) के बिखराव, सनती (औद्योगिक) और हिज्रत के सबब बदलती हुई क़द्रों (मूल्यों) से ताबीर किया गया है।

अपने एक इंटरव्यू में निर्मल वर्मा ने कहा है कि उनके मौजूआत (विषय) में मदनी मुआशरत (शहरी जीवन) के रिश्तों का खोखलापन शरीक है।...खुदा जैसी हाकिम शख्सियत की गैर-मौजूदगी में मर्द और औरत के बीच मुकालमा (संवाद) मुश्किल हो गया है। सवाल खुदा के होने और न होने का नहीं है। सवाल है उस ख़ला (शून्य) का, उस अकेलेपन का जो हमारी ज़िंदगी में रह गया है। निर्मल वर्मा की तरह अकेलेपन का ऐसा बयान किससे मुमकिन हुआ है?

(अंग्रेजी से अनु : शीन काफ़ निज़ाम)

आत्म और अन्य की चेतना

के. सच्चिदानंदन

निर्मल वर्मा के अवसान से भारतीय साहित्य को अपने सर्वाधिक चिंतनशील, अंतर्दृष्टि संपन्न और रचनाशील कथाकारों में से एक को खोना पड़ा है। वे सर्जनात्मक लेखकों के बीच एक बौद्धिक थे, भारत और पश्चिम दोनों में रह चुके थे और नैतिकता की धुरीविहीन यूरो-केंद्रित आधुनिकता से आक्रांत सभ्यता के संकट पर गहराई से विचार करते थे। वर्मा एक 'राष्ट्रवादी' थे—इस शब्द की पूरी गहराई के अर्थों में; ऐसे जो गाँधीजी के 'हिन्द स्वराज' के विश्लेषण को मानते हुए भारतीय सभ्यता की स्वायत्त संपन्नता और अपने निरंतर पुनर्नवीकरण की उसकी क्षमता में आस्था रखते थे। लेकिन परंपरा में उनका विश्वास उन्हें सरलीकृत निश्चिंतता की ओर नहीं ले गया; वे लगातार आधुनिकता की पड़ताल करते रहे और उसका नैतिक एवं अवधारणात्मक पुनर्आकलन करते रहे। टैगोर के बाद की श्रेष्ठतम भारतीय आधुनिक शख्सियतों—उदाहरण के लिए, यू. आर. अनंतमूर्ति, ओ.वी. विजयन या दिलीप चित्रे—में से वे एक थे और इनके साथ वे अजनबीयत, एकाकीपन और अस्तित्व के संत्रास की युद्ध-विदीर्ण दुनिया में रहने के तनावों का साझा करते थे।

निर्मल वर्मा का कथा-साहित्य आधुनिक समाज में बढ़ती संवेदनहीनता के इर्द-गिर्द घूमता है जिसमें विकृत आस्थाएँ, अविश्वास और अंततः सच्चे अपनेपन और रिश्तों का क्षय है। वे संयुक्त परिवार के बिखराव पर चिंतित थे जिससे सुरक्षा के बोध का दुखद अभाव विकसित हुआ और व्यक्ति पारिवारिक और सामाजिक जीवन के तनावों को वहन करने के लिए अकेला छूट गया। उन्होंने भारतीय समाज में एक नयी स्वतंत्र नारी के प्रकट होने को भी पहचाना और इसमें अंतर्निहित सामाजिक व्यवस्था के बदलावों को भी निष्पक्ष दृष्टि से परखा। स्वयं उनका पालन-पोषण आठ भाई-बहनों के बीच पाँचवीं संतान के रूप में एक ऐसे परिवार में हुआ था जो अपने अन्य संबंधियों से कटा हुआ था। उनका अधिकांश बचपन दिल्ली के एक बड़े

उपनिवेशकालीन बंगले में बीता, जो ब्रिटिश इंडिया के रक्षा विभाग में अधिकारी, उनके पिता को मिला हुआ था। निश्चय ही उन स्वप्निल दिनों का योगदान उन मार्मिक कथाओं की वेदना में रहा होगा जिन्हें निर्मल वर्मा ने अपने बाद के जीवन में रचा और जिनसे उन्हें साहित्य अकादमी और ज्ञानपीठ सम्मान समेत देश के सबसे प्रतिष्ठित साहित्यिक पुरस्कार प्राप्त हुए।

अपने छात्र जीवन में एक जोशीले आदर्शवादी कार्यकर्त्ता के रूप में भारतीय कम्युनिस्ट पार्टी के सदस्य होते हुए भी गाँधीजी की प्रार्थना सभा में नियमित जाने वाले वर्मा अपने बड़े भाई रामकुमार, और जगदीश स्वामीनाथन—जो दोनों बाद में प्रमुख आधुनिक चित्रकारों के रूप में प्रतिष्ठित हुए—के साथ विभाजन के शरणार्थियों को राहत के कार्य में भी सक्रिय थे। सोवियत संघ ने जब हंगरी पर आक्रमण किया, उन्होंने पार्टी छोड़ दी और राष्ट्रीय तथा अंतरराष्ट्रीय स्थितियों पर एक जिम्मेदार उदार बुद्धिजीवी के समान प्रतिक्रियाएँ व्यक्त करते रहे : आपातकाल का उनका विरोध और तिब्बत की स्वतंत्रता की माँग को उनका समर्थन अब ऐतिहासिक तथ्य हैं

निर्मल ने एक दशक से अधिक समय यूरोप में बिताया जहाँ उन्होंने कारेल चापेक और मिलान कुंदेरा जैसे आधुनिक चेक लेखकों के हिंदी में अनुवाद की परियोजना का प्रारंभ किया। 1968 के 'प्राग वसंत' के बाद वे प्राग से चले गए और कुछ समय यूरोप की यात्रा में व्यतीत किया। प्रवास से भेजे गए उनके आलेख, जो वहाँ की सामाजिक-सांस्कृतिक अवस्था के बारे में थे, नियमित रूप से *टाइम्स ऑफ इंडिया* के संपादकीय पृष्ठ पर स्थान पाते रहे। उनके यात्रा-वृत्तांतों की पुस्तकों में उनका भ्रमण अनुरागी ही नहीं बल्कि प्रखर संस्कृति-समीक्षक स्वरूप भी प्रकट होता है। उनके गद्य की अप्रतिम गुणवत्ता शहरीकरण, धर्म, धर्मनिरपेक्षता और तुलनात्मक सभ्यताओं पर उनके निबंधों को भी जीवंत बना देती है। आधुनिकता से मोहभंग और विकल्प की तलाश उन्हें एक तरह के नए अध्यात्म की ओर ले गई जो संगठित और अनुष्ठानपूर्ण धर्म के बंधनों से परे है।

लेकिन उनको सर्वाधिक प्रशंसक मिले अपने कथा-साहित्य से। उनके पहले कहानी संग्रह *परिंदे* से हिंदी में 'नई कहानी' आंदोलन की शुरुआत हुई। इसके बाद उनके सात कहानी संग्रह और पाँच उपन्यास प्रकाशित हुए जिनमें आखिरी है *अंतिम अरण्य*। उनके पाँचों उपन्यासों के अंग्रेजी अनुवाद भी प्रकाशित हैं। उनके आठ कथा संग्रह और दो निबंध संग्रह भी अंग्रेजी में प्रकाशित हैं। भारतीय भाषाओं और फ्रांसीसी व जर्मन में भी उनकी कृतियों का अनुवाद हुआ है।

कथा-साहित्य में निर्मल वर्मा अपना अलग स्थान रचते हैं। उनके कई उपन्यास और कहानियाँ यूरोप में स्थित हैं पर उनका कथ्यात्मक सत्य निर्वासन स्मृति, अतीतेष्णा और लौटने की लालसा से परिपूर्ण एक संसार का अन्वेषण करता है। मानों उनके चरित्र जानते हैं कि उनकी अपनी जगह कौन-सी है लेकिन उसको स्पष्ट रूप से

निरूपित करने में वे असमर्थ हैं। *द लंदन मैग्जीन* ने उनकी कहानियों की सटीक मितव्ययिता की प्रशंसा की है, तो *द इंडिपेंडेंट* ने कहा है कि उनकी क्षमता एक छोटे से संवाद, एक मुख्तसर मुलाकात के इर्द-गिर्द एक कथा रच देने की है, मानो पानी में गिरा छोटा-सा कंकर दूर तक तरंगों के घेरे फैलाता चला जाता हो। रहस्यमय बहुआयामी हिमालय के एक वनप्रांतर में प्रेतों की सी कुछ उपस्थितियों के बीच स्थित उनके अंतिम उपन्यास *अंतिम अरण्य* का कथानक एक बार फिर उनके सूक्ष्मता से रचे चरित्रों के अंतर्द्वंद्वों के प्रभावशाली और बारीकियों से भरे रूपांकन की मिसाल पेश करता है।

निर्मल वर्मा का कथा-साहित्य और निबंध हमारे समय की केंद्रीय समस्याओं : अस्मिता का संकट, आत्म, बुद्धि, अध्यात्म और इतिहास के संकटों का सीधा सामना करते हैं। वे हमेशा परिमार्जित, सटीक, स्पष्ट और अभिहित रहते हुए मूलभूत नैतिक और सभ्यतापरक प्रश्न उठाकर ऐतिहासिक स्मृतियों को आहूत कर आत्म और अन्य की गहरी चेतना की ओर ले जाते रहे। हमारे तनावपूर्ण संकट के समय और इसकी आध्यात्मिक व्याधियों के वे एक महान व्याख्याता थे।

(अनु : संजीव मिश्र)

पूरब-पश्चिम की डोर

हरीश त्रिवेदी

हिंदी उपन्यासकार, कथाकार, निबंधकार और विचारक निर्मल वर्मा अपने समय के अग्रणी लेखकों में से एक थे। उस दौर में बहुत कम ऐसे लेखक थे, जिन्हें हवा, पानी और पत्तों की जरा-सी हरकत का अहसास होता था, जिन्हें सितारों, सूरज की रोशनी, परछाईं और अँधेरे का हर घड़ी भान रहता था। निर्मल उन्हीं में से एक थे। उनकी पुस्तकों के भावनात्मक किरदार इसी जगमगाते आभामंडल से सराबोर रहते थे। इसी दुनिया के लगते थे। उनमें दर्शन की प्रतिध्वनि सुनाई पड़ती थी। उनके किरदारों के कुछ संवाद ही लीजिए, 'कोई नहीं जानता था कि कब वह आवाज चुप्पी में विलुप्त हो गई और फिर स्थिरता में समा गई।' या फिर लंबे समय से अलग हुए दो भाइयों के बीच का यह संवाद, 'मैंने कभी नहीं सोचा था कि हम इस जीवन में फिर मिलेंगे।' 'इस जीवन में?' 'कोई अन्य जीवन भी है?' या फिर आपसी मनमुटाव के शिकार दो दोस्त, जो अब दोबारा गिले शिकवे दूर कर एक होने जा रहे हैं, के बीच का यह संवाद। 'आओ साथ बैठते हैं और मिलकर बात करते हैं। आखिर हम साथ क्यों नहीं बैठते?' अपनी लेखनी में वे आजीवन मानवीय रिश्तों की परतें खोलते रहे। उन्होंने कभी एकदम अंतरंग मानवीय संबंधों पर लिखा, तो कभी अपनी पुस्तकों में पारिवारिक ताना-बाना बुनते रहे। उनकी सभी रचनाओं में इंसानी मेल-मिलाप का मर्म, चिंतनशील मौन, आध्यात्मिक अलगाव और एकाकीपन का भाव झलकता था।

पिछली आधी शताब्दी के दौरान उनके पाँच उपन्यास प्रकाशित हुए। अंग्रेजी में अनुवाद की हुई पुस्तकों में 'डेज ऑफ लॉगिंग (वे दिन), 'रेड टिन रूफ' (लाल टीन की छत), 'ए रैग कॉल्ड हैप्पीनेस' (एक चिथड़ा सुख), 'डार्क डिस्पैचस' (रात का रिपोर्टर), और 'द लास्ट वाइल्डरनेस' (अंतिम अरण्य), शामिल हैं। इसी तरह उनकी लघु कथाओं के सात संग्रह प्रकाशित हुए जिनके अंग्रेजी अनुवाद 'इंडियन एरेंट' (प्रवासी कथाएँ) और 'एन इंच एंड ए हाफ अबॉव द ग्राउंड' (एक इंच ऊपर) शीषकों से प्रकाशित हुए। उनके निबंधों के दो संग्रहों के अंग्रेजी अनुगद 'वर्ड एंड मेमोरी' (शब्द और स्मृति) और

'इंडिया एंड यूरोप' (भारत और यूरोप) के नाम से छपे।

बेशक निर्मल वर्मा उस पृष्ठभूमि से वास्ता रखते थे, जहाँ भारतीय लेखकों को देसी भाषा के बजाय अंग्रेजी में काम करने के लिए प्रोत्साहन मिलता था। उनके पिता अंग्रेजी हुकूमत में एक उच्च अधिकारी थे। वे जिस स्कूल में पढ़ते थे, वह शीतकाल के दौरान दिल्ली में लगता था और गर्मियों में शिमला स्थानांतरित कर दिया जाता था। जैसा वाइसराय और बाकी स्टाफ के साथ होता था। इसके बाद उन्होंने सेंट स्टीफन कॉलेज से इतिहास में एम.ए. किया और कार्डधारी कम्युनिस्ट बन गए। कुछ समय अध्यापन कार्य करने के बाद वे चेक गणराज्य की फेलोशिप पर प्राग चले गए। वे वहाँ नौ वर्ष तक चेक साहित्य का हिंदी में और हिंदी का चेक में अनुवाद करते रहे। इसमें चेक साहित्य में उस समय लगभग अनजान 'मिलान कुंदेरा' का अनुवाद शामिल था। इसके बाद कुछ वर्ष तक लंदन में रहने के बाद वे भारत लौट आए और अपना शेष जीवन यहीं बिताया। निर्मल ने इस दौरान एक नई भाषा गढ़ ली थी। अपने मौलिक विचारों से मेल खाती और उसकी अभिव्यक्ति में सक्षम। दरअसल वह नई भाषा नहीं, कल्पनाशील मुहावरेदारी थी। शुरुआती दौर में कुछ लोगों को यह असहज लगा। उस समय आलोचकों ने उन पर इलजाम लगाया कि वे सोचते अंग्रेजी में हैं और लिखते हिंदी में। यदि ऐसा ही होता तो वे दुनिया के मशहूर संकरित भाषाई लेखकों में से एक होते। हालाँकि, जो भी निर्मल ने प्रस्तुत किया, उसमें विचारों का खुलापन और रचनात्मक उर्वरता उल्लेखनीय रूप से शामिल थी। हद तो तब हो गई, जब उनके कैरियर के अंतिम पड़ाव में उनके एक-दो बयानों के आधार पर (जो उन्होंने दिए या नहीं निश्चित रूप से नहीं मालूम) कुछ लोगों ने उन पर हिंदुत्व का रंग चढ़ाने की चेष्टा की। हालाँकि इनमें से अधिकतर ने निर्मल की रचनाएँ पढ़ी ही नहीं थीं। उदाहरण के लिए, *धुंध से उठती धुन* में उन्होंने कुंभ के माहौल पर कुछ सवाल उठाए थे, जो वाकई पहेली बन गए। आलोचकों के लिए यह पचा पाना कठिन था कि निर्मल ने कुंभ मेला पर लिखने के लिए वाकई इलाहाबाद का दौरा किया।

बहुत-से हिंदी पाठक कथाकार के रूप में निर्मल को जो दर्जा देते हैं, वह प्रेमचंद से बहुत नीचे नहीं है। यह एक अद्‌भुत प्रशंसा है। खासतौर पर इसलिए कि निर्मल शहरी मिजाज के कहानीकार थे जबकि प्रेमचंद की कहानियों में गँवई झलक मिलती थी। वास्तव में निर्मल का पहला उपन्यास और उनकी लघु कथाओं का एक पूरा संग्रह विदेशी रंग रूप में रचा गया। उनकी पृष्ठभूमि विदेशी थी। यह झलक उनके 'इन सर्च ऑफ द इंग्लिश' जैसे निबंधों में भी मिलती है। वह पश्चिम को औपनिवेशिक काल के बाद उभरी पैनी नजर से देखते हैं। निर्मल पश्चिम को केवल जानते नहीं थे, अच्छी तरह जानते थे और उसे गहरे तक धँसी भारतीय सोच तथा अहसास के साथ देखते थे। अपने रचनात्मक और आलोचनात्मक लेखन में निर्मल ए.के. रामानुजन और यू.आर. अनंतमूर्ति सरीखे लोगों की तरह पूरब और पश्चिम के बीच कड़ी थे।

(अनु : रोमेश आर्य)

नई कहानी के प्रतिमान

सीताकांत महापात्र

निर्मल वर्मा अलग किस्म के व्यक्ति थे। नई हिंदी कहानी के प्रतिमान। उन्होंने अपनी विलक्षण प्रतिभा और बौद्धिकता से कहानी को तराशा था। उनमें हमारे समय की बारीक समझ थी और उसे दृढ़तापूर्वक उन्होंने हमारे सामने रखा। उनके लेखन में पश्चिम के साथ अद्‌भुत सामंजस्य दिखाई देता है। वे बहुत भावुक थे—पिछले दो दशक की अपनी दोस्ती में मैंने इसकी गहराई और विस्तार को महसूस किया था—हालाँकि इसे उन्होंने एक सुगठित बौद्धिक औजार के रूप में ढाल लिया था, जो उनकी प्रौढ़ समझ का ही परिचायक था। उनके साथी लेखकों और पाठकों ने अमृत की तरह चाहा और उनमें श्रद्धा व्यक्त की थी। करीब सात सालों तक खूबसूरत प्राग की गलियों में घूमते हुए, कुछ चेक लेखकों का अनुवाद करते हुए उनके शिल्प और कथन शैली के प्रति पैदा हुआ प्रशंसा भाव, शायद निर्मल की अपनी खोजों और कथा लेखन में भी विधिवत और भावनात्मक रूप में विनीत भाव से प्रवेश कर गया था। उनमें भावनात्मक परिवेश रचने; उम्मीद, मनोव्यथा और निराशा का भू-दृश्य रेखांकित करने की उत्कृष्ट कला थी, जिसके चलते उनके पाठक उनसे प्रेम करते हैं।

संस्कृति पर लिखे अपने निबंधों में उन्होंने समकालीन परिदृश्य और बीते हुए समय को आत्मीय ढंग से जोड़ा और उत्कृष्ट रूप में प्रस्तुत किया है। इनमें हमारा अपना समाज और अपनी संस्कृति तो है ही, पश्चिम से भी इनका जुड़ाव देखा जा सकता है—ऐतिहासिक और आधुनिक दोनों रूपों में। वे काफी भिन्नता के साथ एडवर्ड सईद थे। मेरी नजर में उनका यह रचनात्मक क्षेत्र उतना ही मूल्यवान है जितना कि उनका कथा-संसार।

जो लोग उन्हें करीब से जानते थे, उन्होंने पाठकों के साथ इस महान लेखक के जीवन से जुड़े अनेक सूक्ष्म तथ्यों का साझा किया है। मेरे मित्र कृष्ण बलदेव वैद ने इसे पत्र के रूप में लिखा है। कई सारे साक्षात्कारों में निर्मल ने भारतीय साहित्य

के परिदृश्य और इसके भविष्य की दिशा पर निष्कपट भाव से अपने बहुत सारे विचार प्रकट किए हैं।

मुझे करोलबाग इलाके के राजेंद्र नगर में उनके 'अकेले' दिनों की याद आ रही है। एक मकान के ऊपर बने छोटे से हिस्से में उनका 'लड़का' कुनकुनी चाय बनाकर दे जाता था और हम लोग चाय पीते हुए अपने साहित्य और संस्कृति के बारे में विमर्श किया करते थे। वे गोपीनाथ मोहंती और फकीरमोहन को न सिर्फ जानते थे, बल्कि उन्हें पढ़ चुके थे और उनके प्रशंसक थे। बातें करते-करते नई दिल्ली की धुँधली शाम उतर आती थी और मुझे वापस लौटना पड़ता था।

वे औपचारिक भाषण देने के मामले में सदा अन्यमनस्क रहे। एक बार मैंने एक साहित्यिक गोष्ठी में कटक आने के लिए उन पर दबाव डाला था। तब उन्होंने एक शर्त रखी कि मुझे भी उसमें बोलना पड़ेगा। बाद में 2000 के विश्व पुस्तक मेले में, जिसका उद्घाटन प्रधानमंत्री अटल बिहारी वाजपेयी ने किया था, मैंने उन्हें अतिथि वक्ता के रूप में बुलाया था। उसी मेले में हमने 'शब्द का वैश्वीकरण—एक चुनौती' विषय पर सेमिनार आयोजित किया था। लेकिन उन्होंने यह कहते हुए उसमें बोलने से इनकार कर दिया कि इन दिनों उनके दिमाग में किसी भी तरह का गंभीर लेख लिखने का खाका नहीं बन पाता। यह उनके लिए बड़ी कारुणिक स्थिति थी। हालाँकि लेखकों के लिए आयोजित रात्रि भोज में वे आए थे और काफी देर तक भारतीय और विदेशी लेखकों से बातचीत करते रहे।

उसके बाद मैं भुवनेश्वर चला आया और उनसे मिलना कम हो गया। बातचीत भी कभी-कभार ही हो पाती थी, वह भी सिर्फ टेलीफोन पर।

कुछ ही दिनों में हमने अपने दो साहित्यिक प्रतिमान खो दिए। मुझे याद दिलाया गया कि कैसे हमने उड़िया के भी तो तीन महत्त्वपूर्ण लेखकों—सची राउतरे, गुरु प्रसाद मोहंती और किशोरीचरन दास—को कुछ ही दिनों के अंतराल पर खो दिया है।

(अनु : सूर्यनाथ सिंह)

संपूर्णता का आत्मबोध

महमूद फ़ारुक़ी

हिंदी साहित्य में निर्मल वर्मा की पहचान उनके लेखन-ढब की वजह से एक अपवाद के रूप में थी। उनके विषय और पात्र हिंदी कथा साहित्य में अनूठे थे। निर्मल की रचनाओं का अन्य भाषाओं में काफी अनुवाद हुआ और उसके जरिए विदेश में भी उनकी पहचान बनी। निर्मल व्यक्तिगत दुविधाओं को अपना विषय बनाते थे। उनके पात्र यूरोप में मोत्जार्ट गुनगुनाते हुए या फिर दिल्ली में घुमक्कड़ बुद्धिजीवियों के साथ उमस भरी शाम को छत पर बियर पीते हुए व्यक्तिगत संबंधों में अव्यक्त तनाव और अवांगार्द रुचियों पर गहन चर्चा किया करते थे। एक तरह से यह निर्मल की पृष्ठभूमि का छायाचित्र था। वह आसानी से अंग्रेजी भाषा में लिखने वाले लेखक हो सकते थे।

बंकिमचंद्र चटर्जी और माइकल मधुसूदन दत्त ने अंग्रेजी में लिखना शुरू किया था। उनकी खतो-किताबत अंग्रेजी में ही चलती रही। लेख छपते रहे। पर मूल लेखन बांग्ला में होता था। शायद उन्हीं की तरह निर्मल के बौद्धिक जीवन में भाषा की एक जटिल भूमिका थी। उन पर विषयों और चरित्रों के चयन को लेकर बार-बार विलायती लेखक होने का आरोप लगता रहा। निर्मल ने अपना साहित्यिक जीवन अंग्रेजी में कविताओं के साथ शुरू किया। अंतिम वर्षों में वह भारतीय संपूर्णता पर पश्चिमी आधुनिकता के विनाशकारी प्रभावों के कटु आलोचक हो गए।

निर्मल इस भारतीय संपूर्णता को आत्मबोध कहते थे। और बकौल उनके इस संपूर्णता को हासिल करने का एक तरीका अपनी भाषा में लिखना था। कहते थे कि भाषा विस्मृति से बचाव की सबसे बड़ी गारंटी है। मानते थे कि संस्कृत की जानकारी भारतीय सभ्यता की विशिष्टता को समझने के किसी प्रयास की पूर्व शर्त है।

यह एक ऐसे लेखक का बयान है जिसके छह उपन्यास और पचास से अधिक

कहानियाँ पूरी तरह उदात्त शहरी माहौल की धर्मनिरपेक्ष रचनाएँ हैं और उनका विदेशी भाषाओं में आसानी से अनुवाद हो सकता है। निर्मल की रचनाओं का फ्रेंच, जर्मन और इटालियन भाषाओं में अनुवाद हुआ, बीबीसी ने उनके जीवन और कृतित्व पर टेलीफिल्म बनाई, विदेशी समाचार पत्रों ने उन पर खबरें छापीं, संगोष्ठियों में चर्चाएँ हुईं। इन सबने मिलकर निर्मल वर्मा को विदेश में भारत का सबसे ज्यादा चर्चित गैर-अंग्रेजी लेखक बना दिया। पहली नजर में लगता है कि निर्मल दीपेश चक्रवर्ती की अवधारणा के अनुरूप हावी पश्चिमी प्रभुत्व और शेष दुनिया के अंतःसंबधों को एक नई तरह से पार कर रहे हैं। मानवता से परिपूर्ण एक ऐसे इंसान के रूप में जो औपनिवेशिक काल के बाद उभरी नई सीमा रहित दुनिया की शर्तों के पार जा रहा हो।

निर्मल का रचनाकार ऐसी जगह खड़ा है जहाँ से वह वैश्विक और क्षेत्रीय दुनिया को एक साथ साफ-साफ देख सकता है, जूझ सकता है। उनका लेखन इन दोनों के सम्मिलन की मिसाल है। इसके बावजूद निर्मल की उपलब्धियाँ और उनकी हद इससे अधिक जटिल है। वह एक वैश्विक रचना संसार और विश्वदृष्टि के साथ बांग्ला विशिष्टता कायम रखने के लिए बंकिम और टैगोर की सराहना करते हैं। साथ ही उन्हें पता है कि औपनिवेशिक काल के विरुद्ध संघर्ष की सरलता को आज की स्थितियों में लागू नहीं किया जा सकता। यह स्थिति और विचार गाँधी की अवधारणा के करीब है। गाँधी ने आत्मसम्मान की रक्षा के लिए अपनी भाषा अपनाने पर जोर दिया और निर्मल ने आत्मबोध को पुनर्जीवित करने के लिए। दोनों के मूल में सिद्धांत एक ही लगता है।

बहुत समय तक यह कहा जाता रहा कि उपमहाद्वीप के इस हिस्से में दो खंड हैं—भारत और इंडिया। गाँधी की विश्वदृष्टि में असली भारत गाँव में रहता है। उस समय के अनेक हिंदी लेखकों ने गाँधी की दृष्टि को आत्मसात किया और उनमें से कई को भारत का सच्चा प्रतिनिधि लेखक कहा गया। दूसरी अवधारणा यह है कि भारतीय 'सच' को केवल 'भारतीय' भाषा में ही कहा जा सकता है। मतलब यह कि भाषा की जड़ें और प्रतिध्वनियाँ कार्बनिक सांस्कृतिक जीवन से आती हैं, जहाँ से उसका राजनीतिक विकास होता है और रणनीतियाँ तय होती हैं। इस लिहाज से भारतीय भाषाओं में लिखा भारतीय साहित्य केवल इतिहास बल्कि अन्य सांस्कृतिक क्षेत्रों जैसे गीत, नाटक, सिनेमा और संगीत को प्रतिध्वनित करेगा। यह अंग्रेजी के मुकाबले ज्यादा लोकतांत्रिक होगा क्योंकि अंग्रेजी सत्ताधारी उच्चवर्ग की भाषा है और उसे 'प्रगति' की भाषा माना जाता है। हिंदी के मामले में इन अवधारणाओं को कई बार कठघरे में खड़ा किया गया। आलोक राय इसे चुनौती देते हुए कहते हैं कि केवल हिंदी का इस्तेमाल वैचारिक उन्मुक्तता का आधार नहीं है। खासतौर पर उस समय, जब ध्यान इस तरफ जाता है कि हिंदी को राष्ट्रीय भाषा बनाने से पहले ब्रज,

भोजपुरी या मैथिली जैसी समृद्ध साहित्यिक परंपराओं का दर्जा घटाया गया। हिंदी शहरी मध्यवर्ग के लिए उतनी ही थोपी हुई भाषा है, जितना अंग्रेजी। पिछले एक सौ साल में पीढ़ियाँ संस्कृतनिष्ठ खड़ी बोली हिंदी सीखते हुए बड़ी हुई हैं, इसे लोगों की मातृभाषा माना जाता है। यह वही भाषा है, जिसमें निर्मल वर्मा लिखते हैं। इस अर्थ में निर्मल का लेखन असली भारत से दोगुना दूर है।

निबंधकार निर्मल विश्व नागरिक और लेखक निर्मल से भिन्न हैं। जो कुछ पश्चिमी है, श्रेष्ठ है; जो देशज है, बुरा है। सोच की इस धारा ने हमें हास्यास्पद बना दिया है। निर्मल मानते थे कि इस धारणा से न तो हम सही अर्थों में पारंपरिक रह जाते हैं और न ही उस परंपरा के हो पाते हैं, जिसके पीछे भाग रहे हैं। इसी विभेद ने 'संस्कृति' और 'धर्म' को ऐसा शब्द बना दिया, जिसमें या तो बहुत कुछ ढूँढ़ा जाता है या फिर उसे अर्थहीन मान लिया जाता है। ऐसी स्थिति पैदा हो गई है, जिसमें तमाम आधुनिक बुद्धिजीवी और नेता स्वयं को अपने अतीत से काट लेते हैं। इसी वजह से भारतीय नैतिक ढाँचा रजनीश या साईंबाबा की सोच और समझ पर टिक जाता है।

बकौल दीपेश चक्रवर्ती इस बीच एक बड़ा परिवर्तन आया है; औपनिवेशिक काल का अंत क्षेत्रीयता से बोली विज्ञान की ओर खिसक गया है। हिंदी के विकास के शुरुआती वर्षों में तमाम लेखक और विचारक औपनिवेशिक सत्ता के खिलाफ आंदोलन में शामिल थे। बाद में यही लोग विकासवादी राष्ट्र निर्माण के दौर से जुड़े रहे। स्वयं निर्मल या अज्ञेय, रघुवीर सहाय या फिराक और जाफरी जैसे शायद उन्हें पढ़ने या पसंद करने वाले सत्ताधारी वर्ग से निकटता के कारण सामाजिक, आर्थिक जीवन में शिखर पर थे। इनका प्रसार पूरे देश में था। प्रभाव, कस्बों तक। केवल बीस साल पहले तक अर्धसाहित्यिक हिंदी पत्रिका 'धर्मयुग' की प्रसार संख्या लाखों में थी।

आर्थिक उदारीकरण और उपग्रह टेलीविजन संस्कृति के आगमन के साथ नेहरूवादी सोच का पतन शुरू हुआ और इसका प्रभाव हिंदी साहित्य के प्रसार पर पड़ा। आज साहित्य या खेल और मनोरंजन की कोई ऐसी हिंदी पत्रिका नहीं है, जो अपनी प्रसार संख्या पच्चीस हजार से अधिक होने का दावा कर सके। उच्च शिक्षा के लोकतंत्रीकरण ने निश्चित रूप से नवसाक्षरों की एक जमात खड़ी कर दी है, जिसका नतीजा समाचार पत्रों के प्रसार के रूप में पड़ा है। शायद यही कारण है कि आज अंग्रेजी के लेखकों का लगभग वर्चस्व स्थापित हो गया है। अंग्रेजी बहुत तेजी से दक्षिण एशिया की घरेलू भाषा बनती जा रही है।

अंग्रेजी के बढ़ते प्रभाव से भाषाई लेखकों के लिए गंभीर खतरा उत्पन्न हो गया है। अगले कम से कम पच्चीस साल तक हिंदी में आने वाले लोगों की संख्या अंग्रेजी सीखने वालों से कई गुना ज्यादा होगी। इन नवसाक्षरों के लिए अंग्रेजी जितना

बड़ा अवरोध है, उतना ही बड़ा अवसर। वैश्विक संबंधों और सामाज़िक गति में भाषा की भूमिका के मद्देनजर यह देखना होगा कि इन स्थितियों में वह साहित्यिक संस्कृति को किस तरह विभाजित करती है। खासतौर पर जब अंग्रेजी का इस्तेमाल भारतीय होने की शर्त हो जाए। इसके विपरीत हिंदी और अन्य भाषाओं का साहित्य संकुचित और अवरोधात्मक बन जाता है। इससे सामाजिक और राजनीतिक परिवर्तन के लिए शहर और गाँव के बीच जुड़ाव की समस्या पैदा होती है। जनभाषा के बिना जन राजनीति कैसे होगी?

यहाँ निर्मल वर्मा महत्त्वपूर्ण हो जाते हैं। इसके बावजूद कि उनका जुड़ाव हिंदुत्व से था। संभव है कि भारतीय जनता पार्टी या उसकी तरह के हिंदुत्व से उनकी एकात्मता रही हो लेकिन उनका उन हिंदुत्ववादियों से कोई नाता नहीं था, जो पश्चिम की नकल करके मशीनीकृत ताकतवर भारत बनाना चाहते थे। निर्मल संस्कृति के पक्षधर थे पर लिखने में प्रायः देशज और उर्दू प्रधान हिंदी का इस्तेमाल करते थे। भारत या भारतीय संस्कृति के बारे में सोचते हुए निर्मल अक्सर विचार और वस्तु, सोच और लोग, रूढ़ि और अत्याचार तथा आध्यात्मिकता और धर्मतंत्रवाद के बीच की दीवार तोड़ देते थे। निर्मल की दृष्टि मूलतः उपनिवेश विरोधी थी। निर्मल और उर्दू के ख्यातिलब्ध आलोचक मोहम्मद हसन असकरी के बीच रोचक साम्य हैं। असकरी का राजनीतिक जीवन भी प्रगतिशील लेखन से शुरू हुआ, वह फ्रेंच और अन्य यूरोपीय साहित्य से अच्छी तरह परिचित थे। लेकिन उन्नीसवीं शताब्दी में विश्व के यूरोपीयकरण से प्रतिरोध के चलते अंततः वह पाकिस्तान और बाद में इस्लामी साहित्य के हामी हो गए।

पिछली एक शताब्दी से गैर पश्चिमी दुनिया के अनेक हिस्सों में लेखक और विचारक इस मुद्दे से जूझते रहे हैं। संभवतः मार्क्सवादी विचारधारा का राष्ट्रीयकरण इसी वजह से हुआ। इसका एक असर यह था कि इसमें हम साम्राज्यवाद के साथ स्वयं अपनी भर्त्सना कर सकते थे। इससे, खास तौर पर दक्षिण एशिया में हमें दो विकल्प मिल जाते थे। एक तरफ राजनीति में उच्चवर्गीय समाज सुधारक नेहरू और साहित्य में कलावादी अज्ञेय थे तो दूसरी तरफ देसी समाज में राजनीति में गाँधी, कविता में नागार्जुन और गद्य में रेणु।

भारत गाँव में रहे या न रहे, गाँव और शहरों के बीच एक बड़ा कस्बाई इलाका बचा रहेगा। इस इलाके से ताल्लुक केवल भाषाई लेखन से हो सकता है लेकिन वह पूर्ण नहीं होगा। इसके लिए दूसरे देसी तरीके इस्तेमाल करने होंगे जिनमें दृष्टि, विचार और अस्तित्व की एक नई परिकल्पना हो। निर्मल वर्मा का जीवन और रचना-संसार इस बात की याद दिलाता है कि अपना खोया हुआ अतीत वापस पाने के लिए हमारी भाषा को मात्र भाषा विज्ञान से ऊपर उठना होगा।

(अनु : मधुकर उपाध्याय)

धन्यवाद निर्मल

दिलीप चित्रे

"सब खत्म हो गया...निर्मल कल रात गुजर गए... ।" मेरे फोन पर छोटा-सा संदेश था।

जब मैंने घर फोन करने के लिए अपना सेल फोन 'स्विच ऑन' किया, संयोग से मैं अनंत—यू.आर. अनंतमूर्ति--के साथ उनके होटल के कमरे में नाश्ता कर रहा था।

निर्मल, अनंत और मैंने 1980 की वसंत ऋतु में एक साथ वह यात्रा की थी जो हम तीनों के लिए यादगार थी। हममें से निर्मल सबसे बड़े थे। फिर अनंत सबसे छोटा मैं।

निर्मल ने हिंदी में कहानियाँ और निबंध लिखे थे। अनंत ने कन्नड़ में कहानियाँ, कविताएँ और निबंध लिखे। मैंने मराठी और अंग्रेजी में कविताएँ। लेकिन इसके अलावा भी बहुत कुछ किया जो साहित्य की सीमाओं से परे था।

कालानुक्रम वरिष्ठता के अलावा हम त्रिदेव की तरह थे। निर्मल सृष्टि के रचयिता ब्रह्मा थे, अनंत अपने नाम के अनुरूप पालक थे और मैं शिव था—प्रलयंकारी? शिव के बारे में सोचते हुए मुझे यह अधिक उपयुक्त लगता है कि वे जैसे संगीत चक्र के सम की तरह हैं—सभी लय-तालों के आदि और अंत। शंकर, शांतिदायी। यह हमारा आपसी माजक था।

निर्मल से भारतीय सांस्कृतिक संबंध परिषद् ने तत्कालीन सोवियत संघ, तत्कालीन हंगरी गणराज्य, तत्कालीन पश्चिम जर्मनी और फ्रांस की यात्रा पर जाने के लिए दो अन्य समकालीन भारतीय लेखकों का चयन कर प्रतिनिधिमंडल तैयार करने को कहा था, ताकि भारत और उन देशों के बीच, जहाँ हम जाने वाले थे, सांस्कृतिक आदान-प्रदान के तौर पर साहित्यिक अनुवाद की संभावनाओं का पता लगाया जा सके। निर्मल ने इस रोमांचकारी मिशन में अपने सहयोगियों के रूप में अनंत और मेरा चयन किया। हम तीनों का ही घुमक्कड़ अतीत रहा था और करीब एक दशक पहले एक से ज्यादा बार हम टकराए भी थे।

अनंत और मैं, मुझे याद पड़ता है, 31 मार्च, 1980 को मुंबई में दिल्ली से

होकर मॉस्को जाने वाले एअर इंडिया के बोइंग में सवार हुए थे। निर्मल को दिल्ली से हमारे साथ शामिल होना था। दिल्ली से हमें बिना रुके सीधे मॉस्को जाना था और मूर्ख दिवस पर वहाँ उतरना था, इंशा अल्लाह!

उस बृहत्तर दुनिया में, जिससे हमने साझा किया, यह आमूलचूल ऐतिहासिक बदलाव की शुरुआत थी, जो अधिकांश लोगों को अविश्वसनीय लगा होगा।

सोवियत संघ ने अफगानिस्तान में अपना 'वियतनाम' छेड़ा था। वास्तव में, अनंत और मैंने ऐसे वक्त विरोध में सोवियत संघ की यात्रा नहीं करने का मन बनाया था। लेकिन निर्मल ने हम दोनों को समझाया कि ऐसी बेवकूफी भरी हरकत हम न करें। निर्मल का तर्क था कि अफगानिस्तान में सोवियत अभियान के कारण, ठीक ऐसे वक्त साथी लेखकों और प्रकाशकों, भारतविदों और विद्वानों के साथ हमारी मुलाकातें उनसे संवाद का महत्त्वपूर्ण अवसर होगा। निर्मल की सलाह में समझदारी थी। अनंत और मुझे, दोनों को किंचित नासमझी का अहसास हुआ और हमने सहर्ष अपने प्रस्तावित 'विरोध' को त्याग दिया। पूर्वी योरोप का वर्जित संसार (साम्यवादी देश) हमें बुला रहा था। हम अपनी हिलोर मारती उत्सुकता को बमुश्किल नियंत्रित कर पा रहे थे।

मैंने कहा—'हिलोर मारती उत्सुकता'। लेकिन यह मुहावरा मस्तिष्क की उस उलझन भरी स्थिति को संप्रेषित नहीं करता, जितने सुस्पष्ट तौर पर मैं उसे याद करता हूँ। मेरे मामले में बाह्य यात्राएँ प्रायः अंतरयात्राओं में तब्दील हो जाती हैं और मुझे पूरा यकीन है कि ऐसा ही कुछ निर्मल और अनंत के साथ भी होता होगा। पूर्वाभास निरंतर तीव्र हो रहा था। अवरुद्ध मनीषा लगभग विस्मयकारी ढंग से जाग्रत हो रही थी—हमारे सभी निजी अहंकारों और ऐहिक चिंताओं से कहीं बड़े उस जगत की दिव्यता का गहराता बोध।

हम सब भारत में तीन अलग-अलग मातृभाषिक संस्कृतियों में पैदा हुए थे जो हमें सहोदर सरीखा बनाती थीं। निर्मल (इस दुनिया में) 1929 में आए, मध्य यूरोप में जर्मन गणराज्य के अनिष्टसूचक उभार और भारत में महात्मा गाँधी के महत्त्वपूर्ण असहयोग आंदोलन की शुरुआत के समय के साथ संयोग बैठाते हुए। अनंत इस दुनिया में 1932 में शामिल हुए, ठीक तीन साल बाद। मेरा आगमन 1938 में हुआ—उस साल जब योरोप विश्व युद्ध पूर्व के संकट में गोते खा रहा था, म्यूनिख संधि पर हस्ताक्षर हो चुके थे। जर्मनी ने चेकोस्लोवाकिया के सीमाई क्षेत्र सुदेतान पर कब्जे की माँग की थी। विश्व युद्ध जब शुरू हुआ, मैं बमुश्किल एक साल का था।

व्यक्तिगत तौर पर इन ऐतिहासिक सांसारिक दायित्वों का निर्वाह हमारी नियति थी, जिससे लेखकों और कलाकारों के रूप में हमारी विश्वदृष्टि को परिष्कृत होना और एक पीढ़ी और उसकी विश्व-छवि को परिभाषित होना था। हम एक दशक

के दिक्सूचक में समकालीन थे। निर्मल की मृत्यु की खबर देते हुए एक अखबार ने अपने शीर्षक में इसे 'सदी का अंत' कहा था। इसे इस तरह प्रस्तुत करना रूढ़ोक्ति है। निर्मल की मृत्यु पर डैनियल वाइजबोर्ट की प्रतिक्रिया को उद्धृत कर कहना ज्यादा समीचीन होगा कि "निर्मल के बारे में सुनकर बहुत दुख हुआ। मैं जानता था कि उन्हें फिर कभी नहीं देख पाऊँगा। आयोवा के बाद कम-से-कम एक बार उनसे और मिला, जब उन्होंने मुझसे कहा था—मेरे विचार में यह, मेफ्लावर में, प्रीतिभोज है। या कुछ ऐसा ही—डैनी, समारोह से ज्यादा ऐसी कोई चीज नहीं है जो मुझे इतना उदास करती है! मैं भी बड़ी आत्मीयता से, शायद पथराकर, दिल्ली में उनकी छत पर, उनके साथ बिताई शाम को भी याद करता हूँ। हम पीने के लिए, बल्कि मुझे लगता है, ह्विस्की की, जो बहुत बेहतरीन नहीं थी, पूरी बोतल खत्म करने के लिए बैठे थे। एक अद्‌भुत लेखक, गहन चिंतक और दुर्लभ व्यक्ति। क्या तुम मुझे गगन का ई-मेल पता भेज सकते हो? मैं उन्हें अपनी शोक संवेदनाएँ भेजना चाहता हूँ। हम कम होते जा रहे हैं।"

निर्मल के चले जाने और उन्हें खो देने से मैं किंकर्तव्यविमूढ़ हूँ, एक हद तक ऐसे दार्शनिक की तरह जो वास्तविकता से दो-चार हो रहा हो। मेरा एक हिस्सा हमेशा के लिए जम गया है, जैसा किसी भी प्रियजन को खो देने पर हमेशा हुआ है। उस प्रियजन की एकाकी यात्रा क्षणिक कौंध की तरह मेरे समानांतर चलती है।

दिल्ली में एसएमएस मिलने के बाद, मैं निर्मल और अपने करीबी हिंदी कथाकार मंजूर एहतेशाम को फोन करने से खुद को नहीं रोक पाया और उनसे भोपाल में निराला सृजनपीठ में निर्मल के प्रवास पर केंद्रित संस्मरण लिखने का आग्रह किया। निराला सृजनपीठ एक ऐसी जगह जिसे हम दोनों ने निर्मल से उत्तराधिकार में प्राप्त किया था—वह जगह जो हमारे सर्जनात्मक जीवन का पड़ाव रही थी।

निर्मल दिल्ली में, निर्मल आयोवा में, निर्मल रूस, उक्रेन, जार्जिया, जर्मनी, फ्रांस और विभिन्न शहरों में और बकौल अमेरिकी कवि पॉल एंजेल्स—'कल्पनाशील बिरादरी' के साथ।

धन्यवाद निर्मल, मुझे अंतरंग साक्षी बनाने के लिए। अब मैं उदासी की छाँव में तुम्हारे साथ अपने झगड़े भी याद करूँगा।

(अनु : राकेश तिवारी)

□□□